Point up 왕초보
중한 단어
한중 사전

국립중앙도서관 출판시도서목록(CIP)

(Point up) 왕초보 중한+한중 단어사전
지은이 | 창 외국어 연구회 편 | 최청화 · 유향미 감수
— 서울 : 창, 2012
  p. ;   cm
본문은 한국어, 중국어가 혼합수록됨
ISBN 978-89-7453-197-3 13720 : ₩ 11000

중한 사전 [中韓辭典]
한중 사전 [韓中辭典]
724-KDC5
495.18-DDC21   CIP2012000600

Point Up 왕초보 중한 + 한중 단어사전

2012년 02월 20일 1쇄 발행
2022년 01월 25일 7쇄 발행

지은이 | 창 외국어연구회 편 | 최청화 · 유향미 감수
펴낸이 | 이규인
펴낸곳 | 도서출판 **창**
등록번호 | 제15-454호
등록일자 | 2004년 3월 25일

주소 | 서울특별시 마포구 대흥로 4길 49, 1층(용강동, 월명빌딩)
전화 | (02) 322-2686, 2687 / **팩시밀리** | (02) 326-3218
홈페이지 | http://www.changbook.co.kr
e-mail | changbook1@hanmail.net

ISBN 978-89-7453-197-3 13720

정가 11,000원
*잘못 만들어진 책은 〈도서출판 **창**〉에서 바꾸어 드립니다.

*이 책의 저작권은 〈도서출판 **창**〉에 있습니다.
  저작권법에 의해 보호를 받는 저작물이므로 무단 전재와 복제를 금합니다.

Point up

왕초보 중한+한중 단어 사전

창
Chang Books

Foreword

간편하고 효율적인 학습을 위해

여러분은 지금 국제화 시대에 살고 있습니다. 영어와 마찬가지로 중국어는 여러분과 뗄래야뗄 수 없는 불가분의 관계입니다. 또한 중국은 날이 갈수록 발전하는 나라로 앞으로 한중 교류도 늘어날 것으로 예상되기 때문에 반드시 필요한 언어라고 말할 수 있습니다. 그러한 중국어 학습을 높이기 위해 펴낸 '포인트업 왕초보 중한+한중 단어사전'은 교육인적자원부 7차 교육과정 수능 필수단어와 새로 개정된 중국어 능력시험에 따라 新HSK 1급~6급의 필수단어 및 기초어휘 등을 포함해서 중한단어 3,000개와 한중단어 3,000개를 엄선하여 약 6,000개의 단어를 중요도에 따라 급수별로 구분하여 시험에 대비하여 기본 단어에서 최상의 단어까지 실어 누구나 쉽게 따라 익힐 수 있도록 기획 · 편집하였습니다. 또한 부록에 중국어 상용한자 2,526자와 주제별 단어를 포함하여 3,600여 개를 합하면 약 11,000개의 단어입니다. 중국어는 표의문자로 다른 언어와 달리 성조라는 게 있어서 처음부터 잘 배워야 나중에 쉽게 이해할 수 있습니다. 또한 까다로운 자음들이 여러 개 있을 뿐만 아니라 정확한 성조를 익혀두지 않으면 중국어를 말해도 중국어가 안 되는 경우가 많기 때문에 기초학습을 올바르게 배워야 합니다. 그리고 별도의 중국어 사전 없이도 초보자들의 중국어 학습과 기초회화를 구사할 수 있도록 앞쪽에 중국어 발음과 성조에 대하여 설명과 함께 꼭 알아야 할 최우선 필수단어를 엄선하였습니다. 이 책에 수록된 중국어 어휘들은 실제적으로 중국어 표현을 구성하는 핵심 단어를 선별하여 집필한 것으로, 초보자와 중급자들의 중국어 실력 향상과 의사소통 능력을 키우는 데 많은 도움이 될 것입니다. 또한 중국어 능력 시험 즉 HSK에 도전하는 사람들에게도 가장 유익한 책입니다.

이 책의 특징을 보면 중한단어는 '한어병음자모'순(A, B, C, D……)으로,

F·o·r·e·w·o·r·d

한중단어는 한글 '가나다' 순으로 배열하였습니다. 그러나 한글발음표기는 단어 학습을 위한 것에 지나지 않으므로 정확한 발음은 발음표를 보고 익히시기 바랍니다. 또한 최신의 주요 중한사전과 인터넷의 자료를 총망라하여 참조하였으며, 단어의 뜻도 중한사전에서 직접 옮겨 왔습니다.

이 책의 구성을 살펴보면,
Part I   **포인트업 왕초보 중한 단어**
Part II   **포인트업 왕초보 한중 단어**
Part III **부록** 1. 중국어 상용한자('가나다'순: 2,526자)
             2. 주제별 중단어
             3. 필수속담 · 성어 · 관용어

이와 같이 구성되었으며, 포켓용으로 제작되어 항상 가지고 다니면서 활용하면 많은 어휘실력을 한층 향상시킬 수 있을 것입니다. 어학공부는 끈기만 있으면 반드시 꿈을 이룹니다.

참고로 이 책을 학습하는 데 필요한 사용기호를 살펴보면,
명→명사 동→동사 부→부사 대→대명사 접→접속사 형→형용사 개→개사
수량→수량사 수→수사 조동→조동사 조→조사 접미→접미사 감→감탄사
양→양사 접두→접두사 의→의성어/의태어 (↔)→반의어 (=)→동의어
□위의 번호는 능력시험 급수번호 (■)→기본필수단어표시.
• 부록 상용한자의 *는 필수 교육한자임.

중국어의 문자와 음절

 중국의 한자에 대하여

중국어는 한자(漢字)로 표기하며, 글자 형태도 복잡하고 각 글자마다 다른 발음을 갖고 있다. 그래서 중국어를 배울 때 가장 어려운 것 중 하나가 한자이지만 현대 중국어에서 일상적으로 자주 사용되는 글자인 상용한자(常用漢字)의 수효는 약 3,000자정도다. 중국에서는 사용 빈도에 따라 상용자 2,500자와 차상용자 1,000자로 모두 3,500자가 현대 중국어의 절대 다수를 차지하고 이 정도면 실생활에서 중국어를 쓰는 데 충분하다.

그리고 우리가 알고 있고 흔히 쓰는 한자를 번체자(繁体字)라 하고, 이것을 간략하게 줄여 만든 한자를 약자(略字)라 하며 간체자(簡体字)라고 하는데, 현재 중국에서는 번체자를 쓰지 않고 이 간체자를 쓰고 있다.

중국은 전체 인구의 94%를 차지하고 있는 한족(漢族)과 그 나머지를 차지하는 55개 소수민족으로 구성된 다민족 국가다. 흔히 '중국어'라고 하면 한족의 언어뿐만 아니라, 소수민족의 언어까지도 포함하는 말이 되므로, 중국에서는 한족의 언어를 '한어(漢語)'라고 부르고 표준어의 개념으로 흔히 사용한다.

 중국어의 발음과 성조

1. 중국어의 발음

중국어는 한자로 쓰여진 뜻글자로 눈으로 보고 의미를 알기에는 편리하지만, 소리를 내지 못한다. 그러므로 한자의 발음을 표시하기 위하여 알파벳

로마자로 표기하였는데 이를 '한어병음자모(汉语拼音字母)'이라고 한다. 이는 대부분 영어발음과 전혀 다르기 때문에 처음부터 제대로 익혀야 한다. 중국어는 성모(聲母), 운모(韻母), 성조(声调)로 구성되어 있다.

1) 성모(聲母) : 음의 시작인 자음으로 모두 21개이다.

❶ 발음 기호에 의한 분류

b p m f d t n l
g k h j q
x zh ch sh r z c s

❷ 발음 체계에 의한 분류

쌍순음(b, p, m) : 상하의 입술에 의한 음이다.
순치음(f, (v)) : 앞쪽 윗니와 아랫입술에 의한 음이다.
설첨음(d, t, n, l) : 혀끝으로 내는 음이다.
설근음(g, k, (ng), h) : 혀뿌리와 경구개에 의한 음이다.
설면음(j, q, (gn), x) : 혀 앞쪽과 경구개의 의한 음이다.
권설음(zh, ch, sh, r) : 말아 올린 혀끝과 경구개에 의한 음이다.
설치음(z, c, s) : 혀끝과 앞니에 의한 음이다.

2) 운모(韻母) : 성모를 제외한 나머지 부분으로 모두 38개이며, 또한 이들의 운모는 단독 또는 성모와 결합되어 중국어의 음절을 이루며, 한어병음식으로 표시하면 아래와 같다.

❶ 단운모 : i(yi), u(wu), u, ǜ(yu), a, o, e, è(8종)

❷ 복운모 : ai, ei, ao, ou(4종)

❸ 부성운모 : an, en, ang, eng (4종)

❹ 성화운모 : er (1종)

❺ 결합운모(i류) : ia(ya), iu(yo), ie(ye), ia(ya), iao(yao), iu(you), ian(yan), in(yin), iang(yang), ing(ying) (10종)

❻ 결합운모(u류) : ua(wa), uo(wo), uai(wai), ui(wei), uan(wan), un(wen), uang(wang), ueng(weng) (8종)

❼ 결합음모(ü류) : ue · üe(yue), uan · üan(yuan), un · ün(yun), iong(yong) (4종)

◆ 중국어 발음 부호

성 모				
쌍순음	bo(뽀, 보)	po(포)	mo(모)	
순치음	fo(°포)			
설첨음	de(떠, 더)	te(터)	ne(너)	le(러)
설근음	ge(꺼, 거)	ke(커)	he(허)	
설면음	ji(찌, 지)	qi(치)	xi(씨, 시)	
권설음	zhi(°쯔, °즈)	chi(°츠)	shi(°쓰, °스)	ri(°르)
설치음	zi(쯔, 즈)	ci(츠)	si(쓰, 스)	
일반 운모				
단운모 : i(이, 으), u(우), ü(위), a(아), o(오), e(어), e(에)				
복운모 : ai(아이), ei(에이), ao(아오), ou(오우)				
부성운모 : an(안), en(언), ang(앙), eng(엉)				
성화운모 : er(얼)				

결합 운모	
i와 결합된 것	ia(이아), ie(이에), iao(이아오), iu(이우), ian(이앤), in(인), iang(이앙), ing(잉), iong(이옹)
u와 결합된 것	ua(우아), uo(우오), uai(우아이), ui(우이), uan(완), un(운), uang(왕)
üi와 결합된 것	üe(위에), üan(위앤), ün(윈)

2. 성조(声调)

중국어의 성조는 주로 소리의 높낮이(高低)에 따라 4단계로 나뉘는데 이것을 '4성(四声)'이라고 한다.

제1성 : 높고 평온한 음으로 발음하고 높은 음으로 그대로 지속하며 '—'로 표시한다.

제2성 : 비교적 낮은 음에서 높은 음으로 단숨에 짧게 끌어올려 발음하며 '╱'로 표시한다.

제3성 : 2성보다 더 낮은 음에서 시작해서 가장 낮은 음으로 내려갔다가 끌어올려 발음하며 '∨'로 표시한다.

제4성 : 가장 높은 음에서 가장 낮은 음으로 단숨에 떨어뜨려 짧고 세게 발음하며 '╲'로 표시한다.

1) 성조표기법

❶ 성조는 자음 뒤에 모음이 하나일 때는 무조건 모음 위에 표기한다.
❷ i뒤에 표기할 때는 [i]위의 [·]을 빼고 표기한다

❸ 모음이 두개 이상일 경우 a, e, o, i, u, ü 순서로 표기한다.
❹ i와 u가 결합한 경우, 무조건 뒷모음에 표기한다.
❺ 어떤 음절 뒤에 a, o, e가 와서 앞의 음절과 구분이 분명치 않을 때 격음부호(')를 써서 음절을 구분한다.

2) 경성(輕聲)

중국어의 각 음절은 원칙적으로 일정한 성조가 있다. 그런데 본래의 성조를 잃고 짧고 가볍게 발음되는 음이 있는데 이것을 경성이라고 한다. 성조부호는 표기하지 않고 경성의 높이는 앞 성조에 의해 변화된다.

1성 + 경성 : 앞 1성 음절 보다 낮게 발음한다.
2성 + 경성 : 앞 2성 음절보다 낮게 발음한다.
3성 + 경성 : 앞 3성음절보다 높게 발음한다.
4성 + 경성 : 4성이 끝나는 음절수준으로 낮게 발음한다.

3) 권설모음과 얼화운(儿化韵)

[er]은 권설모음으로 영어의 [r] 음과 비슷하고 한국어로는 [얼] 음과 비슷하다. 儿[er]은 본래 [아이]라는 의미로 자주 접미사로 쓰이며 이때 음절의 끝을 [권설화(권설음화, r화)]라고 한다. 이것은 독립한 음절로 여기지 않고 [r화]에 의한 변음(变音)으로 본다.

4) 한어병음 표기법

❶ 한어병음은 알파벳 소문자로 표기한다.
❷ 하나의 단어는 모두 붙여 표기한다.
❸ 문장 첫음절이나 고유명사의 첫음절은 알파벳 대문자로 표기한다.
❹ 이름을 적을 경우 성과 이름을 띄어쓰고 각각의 첫음절은 대문자로 표기한다.

◈ 숫자 읽는 법

중국어의 숫자	
기수 세는 법	
1(一)	[yī] 이
2(二)	[èr] 얼
3(三)	[sān] 싼
4(四)	[sì] 쓰
5(五)	[wǔ] 우
6(六)	[liù] 리우
7(七)	[qī] 치
8(八)	[bā] 빠
9(九)	[jiǔ] 지우
10(十)	[shí] 스
11(十一)	[shí yī] 스 이
12(十二)	[shí èr] 스 얼
13(十三)	[shí sān] 스 싼
14(十四)	[shí sì] 스 쓰
15(十五)	[shí wǔ] 스 우
16(十六)	[shí liù] 스 리우
17(十七)	[shí qī] 스 치

18(十八)	[shí bā] 스 빠
19(十九)	[shí jiǔ] 스 지우
20(二十)	[èr shí] 얼 스
21(二十一)	[èr shí yī] 얼 스 이
22(二十二)	[èr shí èr] 얼 스 얼
30(三十)	[sān shí] 싼 스
40(四十)	[sì shí] 쓰 스
50(五十)	[wǔ shí] 우 스
60(六十)	[liù shí] 리우 스
70(七十)	[qī shí] 치 스
80(八十)	[bā shí] 빠 스
90(九十)	[jiǔ shí] 지우 스
100(一百)	[yī bǎi] 이 바이
300(三百)	[sān bǎi] 싼 바이
101(一百零一)	[yī bǎi líng yī] 이 바이 링 이
102(一百零二)	[yī bǎi líng èr] 이 바이 링 얼
110(一百一)	[yī bǎi yī] 이 바이 이
120(一百二)	[yī bǎi èr] 이 바이 얼
130(一百三)	[yī bǎi sān] 이 바이 싼
200(二百)	[èr bǎi] 얼 바이

1,000(一千)	[yī qiān] 이 치앤
1,001(一千零一)	[yī qiān líng yī] 이 치앤 링 이
1,010(一千一十)	[yī qiān yī shí] 이 치앤 이 스
10,000(一万)	[yī wàn] 이 완
100,000(十万)	[shí wàn] 스 완
1,000,000(一百万)	[yī bǎi wàn] 이 바이 완
서수 세는 법	
첫째(第一)	[dì yī] 띠 이
둘째(第二)	[dì èr] 띠 얼
셋째(第三)	[dì sān] 띠 싼
넷째(第四)	[dì sì] 띠 쓰
다섯째(第五)	[dì wǔ] 띠 우
여섯째(第六)	[dì liù] 띠 리우
일곱째(第七)	[dì qī] 띠 치
여덟째(第八)	[dì bā] 띠 빠
아홉째(第九)	[dì jiǔ] 띠 지우
열 번째(第十)	[dì shí] 띠 스

Contents

- 머리말 ·· 4
- 중국어의 문자와 음절 ·· 6
- Part I 포인트업 왕초보 중한 단어 ········ 15

A 16	B 19	C 33	D 48	E 64
F 67	G 77	H 91	J 102	K 123
L 131	M 141	N 148	O 153	P 156
Q 163	R 174	S 178	T 198	W 207
X 214	Y 229	Z 247		

- Part II 포인트업 왕초보 한중 단어 ······ 265

ㄱ 266	ㄴ 295	ㄷ 303	ㄹ 316	ㅁ 318
ㅂ 329	ㅅ 346	ㅇ 369	ㅈ 401	ㅊ 422
ㅋ 433	ㅌ 436	ㅍ 441	ㅎ 448	

- Part III 부록 ·· 461
  - 중국어 상용한자 ·· 462
  - 주제별 중단어 ·· 568
  - 필수속담 · 성어 · 관용어 ··· 620

Part 1

Point up 왕초보 중한단어

A

CHINESE KOREAN WORDS DICTIONARY

| 阿 [ā] 아 | 접두 항렬이나 아명(兒名) · 성(姓) 앞에 쓰여 친밀감을 나타냄 |

| 阿姨 [ā yí] 아이 | 명 아주머니, 이모, 보모 |

| 啊 [a] 아 | 감 아, 앗, 아이고 조동 문장 끝에 쓰여 감탄 · 긍정 · 의문을 나타냄 |

| 癌症 [ái zhèng] 아이 쩡 | 명 (의학) 암 |

| 矮 [ǎi] 아이 | 형 키가 작다, (등급 · 지위 등이) 낮다 |

| 爱 [ài] 아이 | 명 사랑 동 사랑하다, ~하기 좋아하다, 소중히 여기다 |

| 爱戴 [ài dài] 아이 따이 | 명 존경, 추앙 동 존경하다, 추대하다 |

| 爱好 [ài hǎo] 아이 하오 | 명 취미, 기호 동 좋아하다 |

| 爱护 [ài hù] 아이 후 | 명 애호 동 보호하다 |

| 爱面子 [ài miàn zi] 아이 미앤즈 | 동 체면을 중시하다, 체면을 차리다 |

| 爱惜 [ài xī] 아이 씨 | 동 소중하게 여기다, 매우 귀여워하다 |

^{HJ변} **安定** [ān dìng] 안 띵	형 (생활·마음 등이) 안정되다 동 안정시키다 명 안정
^{新HSK3} ■ **安静** [ān jìng] 안 찡	형 안정하다, 조용하다, (성격·태도가) 침착하다
□ **安乐死** [ān lè sǐ] 안 러 스	명 (법학) 안락사
^{新HSK4} □ **安排** [ān pái] 안 파이	명 준비, 배치 동 배정하다, 처리하다
^{新HSK4} □ **安全** [ān quán] 안 취앤	명 안전 형 안전하다, 안심시키다,
^{新HSK5} □ **安慰** [ān wèi] 안 웨이	동 위로하다, 안위하다 명 위로
^{HZ} □ **安稳** [ān wěn] 안 원	형 평온하다
^{新HSK 6} □ **安详** [ān xiáng] 안 샹	형 침착하다, 묵직하다, 듬직하다
^{新HSK 6} □ **安置** [ān zhì] 안 쯔	동 (사람이나 물건을) 배치하다, 두다
^{新HSK5} □ **安装** [ān zhuāng] 안 쭈앙	명 설치, 조립 동 설치하다(전자) 프로그램을 설치하다, 셋업하다
^{HZ} □ **按** [àn] 안	동 (손으로) 누르다, (감정을) 억누르다 개 ~에 따라
^{新HSK4} □ **暗** [àn] 안	형 (빛이 부족하여) 어둡다(↔明)

중한 단어 | **17**

| 新HSK4 **按时**
[àn shí] 안 스 | 부 제 때에, 제 시간에, 규정된 시간에 |

| 新HSK4 **按照**
[àn zhào] 안 짜오 | 개 ~에 따라, ~에 의거하여 |

| HT **暗中**
[àn zhōng] 안 중 | 명 어둠 속 |

| HT **暗淡**
[àn dàn] 안 딴 | 형 (빛·색 등이) 어둡다, 암담하다 |

| 新HSK6 **暗示**
[àn shì] 안 쓰 | 명 암시 동 암시하다 |

| 新HSK6 **昂贵**
[áng guì] 앙 꾸이 | 형 (가격이) 높다, 비싸다 |

| HT **昂扬**
[áng yáng] 앙 양 | 형 (의지, 심정, 투지, 기운 등이) 드높다 |

| **肮脏**
[āng zāng] 앙 장 | 형 더럽다, 불결하다, 지저분하다 |

| 新HSK6 **熬**
[áo] 아오 | 동 (죽을) 쑤다, 끓이다, 달이다, 참고 견디다 |

| HT **凹**
[āo] 아오 | 형 오목하다, (주위보다) 낮다 |

| **熬夜**
[áo yè] 아오 예 | 동 밤새다, 철야하다 |

| 新HSK6 **奥秘**
[ào mì] 아오 미 | 명 매우 깊은 뜻 형 깊고 신비하다 |

B

新HSK1 八
[bā] 바
- 수 8, 여덟

新HSK3 把
[bǎ] 바
- 수 자루 개 ~을, ~으로서 동 (손으로) 쥐다, 잡다, 독점하다

新HSK5 把握
[bǎ wò] 바 워
- 동 쥐다, 잡다, (기회를) 붙잡다, 파악하다
- 명 자신, 가망, 성공의 가능성

新HSK1 爸爸
[bà bà] 빠 바
- 명 아버지, 아빠

新HSK2 吧
[ba] 바
- 조동 명령(~해라), 건의·재촉(~하자), 추측(~이지?)의 의미를 나타낸다

新HSK2 白
[bái] 바이
- 명 백색 형 희다, 하얗다 부 헛되이

HZ 白菜
[bái cài] 바이 차이
- 명 배추, 김칫거리

HT 白酒
[bái jiǔ] 바이 지우
- 명 백주, 고량주, 배갈

HZ 白天
[bái tiān] 바이 티앤
- 명 주간, 낮, 대낮

新HSK2 百
[bǎi] 바이
- 수 100, 일백, 매우 많은 수

新HSK6 摆脱
[bǎi tuō] 바이 투어
- 동 (속박·곤경에서) 벗어나다, 빠져나오다

新HSK3 **班** [bān] 빤	명 반, 클래스, 조(組), 단체, 그룹(group)
新HSK3 **搬** [bān] 빤	동 (위치를) 옮기다, 나르다, 이사하다
H甲 **办** [bàn] 빤	동 일하다, 처리하다, 해결하다
新HSK3 **办法** [bàn fǎ] 빤 파	명 방법, 수단, 방식, 조치
新HSK3 **办公室** [bàn gōng shì] 빤 궁 쓰	명 사무실, 행정 부서
新HSK5 **办理** [bàn lǐ] 빤 리	명 취급, 처리 동 하다, 취급하다, 처리하다
H甲 **半** [bàn] 빤	수 반, 절반, 30분 형 중간의 부 반쯤
HZ **帮** [bāng] 빵	동 돕다, 원조하다 명 결사, 집단, 패거리, 측면
新HSK3 **帮忙** [bāng máng] 빵 망	동 일손을 돕다, 거들어주다 명 원조, 조력
新HSK2 **帮助** [bāng zhù] 빵 쭈	명 도움, 원조 동 돕다, 보좌하다
H丙 **绑** [bǎng] 방	동 (끈·줄 등으로) 묶다, 체포하다, 속박되다
HT **棒球** [bàng qiú] 빵 치우	명 야구, 야구공

| 新HSK3 **包**
[bāo] 빠오 | 동 포장하다 명 보자기, 꾸러미, 가방 |

新HSK6 包袱
[bāo fú] 빠오 푸
명 보자기, (보자기로 싼) 꾸러미, 부담, 무거운 짐, 보따리

新HSK5 包裹
[bāo guǒ] 빠오 구어
명 소포, 보따리 동 포장하다

新HSK5 包含
[bāo hán] 빠오 한
명 포함 동 내포하다, 담다, 들다

包涵
[bāo han] 빠오 한
동 양해를 구합니다, 용서해 주십시오

新HSK4 包括
[bāo kuò] 빠오 쿼
동 포함하다, 일괄하다

新HSK5 包子
[bāo zǐ] 빠오 즈
명 빵, (소가 든) 만두

新HSK5 宝贵
[bǎo guì] 바오 꾸이
형 귀하다, 보배롭다, 소중하다

新HSK3 饱
[bǎo] 바오
형 배부르다, 속이 꽉 차다 부 충분히, 족히

新HSK6 保持
[bǎo chí] 바오 츠
명 유지 동 (어떤 상태를) 유지하다

新HSK5 保存
[bǎo cún] 바오 춘
명 보존, 저장 동 보존하다

新HSK6 保管
[bǎo guǎn] 바우 구안
명 관리인 동 보관하다 부 꼭, 확실히

新HSK4 **保护** [bǎo hù] 바오 후	동 보호하다 명 보호
新HSK5 **保留** [bǎo liú] 바오 리우	명 보존 동 보존하다, 간직하다
新HSK6 **保密** [bǎo mì] 바오 미	동 비밀을 지키다, 기밀을 지키다
新HSK6 **保卫** [bǎo wèi] 바오 웨이	동 보위하다, 지키다
新HSK5 **保险** [bǎo xiǎn] 바오 시앤	명 보험, 안전 형 안전하다 동 보증하다
新HSK6 **保障** [bǎo zhàng] 바오 짱	동 보장하다, 보증하다 명 보장, 보증
新HSK4 **保证** [bǎo zhèng] 바오 쩡	명 보증 동 보증하다, 틀림없이
新HSK2 **报纸** [bào zhǐ] 빠오 즈	명 신문, 신문지, 신문용지
HSK **报** [bào] 빠오	동 알리다, 전하다, 보고하다
新HSK6 **报仇** [bào chóu] 빠오 초우	명 복수 동 원수를 갚다
新HSK6 **报酬** [bào chóu] 빠오 초우	명 보수, 사례금, 급여
新HSK6 **报到** [bào dào] 빠오 따오	명 도착 신고 동 보고하다

新HSK4 **报道** [bào dào] 빠오 따오	동 보도하다, 알리다, 전하다 명 보도
H丙 **报复** [bào fù] 빠오 푸	동 보복하다, 설욕하다, 회답하다 명 보복
新HSK5 **报告** [bào gào] 빠오 까오	명 보고, 보고서 동 보고하다
新HSK4 **报名** [bào míng] 빠오 밍	명 신청 동 신청하다, 등록하다
新HSK4 **抱歉** [bào qiàn] 빠오 치앤	형 죄송스럽게 생각하다, 미안한 마음을 가지다
新HSK4 **抱** [bào] 빠오	동 부둥켜안다, 끌어안다, (생각·의견 등을) 품다
新HSK5 **抱怨** [bào yuàn] 빠오 위앤	명 원망, 비난 동 원망하다, 탓하다
新HSK6 **暴露** [bào lù] 빠오 루	명 폭로 동 드러내다, 절개하다
H甲 **杯** [bēi] 뻬이	명 잔, 컵, 트로피(trophy), 우승컵
新HSK6 **悲哀** [bēi āi] 뻬이 아이	형 슬프다, 비참하다 동 슬퍼하다 명 비애, 슬픔
新HSK6 **悲惨** [bēi cǎn] 뻬이 찬	형 슬프다, 비참하다
新HSK6 **悲观** [bēi guān] 뻬이 꾸안	명 비관 형 비관적이다

| HT 悲伤
[bēi shāng] 뻬이 상 | 몡 슬픔, 서글픔 혱 몹시 슬퍼하다 |

| HZ 悲痛
[bēi tòng] 뻬이 퉁 | 몡 비통 혱 비통하다, 슬프다 |

| H甲 北
[běi] 베이 | 몡 북, 북쪽, 북녘, 북방 동 패배하다 |

| 新HSK5 背
[bèi] 뻬이 | 몡 등, 뒷면 동 등에 지다, 짊어지다 |

| HZ 背后
[bèi hòu] 뻬이 허우 | 몡 배후, 뒤쪽, 뒷면, 뒤편 부 암암리에 |

| 新HSK3 被
[bèi] 뻬이 | 동 덮다, 당하다 몡 이불 개 ~에게 당하다 |

| 新HSK6 被动
[bèi dòng] 뻬이 뚱 | 몡 피동 혱 피동적이다, 수동적이다 |

| 新HSK3 北方
[běi fāng] 베이 징 | 몡 북방, 북부, 북 |

| H丙 被迫
[bèi pò] 뻬이 포 | 동 강요당하다, 강요에 못 견디다 |

| 新HSK5 被子
[bèi zǐ] 뻬이즈 | 몡 이불, 담요 |

| 新HSK1 杯子
[bēi zǐ] 베이즈 | 몡 잔, 컵(cup) |

| 新HSK4 倍
[bèi] 뻬이 | 양 배, 곱, 갑절 부 더욱, 훨씬 동 배가하다 |

新HSK1 **本** [běn] 번	몡 근본, 기초 형 본래의 대 자기의, 이(것), 이번
新HSK4 **本来** [běn lái] 번 라이	몡 본래, 원래 부 본래의, 원래의, 당연히
新HSK5 **本领** [běn lǐng] 번 링	몡 재능, 능력, 수완
新HSK6 **本身** [běn shēn] 번 션	대 (사람이나 물건·일의) 그 자신, 그 자체
新HSK6 **本事** [běn shì] 번 쓰	몡 재주, 능력, 수완, 능력, 기량
H甲 **本月** [běn yuè] 번 위에	몡 이번 달
新HSK5 **本质** [běn zhì] 번 쯔	몡 본질, (사람의) 성질
H甲 **本子** [běn zǐ] 번 즈	몡 공책, 노트, 장부, 판본(版本)
新HSK5 **笨** [bèn] 뻔	형 둔하다, 서투르다, 거칠다, 육중하다
HT **绷带** [bēng dài] 뻥 따이	몡 붕대
新HSK6 **甭** [béng] 벙	부 ~할 필요가 없다, ~하지 마라
新HSK4 **笔记** [bǐ jì] 비 찌	몡 필기, 노트

新HSK3 **鼻子** [bí zǐ] 비 즈	명 코
新HSK2 **比** [bǐ] 비	개 ~에 비하여, ~보다 동 비교하다, 견주다
新HSK3 **比较** [bǐ jiào] 비 찌아오	부 비교적 동 비교하다, 대비하다
新HSK3 **比赛** [bǐ sài] 비 싸이	동 경기하다 명 경기, 시합, 게임(game)
HT **笔直** [bǐ zhí] 비즈	형 똑바르다, 매우 바르다
新HSK5 **必然** [bì rán] 삐 란	명 필연 부 반드시, 꼭 형 필연적이다
新HSK5 **必须** [bì xū] 삐 쉬	부 반드시 ~해야 한다, 필수적이다
新HSK5 **必要** [bì yào] 삐 야오	명 필요 형 필요하다
HZ **闭** [bì] 삐	동 닫다, 다물다, 감다, 끝내다
新HSK5 **毕竟** [bì jìng] 삐 찡	부 결국, 필경, 드디어, 어차피
新HSK4 **毕业** [bì yè] 삐 예	명 졸업 동 졸업하다
新HSK5 **避免** [bì miǎn] 삐 미앤	명 방지, 모면 동 방지하다

H甲	**边** [biān] 삐앤	명 가, 변, 끝, 가장자리 부 한편, 동시에
新HSK5	**编辑** [biān jí] 삐앤 지	명 편집, 편집인 동 편집하다
新HSK6	**贬低** [biǎn dī] 비앤 띠	동 낮게 평가하다, 얕잡아 보다
H甲	**变** [biàn] 삐앤	동 변하다, 달라지다, 바꾸다 명 변고, 전란
H甲	**变成** [biàn chéng] 삐앤 청	동 ~으로 변하다, ~이 되다
H丙	**变动** [biàn dòng] 삐앤 뚱	명 변동, 이동 동 변동하다
新HSK3	■ **变化** [biàn huà] 삐앤 화	명 변화 동 변하다
新HSK5	**便利** [biàn lì] 삐앤 리	형 편리하다 동 편리하다
H丙	**便于** [biàn yú] 삐앤 위	동 ~에 편리하다, ~에 용이하다
新HSK5	**遍** [biàn] 삐앤	형 온, 모든 동 두루 퍼지다 부 널리, 두루
新HSK6	**辩论** [biàn lùn] 삐앤 룬	명 변론, 논쟁, 토론 동 변론하다, 논쟁하다, 토론하다
新HSK4	**标准** [biāo zhǔn] 삐아오 준	명 기준, 표준 형 표준적이다, 정확하다

HSK4 **表** [biǎo] 비아오	몡 겉, 외부, 모범, 시계 통 나타내다, 표현하다
新HSK4 **表达** [biǎo dá] 삐아오따	몡 표현 통 (생각·감정 등을) 표현하다
HZ **表面** [biǎo miàn] 비아오 미앤	몡 (물체의) 표면, 겉, 외견, 외관
新HSK4 **表明** [biǎo míng] 비아오 밍	몡 표명 통 표명하다, 나타내다
新HSK3 **表示** [biǎo shì] 비아오 쓰	몡 표정, 기색 통 (의사를) 표시하다
新HSK5 **表现** [biǎo xiàn] 비아오 씨앤	통 표현하다, 나타내다 몡 태도, 품행, 표현
新HSK3 **表演** [biǎo yǎn] 비아오 옌	몡 연기 통 연기하다
新HSK4 **表扬** [biǎo yáng] 비아오 양	몡 표창, 칭송 통 표창하다, 칭송하다
H开 **别** [bié] 삐에	통 이별하다, 헤어지다, 구별하다, 꽂다
新HSK3 **别人** [bié rén] 삐에런	대 남, 타인
新HSK3 **宾馆** [bīn guǎn] 삔 구안	몡 호텔, (시설이 좋고 큰) 여관
HT **冰淇淋** [bīng qí lín] 삥 치 린	몡 아이스크림

新HSK3 冰箱
[bīng xiāng] 삥 씨앙
명 아이스박스(ice box), 냉장고

H乙 并
[bìng] 삥
동 합치다, 겸유하다 부 함께, 일제히

新HSK4 并且
[bìng qiě] 삥 치에
접 게다가, 또한, 그 위에

H甲 病
[bìng] 삥
명 병, 질병, 결점 동 병나다, 앓다

新HSK5 病毒
[bìng dú] 삥 두
명 병독, 바이러스(virus)

H乙 病房
[bìng fáng] 삥 팡
명 병실, 입원실, 병동(病棟)

新HSK4 饼干
[bǐng gān] 빙 간
명 비스켓, 과자

H乙 病人
[bìng rén] 삥 런
명 환자, 병자

HT 波动
[bō dòng] 뿌어 뚱
명 파동, 변동 동 동요하다, 술렁거리다

新HSK8 波浪
[bō làng] 뿌어 랑
명 파랑, 파도, 물결

H丙 拨
[bō] 뿌어
동 다이얼을 돌리다, 방향을 바꾸다

新HSK5 玻璃
[bō lí] 뿌어 리
명 유리, 유리 모양의 물건

| 菠菜 [bō cài] 뿌어 차이 | 명 시금치 |

| 播送 [bō sòng] 뿌어 쑹 | 명 방송 동 방송하다 |

| 脖子 [bó zi] 부어 쯔 | 명 목, (물건의) 목 부분 |

| 薄弱 [bó ruò] 부어 뤄 | 형 박약하다, 부족하다 |

| 博士 [bó shì] 부어 쓰 | 명 박사 |

| 补 [bǔ] 부 | 동 깁다, 보충하다, 명 이익, 도움 |

| 补充 [bǔ chōng] 부 충 | 명 보충, 보완 동 보충하다, 보완하다 |

| 不 [bù] 뿌 | 부 (부정문) 아니다, ~않다, 못하다 |

| 不必 [bù bì] 뿌 삐 | 부 ~할 필요가 없다, ~하지 마라 |

| 不错 [bù cuò] 뿌 춰 | 형 틀림없다, 맞다, 좋다, 괜찮다 |

| 不但 [bù dàn] 뿌 딴 | 접 ~ 뿐만 아니라 |

| 不当 [bù dāng] 뿌 땅 | 형 부당하다, 온당치 않다 |

| HT **不得** [bù dé] 뿌 더 | 부 (동사 뒤에 붙어) ~해서는 안 된다 |

| 新HSK4 **不得不** [bù dé bù] 뿌 더 뿌 | 부 반드시 ~해야 한다, 하는 수 없이 |

| HZ **不管** [bù guǎn] 뿌 구안 | 동 상관하지 않다 접 ~에 관계없이 |

| 新HSK4 **不过** [bù guò] 뿌 꿔 | 부 ~에 불과하다 접 그러나, 하지만 |

| 新HSK5 **不好意思** [bù hǎo yì si] 뿌 하오 이스 | 동 부끄럽다, 쑥스럽다, 창피스럽다 |

| 新HSK6 **不禁** [bù jìn] 뿌 찐 | 동 금하지 못하다, 참지 못하다 부 자기도 모르게 |

| 新HSK4 **不仅** [bù jǐn] 뿌 진 | 부 (단지) ~뿐이[만이] 아니다 접 ~뿐만 아니라 |

| H병 **不利** [bù lì] 뿌 리 | 형 불리하다, 순조롭지 못하다 |

| HZ **不论** [bù lùn] 뿌 룬 | 접 ~을 막론하고, ~에 관계없이 |

| 新HSK5 **不免** [bù miǎn] 뿌 미앤 | 동 면할 수 없다, 아무리 ~해도 ~가 되다 |

| 新HSK5 **不然** [bù rán] 뿌 란 | 형 그렇지 않다 접 그렇지 않으면 |

| H병 **不要** [bù yào] 뿌 야오 | 부 ~하지 마라, ~해서는 안 된다 |

新HSK5 **不要紧** [bù yào jǐn] 뿌 야오 진	형 중요치 않다, 별로다, 괜찮다
HT **不宜** [bù yí] 뿌 이	동 ~하기에 적당치 않다
新HSK6 **不止** [bù zhǐ] 뿌즈	동 그치지 않다, ~를 넘다 접 ~뿐만 아니라
H예 **不只** [bù zhǐ] 뿌즈	접 ~뿐만 아니라
新HSK5 **不足** [bù zú] 뿌 쭈	형 부족하다, ~할 가치가 없다 명 부족
新HSK5 **布** [bù] 뿌	명 포, 천, 포목 동 공포하다, 배치하다
新HSK6 **布告** [bù gào] 뿌 까오	명 포고, 게시 동 포고하다, 게시하다
新HSK6 **布局** [bù jú] 뿌 쥐	명 구성, 배치, 분포상태 동 구성하다
新HSK6 **布置** [bù zhì] 뿌 쯔	명 배치, 열 동 배치하다, 할당하다
HT **步行** [bù xíng] 뿌 싱	동 걸어서 가다, 도보로 가다
新HSK4 **部分** [bù fēn] 뿌 펀	명 부분, 일부
新HSK6 **部署** [bù shǔ] 뿌 수	명 배치 동 (인력·임무 등을) 배치하다

C

CHINESE KOREAN WORDS DICTIONARY

新HSK4 **擦** [cā] 차	동 마찰시키다, 비비다, (천 등으로) 닦다, 바르다, 칠하다, 스치다
新HSK4 **猜** [cāi] 차이	동 추측하다, 알아맞히다, 의심하다
新HSK3 **才** [cái] 차이	명 재주, 재능, 재능 있는 사람 부 방금, 이제 막, 비로소, 겨우
才子 [cái zǐ] 차이 즈	명 재능이 뛰어난 사람, 재자
新HSK4 **材料** [cái liào] 차이 리아오	명 재료, 재목, 자재, 자료, 데이터(data), 인재, 자질
新HSK4 **财产** [cái chǎn] 차이 찬	명 재산, 자산
新HSK6 **财富** [cái fù] 차이 푸	명 부(富), 재산, 자원
新HSK6 **财政** [cái zhèng] 차이 쩡	명 재정
新HSK6 **裁判** [cái pàn] 차이 판	명 재판, 심판 동 재판하다
新HSK5 **采访** [cǎi fǎng] 차이 팡	동 취재하다, 탐방하다, 인터뷰하다
新HSK6 **采购** [cǎi gòu] 차이 꺼우	동 구매[구입]하다 명 구매원

新HSK5 **采取** [cǎi qǔ] 차이 취	동 (방침·태도 등을) 취하다, 채택하다
HZ **采用** [cǎi yòng] 차이 용	동 채용하다, 채택하다, 도입하다
新HSK1 **菜** [cài] 차이	명 야채, 채소, 요리의 총칭, 반찬
新HSK3 **菜单** [cài dān] 차이 딴	명 메뉴(menu), 식단, (컴퓨터) 선택 항목
新HSK4 **参观** [cān guān] 찬 꾸안	명 참관, 견학 동 참관하다, 견학하다, 잘 보다
新HSK3 **参加** [cān jiā] 찬 찌아	동 (조직·활동에) 참가하다, 가입하다
新HSK4 **餐厅** [cān tīng] 찬 팅	명 식당, 음식점, 레스토랑
新HSK5 **操心** [cāo xīn] 차오 신	동 걱정하다, 마음이 쓰이다, 심려하다
新HSK6 **操纵** [cāo zòng] 차오 쫑	동 (기계 등을) 다루다, 조정[지배]하다
新HSK5 **操作** [cāo zuò] 차오 쭤	명 조작 동 (기계 등을) 조작하다
新HSK3 **草** [cǎo] 차오	명 풀, 짚, 초서 형 거칠다, 어설프다
新HSK6 **草率** [cǎo shuài] 차오 쏴이	형 경솔하다, 거칠다, 조솔하다

草原 [cǎo yuán] 차오 위앤	명 초원, 풀밭
测验 [cè yàn] 처 이앤	명 측정, 테스트 동 시험하다
策划 [cè huà] 처 화	동 계략을 꾸미다, 획책하다 명 계략
层 [céng] 청	명 층, 계층 부 연이어 형 겹겹의
曾经 [céng jīng] 청 찡	부 일찍이, 이전에, 이미, 벌써
差别 [chā bié] 차 삐에	명 (형식·내용상에서의) 차이, 구별
差异 [chā yì] 차 이	명 차이, 다른 점
茶 [chá] 차	명 차, 차나무, 찻빛, 담갈색
查 [chá] 차	동 검사하다, 검열하다, 조사하다
察觉 [chá jué] 차 쮜에	동 눈치채다, 알아차리다
差不多 [chà bu duō] 차 부 뚜어	부 거의, 대체로 형 근접하다, 거의 비슷하다
差点儿 [chà diǎnr] 차 디앨	부 하마터면, 거의 형 조금 다르다

중한 단어 | **35**

| 新HSK5 拆 [chāi] 차이 | 동 헐다, 부수다, 뜯어내다 |

| 新HSK6 产生 [chǎn shēng] 찬 썽 | 동 낳다, 출산하다, 생기다 |

| 新HSK6 产业 [chǎn yè] 찬 예 | 명 산업, 부동산, 근대의 각종 노동 생산 |

| 新HSK2 长 [cháng] 창 | 형 길다, 멀다, 뛰어나다 명 길이, 장점, 장시간 |

| 长久 [cháng jiǔ] 창 찌우 | 형 장구하다, (시간이) 아주 오래되다, 장기간의 |

| 长期 [cháng qī] 창 치 | 명 장기(長期), 장기간 형 장기적이다 |

| 长远 [cháng yuǎn] 창 위앤 | 형 (미래가) 길고 멀다, 오래다, 장구하다, 항구적이다 |

| 新HSK4 尝 [cháng] 창 | 동 맛보다, 체험하다 부 일찍이, 이전에 |

| 常 [cháng] 창 | 부 늘, 언제나, 자주 |

| 常常 [cháng cháng] 창 창 | 부 자주, 늘, 종종, 언제나 |

| 新HSK4 场 [chǎng] 창 | 명 장소, 광장, 무대, (영화·경기 등의) 회, 편, 차례, (연극의) 장, 장면 |

| 场地 [chǎng dì] 창 띠 | 명 장소, 마당, 운동장, 시험장 |

新HSK6 场合
[chǎng hé] 창 허
- 명 장면, 장소, 경우, 형편, 상황

新HSK6 场面
[chǎng miàn] 창 미앤
- 명 (연극·소설 등의) 장면, 신(scene), 국면, 외모, 외관

唱
[chàng] 창
- 동 노래하다, 크게 외치다, 명 노래, 시가

新HSK5 朝
[cháo] 차오
- 명 조정, 조대(朝代) 개 ~을 향하여
- 동 (~으로) 향하다, 알현[참배]하다

新HSK5 潮湿
[cháo shī] 차오 쓰
- 형 습기가 많다, 축축하다, 눅눅하다

新HSK4 吵
[chǎo] 차오
- 형 시끄럽다, 떠들썩하다

新HSK4 超过
[chāo guò] 차오 꿔
- 동 따라잡다, 추월하다

新HSK4 吵架
[chǎo jià] 차오 찌아
- 명 말다툼 동 말다툼하다

HT 吵闹
[chǎo nào] 차오 나오
- 동 말다툼하다, 소란을 피우다

新HSK5 炒
[chǎo] 차오
- 동 (기름 등에) 볶다, 들볶다

车
[chē] 처
- 명 차, 수레, 기계, 선반(旋盤) 동 선반으로 깎다

车站
[chē zhàn] 처 짠
- 명 정류장, 정거장, 역

新HSK5 **彻底** [chè dǐ] 처 디	몡 철저함 휑 철저히 하다
新HSK6 **撤销** [chè xiāo] 처 씨아오	몡 철회 통 철회하다, 취소하다
新HSK6 **沉闷** [chén mèn] 천 먼	휑 음울하다, 찌무룩하다
新HSK6 **沉思** [chén sī] 천 쓰	몡 숙고 통 숙고하다, 깊이 생각하다
新HSK6 **沉重** [chén zhòng] 천 쭝	몡 무거운 부담 휑 무겁다, 심각하다
新HSK6 **沉着** [chén zhuó] 천 주어	몡 침착 휑 침착하다, 차분하다
新HSK6 **陈列** [chén liè] 천 리에	통 진열하다, 전시하다
陈设 [chén shè] 천 써	몡 장식품, 진열품 통 장식하다, 진열하다
新HSK3 **衬衫** [chèn shān] 천 싼	몡 셔츠(shirt), 블라우스
新HSK6 **称赞** [chēng zàn] 청 짠	몡 칭찬 통 칭찬하다
成 [chéng] 청	통 이루다, 완성하다, ~이 되다 휑 기존의, 전체의
新HSK4 **成功** [chéng gōng] 청 꽁/궁	몡 성공 통 성공하다, 완성하다

新HSK5 **成果** [chéng guǒ] 청 구어	명 성과, 결과
新HSK3 **成绩** [chéng jì] 청 찌	명 성적, 성과, 기록
新HSK5 **成就** [chéng jiù] 청 찌우	명 성취, 업적　동 성취하다, 이루다
新HSK5 **成立** [chéng lì] 청 리	명 창립, 설치, 성립　동 (이론·의견이) 성립하다
成人 [chéng rén] 청 런	명 어른, 성인　동 어른이 되다
成熟 [chéng shú] 청 수	형 무르익다, 성숙하다　동 (과일 등이) 익다, 여물다
新HSK6 **成天** [chéng tiān] 청 티앤	부 온종일, 하루 종일
新HSK4 **成为** [chéng wéi] 청 웨이	동 ~으로 되다, ~가 되다, ~로 변하다
新HSK5 **成长** [chéng zhǎng] 청 장	동 성장하다, 자라다
诚实 [chéng shí] 청 스	형 성실하다, 언행이 일치하다, 진실하다
新HSK5 **承担** [chéng dān] 청 단	동 담당하다, 맡다, 감당하다
新HSK3 **城市** [chéng shì] 청 쓰	명 도시, 도회지, 시내

| 乘客 [chéng kè] 청 커 | 명 승객 |

| 惩罚 [chéng fá] 청 파 | 명 징벌, 처벌 동 징벌하다, 처벌하다 |

| 吃 [chī] 츠 | 동 먹다, 마시다, 피우다 명 먹거리, 식사 |

| 吃惊 [chī jīng] 츠 징 | 형 깜짝 놀라다 |

| 吃苦 [chī kǔ] 츠 쿠 | 명 고생 동 고생하다 |

| 吃亏 [chī kuī] 츠 쿠이 | 부 애석하게도 동 손해를 보다, 불리하다 |

| 吃力 [chī lì] 츠 리 | 형 힘들다, 힘겹다, 피로하다 |

| 迟到 [chí dào] 츠 따오 | 동 지각하다, 늦게 도착하다 |

| 迟缓 [chí huǎn] 츠 후안 | 형 지연하다, 느리다, 완만하다 |

| 持久 [chí jiǔ] 츠 지우 | 동 오래 지속되다, 오래 유지하다 |

| 持续 [chí xù] 츠 쉬 | 동 계속 유지하다, 지속하다 |

| 尺 [chǐ] 츠 | 명 자, 자 모양의 물건 수양 척, 자 |

新HSK5 **尺子** [chǐ zi] 츠 즈	명 자, 척도(尺度), 기준, 표본
新HSK5 **冲** [chòng] 충	동 ~을 향하다, ~을 대하다 개 ~대하여
新HSK6 **冲击** [chōng jī] 충 지	동 심하게 부딪히다 명 충격, 쇼크
冲破 [chōng pò] 충 푸어	동 (상태·제한 등을) 돌파하다, 타파하다
新HSK5 **冲突** [chōng tū] 충 투	명 충돌, 모순 동 충돌하다, 모순되다,
冲撞 [chōng zhuàng] 충 쭈앙	동 부딪치다, 충돌하다
HZ **充分** [chōng fèn] 충 펀	형 충분하다 부 충분히, 최대한
新HSK5 **充满** [chōng mǎn] 충 만	동 충만하다, 가득 채우다
新HSK6 **充实** [chōng shí] 충 스	명 충실, 보강 형 충실하다 동 보강하다
新HSK5 **充足** [chōng zú] 충 주	형 충족하다, 충분하다
重 [chóng] 충	동 중복하다, 겹치다 부 거듭, 다시 형 겹겹의, 겹쳐진 수양 층(層), 겹
新HSK6 **重叠** [chóng dié] 충 띠에	형 중첩되다, 중복되다, 겹치다

| 新HSK5 **重复**
[chóng fù] 충 푸 | 명 중복, 반복 동 중복되다, 반복하다 |

| 新HSK6 **崇高**
[chóng gāo] 충 까오 | 형 숭고하다, 고상하다 |

| H甲 **抽**
[chōu] 처 우 | 동 뽑다, 꺼내다, 빨다, 피우다 |

| 新HSK5 **抽象**
[chōu xiàng] 처우 씨앙 | 명 추상 형 추상적이다 |

| 新HSK2 ■ **出**
[chū] 추 | 동 나오다, 발표하다, 발행하다 |

| 新HSK5 **出版**
[chū bǎn] 추 반 | 명 출판 동 출판하다, 발행하다 |

| 新HSK5 **出差**
[chū chai] 추 차이 | 명 출장 동 출장가다, 파견되다 |

| 新HSK4 **出发**
[chū fā] 추 파 | 명 출발 동 출발하다 |

| H甲 **出来**
[chū lái] 추 라이 | 동 나오다, 출현하다, 나서다 |

| H丙 **出门**
[chū mén] 추 먼 | 동 외출하다, 집을 떠나다 |

| H甲 **出去**
[chū qù] 추 취 | 동 나가다, 외출하다 |

| 新HSK6 **出身**
[chū shēn] 추 선 | 명 출신, 최초의 직업 동 출세하다 |

新HSK4 **出生** [chū shēng] 추 썽	명 출생 동 탄생하다
新HSK6 **出息** [chū xi] 추 시	명 미래, 장래성, 발전성 동 발전하다
新HSK3 **出现** [chū xiàn] 추 씨앤	명 출현 동 나타나다
新HSK6 **出洋相** [chū yángxiàng] 추 양 씨양	동 추태를 부리다, 웃음거리가 되다
HZ **出院** [chū yuàn] 추 위앤	명 퇴원 동 (병원에서) 퇴원하다
H中 **出租汽车** [chū zū qì chē] 추 쭈 치 처	명 택시(taxi)
H丙 **初中** [chū zhōng] 추 중	명 중학교
□ **处罚** [chǔ fá] 추 파	동 (법에 의해) 처벌하다
新HSK5 **除非** [chú fēi] 추 페이	접 다만[오로지] ~해야만, ~하지 않으면, ~을 제외하고
新HSK3 **厨房** [chú fáng] 추 팡	명 부엌, 주방, 요리사, 조리사
□ **厨师** [chú shī] 추 쓰	명 요리사
新HSK6 **处分** [chǔ fèn] 추 펀	명 처분, 처벌 동 처분하다, 처리하다

新HSK5 ☐ **处理** [chù lǐ] 추 리	명 처리, 처분 동 처리하다	
新HSK5 ■ **穿** [chuān] 추안	동 (구멍을) 뚫다, 꿰뚫다	
☐ **传** [chuán] 추안	동 전달하다, 전파하다, 전수하다	
新HSK5 ☐ **传播** [chuán bō] 추안 뿌어	동 널리 퍼뜨리다, 전파하다 명 전파, 유포	
新HSK5 ☐ **传达** [chuán dá] 추안 따	동 전하다, 전달하다 명 전달	
新HSK5 ☐ **传统** [chuán tǒng] 추안 퉁	명 전통	
新HSK4 ☐ **传真** [chuán zhēn] 추안 쩐	명 초상화, 팩스(fax) 동 초상화를 그리다	
新HSK2 ■ **船** [chuán] 추안	명 배, 선박	
新HSK4 ☐ **窗户** [chuāng hu] 추앙 후	명 창, 창문	
☐ **窗帘** [chuāng lián] 추앙 리앤	명 커튼, 블라인드	
H甲 ☐ **床** [chuáng] 추앙	명 침대, 베드(bed) (수양) 채, 자리	
新HSK5 ☐ **闯** [chuǎng] 추앙	동 돌진하다, 목표를 향해 도처에서 활동하다	

创办
[chuàng bàn] 추앙 빤
- 동 세우다, 설립하다

创立
[chuàng lì] 추앙 리
- 명 창립, 창시 동 창립하다, 창시하다

创造
[chuàng zào] 추앙 짜오
- 동 창조하다, 발명하다, 새롭게 만들다

创作
[chuàng zuò] 추앙 쭈어
- 동 (문예 작품을) 창작하다 명 창작, 문예 작품

吹
[chuī] 추이
- 동 불다, (바람이) 불다, 허사가 되다

春天
[chūn tiān] 춘 티앤
- 명 봄, 봄철

春
[chūn] 춘
- 명 봄, 춘계(春季), 봄철, (남녀의) 욕정(欲情)

纯粹
[chún cuì] 춘 취
- 부 순전히 형 순수하다, 깨끗하다

纯洁
[chún jié] 춘 지에
- 명 순결 형 순결하다 동 정화하다

词典
[cí diǎn] 츠 띠앤
- 명 (단어를 모은) 사전

次
[cì] 츠
- 명 차례, 순서 양 번, 차, 횟수 수 제 2의, 두 번째의, 다음의

次要
[cì yào] 츠 야오
- 형 이차적인, 부차적인, 다음으로 (두번째로) 중요한

중한 단어 | **45**

新HSK6 **伺候** [cì hou] 츠 허우	동 시중을 들다, 거들어주다, 돌보다
新HSK6 **刺** [cì] 츠	명 가시, 바늘 동 찌르다, 자극하다
HT **匆匆** [cōng cōng] 충 충	형 총총한 모양, 분주한 모양
HT **匆忙** [cōng máng] 충 망	형 황망하다, 분주하다
新HSK3 **聪明** [cōng míng] 충 밍	형 영리하다, 총명하다
HT **葱** [cōng] 충	명 파, 청색 형 푸르다, 새파랗다
新HSK2 **从** [cóng] 충	동 좇다, 순종하다 명 수행원, 사촌간 개 ~에서 [부터], ~을, ~로
新HSK4 **从来** [cóng lái] 충 라이	부 여태껏, 지금까지, 이제까지
新HSK5 **从前** [cóng qián] 충 치앤	명 종전, 이전 부 예전에, 종전에
从容 [cóng róng] 충 룽	형 침착하다, 차분하다, (시간·경제적으로) 여유가 있다, 넉넉하다
新HSK6 **凑合** [còu hé] 처우 허	동 한곳에 모이다, 가까이 가다 형 형편이 좋다
凑巧 [còu qiǎo] 처우 치아오	형 공교롭다 부 공교롭게, 때마침, 알맞게

新HSK4 **粗** [cū] 추	형 굵다, (알갱이가) 크다, 거칠다, 경솔하다 부 대충, 약간
新HSK5 **促进** [cù jìn] 추 찐	명 촉진 동 촉진시키다
新HSK5 **促使** [cù shǐ] 추 스	동 ~하도록 재촉하다, ~하게 하다
新HSK6 **摧残** [cuī cán] 추이 찬	명 파괴, 손상 동 파괴하다, 박해하다
新HSK6 **脆弱** [cuì ruò] 추이 뤄	형 취약하다, 연약하다
存放 [cún fàng] 춘 팡	동 (돈·물건을) 맡겨서 보관해 두다 명 예금과 대출
新HSK5 **存在** [cún zài] 춘 짜이	동 존재하다, 현존하다 명 존재
HZ **寸** [cùn] 춘	명 촌, 치 형 (매우) 짧다, 작다
新HSK5 **措施** [cuò shī] 춰 쓰	명 조치, 대책, 시책 동 조치하다
新HSK2 **错** [cuò] 춰	명 잘못, 착오 형 들쑥날쑥하다, 나쁘다 동 (이를) 갈다, 엇갈리다
新HSK5 **错误** [cuò wù] 춰 우	형 틀리다, 잘못되다 명 잘못, 과오
错字 [cuò zì] 춰 쯔	명 오자(誤字), 틀린 글자, 오식(誤植)

D

CHINESE KOREAN WORDS DICTIONARY

新HSK5 达到
[dá dào] 다 따오
동 (목표·정도에) 도달하다

新HSK4 答案
[dá àn] 다 안
명 답안, 답

新HSK6 答复
[dá fù] 다 푸
동 회답하다, 대답하다 명 대답, 회답

新HSK4 答应
[dā yìng] 따 잉
동 허락하다, 동의하다 명 승낙

1甲 打
[dǎ] 다
동 치다, 싸우다, 깨뜨리다

1갑 打败
[dǎ bài] 다 빠이
명 패배 동 물리치다, 패배하다

新HSK4 打扮
[dǎ bàn] 다 반
명 단장, 차림새 동 단장하다, 화장하다

HZ 打倒
[dǎ dǎo] 다 따오
명 타도 동 타도하다, 쳐부수다

打火机
[dǎ huǒ jī] 다 후어 찌
명 라이터(lighter)

新HSK5 打击
[dǎ jī] 다 찌
동 치다, 때리다, 공격하다 명 타격, 공격

新HSK6 打架
[dǎ jià] 다 찌아
동 싸움을 하다, 다투다

新HSK5 **打交道** [dǎ jiāo dao] 다 찌아오 따오	통 왕래하다, 사귀다, 접촉하다
新HSK6 **打量** [dǎ liang] 다 리앙	통 살펴보다, 가늠하다, 관찰하다
打闹 [dǎ nào] 다 나오	통 떠들(어대)다, 시끄럽게 하다
H万 **打破** [dǎ pò] 다 푸어	명 타파 통 타파하다, 깨다
新HSK4 **打扰** [dǎ rǎo] 다 라오	통 (남의 일을) 방해하다, 교란시키다
新HSK3 **打扫** [dǎ sǎo] 다 사오	명 청소 통 청소하다, 치우다
新HSK3 **打算** [dǎ suàn] 다 쑤안	명 생각 통 계획하다 조통 ~하려고 하다
新HSK5 **打听** [dǎ tīng] 다 팅	통 물어보다, (사실·상황 등을)알아보다
新HSK6 **打仗** [dǎ zhàng] 다 짱	명 싸움 통 싸우다, 경쟁을 하다
新HSK5 **打招呼** [dǎ zhāo hu] 다 짜오 후	통 인사하다, 통지하다, 주의를 주다
新HSK4 **打针** [dǎ zhēn] 다 쩐	명 주사 통 주사를 놓다, 주사를 맞다
新HSK1 **大** [dà] 따	부 매우, 몹시 형 크다, 많다, 세다

新HSK5 **大便** [dà biàn] 따 삐앤	명 대변 동 대변을 보다
HZ **大胆** [dà dǎn] 따 단	부 대담하게 형 대담하다
新HSK5 **大都** [dà dōu] 따 또우	부 대개, 대부분, 대체로 명 대도시
新HSK5 **大方** [dà fang] 따 팡	형 시원스럽다, 인색하지 않다
新HSK4 **大概** [dà gài] 따 까이	명 대략, 개요 부 아마, 대략적으로
新HSK2 **大家** [dà jiā] 따 찌아	명 대가, 거장, 권위자 대 모두들, 여러분
HZ **大量** [dà liàng] 따 리앙	명 대량, 다량 형 대량의 부 대량으로
HZ **大米** [dà mǐ] 따 미	명 쌀
新HSK6 **大厦** [dà shà] 따 싸	명 큰 건물, 고층 건물, 빌딩
新HSK4 **大使馆** [dà shǐ guǎn] 따 스 관	명 대사관
HT **大体** [dà tǐ] 따 티	부 대체로, 대략 명 대체, 대국
HZ **大小** [dà xiǎo] 따 시아오	명 크기, 대소, 어른과 아이 부 아무튼

新HSK甲 **大学** [dà xué] 따 쉬에	명 대학 동 크게 배우다
新HSK乙 **大衣** [dà yī] 따 이	명 외투, 오버(overcoat)코트
新HSK6 **大意** [dà yì] 따 이	명 대의 형 소홀하다
新HSK4 **大约** [dà yuē] 따 위에	부 대략, 대강, 아마, 대개는
新HSK5 **呆** [dāi] 따이	동 머무르다 형 우둔하다, 멍청하다
新HSK3 **带** [dài] 따이	명 띠, 벨트, 밴 동 휴대하다, 지니다
新HSK4 **代表** [dài biǎo] 따이 뱌오	명 대표 동 대표하다
新HSK4 **戴** [dài] 따이	동 쓰다, 걸치다, 착용하다
新HSK丙 **带动** [dài dòng] 따이 똥	명 선도 동 인도하다, 움직이게 하다
新HSK4 **大夫** [dài fu] 따이 푸	명 의사
新HSK6 **带领** [dài lǐng] 따이 링	명 인솔, 지휘 동 인솔하다, 안내하다
新HSK6 **代替** [dài tì] 따이 티	명 대신, 대체 동 대신하다, 대체하다

| 新HSK5 **待遇** [dài yù] 따이 위 | 명 대우, 취급, 대접 동 대우하다 |

| HZ **单** [dān] 딴 | 형 홀의, 단일의 부 오직, 오로지 |

| **单薄** [dān bó] 딴 부어 | 형 (힘 등이) 약하다, 부족하다 |

| 新HSK5 **单纯** [dān chún] 딴 춘 | 형 단순하다 부 단지, 오로지, 단순히 |

| HZ **单词** [dān cí] 딴 띠아오 | 명 단어 형 단조롭다, 단순하다 |

| 新HSK5 **担负** [dān fù] 딴 푸 | 동 부담하다, 지다, 맡다 |

| 新HSK5 **担任** [dān rèn] 딴 런 | 명 담당 동 (직무를) 맡다 |

| 新HSK3 ■ **担心** [dān xīn] 딴 신 | 명 걱정 동 걱정하다, 염려하다 |

| 新HSK5 **耽误** [dān wu] 딴 우 | 명 허비 동 그르치다, 허비하다 |

| 新HSK2 ■ **但是** [dàn shì] 딴 쓰 | 접 그러나, 그렇지만, 하지만 |

| 新HSK5 **诞生** [dàn shēng] 딴 썽 | 명 탄생 동 탄생하다, 생기다 |

| 新HSK5 **淡** [dàn] 딴 | 형 (색이) 엷다, (맛이) 싱겁다 |

新HSK3 ■	**蛋糕** [dàn gāo] 딴 까오	몡 케익(cake), 카스텔라
新HSK4 □	**当** [dāng] 땅	동 대하다, 되다, 담당하다 깨 ~에서 ~때 조동 당연히 ~해야 한다
新HSK3 □	**当地** [dāng dì] 땅 띠	명 현지, 그 곳
H甲 □	**当家** [dāng jiā] 땅 찌아	동 집안을 맡아보다, 살림을 꾸려 나가다
新HSK3 ■	**当然** [dāng rán] 땅 란	부 당연히, 물론 형 당연하다, 물론이다
新HSK4 □	**当时** [dāng shí] 땅 스	명 당시, 그때 부 바로, 즉시, 즉각, 당장
新HSK6 □	**当心** [dāng xīn] 땅 씬	명 한 가운데 동 조심하다, 유의하다
HZ □	**刀子** [dāo zi] 따오 즈	명 칼, 작은 칼
新HSK5 □	**导演** [dǎo yǎn] 따오 앤	명 감독, 연출자, 안무 동 연출하다, 감독하다
新HSK4 □	**导游** [dǎo yóu] 따오 웬	명 관광안내원 동 안내하다
新HSK5 □	**岛** [dǎo] 따오	명 섬, ~도(島)
新HSK5 □	**倒** [dǎo] 따오	동 넘어지다, 붕괴하다, 바꾸다, 이동하다

중한 단어 | 53

新HSK2 **到** [dào] 따오	형 전반적이다 동 도착하다 개 ~에, ~으로
新HSK4 **到处** [dào chù] 따오 추	부 도처에, 곳곳에
新HSK5 **到达** [dào dá] 따오 다	명 도착 동 도착하다, 이르다
新HSK4 **到底** [dào dǐ] 따오 디	부 도대체, 결국 동 끝까지 하다, 최후까지 하다
H급 **倒退** [dào tuì] 따오 투이	명 후퇴, 역행 동 후퇴하다, 퇴보하다
H급 **道** [dào] 따오	명 길, 도로, 이치, 방법 동 말하다
新HSK5 **道德** [dào dé] 따오 더	명 도덕, 윤리 형 도덕적이다
新HSK5 **道理** [dào li] 따오 리	명 도리, 이치, 법칙, 방법, 수단, 대책
新HSK4 **道歉** [dào qiàn] 따오 치앤	명 사과 동 사죄하다, 잘못함을 표하다
新HSK2 **得** [děi] 더	동 얻다, 생기다, 획득하다 형 알맞다 감 됐어, 아이고
H급 **得病** [dé bìng] 더 삥	동 병에 걸리다, 병을 얻다
H급 **得到** [dé dào] 더 따오	동 손에 넣다, 되다, 얻다

新HSK4 □ **得意** [dé yì] 더 이	동 마음먹은 대로 되다, 자만하다, 만족하다
新HSK3 ■ **地** [de] 더	조동 동사·형용사를 수식하는 말 뒤에 붙는 결구조사(結構助詞)
新HSK1 ■ **的** [de] 더	조동 명사·동사 뒤에서 한정의 역할
新HSK2 ■ **得** [de] 더	조동 동사·형용사·보어 사이에서 결과·가능·정도를 나타낸다
新HSK4 □ **得** [děi] 데이	조동 ~해야 한다, ~일 것이다 형 만족하다
□ **灯** [dēng] 떵	명 등, 등불, 전자관(電子管)
新HSK5 □ **登记** [dēng jì] 떵 찌	동 등기하다, 체크인하다, 등록하다 명 등록, 체크인
新HSK2 ■ **等** [děng] 덩	명 종류, 등급 형 같다, 대등하다
新HSK4 □ **等待** [děng dài] 덩 따이	동 (사람·상황 등을) 기다리다 명 대기
신HSK □ **等到** [děng dào] 덩 따오	접 ~때에는, 때에 이르러 동 기다리다
新HSK5 □ **等候** [děng hòu] 덩 허우	동 (구체적인 대상을) 기다리다
□ **低** [dī] 띠	형 (높이·수준·등급 등이) 낮다, 싸다 동 (머리를) 숙이다, 내려가다

| 新HSK5 **的确** [dí què] 디 취에 | 부 확실히, 정확히, 참으로, 정말, 실로 |

| 新HSK6 **抵达** [dǐ dá] 디 다 | 명 도달, 도착 동 도달하다, 도착하다 |

| 新HSK6 **抵抗** [dǐ kàng] 디 캉 | 명 저항, 대항 동 저항하다, 대항하다 |

| 新HSK5 **地道** [dì dào] 띠 다오 | 형 진짜의, 본고장의, 질이 좋다, 순수하다, 문자 그대로 |

| 新HSK3 **地方** [dì fāng] 띠 팡 | 명 지방, 그곳, 그 지방 |

| 新HSK4 **地球** [dì qiú] 띠 치우 | 명 지구 |

| 新HSK5 **地毯** [dì tǎn] 띠 탄 | 명 양탄자, 카펫(carpet), 융단 |

| 新HSK3 **地铁** [dì tiě] 띠 티에 | 명 지하철 |

| 新HSK2 **弟弟** [dì di] 띠 디 | 명 남동생, 아우 |

| 新HSK6 **递** [dì] 띠 | 동 넘겨주다, 건네주다 |

| **第** [dì] 띠 | 접두 제~, ~째 부 다만, 단지 |

| 新HSK6 **典型** [diǎn xíng] 디앤 싱 | 명 전형, 전형적인 인물 형 전형적이다 |

新HSK1 ■ **点** [diǎn] 디앤	명 점, 얼룩, 방울 동 점을 찍다 양 약간, 조금, 개, 가지, 시(時)
□ **点名** [diǎn míng] 디앤 밍	동 출석을 부르다, 점호를 하다, 지명하다
新HSK5 □ **点心** [diǎn xīn] 디앤 신	명 간식, 과자, 가벼운 식사 동 요기하다
□ **点钟** [diǎn zhōng] 디앤 쭝	명 시(時), 시간
□ **电报** [diàn bào] 띠앤 빠오	명 전보, 전신
□ **电冰箱** [diàn bīng xiāng] 띠앤 삥 씨앙	명 냉장고
□ **电灯** [diàn dēng] 띠앤 떵	명 전등, 백열등
□ **电动扶梯** [diàn dòng fú tī] 띠앤 뚱 푸 티	명 에스컬레이터(escalator)
□ **电话** [diàn huà] 띠앤 화	명 전화, 전화기
□ **电脑** [diàn nǎo] 띠앤 나오	명 컴퓨터(computer)
□ **电气** [diàn qì] 띠앤 치	명 전기
□ **电扇** [diàn shàn] 띠앤 싼	명 선풍기

新HSK1 ■ 电视
[diàn shì] 띠앤 쓰
- 명 텔레비전(television), TV

□ 电视台
[diàn shì tái] 띠앤 쓰 타이
- 명 TV 방송국

新HSK3 ■ 电梯
[diàn tī] 띠앤 티
- 명 엘리베이터(elevator), 승강기

新HSK1 ■ 电影
[diàn yǐng] 띠앤 잉
- 명 영화

新HSK6 □ 惦记
[diàn jì] 띠앤 찌
- 동 늘 생각하다, 염려하다

新HSK4 □ 调查
[diào chá] 띠아오 차
- 명 조사 동 조사하다

新HSK6 □ 调动
[diào dòng] 띠아오 뚱
- 동 (위치·인원 등을) 옮기다, 이동하다

新HSK4 □ 掉
[diào] 띠아오
- 동 떨어뜨리다, 떨어지다

□ 钉子
[dīng zi] 띵즈
- 명 못, 장애

新HSK5 □ 顶
[dǐng] 딩
- 명 정수리, 꼭대기 동 머리로 받치다, 지탱하다 부 아주, 대단히

□ 顶点
[dǐng diǎn] 딩 디앤
- 명 정점, 꼭대기, 절정, 꼭지점

新HSK4 □ 丢
[diū] 띠우
- 동 잃다, 유실하다, 방치하다

丢面子 [diū miàn zi] 띠우 미앤 즈	동 체면 깎이다, 창피하다
丢失 [diū shī] 띠우 쓰	동 잃어버리다, 분실하다
东 [dōng] 둥	명 동, 동쪽
冬 [dōng] 둥	명 겨울(winter), 동기
东西 [dōng xi] 뚱시	명 물건 물품, 음식, 자식, 새끼
冬天 [dōng tiān] 뚱 티앤	명 겨울, 겨울철, 동계(冬季)
懂 [dǒng] 둥	동 알다, 깨닫다, 이해하다
懂得 [dǒng de] 둥 더	동 (뜻·방법 등을) 알다, 이해하다
董事 [dǒng shì] 둥 쓰	형 사리에 밝다, 철이 들다
动 [dòng] 뚱	동 (마음이)움직이다, 행동하다
动荡 [dòng dàng] 뚱 땅	명 불안정 형 (정세·상황이)불안정하다, 흔들리다
动机 [dòng jī] 뚱 찌	명 동기, 의도

新HSK6 **动静** [dòng jìng] 뚱 찡	명 동정, 모습, 동태, 인기척
HZ **动人** [dòng rén] 뚱 런	동 감동시키다 형 감동적이다
新HSK6 **动身** [dòng shēn] 뚱 선	명 출발 동 출발하다
新HSK6 **动手** [dòng shǒu] 뚱 서우	명 착수 동 시작하다, 착수하다, 손보다
■ 新HSK3 **动物** [dòng wù] 뚱 우	명 동물, 짐승
H挧 **动摇** [dòng yáo] 뚱 야오	동 동요하다, (마음이) 흔들리다
新HSK6 **动员** [dòng yuán] 뚱 위앤	동 (군대·사람을) 동원하다 명 동원
新HSK4 **动作** [dòng zuò] 뚱 쭈어	명 동작, 활동, 행동 동 활동하다, 행동하다, 동작하다
■ 新HSK1 **都** [dōu] 떠우	부 모두, 전부, 벌써, 심지어, ~조차도
新HSK6 **斗争** [dòu zhēng] 떠우 쩡	동 투쟁하다, 분투하다 명 투쟁
新HSK6 **督促** [dū cù] 뚜 추	명 독촉, 재촉, 감독 동 독촉하다
新HSK5 **独立** [dú lì] 두 리	명 독립 동 독립하다, 혼자 서다

新HSK5 **独特** [dú tè] 두 터	형 독특하다, 특별하다
新HSK1 **读** [dú] 두	동 읽다, 공부하다 명 독음(讀音)
HZ **读书** [dú shū] 두 쑤	동 독서하다, 책을 읽다
HZ **堵** [dǔ] 두	동 막다, 틀어막다, 가로막다 명 담장, 울타리
新HSK4 **肚子** [dù zi] 뚜 즈	명 복부(腹部), 배
新HSK3 **短** [duǎn] 두안	명 결점, 흠 형 (길이·시간이) 짧다 동 모자라다, 빚지다
HZ **短期** [duǎn qī] 두안 치	명 단기, 짧은 기간
短缺 [duǎn quē] 두안 취에	명 결핍, 부족 동 결핍하다, 부족하다
新HSK4 **断** [duàn] 뚜안	동 (가늘고 긴 물건을) 자르다, 끊다
新HSK3 **段** [duàn] 뚜안	양 구간, 조각, 단 , 토막 명 수단, 방법, 단위(段位)
新HSK3 **锻炼** [duàn liàn] 뚜안 렌	명 단련 동 (운동을 통해 신체를) 단련하다
新HSK2 **对** [duì] 뚜이	개 ~에 대하여, ~에게 양 쌍, 짝 동 대답하다

新HSK1 **对不起** [duì bù qǐ] 뚜이 뿌 치	통 미안하다, 죄송하다
新HSK4 **对待** [duì dài] 뚜이 따이	명 접대, 대우 통 대하다, 대처하다
新HSK4 **对话** [duì huà] 뚜이 화	명 대화 통 대화하다
新HSK6 **对立** [duì lì] 뚜이 리	명 대립, 반대 통 대립하다
新HSK3 **对面** [duì miàn] 뚜이 미앤	명 반대편, 맞은편, 건너편
新HSK3 **对于** [duì yú] 뚜이 위	개 ~에 대하여, ~에 관하여
新HSK4 **顿** [dùn] 뚠	양 끼니, 번, 차례 통 (머리를) 조아리다
新HSK5 **顿时** [dùn shí] 뚠 스	부 바로, 갑자기 별안간, 단번에
新HSK1 **多** [duō] 뚜어	형 많다, 과다한 부 얼마나, 제아무리
新HSK3 **多么** [duō me] 뚜어 머	부 얼마나, 어느 정도, 참으로
新HSK1 **多少** [duō shao] 뚜어 싸오	대 다소, 얼마나, 몇
HZ **多数** [duō shù] 뚜어 수	명 다수 부 대개, 대체로

多半 [duō bàn] 뚜어 빤	수 대부분, 대개
多亏 [duō kuī] 뚜어 쿠이	동 덕분이다, 덕택이다
多余 [duō yú] 뚜어 위	형 나머지의, 여분의, 남는, 남아도는
哆嗦 [duō suō] 뚜어 수어	동 (외부의 자극으로 인해) 몸을 떨다
夺 [duó] 뚜어	동 강제로 빼앗다, 쟁취하다
夺取 [duó qǔ] 뚜어 취	동 빼앗다, 쟁취하다, 강탈하다
夺得 [duó dé] 뚜어 더	동 쟁취하다, 차지하다, 따다
朵 [duǒ] 두어	수 (꽃이나 구름등을 셀때) 송이, 점
躲 [duǒ] 두어	동 숨다, 피하다, 은폐하다
躲避 [duǒ bì] 두어 삐	동 회피하다, (법망을) 피하다

E

CHINESE KOREAN WORDS DICTIONARY

新HSK 5 **躲藏** [duǒ cáng] 두어 창	동 (남이 보이지 않게 몸을) 숨기다, 숨다
HZ **鹅** [é] 어	명 (동물) 거위
HT **讹** [é] 어	명 잘못
HT **额** [é] 어	명 이마
新HSK 6 **额外** [é wài] 어 와이	명 초과 형 초과의, 과도한, 지나친
HT **蛾子** [é zi] 어 즈	명 나방(moth)
H例 **恶心** [ě xīn] 어 신	동 구역질이 나다 명 오심, 구역질
恶 [è] 어	명 악, 악행 형 흉악하다, 추하다
HT **恶毒** [è dú] 어 뚜	형 악랄하다, 악독하다
H例 **恶化** [è huà] 어 화	명 악화 동 악화되다
H例 **恶劣** [è liè] 어 뤼에	형 아주 나쁘다, 열악하다, 악질이다

□ **恶习** [è xí] 어 시	명 악습, 나쁜 습관, 고약한 버릇
HT **恶性** [è xìng] 어 씽	명 악성의, 악질의
新HSK3 **饿** [è] 어	형 배가 고프다 동 굶다, 굶주리다
HT **恩爱** [ēn'ài] 언 아이	명 부부간의 애정 형 부부간의 애정이 깊다
□ **恩赐** [ēn cì] 언 츠	명 베풀어 주는 물건 동 베풀다, 하사하다
□ **恩惠** [ēn huì] 언 후이	명 은혜
HT **恩人** [ēn rén] 언 런	명 은인(恩人: 자신에게 은혜를 베풀어 준 사람)
□ **摁** [èn] 언	동 (손가락)으로 누르다
HT **恩** [ēn] 언	명 은혜, 호의
□ **儿** [ér] 얼	명사 뒤에 붙음, 양사·형용사·동사 뒤에 붙어 명사화시키다
HT **儿女** [ér nǚ] 얼 뉘	명 자녀(子女), 아들, 딸
新HSK4 **儿童** [ér tóng] 얼 통	명 어린이, 아동

| 新HSK1 **儿子**
[ér zi] 얼 즈 | 명 아들, 아이 |

| 新HSK4 **而**
[ér] 얼 | 접 ~하고도, 또한, 게다가, ~부터 ~까지 |

| HT **而后**
[ér hòu] 얼 허우 | 부 이후에, 연후에 |

| 新HSK3 **而且**
[ér qiě] 얼 치에 | 접 ~도, 또한, ~뿐만 아니라, 더욱이 |

| **耳边风**
[ěr biān fēng] 얼 삐앤 펑 | 명 중요하게 여기지 않는 말, 마이동풍 |

| 新HSK3 **耳朵**
[ěr duo] 얼 뚜어 | 명 귀 |

| 新HSK6 **耳环**
[ěr huán] 얼 후안 | 명 귀고리, 귀걸이 |

| **耳机**
[ěr jī] 얼 찌 | 명 수화기, 이어폰(earphone), 리시버(receiver) |

| **耳目**
[ěr mù] 얼 무 | 명 이목, 귀와 눈, 이목, 밀정, 스파이, 견문, 식견 |

| 新HSK1 **二**
[èr] 얼 | 양 둘, 2, 제2, 둘째, 두번, 다음번째
형 다른, 두 가지의 |

| **二话**
[èr huà] 얼 화 | 명 두 말, 딴소리, 다른 말, 불평, 불만 |

| **二心**
[èr xīn] 얼 씬 | 명 두 마음, 딴마음, 이심(異心) |

F

发 [fā] 파
- 동 보내다, 발급하다, 발표하다, 번창하다

发表 [fā biǎo] 파 삐아오
- 명 발표, 공표 동 발표하다, 발산시키다

发出 [fā chū] 파 추
- 동 (소리 등을) 내다, 보내다, 발표하다

发达 [fā dá] 파 다
- 명 발달 동 발달하다, 번성하다

发动 [fā dòng] 파 똥
- 동 동원하다, 일으키다, 개시하다

发挥 [fā huī] 파 후이
- 명 발휘 동 (능력·작용을) 발휘하다

发觉 [fā jué] 파 쥐에
- 동 발견하다, 깨닫다, 눈치채다

发明 [fā míng] 파 밍
- 명 발명, 발명품 동 발명하다, 설명하다

发烧 [fā shāo] 파 싸오
- 명 발열 동 열이 나다, 붉어지다

发生 [fā shēng] 파 썽
- 명 발생 동 발생하다

发誓 [fā shì] 파 쓰
- 동 맹세하다

新HSK3 **发现** [fā xiàn] 파 씨앤	명 발견 동 발견하다, 찾다
新HSK6 **发扬** [fā yáng] 파 양	동 발양하다, 발양시키다, 발휘하다
新HSK4 **发展** [fā zhǎn] 파 잔	명 발전 동 발전하다, 확충하다
HT **法** [fǎ] 파	명 방법, 방식, 법률 동 본받다, 모방하다
HT **法定** [fǎ dìng] 파 띵	형 법률로 규정된, 법정의
新HSK4 **法律** [fǎ lǜ] 파 뤼	명 법률
新HSK4 **翻译** [fān yì] 판 이	동 번역하다 명 번역, 통역, 번역가
新HSK5 **凡是** [fán shì] 판 쓰	부 대체로, 무릇 접 만약 ~한다면
新HSK5 **烦恼** [fán nǎo] 판 나오	명 번뇌 동 번뇌하다, 걱정하다
新HSK5 **繁荣** [fán róng] 판 룽	형 번영하다 동 번영시키다 명 번영
新HSK4 **反对** [fǎn duì] 판 뚜이	명 반대 동 반대하다
HT **反而** [fǎn'ér] 판 얼	부 오히려, 역으로 접 그런데

新HSK5 **反复** [fǎn fù] 판 푸	형 반복하다 부 반복적 명 반복
H例 **反击** [fǎn jī] 판 찌	동 반격하다 명 반격, 역습
新HSK6 **反抗** [fǎn kàng] 판 캉	명 반항, 저항 동 반항하다
反响 [fǎn xiǎng] 판 씨앙	명 반향, 메아리 동 반향하다, 메아리치다
新HSK5 **反应** [fǎn yìng] 판 잉	명 반응, 반향 동 반응하다
新HSK4 **反映** [fǎn yìng] 판 잉	명 반영 동 반영하다, 보고하다
HT **返回** [fǎn huí] 판 후이	명 귀환 동 (원래의 곳으로) 돌아가다
H甲 **饭** [fàn] 판	명 밥, 식사, 생활
H甲 **饭店** [fàn diàn] 판 띠앤	명 여관, 호텔(Hotel), 식당, 레스토랑
新HSK1 **饭馆** [fàn guǎn] 판 관	명 식당, 음식점
HT **饭碗** [fàn wǎn] 판 완	명 밥공기, 직업
新HSK4 **范围** [fàn wéi] 판 웨이	명 범위, 한계 동 제한하다, 개괄하다

新HSK3 方便
[fāng biàn] 팡 삐앤
형 편리하다, 넉넉하다

新HSK4 方法
[fāng fǎ] 팡 파
명 방법, 수단, 방식

新HSK4 方面
[fāng miàn] 팡 미앤
명 방면, 쪽, 분야

新HSK5 方式
[fāng shì] 팡 쓰
명 방식, 방법, 양식

新HSK4 方向
[fāng xiàng] 팡 씨앙
명 방향, 목표

新HSK6 方针
[fāng zhēn] 팡 쩐
명 방침

新HSK6 防守
[fáng shǒu] 팡 써우
명 방어, 수비 동 방위하다, 수비하다

新HSK6 防御
[fáng yù] 팡 위
명 방어 동 방어하다

新HSK6 防止
[fáng zhǐ] 팡 즈
명 방지 동 방지하다

新HSK6 防治
[fáng zhì] 팡 쯔
명 예방치료 동 예방치료하다, 퇴치하다

新HSK5 妨碍
[fáng ài] 팡 아이
명 방해 동 방해하다, 훼방 놓다

新HSK5 房东
[fáng dōng] 팡 둥
명 집주인

新HSK2 **房间** [fáng jiān] 팡 찌앤	명 방
H乙 **房子** [fáng zi] 팡 즈	명 집, 건물
新HSK4 **访问** [fǎng wèn] 팡 원	명 방문 동 방문하다, 찾아보다
仿照 [fǎng zhào] 팡 짜오	동 (원형대로) 본뜨다, 의거하다, 따르다
新HSK3 **放** [fàng] 팡	동 놓아주다, 방송하다, 놓다
放开 [fàng kāi] 팡 카이	동 크게 하다, 제한을 없애다
新HSK4 **放弃** [fàng qì] 팡 치	동 (권한, 주장 등을) 포기하다, 철회하다
新HSK6 **放手** [fàng shǒu] 팡 쎠우	동 손을 놓다, 내버려 두다
新HSK5 **放松** [fàng sōng] 팡 쏭	동 늦추다, 느슨하게 하다
新HSK3 **放心** [fàng xīn] 팡 씬	명 안심 동 마음을 놓다, 안심하다
放纵 [fàng zòng] 팡 쭝	형 방종하다, 예의에 어긋나다 동 내버려 두다
H甲 **飞** [fēi] 페이	동 비행하다, 날다 부 매우 빨리, 나는 듯이 형 뜻밖의

新HSK1 ■ 飞机
[fēi jī] 페이 찌
명 비행기, 항공기

H丙 □ 飞行
[fēi xíng] 페이 씽
명 비행 동 비행하다

新HSK2 ■ 非常
[fēi cháng] 페이 창
부 대단히, 매우 형 비상한, 특별한

□ 非法
[fēi fǎ] 페이 파
명 불법 부 불법으로 형 불법의

新HSK6 □ 诽谤
[fěi bàng] 페이 빵
명 비방 동 비방하다, 헐뜯다

H丙 □ 废
[fèi] 페이
동 폐기하다, 버리다 형 불구의

新HSK6 □ 废除
[fèi chú] 페이 추
명 취소 동 (법령·조약 등을)취소하다

HZ □ 费
[fèi] 페이
명 요금, 비용, 경비 동 (금전·노력 등을) 쓰다, 소비하다, 들이다

H丙 □ 费力
[fèi lì] 페이 리
형 일이 까다롭다 동 애쓰다, 힘들다

新HSK5 □ 费心
[fèi xīn] 페이 씬
동 마음을 쓰다, 신경쓰다, 걱정하다, 귀찮으시겠습니다

新HSK3 ■ 分
[fēn] 펀
동 나누다, 분배하다 명 분량, 부, 몫

新HSK5 □ 分别
[fēn bié] 펀 삐에
동 이별하다, 분별하다 명 구별, 식별 부 따로, 각각

分割
[fēn gē] 펀 꺼
명 분할 동 분할하다

分解
[fēn jiě] 펀 지에
동 분해하다, 해설하다, 분열시키다
명 분해

分离
[fēn lí] 펀 리
동 분리하다, 떼어 놓다, 헤어지다

分裂
[fēn liè] 펀 리에
명 분열, 결별 동 분열하다, 분열시키다

分明
[fēn míng] 펀 밍
부 분명히, 뚜렷이 형 분명하다, 뚜렷하다

分配
[fēn pèi] 펀 페이
명 분배, 배치 동 분배하다, 배치하다

分散
[fēn sàn] 펀 싼
명 분산 동 분산하다, 널리 배부하다

分析
[fēn xī] 펀 시
명 분석 동 분석하다

分钟
[fēn zhōng] 펀 중
명 분(minute)

吩咐
[fēn fù] 펀 푸
명 분부 동 분부하다, 명하다, 지시하다

粉笔
[fěn bǐ] 펀 비
명 분필, 백묵

粉碎
[fěn suì] 펀 쑤이
명 분쇄 동 분쇄하다, 으깨다, 깨지다

| 新HSK5 **奋斗** [fèn dòu] 펀 또우 | 동 분투하다, 싸우다, 노력하다 |

| 新HSK5 **愤怒** [fèn nù] 펀 누 | 명 분노, 격노, 노여움 동 분노하다 |

| H丙 **丰产** [fēng chǎn] 펑 찬 | 명 풍작, 다수확 |

| 新HSK4 **丰富** [fēng fù] 펑 푸 | 형 풍부하다, 많다 동 풍부하게 하다 |

| 新HSK4 **风景** [fēng jǐng] 펑 찡 | 명 풍경, 경치 |

| 新HSK6 **丰盛** [fēng shèng] 펑 썽 | 형 풍성하다, 풍부하다, 성대하다, 호화롭다, 무성하다 |

| 新HSK6 **丰收** [fēng shōu] 펑 써우 | 명 풍작 동 풍작이 들다 |

| H甲 **风** [fēng] 펑 | 명 바람, 풍속, 습관 형 바람에 말린 |

| 新HSK6 **风度** [fēng dù] 펑 뚜 | 명 풍격, 훌륭한 태도 |

| 新HSK6 **风格** [fēng gé] 펑 꺼 | 명 풍격, 품격, 태도나 방법 |

| 新HSK5 **风俗** [fēng sú] 펑 쑤 | 명 풍속, 풍습 |

| H丙 **疯** [fēng] 펑 | 동 실성하다, 발광하다, 정신이 이상해지다 |

封
[fēng] 펑
동 막다, 봉하다, 봉인하다 수 (편지 등 세는 단위) 통, 장

佛教
[fó jiào] 푸어 찌아오
명 불교

否定
[fǒu dìng] 포우 띵
명 부정 형 부정적 동 부정하다

否则
[fǒu zé] 포우 저
접 그렇지 않으면

夫妻
[fū qī] 푸 치
명 부부, 남편과 아내

夫人
[fū rén] 푸 런
명 부인, 아주머니

富
[fù] 푸
형 부유하다, 재산이 많다

服从
[fú cóng] 푸 충
명 복종, 종속 동 복종하다, 종속하다

服务
[fú wù] 푸 우
동 근무하다, 봉사하다

复印
[fù yìn] 푸 인
동 복사하다, 복제하다

■ 服务员
[fú wù yuán] 푸 우 웬
명 종업원, 웨이터(waiter), 안내원

符合
[fú hé] 푸 허
동 부합하다, 일치하다, 따르다

중한 단어 | 75

新HSK6 **腐烂** [fǔ làn] 푸 란	동 썩다, (제도·조직 등이) 부패하다
新HSK4 **父亲** [fù qīn] 푸 친	명 부친, 아버지
新HSK5 **付款** [fù kuǎn] 푸 쿠안	명 지불, 지급 동 돈을 지불하다
新HSK6 **负担** [fù dān] 푸 단	명 부담 동 부담되다, 책임지다
新HSK3 **附近** [fù jìn] 푸 찐	명 부근, 근처 형 부근의, 근처의
新HSK4 **复杂** [fù zá] 푸 자	형 복잡하다
新HSK4 **负责** [fù zé] 푸 저	동 책임지다, 담당하다 명 책임
新HSK5 **复制** [fù zhì] 푸 쯔	동 복제하다, (파일을) 카피하다 명 복제
H병 **富有** [fù yǒu] 푸 여우	명 부유 형 부유하다, 풍부하다
HT **富余** [fù yu] 푸 위	동 남아돌다
新HSK6 **富裕** [fù yù] 푸 위	형 넉넉하다, 풍요롭다, 부유하다
新HSK6 **赋予** [fù yǔ] 푸 위	동 (중대한 임무나 사명 등을)부여(附與)하다, 주다

G — CHINESE KOREAN WORDS DICTIONARY

改 [gǎi] 까이
동 고치다, 바꾸다, 고쳐 쓰다

改变 [gǎi biàn] 까이 삐앤
동 바꾸다, 변하다 명 변화

改革 [gǎi gé] 까이 거
동 개혁하다 명 개혁

改进 [gǎi jìn] 까이 찐
명 개선 동 개진하다, 개량하다

改良 [gǎi liáng] 까이 량
동 개량하다 명 개량

改善 [gǎi shàn] 까이 싼
동 개선하다 명 개선

改造 [gǎi zào] 까이 짜오
동 개조하다, 바꾸다 명 개조, 수정

改正 [gǎi zhèng] 까이 쩡
동 개정하다, 시정하다 명 개정, 정정

盖 [gài] 까이
동 덮다, 씌우다, 집을 짓다 명 덮개, 뚜껑, 차의 차양

概括 [gài kuò] 까이 쿼
명 개괄 동 총괄하다 형 간단명료하다

干 [gān] 깐
동 하다, 일하다 형 마르다 부 헛되이

중한 단어 | **77**

新HSK4 **干杯** [gān bēi] 깐 베이	몡 건배 동 건배하다
新HSK5 **干脆** [gān cuì] 깐 추이	혱 명쾌하다, 간단명료하다 부 전혀, 아예
新HSK3 **干净** [gān jìng] 깐 찡	혱 깨끗하다, 깔끔하다
新HSK6 **干扰** [gān rǎo] 깐 라오	동 교란시키다, 방해하다 몡 방해
新HSK5 **干涉** [gān shè] 깐 써	동 간섭하다, 관계하다 몡 간섭, 관계
新HSK4 **干燥** [gān zào] 깐 짜오	혱 건조하다, 재미없다
HZ **赶** [gǎn] 간	동 따라가다, 서두르다, 쫓아내다
新HSK5 **赶快** [gǎn kuài] 간 콰이	부 빨리, 서둘러, 어서, 얼른
H정 **赶忙** [gǎn máng] 간 망	부 서둘러, 급히, 재빨리
新HSK3 **敢** [gǎn] 간	조동 감히 ~하다, 과감히 하다
新HSK4 **感动** [gǎn dòng] 간 뚱	동 감동시키다, 감동하다 몡 감동
新HSK5 **感激** [gǎn jī] 간 찌	몡 감격 동 감격하다, 감사하다

新HSK4 **感觉** [gǎn jué] 간 쥐에	명 느낌, 감촉 동 느끼다
H甲 **感冒** [gǎn mào] 간 마오	명 감기 동 감기에 걸리다, 감지하다
新HSK4 **感情** [gǎn qíng] 간 칭	명 감정, 애정, 친근감
新HSK5 **感受** [gǎn shòu] 간 써우	명 느낌, 인상 동 느끼다, (영향을) 받다
新HSK5 **感想** [gǎn xiǎng] 간 씨앙	명 감상, 소감
新HSK4 **感谢** [gǎn xiè] 간 씨에	명 감사 동 감사하다
新HSK4 **干** [gān] 깐	명 방패 동 연루되다 형 건조하다, 마르다
H甲 **刚** [gāng] 깡	부 막, ~하자, 꼭 형 단단하다
新HSK3 **刚才** [gāng cái] 깡 차이	명 방금, 조금 전, 막
新HSK4 **刚刚** [gāng gāng] 깡 깡	부 막, 방금, 얼마 전에
新HSK5 **钢笔** [gāng bǐ] 깡 비	명 펜, 만년필, (등사용) 철필
新HSK2 **高** [gāo] 까오	명 높이 형 높다, 비싸다 동 높아지다

新HSK4 **高级** [gāo jí] 까오 지	형 고급의
新HSK6 **高尚** [gāo shàng] 까오 쌍	형 고상하다
新HSK1 **高兴** [gāo xìng] 까오 씽	명 기쁨 동 기뻐하다, 좋아하다, 즐거워하다
HZ **高原** [gāo yuán] 까오 위앤	명 고원
H쥐 **高中** [gāo zhōng] 까오 쭝	명 고등학교
新HSK5 **搞** [gǎo] 가오	동 하다, ~을 하다
新HSK5 **告别** [gào bié] 까오 비에	동 고별하다, 이별하다, 헤어지다
新HSK6 **告辞** [gào cí] 까오 츠	동 작별을 고하다, 헤어지다
新HSK2 **告诉** [gào sù] 까오 쑤	동 알리다, 보고하다, 말하다
新HSK2 **哥哥** [gē ge] 꺼 거	명 형, 오빠, 친척 형, 친척 오빠
H쥐 **歌剧** [gē jù] 꺼 쮜	명 오페라, 가극
新HSK6 **歌颂** [gē sòng] 꺼 쑹	동 찬양하다, 찬미하다

革新
[gé xīn] 거 씬
동 혁신하다 명 혁신

格式化
[gé shì huà] 거 쓰 화
동 (컴퓨터를) 포맷하다, 초기화하다

个
[gè] 꺼
수 개, 명 형 단독의 명 (사람의) 키

个别
[gè bié] 꺼 비에
형 개개의, 개별적, 극소수의

个人
[gè rén] 꺼 런
명 개인, 나 자신

个性
[gè xìng] 꺼 씽
명 개성, 개별성

各
[gè] 꺼
대 각각, 개개의, 여러 가지

个子
[gè zi] 꺼 즈
명 (물건의) 크기, (사람의) 체격, 키, 몸집

各别
[gè bié] 꺼 비에
형 각별하다, 특별하다

给
[gěi] 게이
동 주다, 바치다, 허용하다 개 ~에게

给面子
[gěi miàn zi] 게이 미앤 즈
동 체면을 세워 주다[봐주다]

给以
[gěi yǐ] 게이 이
동 주다[목적어가 뒤에 옴]

新HSK5 **根** [gēn] 껀	수 개, 가닥, 근원 명 가닥, 대
新HSK5 **根本** [gēn běn] 껀 번	명 근본, 기초 형 중요하다 부 도무지
新HSK5 **根据** [gēn jù] 껀 쮜	동 근거하다, 의거하다 명 근거
新HSK6 **根源** [gēn yuán] 껀 위앤	명 근원, 원천, 뿌리 동 비롯되다
新HSK3 ■ **跟** [gēn] 껀	명 뒤꿈치 동 뒤따르다, 쫓아가다 개 ~에게, ~와
新HSK3 **更** [gēng] 껑	부 더욱, 한층 더, 또한
新HSK6 **更正** [gēng zhèng] 껑 쩡	명 정정 동 정정하다
新HSK5 **工厂** [gōng chǎng] 꽁 창	명 공장
기출 **工程** [gōng chéng] 꽁 청	명 공사, 공정
新HSK6 **工夫** [gōng fū] 꽁 푸	명 틈, 여가, 재주
기출 **工钱** [gōng qián] 꽁 치앤	명 품삯, 공전, 노임, 임금
新HSK4 **工资** [gōng zī] 꽁 쯔	명 임금, 노임

新HSK1 **工作**　[gōng zuò] 꿍 쭤	동 일하다, 업무를 보다　명 일, 업무, 노동
新HSK6 **公布**　[gōng bù] 꿍 뿌	명 공표　동 발표하다, 공포하다
新HSK2 **公共汽车**　[gōng gòng qì chē] 꿍 꿍 치 처	명 시내버스, 버스
新HSK2 **公司**　[gōng sī] 꿍 스	명 회사, 기업
新HSK3 **公园**　[gōng yuán] 꿍 위앤	명 공원
新HSK5 **功夫**　[gōng fu] 꿍 푸	명 조예, 시간, 노력
新HSK6 **功课**　[gōng kè] 꿍 커	명 학과목, 공부, 강의 학습
新HSK6 **功劳**　[gōng láo] 꿍 라오	명 공로, 공훈
新HSK4 **公里**　[gōng lǐ] 꿍 리	명 킬로미터(kilometer)
新HSK5 **攻击**　[gōng jī] 꿍 찐	동 공격하다, 공략하다　명 공격, 비난
新HSK2 **公斤**　[gōng jīn] 꿍 찐	명 킬로그램(kilogram)
新HSK4 **工具**　[gōng jù] 꿍 쮜	명 기구(器具), 도구(道具), 공구(工具), 연장

新HSK6 **攻克** [gōng kè] 꿍 커	명 함락, 난관 동 함락시키다
新HSK6 **供给** [gōng jǐ] 꿍 지	명 공급, 지급 동 공급하다, 지급하다
H병 **供应** [gōng yīng] 꿍 잉	명 제공, 공급 동 제공하다, 공급하다,
新HSK6 **巩固** [gǒng gù] 궁 꾸	형 견고하다, 튼튼하다 명 견고
新HSK4 **共同** [gòng tóng] 꿍 퉁	형 공동의, 공통의 부 함께, 다같이
新HSK5 **贡献** [gòng xiàn] 꿍 씨앤	명 공헌, 기여 동 공헌하다, 기여하다
新HSK6 **勾结** [gōu jié] 꼬우 지에	명 결탁, 공모 동 결탁하다, 공모하다
新HSK1 **狗** [gǒu] 고우	명 개, 앞잡이 동 비위를 맞추다
新HSK5 **构成** [gòu chéng] 꼬우 청	명 구성, 형성 동 구성하다, 형성하다
H병 **购买** [gòu mǎi] 꼬우 마이	명 구매, 구입 동 구매하다, 구입하다
新HSK4 **够** [gòu] 꼬우	형 충분하다, 넉넉하다 부 충분히, 대단히, 몹시
新HSK4 **孤单** [gū dān] 꾸 딴	명 외톨이 형 외롭다, 미약하다

新HSK6 **孤独** [gū dú] 꾸 두	명 고독 형 외롭다, 고독하다
新HSK6 **孤立** [gū lì] 꾸 리	형 고립되어 있다, 외롭다 동 고립하다, 고립시키다
新HSK5 **姑姑** [gū gū] 꾸 구	명 고모
新HSK4 **估计** [gū jì] 꾸 찌	명 추측 동 예측(豫測)하다, 추측(推測)하다
新HSK5 **姑娘** [gū niáng] 꾸 니앙	명 아가씨, 처녀, 미혼 여성
기출 **古** [gǔ] 구	명 옛날, 고대 형 낡다, 오래되다
新HSK4 **鼓掌** [gǔ zhǎng] 꾸 장	명 박수 동 박수치다, 손뼉 치다
新HSK5 **古典** [gǔ diǎn] 구 디앤	명 고전, 고대의 의식(제도)
新HSK5 **骨头** [gǔ tóu] 구 터우	명 뼈, 녀석, ~놈
新HSK6 **鼓动** [gǔ dòng] 구 뚱	명 선동 동 선동하다
新HSK4 **鼓励** [gǔ lì] 구 리	명 격려 동 격려하다, 북돋(우)다
新HSK5 **鼓舞** [gǔ wǔ] 구 우	명 격려 동 고무하다, 격려하다

| 新HSK5 **固定** [gù dìng] 꾸 띵 | 형 고정된 동 고정시키다 |

| 新HSK5 **故事** [gù shì] 꾸 스 | 명 이야기, 스토리, 플롯(plot), 줄거리 |

| 新HSK4 **故意** [gù yì] 꾸 이 | 명 고의 부 고의로, 일부러 |

| 新HSK4 **顾客** [gù kè] 꾸 커 | 명 고객, 손님 |

| H甲 **刮** [guā] 꾸아 | 동 수염을 깎다, 착취하다 |

| 新HSK4 **挂** [guà] 꽈 | 동 (물건 등을) 걸다, 전화를 걸다 |

| H乙 **怪** [guài] 꽈이 | 형 이상하다, 의심하다 명 괴물, 요괴 |

| 新HSK3 **关** [guān] 꾸안 | 동 닫다, (스위치를) 끄다, 가두다 |

| 新HSK5 **关怀** [guān huái] 꾸안 후아이 | 명 관심, 배려 동 보살피다, 배려하다 |

| 新HSK4 **关键** [guān jiàn] 꾸안 찌앤 | 명 관건 형 매우 중요하다 |

| H丙 **关头** [guān tóu] 꾸안 터우 | 명 전환점, 일의 중요한 시기 |

| 新HSK3 **关系** [guān xì] 꾸안 씨 | 명 관계 동 관계하다, 관련되다 |

新HSK3 **关心**
[guān xīn] 꾸안 신
- 명 관심 동 관심을 가지다

新HSK3 **关于**
[guān yú] 꾸안 위
- 개 ~에 관해, ~에 관하여

新HSK6 **关照**
[guān zhào] 꾸안 짜오
- 명 관심 동 돌보다, 보살피다

H频 **观测**
[guān cè] 꾸안 처
- 명 관측 동 관측하다, (상황을) 살피다

新HSK5 **观察**
[guān chá] 꾸안 차
- 명 관찰 동 관찰하다, 조사하다

新HSK5 **观点**
[guān diǎn] 꾸안 디앤
- 명 관념, 관점, 입장

新HSK5 **观光**
[guān guāng] 꾸안 꾸앙
- 명 관광 동 관광하다, 참관하다

H频 **观看**
[guān kàn] 꾸안 칸
- 명 관람 동 관람하다, 관찰하다

新HSK5 **观念**
[guān niàn] 꾸안 니앤
- 명 관념, 생각

观望
[guān wàng] 꾸안 왕
- 동 둘러보다, 지켜보다

新HSK4 **观众**
[guān zhòng] 꾸안 쭝
- 명 관중, 관람객

新HSK4 **管理**
[guǎn lǐ] 구안 리
- 명 관리, 감독 동 관리하다, 단속하다

新HSK4 **逛** [guàng] 꽝	동 놀러다니다, (밖으로 나가) 산보하다
新HSK4 **光** [guāng] 꾸앙	명 빛, 풍경, 영광 동 빛내다, 노출하다 부 홀로, 오직
新HSK6 **光彩** [guāng cǎi] 꾸앙 차이	명 광채, 영예 형 영광스럽다
新HSK6 **光辉** [guāng huī] 꾸앙 후이	형 찬란하다, 훌륭하다 명 찬란한 빛
新HSK5 **光明** [guāng míng] 꾸앙 밍	형 밝다, 창창하다 명 광명, 빛
新HSK4 **广播** [guǎng bō] 구앙 뿌어	명 방송 동 방송하다, 퍼뜨리다
新HSK5 **广大** [guǎng dà] 구앙 따	형 (면적이) 넓다, 광범하다, (사람이) 많다
新HSK5 **广泛** [guǎng fàn] 구앙 판	형 광범위하다, 폭넓다
新HSK4 **广告** [guǎng gào] 구앙 까오	명 광고, 간행물, 신문
新HSK6 **广阔** [guǎng kuò] 구앙 쿼	형 넓다, 광활하다
新HSK4 **规定** [guī dìng] 꾸이 띵	명 규정, 규칙 동 규정하다
新HSK6 **规划** [guī huá] 꾸이 화	명 계획, 기획 동 기획하다

新HSK5 **规矩** [guī ju] 꾸이 쮜	명 규칙 형 성실하다, 단정하다
新HSK5 **规律** [guī lǜ] 꾸이 뤼	명 법칙, 규칙, 규율
新HSK5 **规模** [guī mó] 꾸이 무어	명 규모
新HSK5 **规则** [guī zé] 꾸이 저	명 규칙 형 규칙적이다, 정연하다
新HSK2 **贵** [guì] 꾸이	형 비싸다, 지위가 높다 동 중히 여기다, 존중하다
新HSK5 **锅** [guō] 꾸어	명 냄비, 솥, (중국식) 프라이팬
新HSK5 **国籍** [guó jí] 구어(궈) 지	명 국적, 소속국
新HSK4 **国际** [guó jì] 구어(궈) 찌	명 국제 형 국제적인
新HSK3 **国家** [guó jiā] 구어(궈) 찌아	명 국가, 나라
新HSK5 **果然** [guǒ rán] 구어(궈) 란	부 과연, 생각한 대로 명 긴 꼬리 원숭이
新HSK5 **果实** [guǒ shí] 구어(궈) 스	명 과실, 수확, 거둬들인 물건
H_병 **果树** [guǒ shù] 구어(궈) 수	명 과수, 과일나무

新HSK4 过 [guò] 꿔	동 가다, 건너다, 지나다 명 잘못 부 너무, 지나치게
新HSK4 过程 [guò chéng] 꿔 청	명 과정(過程)
新HSK5 过度 [guò dù] 꿔 뚜	동 넘다, 건너다, 과도하다 명 과도
新HSK5 过分 [guò fēn] 꿔 펀	형 지나치다, 과분하다, 심하다
HSK4 过来 [guò lái] 꿔 라이	동 다가오다, 건너오다
过虑 [guò lǜ] 꿔 뤼	동 쓸데없이 걱정하다, 지나치게 염려하다
HSK2 过年 [guò nián] 꿔 녠	동 새해를 맞다, 설을 지내다, 설을 쇠다
■ 新HSK3 过去 [guò qù] 꿔 취	동 지나가다 명 과거, 지난날
新HSK6 过失 [guò shī] 꿔 쓰	명 잘못, 실수, 오류, 과실
■ 新HSK2 过 [guò] 꿔	조동 동사 뒤에 쓰여 동작이 완결됨을 나타낸다
新HSK6 过问 [guò wèn] 꿔 원	동 거들다, 관여하다, 참견하다
新HSK6 过于 [guò yú] 꿔 위	부 (정도나 수량이) 지나치게, 너무

H

新HSK2 还
[hái] 하이
부 아직, 일찍이, 더욱, 또, 그만하면

新HSK3 还是
[hái shì] 하이 쓰
부 여전히, 아직도 접 또한, 그래도

新HSK4 害羞
[hài xiū] 하이 씨우
형 부끄러워하다, 수줍어하다

新HSK2 孩子
[hái zǐ] 하이 쯔
명 어린아이, 아동, 자녀, 자식

H甲 海
[hǎi] 하이
명 바다, 큰 호수 형 크다, 많다

新HSK4 海岸
[hǎi àn] 하이 안
명 해안

新HSK4 汗
[hàn] 한
명 땀

新HSK1 汉语
[hàn yǔ] 한 위
명 중국어, 한어(漢語)

新HSK3 害怕
[hài pà] 하이 파
동 두려워하다, 무서워하다

新HSK6 含糊
[hán hú] 한 후
형 애매하다 동 소홀히 하다, 두려워하다

新HSK4 寒假
[hán jiǎ] 한 찌아
명 겨울방학, 겨울휴가

新HSK5 **寒冷** [hán lěng] 한 렁	형 한랭하다, 몹시 춥다
新HSK5 **喊** [hǎn] 한	동 부르다, 소리치다, 고함을 지르다
新HSK4 **航班** [háng bān] 항 반	명 운행표, 취항 순서, 운항편
新HSK6 **航空** [háng kōng] 항 쿵	명 항공
新HSK6 **航行** [háng xíng] 항 싱	명 항해 동 항해하다
新HSK1 **好** [hǎo] 하오	동 좋아하다 형 좋다, 훌륭하다 부 아주, 매우
新HSK2 **好吃** [hǎo chī] 하오 츠	형 맛있다, 맛나다
新HSK4 **好处** [hǎo chù] 하오 추	명 장점, 이점, 좋은 점
HZ **好好儿** [hǎo hǎo ér] 하오 하올 (더)	형 좋다, 괜찮다 부 잘, 충분히, 마음껏
H甲 **好看** [hǎo kàn] 하오 칸	형 멋있다, 보기 좋다, 예쁘다, 아름답다
新HSK4 **号码** [hào mǎ] 하오 마	명 번호, 사이즈(size), 호수
新HSK4 **好象** [hǎo xiàng] 하오 씨앙	동 마치 ~같다, 비슷하다

好转
[hǎo zhuǎn] 하오 주안
명 호전 동 (일·병세 등이) 호전되다

号
[hào] 하오
명 이름, 명칭, 기호, 번호, 나팔

号召
[hào zhào] 하오 짜오
명 호소 동 호소하다

好奇
[hào qí] 하오 치
명 호기심 형 호기심이 많다

耗
[hào] 하오
명 소비율 동 소비하다, 없어지다, 끝다

喝
[hē] 허
동 마시다, 들이키다 감 허!

合理
[hé lǐ] 허 리
명 합리 형 합리적이다, 도리에 맞다

合适
[hé shì] 허 쓰
형 적당하다, 알맞다, 적합하다

合算
[hé suàn] 허 쑤안
형 수지가 맞다 동 계산하다

合作
[hé zuò] 허 쭤
명 협력, 합작 동 협력하다, 합작하다

何况
[hé kuàng] 허 쿠앙
접 하물며, 더구나

河
[hé] 허
명 강, 하천, 은하계

新HSK1 和
[hé] 허
형 온화하다, 평화롭다 개 ~과, ~와, ~함께

新HSK4 合格
[hé gé] 허 거
명 합격 동 규격에 맞다, 합격하다

和缓
[hé huǎn] 허 후안
형 부드럽다, 완화하다 동 긴장을 풀다, 부드럽게 하다

新HSK5 和平
[hé píng] 허 핑
명 평화 형 순하다, 부드럽다, 평화롭다

新HSK2 黑
[hēi] 헤이
형 검다, 저물다, 침울하다 동 사기치다

HZ 黑暗
[hēi àn] 헤이 안
명 어둠 형 깜깜하다, 암담하다

新HSK3 黑板
[hēi bǎn] 헤이 반
명 칠판, 흑판

新HSK1 很
[hěn] 헌
부 매우, 몹시, 대단히

新HSK2 红
[hóng] 홍
형 붉다, 빨갛다, 번창하다 명 다홍, 주홍

HZ 红茶
[hóng chá] 홍 차
명 홍차

HT 宏大
[hóng dà] 홍 따
형 웅대하다, 거대하다, 장엄하다

新HSK6 吼
[hǒu] 호우
동 울부짖다, 고함치다, 크게 울리다

| 甲 **后** [hòu] 호우 | 명 뒤, 후, 나중 동 뒤떨어지다 |

| 新HSK4 **厚** [hòu] 호우 | 형 두껍다, 너그럽다, 친절하다 명 두께 |

| 新HSK5 **后果** [hòu guǒ] 호우 꾸어 | 명 최후의 결과, 후과 |

| 新HSK4 **后悔** [hòu huǐ] 호우 후이 | 명 후회 동 후회하다 |

| 新HSK4 **后来** [hòu lái] 호우 라이 | 부 이후, 나중에, 그 다음에 |

| 新HSK1 **后面** [hòu miàn] 호우 몐 | 명 뒤, 뒤쪽 |

| 甲 **后天** [hòu tiān] 호우 티앤 | 명 모레 형 후천적이다 |

| 丙 **后退** [hòu tuì] 호우 투이 | 명 후퇴 동 후퇴하다, 물러나다 |

| 新HSK4 **猴子** [hóu zǐ] 호우 즈 | 명 원숭이 |

| 乙 **呼** [hū] 후 | 동 숨을 내쉬다, 크게 외치다, 부르다 |

| 丙 **呼吁** [hū xū] 후 위 | 명 호소, 요청 동 (원조·지지 등을) 청하다 |

| 新HSK4 **忽然** [hū rán] 후 란 | 부 갑자기, 돌연히, 별안간 |

| HT 狐狸 [hú lí] 후 리 | 명 여우, 교활한 사람 |

| 新HSK5 胡同 [hú tòng] 후 퉁 | 명 골목, 작은 거리 |

| 新HSK5 壶 [hú] 후 | 명 주전자, 단지 |

| H甲 湖 [hú] 후 | 명 호수 |

| 新HSK5 糊涂 [hú tú] 후 투 | 형 흐리멍텅하다, 어리석다, 우둔하다 |

| H예 互助 [hù zhù] 후 쭈 | 명 상조 동 서로 돕다 |

| 新HSK4 护士 [hù shì] 후 스 | 명 간호사 |

| 新HSK4 互相 [hù xiāng] 후 샹 | 부 서로, 상호(相互) |

| 新HSK3 护照 [hù zhào] 후 짜오 | 명 여권, 패스포트, 증명서 |

| 新HSK3 花 [huā] 후아 | 명 꽃, 관상용 식물 형 꽃으로 장식된 동 쓰다, 소비하다 |

| HT 花费 [huā fèi] 후아 페이 | 명 비용, 경비, 지출 동 (돈·시간 등을) 쓰다, 소비하다 |

| 新HSK3 花生 [huā shēng] 후아 썽 | 명 땅콩 |

新HSK5 滑冰
[huá bīng] 후아 삥
명 스케이트 동 스케이트를 타다

H병 滑雪
[huá xuě] 후아 쉬에
명 스키 동 스키를 타다

新HSK6 化验
[huà yàn] 화 옌
명 화학 실험 동 화학실험하다

H甲 话
[huà] 화
명 말, 이야기 동 말하다, 이야기하다

H병 话剧
[huà jù] 화 쮜
명 중국 신극, 연극

新HSK5 话题
[huà tí] 화 티
명 화제, 이야기의 주제

■ 画
[huà] 화
동 (그림을) 그리다 명 그림

H병 画家
[huà jiā] 화 찌아
명 화가

H병 怀念
[huái niàn] 후아이 니앤
명 그리움 동 그리워하다, 그리다

新HSK4 怀疑
[huái yí] 후아이 이
명 회의, 의심 동 의심하다, 추측하다

新HSK6 怀孕
[huái yùn] 후아이 윈
명 임신 동 임신하다

■ 新HSK3 坏
[huài] 화이
형 망가지다, 고장나다 동 망치다

坏处 [huài chù] 화이 추	명 나쁜 점, 단점, 해로운 점
欢乐 [huān lè] 후안 러	형 즐겁다, 유쾌하다
欢喜 [huān xǐ] 후안 시	형 기쁘다, 즐겁다 동 좋아하다
■ 欢迎 [huān yíng] 후안 잉	명 환영 동 환영하다
缓和 [huǎn hé] 후안 허	명 완화 동 (태도·성격이) 완화하다, 늦추다
缓缓 [huǎn huǎn] 후안 후안	부 천천히 형 느릿느릿하다, 더디다
■ 环境 [huán jìng] 환 찡	명 환경, 주위상황
缓慢 [huǎn màn] 후안 만	동 완만하다, 느리다
幻想 [huàn xiǎng] 환 씨앙	명 환상 동 환상하다
换钱 [huàn qián] 환 치앤	동 환전하다, 돈을 바꾸다
慌忙 [huāng máng] 후앙 망	부 황망히, 급하게 형 황망하다, 황급하다
慌张 [huāng zhāng] 후앙 장	형 당황하다, 허둥대다, 덜렁거리다

黄
[huáng] 후앙
명 노란색, 황색　형 노랗다, 누렇다

黄油
[huáng yóu] 후앙 여우
명 버터(butter)

灰心
[huī xīn] 후이 씬
동 실망하다, 낙심하다, 상심하다

恢复
[huī fù] 후이 푸
동 회복하다, 회복되다, 되찾다

辉煌
[huī huáng] 후이 후앙
형 휘황찬란하다, 눈부시다

回
[huí] 후이
양 번, 회, 차　동 돌다, 돌리다, 회답하다

回报
[huí bào] 후이 빠오
동 보고하다, 보답하다, 보복하다, 복수하다

回答
[huí dá] 후이 다
명 대답, 회답　동 대답하다, 회답하다

回顾
[huí gù] 후이 꾸
명 회고　동 돌이켜보다, 회고하다

回绝
[huí jué] 후이 쥐에
동 거절하다, 사절하다

回来
[huí lái] 후이 라이
동 돌아오다　부 뒤에, 나중에　동 원래 상태로 되다

回头
[huí tóu] 후이 토우
부 조금 있다가, 잠시 후에

☐ **回想** [huí xiǎng] 후이 씨앙	명 회상 동 회상하다, 돌이켜 보다	
新HSK4 ☐ **回忆** [huí yì] 후이 이	명 추억, 회고, 회상 동 추억하다, 돌이켜 보다	
新HSK3 ■ **会议** [huì yì] 후이 이	명 회의, 전체 회의	
新HSK6 ☐ **毁灭** [huǐ miè] 후이 미에	명 파괴 동 훼멸하다, 섬멸하다	
新HSK6 ☐ **汇报** [huì bào] 후이 빠오	동 종합 보고하다 명 종합보고	
新HSK1 ■ **会** [huì] 후이	명 회의, 모임 동 모으다, 만나다	
HZ ☐ **会谈** [huì tán] 후이 탄	명 회담 동 회담하다	
HT ☐ **绘画** [huì huà] 후이 화	명 회화, 그림 동 그림을 그리다	
新HSK6 ☐ **混合** [hùn hé] 훈 허	명 혼합 동 혼합하다	
新HSK6 ☐ **混乱** [hùn luàn] 훈 뤈	형 혼란하다, 문란하다	
新HSK6 ☐ **混淆** [hùn xiáo] 훈 씨아오	동 뒤섞이다, 모호하게 하다	
HP ☐ **活** [huó] 후어	동 살다, 생활하다 부 산채로 형 활기차다	

| 新HSK4 **活动** [huó dòng] 후어 뚱 | 동 움직이다, 활동하다 명 활동 |

| 新HSK4 **活泼** [huó pō] 후어 푸어 | 형 활발하다, 활성적이다 |

| 新HSK5 **活跃** [huó yuè] 후어 위에 | 형 활기를 띠다, 활동적이다 동 활약하다 |

| 新HSK4 **火** [huǒ] 후어 | 명 불, 무기, 화, 성냄 형 붉다, 번창하다 |

| 新HSK5 **火柴** [huǒ chái] 후어 차이 | 명 성냥 |

| H甲 **火车** [huǒ chē] 후어 처 | 명 기차 |

| 新HSK6 **火箭** [huǒ jiàn] 후어 찌앤 | 명 로켓(rocket), 불화살 |

| 新HSK5 **伙伴** [huǒ bàn] 후어 빤 | 명 동료, 친구, 동반자 |

| 新HSK3 **或者** [huò zhě] 후어 저 | 부 아마도, 어쩌면 접 혹은, 그렇지 않으면 |

| H甲 **货物** [huò wù] 훠 우 | 명 화물, 물품, 상품 |

| 新HSK4 **获得** [huò dé] 훠 떠 | 명 획득, 수상 동 얻다, 획득하다, 거두다 |

| H丙 **获取** [huò qǔ] 훠 취 | 동 얻다, 획득하다 |

J

新HSK3 **几乎**
[jī hū] 찌 후

부 거의, 하마터면

新HSK2 **机场**
[jī chǎng] 찌 창

명 공항, 비행장

新HSK5 **肌肉**
[jī ròu] 찌 러우

명 근육

H甲 **鸡**
[jī] 찌

명 닭

新HSK2 **鸡蛋**
[jī dàn] 찌 딴

명 계란, 달걀

新HSK3 **记得**
[jì dé] 찌 더

동 잊지 않고 있다, 기억하고 있다

新HSK4 **积极**
[jī jí] 찌 지

형 적극적이다, 열성적이다

新HSK3 **季节**
[jì jié] 찌 제

명 계절(季節)

新HSK4 **积累**
[jī lèi] 찌 레이

동 (조금씩) 쌓다, 축적하다 명 축적, (자본의) 축적

新HSK5 **基本**
[jī běn] 찌 번

명 기본 부 대체로, 거의 형 근본적이다

新HSK4 **基础**
[jī chǔ] 찌 추

명 기초, 토대, 기반

新HSK4 **激动** [jī dòng] 지 뚱	동 격동하다, 흥분되다 형 흥분되다, 감격하다
新HSK5 **激烈** [jī liè] 찌 지에	동 격렬하다, 치열하다, 극렬하다
新HSK6 **激情** [jī qíng] 찌 칭	명 격정, 열정, 정열
新HSK5 **及格** [jí gé] 지 꺼	명 합격 동 합격하다
新HSK4 **及时** [jí shí] 지 스	형 시기 적절하다, 때맞다 부 즉시, 제때에
新HSK3 **极** [jí] 지	부 극히, 매우 명 절정, 최고조 동 극에 달하다
极为 [jí wéi] 지 웨이	부 극히, 매우, 몹시, 아주
新HSK4 **即使** [jí shǐ] 지 스	접 설령 ~하더라도
新HSK4 **技术** [jì shù] 찌 쑤	명 기술(技術)
新HSK5 **急忙** [jí máng] 지 망	부 급히, 바쁘게 형 급하다, 분주하다
新HSK6 **急躁** [jí zào] 지 짜오	형 조바심하다, 초조해하다, 서두르다
新HSK6 **疾病** [jí bìng] 지 삥	명 질병, 병

新HSK4 **集合** [jí hé] 지 허	동 집합하다, 모이다, (의견 등을) 모으다
新HSK5 **集中** [jí zhōng] 지 쭝	동 집중하다, 모으다, 집결하다
新HSK6 **嫉妒** [jí dù] 지 뚜	동 질투하다, 샘내다
新HSK1 **几** [jǐ] 지	대 몇, 얼마
挤 [jǐ] 지	동 (물건 등이) 꽉 차다, 밀치다 형 붐비다
新HSK4 **计划** [jì huá] 찌 화	명 계획 동 계획하다
新HSK3 **机会** [jī huì] 찌 후이	명 기회
H甲 **记** [jì] 찌	동 기억하다, 기록하다 명 (내용을 기재한) 책, 글, 기호
新HSK4 **记者** [jì zhě] 찌 저	명 기자
新HSK5 **纪念** [jì niàn] 찌 니앤	명 기념 동 기념하다 형 기념의, 기념하는
新HSK5 **极其** [jí qí] 지 치	부 극히, 매우, 아주, 몹시
新HSK4 **既然** [jì rán] 찌 란	접 이왕 이렇게 된 바에야

| 新HSK4 **继续** [jì xù] 찌 쉬 | 부 계속, 연속　동 계속하다, 끊어지지 않다 |

| 新HSK4 **寄** [jì] 찌 | 동 부치다, 보내다, 맡기다, 위탁하다 |

| 新HSK5 **寂寞** [jì mò] 찌 모 | 형 적막하다, 고독하다, 쓸쓸하다, 적적하다, 심심하다 |

| H甲 **加** [jiā] 찌아 | 동 더하다, 보태다　부 더, 더욱 |

| H丙 **加紧** [jiā jǐn] 찌아 진 | 동 박차를 가하다, 한층 더 힘을 들이다 |

| 新HSK4 **家具** [jiā jù] 찌아 쮜 | 명 가구(家具) |

| H乙 **加强** [jiā qiáng] 찌아 치앙 | 명 강화　동 강화하다, 보강하다 |

| H丙 **加速** [jiā sù] 찌아 쑤 | 동 가속하다, 빨리하다　명 가속 |

| 新HSK4 **加油** [jiā yóu] 찌아 여우 | 동 주유하다, 기름을 치다 |

| HT **加重** [jiā zhòng] 찌아 쭝 | 동 가중하다, 무겁게 하다 |

| 新HSK1 ■ **家** [jiā] 찌아 | 명 집, 가정, 집안 |

| 新HSK4 **假** [jiǎ] 지아 | 형 거짓의, 가짜의　동 빌리다, 가정하다　접 가령, 만약 |

| 新HSK5 **假如**
[jiǎ rú] 찌아 루 | 접 만약, 만일, 가령 |

| 新HSK4 **加班**
[jiā bān] 찌아 반 | 동 초과 근무하다, 특별히 편성하다
명 초과 근무 |

| 新HSK4 **价格**
[jià gé] 찌아 거 | 명 가격 |

| H병 **价钱**
[jià qián] 찌아 치앤 | 명 가격, 값 |

| 新HSK5 **驾驶**
[jià shǐ] 찌아 스 | 동 운전하다, (기계를) 조종하다 |

| H병 **假期**
[jiǎ qī] 찌아 치 | 명 휴가 기간, 휴일, 방학 기간 |

| H병 **歼灭**
[jiān miè] 찌앤 미에 | 명 섬멸 동 섬멸하다, 몰살하다 |

| H갑 **间**
[jiān] 찌앤 | 명 사이, 중간 양 간, (방 셀 때) 칸 |

| 新HSK4 **坚持**
[jiān chí] 찌앤 츠 | 명 견지 동 고수하다, 견지하다 |

| 新HSK5 **坚定**
[jiān dìng] 찌앤 띵 | 형 (입장·의지 등이) 확고하다 동 굳히다 |

| 新HSK6 **坚固**
[jiān gù] 찌앤 꾸 | 형 견고하다, 튼튼하다 동 견고하게 하다 |

| 新HSK5 **坚决**
[jiān jué] 찌앤 쥐에 | 형 단호하다, 결연하다, 확고하다 |

新HSK5 **坚强** [jiān qiáng] 찌앤 치앙	형 굳세다, 굳고 강하다 동 강화하다, 공고히 하다
新HSK5 **坚硬** [jiān yìng] 찌앤 잉	형 굳다, 단단하다
新HSK6 **艰巨** [jiān jù] 찌앤 쮜	형 어렵고도 막중하다
新HSK6 **艰苦** [jiān kǔ] 찌앤 쿠	명 고생 형 어렵고 고달프다
新HSK6 **艰难** [jiān nán] 찌앤 난	명 어려움 형 어렵다
新HSK6 **监督** [jiān dū] 찌앤 뚜	명 감독 동 감독하다
新HSK6 **监视** [jiān shì] 찌앤 쓰	명 감시 동 감시하다
新HSK6 **煎** [jiān] 찌앤	동 (기름에) 지지다, (전을) 부치다
新HSK3 **检查** [jiǎn chá] 지앤 차	동 검사하다, 반성하다 명 검사
新HSK6 **检讨** [jiǎn tǎo] 지앤 타오	명 반성, 검토 동 검토하다, 반성하다
新HSK6 **检验** [jiǎn yàn] 지앤 옌	명 검사, 검증 동 검사하다, 검증하다
HZ **减轻** [jiǎn qīng] 지앤 칭	명 경감 동 감소시키다, 완화하다

减弱
[jiǎn ruò] 지앤 뤄
명 약화 동 약해지다

减少
[jiǎn shǎo] 지앤 사오
명 감소 동 줄이다, 감소하다

简便
[jiǎn biàn] 지앤 삐앤
형 간편하다, 편리하다

简单
[jiǎn dān] 지앤 딴
명 단순 형 간단하다

简陋
[jiǎn lòu] 지앤 로우
형 초라하다, 빈약하다, 누추하다

简直
[jiǎn zhí] 지앤 즈
부 그야말로, 곧바로, 실로

见
[jiàn] 찌앤
동 보다, 생각하다 명 의견, 견해, 생각

见解
[jiàn jiě] 찌앤 지에
명 견해, 의견

见面
[jiàn miàn] 찌앤 미앤
명 만남 동 만나다, 대면하다

件
[jiàn] 찌앤
양 (일이나 사건, 옷 등을 세는 단위) 건, 점, 벌, 개 명 문건, 서류

建立
[jiàn lì] 찌앤 리
동 세우다, 맺다 명 설립

建议
[jiàn yì] 찌앤 이
동 건의하다, 제안하다 명 건의, 제의

新HSK5 **建筑** [jiàn zhù] 찌앤 쭈	몡 건축, 건축물 동 건축하다
新HSK3 **健康** [jiàn kāng] 찌앤 캉	몡 건강 부 건강히 형 건강하다
新HSK6 **溅** [jiàn] 찌앤	동 (물방울·흙탕물 등이) 튀다, 튀기다
新HSK6 **践踏** [jiàn tà] 찌앤 타	동 (짓)밟다, 디디다, 짓밟다, 유린하다
新HSK6 **鉴定** [jiàn dìng] 찌앤 띵	몡 감정 동 감정하다
新HSK5 **键盘** [jiàn pán] 찌앤 판	몡 키보드, 자판, 건반
HT **江** [jiāng] 찌앙	몡 강, 하천
江山 [jiāng shān] 찌앙 싼	몡 강산, 산하, 국토, 국가, 천하(天下)
新HSK4 **将来** [jiāng lái] 찌앙 라이	몡 장래, 미래
HT **姜** [jiāng] 찌앙	몡 생강 동 부추기다, 선동하다
新HSK3 **讲** [jiǎng] 찌앙	동 말하다, 강연하다, 설명하다
新HSK5 **讲究** [jiǎng jiū] 지앙 지우	동 중히 여기다, 소중히 하다 형 정교하다

| HT | 讲课 [jiǎng kè] 지앙 커 | 동 강의하다 |

| 新HSK6 | 奖励 [jiǎng lì] 지앙 리 | 명 장려, 표창, 칭찬 동 장려하다, 표창하다, 칭찬하다 |

| □ 奖学金 [jiǎng xué jīn] 찌앙 쉬에 찐 | 명 장학금 |

| 新HSK4 | 降低 [jiàng dī] 찌앙 띠 | 동 낮추다, 버리다 명 강하 |

| □ 酱 [jiàng] 찌앙 | 명 된장, 각종 잼류 동 된장·간장에 절이다 |

| 新HSK5 | 酱油 [jiàng yóu] 찌앙 요우 | 명 간장 |

| 新HSK5 | 交代 [jiāo dài] 찌아오 따이 | 동 교대하다, 분부하다 명 교대 |

| 新HSK5 | 交换 [jiāo huàn] 찌아오 환 | 동 교환하다, 바꾸다 명 교환 |

| 新HSK5 | 交际 [jiāo jì] 찌아오 찌 | 동 교제하다, 사귀다 명 교제, 사교 |

| 新HSK5 | 交流 [jiāo liú] 찌아오 리우 | 명 교류, 왕래 동 교류하다, 왕래하다 |

| HT | 交替 [jiāo tì] 찌아오 티 | 동 교체하다 부 교대로 명 교체 |

| 新HSK4 | 交通 [jiāo tōng] 찌아오 통 | 동 내통하다, 통하다, 왕래하다 명 교통 |

新HSK6 **交往** [jiāo wǎng] 찌아오 왕	명 왕래, 교제 동 왕래하다, 교류하다
新HSK6 **交易** [jiāo yì] 찌아오 이	명 거래, 무역 동 교역하다, 거래하다
新HSK4 **骄傲** [jiāo ào] 찌아오 아오	형 오만하다, 자만하다 명 교만, 거만, 자랑
新HSK6 **焦急** [jiāo jí] 찌아오 지	형 초조하다, 애타다, 안달하다
新HSK6 **狡猾** [jiǎo huá] 지아오 후아	형 교활하다, 간사하다
新HSK4 **饺子** [jiǎo zǐ] 지아오 즈	명 교자, 만두
新HSK3 **脚** [jiǎo] 지아오	명 발 다리, (물건의) 밑동
新HSK3 **角** [jiǎo] 지아오	수 4분의 1 명 각, 모서리
新HSK1 **叫** [jiào] 찌아오	동 부르다, 외치다, 부르짖다
旧 **叫做** [jiào zuò] 찌아오 쭤	동 부르다, 일컫다
新HSK3 **教** [jiāo] 찌아오	동 가르치다, 지도하다, 교육하다
新HSK4 **交** [jiāo] 찌아오	동 주다, 내다, 넘기다 명 경계, 교차점

| H병 **教导**
[jiào dǎo] 찌아오 다오 | 동 가르치다, 지도하다 명 가르침, 교시 |

| □ **教诲**
[jiào huì] 찌아오 후이 | 동 가르치다, 깨우치다 명 가르침, 타이름 |

■ **教室** 新HSK2
[jiào shì] 찌아오 쓰 — 명 교실

□ **教授** 新HSK4
[jiào shòu] 찌아오 쏘우 — 명 교수 동 강의하다, 교수하다

□ **教堂** H병
[jiào táng] 찌아오 탕 — 명 교회, 예배당

□ **教训** 新HSK5
[jiào xùn] 찌아오 쉰 — 동 훈계하다 명 교훈, 훈계, 꾸짖음

□ **教育** 新HSK4
[jiào yù] 찌아오 위 — 동 교육하다, 가르치다 명 교육

□ **阶段** 新HSK5
[jiē duàn] 찌에 뚜안 — 명 계단, 단계

□ **结实** 新HSK5
[jiē shí] 찌에 스 — 형 굳다, 단단하다, 질기다

■ **接** 新HSK3
[jiē] 찌에 — 동 접근[접촉]하다, (이어)받다

□ **接触** 新HSK5
[jiē chù] 찌에 추 — 동 닿다, 접촉하다, 관계를 갖다

□ **接待** 新HSK5
[jiē dài] 찌에 따이 — 동 접대하다, 초대하다

新HSK3 街道
[jiē dào] 찌에 따오
- 명 큰길, 대로(大路), 거리, 가로(街路)

新HSK4 接受
[jiē shòu] 찌에 써우
- 동 접수하다, 받아들이다

新HSK6 揭露
[jiē lù] 찌에 루
- 동 폭로하다

HT 揭示
[jiē shì] 찌에 쓰
- 명 게시 동 게시하다, 폭로하다

新HSK4 解释
[jiě shì] 지에 쓰
- 명 해석, 변명 동 해석하다, 해명하다

H甲 街
[jiē] 찌에
- 명 가, 거리, 길

节俭
[jié jiǎn] 지에 지앤
- 형 절감하다, 절약하다, 절제하다, 아끼다

新HSK3 节目
[jié mù] 지에 무
- 명 종목, 프로그램, 레퍼토리, 목록, 항목

新HSK5 节省
[jié shěng] 지에 성
- 동 아끼다, 절약하다

新HSK4 节约
[jié yuē] 지에 위에
- 동 절약하다, 아끼다

新HSK6 节奏
[jié zòu] 지에 쪼우
- 명 리듬, 박자, 장단, 템포, 일정한 규칙

HT 劫
[jié] 지에
- 동 강탈하다, 약탈하다, 급습하다

杰作 [jié zuò] 지에 쭤
명 걸작, 뛰어난 작품

结果 [jié guǒ] 지에 꾸어
명 결실, 결과, 결국 동 열매 맺다

结合 [jié hé] 지에 허
명 결합 동 결합하다, 부부가 되다

结婚 [jié hūn] 지에 훈
명 결혼 동 결혼하다

结束 [jié shù] 지에 수
명 종결, 마감 동 끝나다, 마치다

竭力 [jié lì] 지에 리
부 진력하다, 힘을 다해

姐姐 [jiě jiě] 지에 지에
명 누나, 언니

解放 [jiě fàng] 지에 팡
명 해방 동 해방하다

解决 [jiě jué] 지에 쥐에
동 해결하다, 풀다

解散 [jiě sàn] 지에 싼
명 해산, 해체 동 해산하다, 흩어지다

解脱 [jiě tuō] 지에 투어
동 해탈하다, 벗어나다, 회피하다

介绍 [jiè shào] 찌에 싸오
명 소개 동 소개하다, 설명하다

| 新HSK3 **借** [jiè] 찌에 | 동 빌리다, 꾸다, 빌려주다 |

| H甲 **今年** [jīn nián] 찐 니앤 | 명 올해, 금년 |

| 新HSK1 **今天** [jīn tiān] 찐 티앤 | 명 오늘, 금일 |

| H甲 **斤** [jīn] 찐 | 양 근 명 도끼 |

| HZ **仅** [jǐn] 진 | 부 겨우, 가까스로 |

| 新HSK5 **尽量** [jǐn liàng] 진 리앙 | 부 가능한 한, 되도록, 될 수 있는 대로 |

| 新HSK5 **紧** [jǐn] 진 | 형 팽팽하다, 단단하다, 죄다 |

| 新HSK5 **紧急** [jǐn jí] 진 지 | 형 긴급하다, 절박하다 |

| 新HSK6 **紧密** [jǐn mì] 진 미 | 형 긴밀하다, 잦다 동 긴밀히 하다 |

| 新HSK4 **紧张** [jǐn zhāng] 진 짱 | 형 긴장하다, 부족하다 명 긴장 |

| 新HSK5 **谨慎** [jǐn shèn] 진 썬 | 형 신중하다, 용의주도하다 |

| 新HSK5 **尽力** [jìn lì] 찐 리 | 동 힘을 다하다, 최선을 다하다 |

新HSK2 **进** [jìn] 찐	동 나아가다, (안으로) 들다,
新HSK5 **进步** [jìn bù] 찐 뿌	명 진보 동 진보하다, 발전하다 형 진보적이다
新HSK6 **进攻** [jìn gōng] 찐 꽁	명 진공, 공격, 공세 동 진공하다, 공격하다, 공세를 취하다
进来 [jìn lái] 찐 라이	동 들어오다
进去 [jìn qù] 찐 취	동 들어가다
新HSK4 **进行** [jìn xíng] 찐 싱	동 (어떤 활동을) 하다, 진행하다
新HSK2 **近** [jìn] 찐	형 가깝다, 비슷하다 동 가까이하다, 접근하다
HZ **劲** [jìn] 찐	명 힘, 의기, 원기, 표정, 재미
新HSK4 **禁止** [jìn zhǐ] 찐 즈	명 금지 동 금지하다, 금하다
新HSK6 **茎** [jīng] 찡	양 길고 가는 것을 세는 양사 명 줄기, 올
新HSK3 **经常** [jīng cháng] 찡 창	부 늘, 항상, 언제나 명 평상 형 일상의, 평상시의
新HSK3 **经过** [jīng guò] 찡 꿔	명 과정, 경력 동 거치다, 경과하다

经历
[jīng lì] 찡 리
- 동 겪다, 체험하다 명 경험, 내력, 경위

经理
[jīng lǐ] 찡 리
- 명 매니저 동 경영 관리하다

经受
[jīng shòu] 찡 쏘우
- 명 겪음, 견딤 동 겪다, 견디다

经验
[jīng yàn] 찡 옌
- 명 경험, 체험 동 경험하다, 체험하다

惊慌
[jīng huāng] 찡 후앙
- 형 경악하다, 놀라 허둥지둥하다

经济
[jīng jì] 찡 찌
- 명 경제 형 경제적이다

京剧
[jīng jù] 찡 쮜
- 명 경극, 중국 전통극

惊奇
[jīng qí] 찡 치
- 형 놀랍고도 이상하다, 이상히 여기다

惊讶
[jīng yà] 찡 야
- 형 놀라다, 의아해 하다

惊异
[jīng yì] 찡 이
- 형 놀라며 이상히 여기다

竞争
[jìng zhēng] 찡 정
- 동 경쟁하다 명 경쟁

精彩
[jīng cǎi] 찡 차이
- 형 훌륭하다, 멋지다, 근사하다, 다채롭다

精美 [jīng měi] 찡 메이	형 섬세하고[정교하고] 아름답다
新HSK4 精神 [jīng shén] 찡 선	명 정신, 사상, 주된 의의, 요지
精细 [jīng xì] 찡 씨	형 정교하다, 세밀[정밀]하다
新HSK6 精致 [jīng zhì] 찡 쯔	형 세밀하다, 정교하다
新HSK4 警察 [jǐng chá] 징 차	명 경찰, 경찰관
新HSK6 警告 [jǐng gào] 징 까오	동 경고하다 명 경고
警惕 [jǐng tì] 징 티	명 경계, 경계심 형 조심성 있는 동 경계하다
新HSK4 竟然 [jìng rán] 찡 란	부 뜻밖에도, 의외로, 결국, 마침내
新HSK5 敬爱 [jìng ài] 찡 아이	명 경애 동 경애하다
敬佩 [jìng pèi] 찡 페이	동 감복하다, 탄복하다
新HSK4 镜子 [jìng zǐ] 찡 즈	명 거울, 안경
新HSK6 纠正 [jiū zhèng] 찌우 쩡	명 교정 동 바로 잡다

新HSK1 ■ 九 [jiǔ] 지우	양 아홉, 9, (횟수나 수량이) 많은 것, 다수
新HSK3 ■ 久 [jiǔ] 지우	명 기간, 동안 형 오래다, 길다
□ 酒 [jiǔ] 지우	명 술, 팅크, 알코올을 함유한 액체
新HSK4 □ 究竟 [jiū jìng] 찌우 찡	부 도대체 명 결말, 일의 귀착
新HSK3 ■ 旧 [jiù] 찌우	형 낡다, 오래되다
新HSK2 ■ 就 [jiù] 찌우	동 가까이 하다, 접근하다 부 곧, 이미 개 ~에 대하여[있어서]
내폐 □ 舅舅 [jiù jiu] 찌우 지우	명 외삼촌, 외숙
新HSK6 □ 拘束 [jū shù] 쮜 쑤	동 구속하다, 속박하다 형 어색하다 명 구속
新HSK5 □ 居然 [jū rán] 쮜 란	부 의외로, 뜻밖에
新HSK5 □ 居住 [jū zhù] 쮜 쭈	동 거주하다 명 거주지
新HSK6 □ 局部 [jú bù] 쥐 뿌	명 국부, 일부분
新HSK6 □ 局面 [jú miàn] 쥐 미앤	명 국면, 형세, 상태

HT 局势 [jú shì] 쥐 쓰	몡 정세, 형세, 상태
新HSK6 局限 [jú xiàn] 쥐 씨앤	통 한정하다 몡 한정
H甲 橘子 [jú zǐ] 쥐즈	몡 귤, 오렌지
新HSK3 ■ 句子 [jù zǐ] 쮜즈	몡 문장(文章), 구절(句節)
新HSK5 举 [jǔ] 쥐	통 쳐들다, 일으키다 몡 거동, 행위
新HSK4 举办 [jǔ bàn] 쥐 빤	통 행하다, 거행하다
新HSK3 ■ 举行 [jǔ xíng] 쥐 싱	통 (모임·의식 등을) 거행하다, 진행하다
新HSK5 巨大 [jù dà] 쮜 따	혱 거대하다, 엄청나다
H甲 句 [jù] 쮜	양 구, 문구 몡 문장
新HSK4 拒绝 [jù jué] 쮜 쥐에	몡 거절 통 거절하다
新HSK4 距离 [jù lí] 쮜 리	몡 거리 통 떨어지다, 사이를 두다
新HSK5 具备 [jù bèi] 쮜 뻬이	통 갖추다, 구비하다 몡 구비

具有
[jù yǒu] 쮜 여우
동 갖추다, 구비하다, 가지다

剧本
[jù běn] 쮜 번
명 극본, 대본, 시나리오

剧场
[jù chǎng] 쮜 창
명 극장

剧烈
[jù liè] 쮜 리에
형 격렬하다, 심하다, 치열하다

惧怕
[jù pà] 쮜 파
동 겁내다, 두려워하다, 무서워하다

聚会
[jù huì] 쮜 후이
명 모임, 회합 동 모이다, 집합하다

聚集
[jù jí] 쮜 지
명 집결, 초점 동 모으다, 집합시키다

决
[jué] 쮜에
부 절대로, 결코 형 결연하다, 확고하다
동 결정하다, 판단하다

决策
[jué cè] 쮜에 처
명 방법, 대책 동 결정하다

决定
[jué dìng] 쮜에 띵
명 결정, 결의 동 결정하다, 규정하다

决赛
[jué sài] 쮜에 싸이
명 결승 동 최후의 승부를 결정하다

决心
[jué xīn] 쮜에 신
명 결심, 결의, 다짐 동 결심하다, 결의하다,

决口 [jué kǒu] 쥐에 커우	동 (둑이) 터지다, 무너지다
决算 [jué suàn] 쥐에 쏸	명 결산(決算)
决议 [jué yì] 쥐에 이	명 결의 동 결의하다
决战 [jué zhàn] 쥐에 짠	동 결전(決戰)하다
觉察 [jué chá] 쥐에 차	동 간파하다, 알아차리다, 깨닫다
觉得 [jué dé] 쥐에 더	동 느끼다, ~라고 생각하다
觉悟 [jué wù] 쥐에 우	명 깨달음, 각오 동 깨닫다, 자각하다
觉醒 [jué xǐng] 쥐에 씽	동 깨닫다, 각성(覺醒)하다
绝 [jué] 쥐에	동 끊다, 단절하다 형 막히다, 유일무이하다 부 절대로
绝对 [jué duì] 쥐에 뚜이	형 절대의, 절대적인 부 절대로
绝望 [jué wàng] 쥐에 왕	명 절망 동 절망하다
绝缘 [jué yuán] 쥐에 웬	동 절연(絕緣)하다, 관계를 끊다, 인연을 끊다

CHINESE KOREAN WORDS DICTIONARY

新HSK2 咖啡
[kā fēi] 카 페이
명 커피

新HSK5 卡车
[qiǎ chē] 카 처
명 트럭(truck), 화물차

新HSK1 开
[kāi] 카이
동 열다

H频 开办
[kāi bàn] 카이 빤
명 창립 동 창립하다, 열다

新HSK6 开采
[kāi cǎi] 카이 차이
명 채굴, 개발 동 채굴하다, 개발하다

新HSK5 开发
[kāi fā] 카이 파
명 개발 동 (자원·황무지 등을) 개발하다

新HSK5 开放
[kāi fàng] 카이 팡
명 개방 동 개방하다, (꽃이) 피다

HT 开关
[kāi guān] 카이 꾸안
명 스위치, 개패기, 전환기, 밸브, 셔터

新HSK6 开明
[kāi míng] 카이 밍
동 (생각·사상 등이) 깨어 있다, 진보적이다

新HSK6 开辟
[kāi pì] 카이 피
명 개척 동 개척하다, 열다

H频 开设
[kāi shè] 카이 써
명 개설 동 개설하다

중한 단어 | **123**

新HSK2 开始
[kāi shǐ] 카이 스
- 동 시작되다, 개시(開始)하다 명 시작

新HSK6 开水
[kāi shuǐ] 카이 수이
- 명 끓는 물, 끓인 물

开玩笑
[kāi wán xiào] 카이 완 쌰오
- 동 (말이나 행동 등으로) 웃기다, 놀리다

新HSK5 开心
[kāi xīn] 카이 신
- 명 즐거움 형 유쾌하다

H丙 开夜车
[kāi yè chē] 카이 예 처
- 동 밤을 새워 일하거나 공부하다

新HSK6 开展
[kāi zhǎn] 카이 잔
- 명 전개, 발전 동 전개하다

新HSK1 看
[kàn] 칸
- 동 보다, 생각하다, 관찰하다

H甲 看病
[kàn bìng] 칸 삥
- 동 진찰 받다, 진찰하다 명 진찰, 문병

新HSK5 看不起
[kàn bù qǐ] 칸 부 치
- 동 경시하다, 깔보다, 멸시하다

新HSK4 看法
[kàn fǎ] 칸 파
- 명 생각, 의견, 견해

新HSK1 看见
[kàn jiàn] 칸 찌앤
- 동 보다, 눈에 띄다

看重
[kàn zhòng] 칸 쭝
- 동 중시하다, 가치를 두다, 중요시하다

新HSK5 **抗议** [kàng yì] 캉 이	몡 항의 동 항의하다
新HSK6 **考察** [kǎo chá] 카오 차	몡 시찰, 고찰 동 시찰하다, 고찰하다
新HSK5 **考虑** [kǎo lǜ] 카오 뤼	몡 고려 동 고려하다, 생각하다
考上 [kǎo shàng] 카오 쌍	동 (시험에) 합격하다
■ 新HSK2 **考试** [kǎo shì] 카오 쓰	몡 시험 동 시험을 보다
新HSK6 **考验** [kǎo yàn] 카오 옌	몡 시험 동 시험하다
HZ **烤** [kǎo] 카오	동 굽다, 불을 쪼이다, 말리다
靠得住 [kào de zhù] 카오 더 쭈	형 믿을 만하다, 신용할 수 있다
HR **靠近** [kào jìn] 카오 찐	동 가깝다, 접근하다, 가까이 지내다
新HSK4 **棵** [kē] 커	수 포기, 그루
新HSK4 **咳嗽** [ké sòu] 커 서우	몡 기침 동 기침하다
HZ **可** [kě] 커	부 매우, 정말 접 그러나, 오히려

중한 단어 | **125**

新HSK3 **可爱** [kě ài] 커 아이	형 귀엽다, 사랑스럽다 명 사랑스러움, 귀여움
HT **可贵** [kě guì] 커 꾸이	형 진귀하다, 고귀하다
新HSK5 **可靠** [kě kào] 커 카오	형 믿을 만 하다, 믿음직하다
新HSK4 **可怜** [kě lián] 커 리앤	형 가련하다, 볼품없다 동 동정하다 명 동정
新HSK2 **可能** [kě néng] 커 넝	부 아마도, 아마 명 가능성 조동 ~할 수 있다
新HSK5 **可怕** [kě pà] 커 파	형 두렵다, 무섭다, 겁나다
新HSK4 **可是** [kě shì] 커 쓰	접 그러나, 하지만 부 대단히, 아무래도
新HSK4 **可惜** [kě xī] 커 씨	형 섭섭하다, 아쉽다 부 아깝게도
新HSK4 **科学** [kē xué] 커 쉐	명 과학 형 과학적이다
新HSK2 **可以** [kě yǐ] 커 이	조동 ~할 수 있다, ~해도 된다
新HSK3 **渴** [kě] 커	형 갈증나다, 목마르다
新HSK6 **渴望** [kě wàng] 커 왕	동 갈망하다, 바라다 명 갈망

新HSK5 **克服** [kè fú] 커 푸	동 극복하다, 이겨내다
新HSK3 **刻** [kè] 커	동 새기다, 조각하다 명 조각품, 15분, 시각 형 심하다
新HSK5 **客观** [kè guān] 커 꾸안	명 객관 형 객관적이다
H甲 **客气** [kè qì] 커 치	동 사양하다 명 예의 형 예의가 바르다
新HSK3 **客人** [kè rén] 커 런	명 손님, 객, 나그네, 길손
新HSK5 **客厅** [kè tīng] 커 팅	명 객실, 응접실
新HSK2 **课** [kè] 커	명 학과, 과목, 수업, 강의
H甲 **课本** [kè běn] 커 번	명 교재, 교과서
新HSK5 **课程** [kè chéng] 커 청	명 (교육) 과정, 교과과정, 커리큘럼(curriculum)
H甲 **课文** [kè wén] 커 원	명 본문, 교과서 중의 본문
H乙 **肯** [kěn] 컨	조동 ~을 하려하다, 기꺼이 ~하다, 곧잘 ~하다
新HSK4 **肯定** [kěn dìng] 컨 띵	형 확실하다 동 긍정하다 명 긍정 부 확실히

중한 단어 | **127**

恳求 [kěn qiú] 컨 치우 HT	명 간청 동 간절이 원하다
空调 [kōng diào] 쿵 티아오 新HSK3	명 냉난방, 에어콘
空气 [kōng qì] 쿵 치 新HSK3	명 공기(空氣), 분위기(雰圍氣)
空虚 [kōng xū] 쿵 쉬 新HSK6	형 공허하다, 불충실하다, 허전하다
恐怖 [kǒng bù] 쿵 뿌 新HSK5	명 테러, 공포 형 두려워하다, 무서워하다
恐惧 [kǒng jù] 쿵 쮜 新HSK6	명 공포 동 겁먹다, 두려워하다
恐怕 [kǒng pà] 쿵 파 新HSK4	부 아마도, 혹시 동 두려워하다
控制 [kòng zhì] 쿵 쯔 新HSK5	명 통제, 제어 동 통제하다, 제어하다
口袋 [kǒu dài] 커우 따이 HZ	명 호주머니, 자루
口 [kǒu] 커우 新HSK3	명 입구, 입, 맛
哭 [kū] 쿠 新HSK3	동 울다
苦 [kǔ] 쿠 新HSK4	명 고생 형 힘들다 동 고생시키다, 괴롭히다

苦难
[kǔ nán] 쿠 난
- 명 고난, 고통과 재난

苦恼
[kǔ nǎo] 쿠 나오
- 명 고뇌 형 비참하다 동 고민하다, 괴롭히다

裤子
[kù zǐ] 쿠 쯔
- 명 (남자용) 바지

快
[kuài] 콰이
- 형 빠르다, 민첩하다 부 빨리, 곧

快餐
[kuài cān] 콰이 찬
- 명 패스트푸드, 인스턴트 식품, 즉석 음식

快活
[kuài huó] 콰이 후어
- 형 즐겁다, 유쾌하다

快乐
[kuài lè] 콰이 러
- 형 즐겁다, 유쾌하다, 즐겁다, 행복하다

块
[kuài] 콰이
- 명 덩어리, 조각 양 덩이, 조각, 원 [중국 화폐 단위]

筷子
[kuài zǐ] 콰이 즈
- 명 젓가락

宽阔
[kuān kuò] 쿠안 쿼
- 형 폭이 넓다, 크다, 넓다

宽
[kuān] 쿠안
- 형 (폭, 범위, 면적, 등이) 넓다, 너그럽다

款待
[kuǎn dài] 쿠안 따이
- 명 환대 동 환대하다

新HSK6 **况且** [kuàng qiě] 쾅 치에	접 하물며, 게다가, 더구나
新HSK6 **旷课** [kuàng kè] 쾅 커	명 결석 동 수업에 빠지다, 결석하다
溃灭 [kuì miè] 쿠이 미에	동 궤멸하다, 무너져서 멸망하다
新HSK6 **昆虫** [kūn chóng] 쿤언 충	명 곤충
HT **捆** [kǔn] 쿠언	명 묶음, 단 동 (끈 등으로) 묶다, 구속하다
新HSK4 **困** [kùn] 쿠언	형 곤란하다, 지치다 동 고생하다, 갇히다
新HSK4 **困难** [kùn nán] 퀸 난	명 어려움, 궁핍 형 곤란하다, 궁핍하다
HT **扩充** [kuò chōng] 쿼 충	명 확충 동 확충하다, 증대하다
新HSK4 **扩大** [kuò dà] 쿼 따	명 확대 동 확대하다, 넓히다
新HSK6 **扩散** [kuò sàn] 쿼 싼	명 확산 동 확산되다, 퍼뜨리다
HT **扩展** [kuò zhǎn] 쿼 잔	명 확대 전개 동 확대 전개하다
HT **扩张** [kuò zhāng] 쿼 장	동 (세력, 영토 등을) 넓히다, 확장(擴張)하다

CHINESE KOREAN WORDS DICTIONARY

新HSK4 拉
[lā] 라
- 동 끌다, 잡아당기다, 운반하다

新HSK4 辣
[là] 라
- 명 매운 맛 형 맵다 동 얼얼하게 하다

新HSK4 垃圾
[lā jī] 라지
- 명 쓰레기, 오물, 노폐물

新HSK1 来
[lái] 라이
- 동 오다, (문제·사건 등이) 발생하다
- 형 미래의

新HSK4 来不及
[lái bù jí] 라이 뿌 지
- 동 (시간이 촉박하여) ~할 수 없다, 댈 수 없다, 겨를이 없다

新HSK4 来得及
[lái dé jí] 라이 더 지
- 동 (시간에) 미칠 수 있다, 늦지 않다

新HSK6 来历
[lái lì] 라이 리
- 명 내력, 경력, 이유

H급 来往
[lái wǎng] 라이 왕
- 명 교제, 거래 동 교제하다, 거래하다

新HSK6 来源
[lái yuán] 라이 위앤
- 명 근원, 출처, 원산지

新HSK3 蓝
[lán] 란
- 형 푸르다, 파랗다, 남색의, 파란색의

新HSK4 懒
[lǎn] 란
- 형 게으르다(↔勤), 나른하다

篮球 [lán qiú] 란 치우 HSK甲	명 농구, 농구 시합, 농구공
懒惰 [lǎn duò] 란 뛰 新HSK6	명 나태 형 나태하다, 게으른
浪费 [làng fèi] 랑 페이 新HSK4	동 낭비하다 형 헛되다, 비경제적이다
浪漫 [làng màn] 랑 만 新HSK4	명 낭만 형 낭만적이다, 방탕하다
牢固 [láo gù] 라오 꾸 新HSK6	명 견고 형 견고하다
老 [lǎo] 라오 新HSK3	형 늙다, 오래되다 부 늘, 오래 명 노인
老虎 [lǎo hǔ] 라오 후 新HSK4	명 호랑이, 흉악한 사람 비유
老婆 [lǎo pó] 라오 푸어 HSK丙	명 처, 마누라, 아내
老人 [lǎo rén] 라오 런 HZ	명 늙은이, 노인, 조부모나 어버이
老师 [lǎo shī] 라오 쓰 新HSK1	명 선생님, 스승님, 은사
老实 [lǎo shí] 라오 스 新HSK5	형 성실하다, 솔직하다, 얌전하다
老鼠 [lǎo shǔ] 라오 수 新HSK5	명 쥐

老头儿
[lǎo tóu ér] 라오 토우얼
명 노인, 어르신, 영감

姥姥
[mǔ mǔ] 라오 라오
명 외할머니, 산파

老爷
[lǎo yé] 라오 예
명 외할아버지, 외조부

乐观
[lè guān] 러 꾸안
명 낙관 형 낙관적이다, 선천적이다

乐趣
[lè qù] 러 취
명 즐거움, 기쁨, 재미

了
[le] 러
동 끝나다, 완료하다

累
[lèi] 레이
형 힘들다, 지치다, 피곤하게 하다,

冷
[lěng] 렁
형 춥다, 차다 동 식히다, 차게 하다

冷淡
[lěng dàn] 렁 딴
명 냉담 형 쓸쓸하다 동 푸대접하다

冷静
[lěng jìng] 렁 찡
명 냉정함 형 냉정하다, 침착한

冷却
[lěng què] 렁 취에
명 냉각 동 냉각하다

离
[lí] 리
동 떠나다, 떨어지다

新HSK5 **离婚** [lí hūn] 리 훈	명 이혼 동 이혼하다
新HSK5 **梨** [lí] 리	명 배나무, 배
新HSK **礼拜** [lǐ bài] 리 빠이	명 예배, 요일, 주 동 예배드리다
新HSK3 **礼物** [lǐ wù] 리 우	명 선물, 예물, 방문 선물
新HSK **理** [lǐ] 리	명 결, 무늬, 이치, 도리, 사리 양 리 [거리 단위]
新HSK1 **里** [lǐ] 리	명 안, 내면, 속
新HSK4 **俩** [liǎ] 랴	수 둘, 두개
新HSK4 **理发** [lǐ fā] 리 파	명 이발 동 이발하다
新HSK4 **理解** [lǐ jiě] 리 지에	명 이해 동 이해하다
新HSK4 **理想** [lǐ xiǎng] 리 씨앙	명 이상 형 이상적이다
新HSK5 **理由** [lǐ yóu] 리 여우	명 이유, 까닭
新HSK5 **力量** [lì liàng] 리 량	명 힘, 능력, 세기, 세력, 작용

新HSK4 □ **礼貌** [lǐ mào] 리 마오	명 예의 형 예의 바르다	
新HSK4 □ **力气** [lì qì] 리 치	명 힘, 완력, 체력	
H쿠 □ **力求** [lì qiú] 리 치우	명 노력 동 노력하다, 추구하다	
新HSK4 □ **力争** [lì zhēng] 리 쩡	동 매우 노력하다, 애쓰다, 힘쓰다	
新HSK3 ■ **历史** [lì shǐ] 리 스	명 역사, 과거의 사실	
新HSK6 □ **立场** [lì chǎng] 리 창	명 입장, 견지, 관념	
新HSK3 ■ **离开** [lí kāi] 리 카이	명 떠남, 헤어짐 동 떠나다, 헤어지다	
新HSK5 □ **立刻** [lì kè] 리 커	부 곧, 즉각, 당장	
□ **厉害** [lì hài] 리 하이	형 사납다, 무섭다, 대단하다 명 지독함, 본때	
新HSK4 □ **例如** [lì rú] 리 루	동 예를 들다	
新HSK5 □ **利润** [lì rùn] 리 룬	명 이윤	
新HSK5 □ **利用** [lì yòng] 리 융	명 이용, 활용 동 이용하다, 활용하다	

新HSK4 **连** [lián] 리앤	동 잇다 부 계속하여 개 ~조차도, ~까지도
新HSK5 **连忙** [lián máng] 리앤 망	부 바삐, 급히
HZ **连续** [lián xù] 리앤 쒸	동 계속하다, 연속하다
新HSK5 **联合** [lián hé] 리앤 허	동 단결하다, 결합하다, 연합하다
新HSK6 **联络** [lián luò] 리앤 뤄	명 연락, 연계, 접촉 동 연락하다
新HSK6 **联盟** [lián méng] 리앤 멍	명 연맹, 동맹
新HSK4 **联系** [lián xì] 리앤 씨	명 연락, 연계 동 연락하다, 연계하다
新HSK3 **练习** [liàn xí] 리앤 씨	명 연습 동 연습하다
新HSK3 **脸** [liǎn] 리앤	명 얼굴, 안색, 표정
新HSK4 **凉快** [liáng kuài] 리앙 쿠아이	형 서늘하다, 선선하다 동 더위를 식히다
新HSK5 **粮食** [liáng shí] 리앙 스	명 양식, 식량
新HSK2 **两** [liǎng] 리앙	수 둘, 2, 몇몇, 두어 명 양쪽, 쌍방

两极
[liǎng jí] 리앙 지
명 북극과 남극, 양극과 음극, 양극단

辆
[liàng] 리앙
수 (차량을 세는 단위) 대, 량

亮
[liàng] 리앙
형 (광선, 빛이) 밝다, 빛나다 명 빛, 밝음

量
[liàng] 리앙
동 재다, 달다 명 되, 한도, 용량, 도량

聊天儿
[liáo tiān ér] 리아오 티앨
동 이야기하다, 한담하다

了解
[le jiě] 리아오 지에
명 이해, 조사 동 이해하다, 조사하다

邻居
[lín jū] 린 쮜
명 이웃, 이웃사람, 이웃집

临时
[lín shí] 린 스
명 임시 부 임시로 형 임시의 동 때에 이르다

灵活
[líng huó] 링 후어
형 민첩하다, 융통성이 있다

零
[líng] 링
수 0, 제로 동 떨어지다 형 소량이다, 자질구레하다

领
[lǐng] 링
동 앞장서다, 앞세우다 명 목, 깃, 칼라

领导
[lǐng dǎo] 링 따오
명 지도자 동 지도하다

新HSK6 **领会** [lǐng huì] 링 후이	동 이해하다, 파악하다, 납득하다
领取 [lǐng qǔ] 링 취	동 (발급한 것을) 받다, 수령하다
新HSK5 **领域** [lǐng yù] 링 위	명 (학술·사회 활동 범위의) 영역, 분야
新HSK4 **另外** [lìng wài] 링 와이	대 다른 것, 그 밖의, 이 외의 부 그 밖에 접 또, 그리고
H甲 **流** [liú] 리우	동 흐르다, 떠돌다 명 흐름, 물결, 부류, 종류, 등급
新HSK5 **流传** [liú chuán] 리우 추안	명 유전 동 전해지다, (사적·작품 등이) 유전하다
新HSK4 **留** [liú] 리우	동 머무르다, 남기다, 받다
新HSK6 **留神** [liú shén] 리우 션	명 조심 동 주의하다, 조심하다
新HSK4 **流行** [liú xíng] 리우 싱	명 유행 동 유행하다
新HSK4 **留学** [liú xué] 리우 쉐	명 유학 동 유학하다
新HSK1 **六** [liù] 리우	수 6, 여섯, 육
新HSK4 **流利** [liú lì] 리우 리	형 (말하는 것이) 빠르고 분명하다

新HSK6 垄断 [lǒng duàn] 룽 뚜안	명 독점, 독차지 동 독점하다, 마음대로 다루다
新HSK3 ■ 楼 [lóu] 러우	명 건물, 층집, 다층건물
H乙 楼梯 [lóu tī] 러우 티	명 계단, 층계
H丙 露面(儿) [lù miàn(r)] 러우 미앤	동 얼굴을 드러내다, 나타나다
新HSK5 陆地 [lu dì] 루 띠	명 육지, 뭍
新HSK5 陆续 [lu xù] 루 쒸	부 끊임없이, 연이어, 잇따라
新HSK2 ■ 旅游 [lǚ yóu] 뤼 유	명 여행, 관광 동 여행하다, 관광하다
新HSK2 ■ 路 [lù] 루	명 길, 도로, 노정, 방법
H丙 路过 [lù guò] 루 꿔	동 거치다, 통과하다
新HSK4 律师 [lǜ shī] 뤼스	명 변호사
H甲 旅行 [lǚ xíng] 뤼 싱	명 여행 동 여행하다
新HSK3 ■ 绿 [lǜ] 뤼	형 푸르다, 녹색이다 명 초록색, 녹색, 풀색

新HSK4 乱 [luàn] 롼	형 어지럽다, 난잡하다, 난해하다
新HSK5 轮流 [lún liú] 룬 리우	동 교대로 하다 부 교대로, 순번대로
新HSK5 论文 [lùn wén] 룬 원	명 논문
新HSK5 逻辑 [luó jí] 루어 지	명 논리
HT 罗列 [luó liè] 루어 리에	동 나열하다, 늘어놓다, 배열하다
HZ 萝卜 [luó bǔ] 루어 보	명 (식물) 무
新HSK5 落后 [luò hòu] 뤄 허우	형 낙후되다, 늦어지다
HT 落 [luo] 루어	동 (물체가 아래로) 떨어지다
新HSK6 落成 [luò chéng] 루어 청	동 (건축물이) 완공(完工)되다
HT 落地 [luò dì] 루어 띠	동 착지(着地)하다, 땅에 내리다
新HSK6 落实 [luò shí] 뤄 스	동 실행하다, 안심하다, 확정하다
HT 落选 [luò xuǎn] 루어 쉬엔	동 떨어지다, 낙선되다

M

CHINESE KOREAN WORDS DICTIONARY

妈妈 [mā mā] 마 마
명 어머니, 모친

麻烦 [má fán] 마 판
명 번거로움, 부담 형 귀찮다 동 귀찮게 하다

马 [mǎ] 마
명 말 형 크다

马虎 [mǎ hǔ] 마 후
형 건성건성하다, 소홀하다, 무책임하다

马路 [mǎ lù] 마 루
명 큰길, 대로, 차도, 큰길, 한길

马上 [mǎ shàng] 마 쌍
부 금방, 곧, 즉각

骂 [mà] 마
동 욕하다, 꾸짖다, 따지다

吗 [má] 마
조동 문의 끝에 사용하여 의문문을 만드는 어기조사

埋没 [mán méi] 마이 무어
동 매몰하다, 매몰하다

买 [mǎi] 마이
명 구입, 매입 동 사다, 구입하다, 세내다

买卖 [mǎi mài] 마이 마이
명 매매, 장사 동 매매하다, 장사하다

중한 단어 | **141**

新HSK2 **卖** [mài] 마이	동 팔다, 판매하다, 팔아먹다
新HSK3 **满意** [mǎn yì] 만 이	형 만족하다, 만족스럽다　동 만족해하다
新HSK5 **满足** [mǎn zú] 만 주	동 만족하다, 만족시키다　명 만족
H부 **慢** [màn] 만	형 (시간, 속도, 일 처리 등이) 느리다, 늦다
新HSK4 **满** [mǎn] 만	형 가득 차다, 꽉 차다
慢慢(儿) [màn màn(r)] 만 만얼	부 천천히, 차츰, 느릿느릿
新HSK2 **忙** [máng] 망	형 바쁘다　동 서두르다, 바삐 ~하다
新HSK1 **猫** [māo] 마오	동 도망쳐 숨다　명 고양이
新HSK5 **毛** [máo] 마오	명 털, 깃, 양모, 털실, 곰팡이
新HSK5 **毛病** [máo bìng] 마오 삥	명 약점, 흠, 결점, 고장, 실수
新HSK4 **毛巾** [máo jīn] 마오 찐	명 타월, 면 수건, 머플러
新HSK5 **矛盾** [máo dùn] 마오 뚠	명 모순, 창과 방패　동 모순되다

新HSK5 **贸易** [mào yì] 마오 이	명 무역, 교역 동 무역하다
新HSK3 **帽子** [mào zǐ] 마우 쯔	명 모자
新HSK3 **没关系** [méi guān xì] 메이 꾸안 시	형 괜찮다, 문제없다, 염려없다
没什么 [méi shén me] 메이 선머	별일 아니다, 아무것도 없다, 괜찮다
HZ **没事(儿)** [méi shì(r)] 메이 쓰얼	동 대수롭지 않다, 책임이 없다, 괜찮다
新HSK1 **没有** [méi yǒu] 메이 여우	동 없다(동사 '有'의 부정) 부 안, 아니, 못
新HSK2 **每** [měi] 메이	부 늘, 언제나, 매번, 자주, 종종 대 매, 각각이
每天 [měi tiān] 메이 티앤	명 매일, 날마다
HZ **美观** [měi guān] 메이 꾸안	형 아름답다, 훌륭하다 명 미관
新HSK4 **美丽** [měi lì] 메이 리	명 아름다움 형 미려하다, 아름답다
新HSK6 **美妙** [měi miào] 메이 미아오	명 미묘함 형 미묘하다, 멋지다
新HSK5 **美术** [měi shù] 메이 쑤	명 미술, 그림, 회화

新HSK2 **妹妹** [mèi mèi] 메이 메이	명 여동생, 누이동생, 친척 여동생
新HSK2 **门** [mén] 먼	명 문, 과목, 여닫이, 스위치
H甲 **门口(儿)** [mén kǒu(r)] 먼 커우	명 문 입구, 현관
门票 [mén piào] 먼 피아오	명 입장권, 입장료
门外汉 [mén wài hàn] 먼 와이 한	명 문외한, 비전문가
新HSK4 **梦** [mèng] 멍	명 꿈, 환상 동 꿈꾸다
新HSK3 **米** [mǐ] 미	명 쌀(껍질을 벗긴 곡류) 양 미터(meter),
新HSK6 **猛烈** [měng liè] 멍 리에	형 맹렬하다, 세차다
H甲 **猛然(间)** [měng rán(jiān)] 멍 란 (찌앤)	부 불시에, 돌연, 갑자기
新HSK6 **梦想** [mèng xiǎng] 멍 씨앙	명 꿈, 몽상 동 몽상하다
H丙 **迷糊** [mí hú] 미 후	형 멍하다, 몽롱하다, 아찔해지다, 졸다, 기절하다
新HSK6 **迷信** [mí xìn] 미 씬	명 미신 동 맹신하다, 덮어놓고 믿다

新HSK1 **米饭** [mǐ fàn] 미 판	명 쌀밥, 밥
新HSK5 **秘密** [mì mì] 미 미	명 비밀 형 비밀스럽다
新HSK5 **密切** [mì qiē] 미 치에	형 밀접하다, 긴밀하다 동 밀접하게 하다
免不了 [miǎn bu liǎo] 미앤 뿌 리아오	동 피할 수 없다, 면하기 어렵다
新HSK4 **免费** [miǎn fèi] 미앤 페이	명 무료 동 무료로 하다, 공짜로 하다
新HSK6 **勉强** [miǎn qiáng] 미앤 치앙	형 마지못하다 부 간신히, 가까스로 동 강요하다
面条儿 [miàn tiáo ér] 미앤 탸오얼	명 국수, 면발, 흘러내린 콧물
新HSK3 **面包** [miàn bāo] 미앤 빠오	명 빵, 식빵, 빵 부스러기
新HSK6 **面子** [miàn zǐ] 미앤 즈	명 체면, 낯, 명예, 의리
灭亡 [miè wáng] 미에 왕	명 멸망 동 사라지다, 멸망하다
新HSK4 **民族** [mín zú] 민 주	명 민족
新HSK6 **敏捷** [mǐn jié] 민 지에	형 민첩하다, 재빠르다

名片(儿)
[míng piàn(r)] 밍 피앤
- 명 명함

名胜
[míng shèng] 밍 썽
- 명 명승지, 명소

名字
[míng zi] 밍 즈
- 명 이름, 성명

明白
[míng bái] 밍 바이
- 형 분명하다, 총명하다 동 이해하다

明亮
[míng liàng] 밍 리앙
- 형 밝다, 빛나다, 명백하다

明年
[míng nián] 밍 니앤
- 명 내년, 명년

明确
[míng què] 밍 취에
- 형 명확하다 동 명확히 하다, 분명히 하다

明天
[míng tiān] 밍 티앤
- 명 내일, 가까운 장래, 앞날

明显
[míng xiǎn] 밍 씨안
- 형 뚜렷하다, 분명하게 드러나다

明信片
[míng xìn piàn] 밍 씬 피앤
- 명 엽서, 우편엽서

明星
[míng xīng] 밍 씽
- 명 스타(star), 배우, 금성

命令
[mìng lìng] 밍 링
- 명 명령 동 명령을 내리다

新HSK5 **命运** [mìng yùn] 밍 윈	몡 운명, 숙명
新HSK5 **模仿** [mó fǎng] 모 팡	몡 모방 동 모방하다, 본받다, 흉내내다
新HSK5 **模糊** [mó hú] 모 후	형 모호하다 몡 모호함
新HSK5 **陌生** [mò shēng] 모 썽	형 생소하다, 낯설다
新HSK5 **墨水(儿)** [mò shuǐ(r)] 모 수이	몡 먹물, 잉크, 학문, 지식
新HSK4 **母亲** [mǔ qīn] 무 친	몡 모친, 어머니
新HSK5 **木头** [mù tóu] 무 터우	몡 나무조각, 목재
新HSK5 **目标** [mù biāo] 무 삐아오	몡 목표, 목표물, 목적
新HSK4 **目的** [mù de] 무 띠	몡 목적, 목적물
新HSK6 **目睹** [mù dǔ] 무 두	동 직접 보다, 목격하다
新HSK6 **目光** [mù guāng] 무 광	몡 시선(視線), 눈길
新HSK6 **目录** [mù lù] 무 루	몡 목록(目錄)

N

CHINESE KOREAN WORDS DICTIONARY

| 新HSK3 **拿** [ná] 나 | 동 들다, 나르다 개 ~(의)로(써), ~을 |

| 新HSK6 **拿手** [ná shǒu] 나 쏘우/써우 | 명 (성공에 대한) 자신, 믿음 형 자신 있다 |

| 新HSK3 **哪** [nǎ] 나 | 대 어느것, 어떤것 부 어찌, 왜, 어떻게 |

| **哪儿** [nǎr] 날 | 대 어디, 어느 곳, 어떻게, 어째서 |

| 新HSK1 **那** [nà] 나 | 대 그, 저 |

| H甲 **那个** [nà gè] 나 꺼 | 대 그, 저, 그것, 저것 |

| H甲 **那里** [nà lǐ] 나 리 | 대 그곳, 저곳 |

| H甲 **那么** [nà me] 나 머 | 대 (상태, 정도) 그렇게, 저렇게 접 그러면, 그렇다면 |

| **那儿** [nàr] 날 | 대 그곳, 그때 |

| 新HSK3 **奶奶** [nǎi nǎi] 나이 나이 | 명 할머니 |

| H丙 **耐烦** [nài fán] 나이 판 | 형 참다, 서두르지 않다, 인내하다 |

新HSK4 **耐心** [nài xīn] 나이 씬	몡 끈기, 참을성, 인내심 휑 끊기가 있다
新HSK6 **耐用** [nài yòng] 나이 융	휑 오래 쓸 수 있다, 내구성의
新HSK2 **男人** [nán rén] 난 런	몡 (성년) 남자
新HSK3 **南** [nán] 난	몡 남, 남쪽, 남부
新HSK3 **难** [nán] 난	휑 어렵다, 난해하다, 힘들다 몡 재앙, 근심
新HSK4 **难道** [nán dào] 난 따오	튀 (반문을 강조) 설마 ~하겠는가?
新HSK5 **难怪** [nán guài] 난 꽈이	튀 과연, 어쩐지 동 책망하기 어렵다
新HSK3 **难过** [nán guò] 난 꿔	휑 괴롭다, 슬프다
新HSK3 **难看** [nán kàn] 난 칸	휑 보기 싫다, 밉다
新HSK4 **难受** [nán shòu] 난 써우	휑 (육체적·정신적으로) 괴롭다, 편하지 않다
H兩 **难题** [nán tí] 난 티	몡 난제, 곤란한 문제
新HSK5 **脑袋** [nǎo dài] 나오 따이	몡 머리, 뇌, 골

| H丙 **闹笑话** [nào xiào huà] 나오 씨아오 화 | 동 웃음을 자아내다 |

| H丙 **闹着玩儿** [nào zháo wán ér] 나오 저 왈 | 동 농담하다, 희롱하다, 놀다 |

| 新HSK1 **呢** [ne] 너 | 조동 명사 등의 뒤에서 어디에 있느냐는 의문문을 나타낸다 |

| 新HSK1 **内** [nèi] 네이 | 명 안, 내부, 내부, 처(妻)나 처가의 친척 |

| 新HSK4 **内容** [nèi róng] 네이 룽 | 명 내용(内容) |

| 新HSK1 **能** [néng] 넝 | 명 재능, 수완, 능력 형 재능이 있다, 유능하다 |

| 新HSK5 **能干** [néng gān] 넝 깐 | 형 유능하다, 솜씨 있다 |

| H甲 **能够** [néng gòu] 넝 꺼우 | 조동 ~할 수 있다, 가능하다 |

| 新HSK4 **能力** [néng lì] 넝 리 | 명 능력, 역량 |

| H丙 **泥土** [ní tǔ] 니 투 | 명 흙탕, 진흙, 토양, 흙 |

| 新HSK1 **你** [nǐ] 니 | 대 너, 당신 |

| H甲 **你们** [nǐ men] 니 먼 | 대 당신들, 너희들, 자네들 |

新HSK1 **年** [nián] 니앤	명 년, 해, 설, 새해, 연령, 나이, 일생의 한 시기
新HSK5 **年代** [nián dài] 니앤 따이	명 연대, 시기, 시대
新HSK3 **年级** [nián jí] 니앤 지	명 학년, 학급
新HSK5 **年纪** [nián jì] 니앤 찌	명 연세, 나이, 연령
新HSK4 **年龄** [nián líng] 니앤 링	명 (사람과 동식물의) 연령(年齡), 나이
新HSK3 **年轻** [nián qīng] 니앤 칭	형 (나이나 용모가) 젊다 명 젊음
年轻人 [nián qīng rén] 니앤 칭 런	명 청년, 젊은이
新HSK5 **念** [niàn] 니앤	동 생각하다, 읽다 명 생각, 염두
H병 **念书** [niàn shū] 니앤 쑤	명 공부 동 공부하다
HT **念头** [niàn tóu] 니앤 터우	명 의사, 생각, 마음
新HSK3 **鸟** [niǎo] 니아오	명 새
新HSK2 **您** [nín] 닌	대 당신, 너의 높임말, 선생님, 귀하

新HSK5 **宁可** [níng kě] 닝 커	접 차라리 (~하는 것이 낫다), 오히려 (~할지언정)
H甲 **牛** [niú] 니우	명 (동물) 소 형 거만하다
新HSK2 **牛奶** [niú nǎi] 니우 나이	명 우유
新HSK6 **扭转** [niǔ zhuǎn] 니우 주안	명 반전, 전환, 비틀림 동 돌리다
新HSK5 **浓** [nóng] 눙	형 진하다, 짙다, 강렬하다
新HSK4 **弄** [nòng] 눙	동 되다, 얻다, 만지다, 하다, 장만하다
新HSK4 **农村** [nóng cūn] 눙 추언	명 농촌
新HSK3 **努力** [nǔ lì] 누 리	명 노력 형 열심히 하다 동 노력하다
新HSK1 **女儿** [nǚ ér] 뉘 얼	명 딸, 여자아이, 미혼녀
新HSK2 **女人** [nǚ rén] 뉘 런	명 여자, 여인
新HSK4 **暖和** [nuǎn hé] 누안 후어	형 따뜻하다 동 따뜻하게 하다
HZ **暖气** [nuǎn qì] 누안 치	명 방열기, 스팀, 온기, 증기난방 장치

HSK6 **噢** [ō] 오	감 (이해할 때 소리) 아!
新HSK6 **哦** [é] 오	감 (놀람 혹은 감탄) 아!
嚄 [ō] 오	감 어! 아니! [놀람·의혹을 나타냄]
新HSK6 **哦** [é] 오	감 아! 오! [납득·이해·동의 등을 나타냄]
欧 [ōu] 오우	명 유럽
欧美 [ōu měi] 오우 메이	명 구미, 유럽과 아메리카
欧盟 [ōu méng] 오우 멍	명 유럽 연합(EU)
欧式 [ōu shì] 오우 쓰	명 유럽식, (서)양식 형 유럽식의, (서)양식의
欧元 [ōu yuán] 오우 위앤	명 유로(Euro), 유럽 연합(EU)의 단일 화폐
欧州 [ōu zhōu] 오우 쪼우	명 유럽주, 구(라파)주
殴 [ōu] 오우	동 (사람을) 치다, 때리다, 구타하다

중한 단어 | **153**

新HSK6 **殴打** [ōu dǎ] 오우 다	명 구타 동 구타하다
殴伤 [ōu shāng] 오우 쌍	동 때려서 상처를 입히다
鸥 [ōu] 오우	명 갈매기의 총칭
呕气 [ǒu qì] 오우 치	명 구역질, 메스꺼움 동 구역질나다, 메스껍다
新HSK6 **呕吐** [ǒu tǔ] 오우 투	명 구토 동 토하다
呕心 [ǒu xīn] 오우 씬	동 매우 고심하다, 심혈을 기울이다
呕血 [ǒu xuè] 어우 쉬에	동 피를 토하다
偶 [ǒu] 오우	명 인형, 꼭두각시, 짝, 배우자 형 쌍의, 짝수의 부 우연히
偶而 [ǒu ér] 어우 얼	부 간혹, 이따금, 가끔, 때때로
新HSK4 **偶尔** [ǒu ěr] 오우 얼	부 가끔, 이따금 형 우발적인
偶发 [ǒu fā] 어우 파	동 (어떤 일이) 우연히 발생하다
偶感 [ǒu gǎn] 어우 간	동 우연히 느끼다, 예기치 않게 생각이 나다

□ **偶合** [ǒu hé] 오우 허	통 우연히 일치하다, 우연히 맞다 명 우연한 일치
□ **偶然** 新HSK5 [ǒu rán] 오우 란	부 우연히 형 우연하다, 우연스럽다
□ **偶数** [ǒu shù] 어우 쑤	명 짝수. 우수(偶數)
□ **偶像** [ǒu xiàng] 오우 씨앙	명 우상, 맹목적 숭배의 대상
□ **藕** [ǒu] 오우	명 연근, 연뿌리
□ **藕荷** [ǒu hé] 어우 허	형 불그스름한, 연한 보라색의
□ **沤** H쎙 [ōu] 오우	명 도랑, 하수, 개천
□ **沤肥** [òu féi] 어우 페이	통 퇴비를 만들다
□ **怄气** [òu qì] 오우 치	통 화내다, 언짢아하다
□ **怄死** [òu sǐ] 오우 스	통 (이것저것 뒤얽혀서) 귀찮아 죽겠다
□ **怄作** [òu zuò] 오우 쭤	통 귀찮게 굴다, 기분을 상하게 하다

P

CHINESE KOREAN WORDS DICTIONARY

爬 [pá] 파
동 기어 오르다, 기다

怕 [pà] 파
동 두렵다, 무섭다 부 아마, 혹시

拍 [pāi] 파이
동 손으로 툭툭 털다, 치다, 때리다

拍照 [pāi zhào] 파이 짜오
명 촬영 동 사진을 찍다, 촬영하다

排列 [pái liè] 파이 리에
명 순열 동 배열하다, 정렬하다

排球 [pái qiú] 파이 치우
명 배구, 배구공

派遣 [pài qiǎn] 파이 치앤
명 파견 동 파견하다, 보내다

盘子 [pán zi] 판 즈
명 쟁반, 시장가, 팁(tip), 매매 가격,

判断 [pàn duàn] 프안 똰
명 판단 동 판단하다

盼望 [pàn wàng] 판 왕
명 희망, 바람 동 간절히 바라다

旁边(儿) [páng biān(r)] 팡 삐앤
명 옆, 곁, 측면, 부근, 근처

- 新HSK3 **胖** [pàng] 팡 — 형 뚱뚱하다, 편안하다, 살찌다
- H甲 **跑** [pǎo] 파오 — 동 뛰다, 달리다, 도망가다
- 新HSK2 **跑步** [pǎo bù] 파오 뿌 — 명 구보, 달리기 동 구보를 하다
- 新HSK4 **陪** [péi] 페이 — 동 모시다, 수행하다, 사죄하다
- 新HSK5 **培养** [péi yǎng] 페이 양 — 명 양성 동 기르다, 양성하다
- 新HSK6 **培育** [péi yù] 페이 위 — 동 기르다, 재배하다
- 新HSK5 **佩服** [pèi fu] 페이 푸 — 동 탄복하다, 감탄하다
- 新HSK5 **配合** [pèi hé] 페이 허 — 명 협력 동 협력하다, 조화되다
- 新HSK1 **朋友** [péng you] 펑 여우 — 명 친구, 벗, 동무, 연인, 애인
- 新HSK6 **捧** [pěng] 펑 — 동 받들다, 후원하다, 떠받들다, 아첨하다
- H甲 **碰** [pèng] 펑 — 동 부딪치다, 충돌하다, 우연히 만나다
- 新HSK6 **批判** [pī pàn] 피 판 — 동 비판하다, 반박하다 명 비판

新HSK4 **批评** [pī píng] 피 핑	명 비평, 비판 동 비평하다, 꾸짖다, 야단치다
新HSK5 **批准** [pī zhǔn] 피 준	명 허가, 비준 동 허가하다, 허가하다
HT **皮带** [pí dài] 피 따이	명 벨트, 혁대, 가죽 띠
HT **疲乏** [pí fá] 피 파	명 피로 형 피로하다, 피곤하다, 지치다
新HSK4 **皮肤** [pí fū] 피 푸	명 피부, 살갗
新HSK6 **疲倦** [pí juàn] 피 쮜앤	명 피곤 형 지치다, 나른해지다
新HSK4 **疲劳** [pí láo] 피 라오	동 지치다, 피로해지다
新HSK3 **啤酒** [pí jiǔ] 피 지우	명 맥주
新HSK4 **脾气** [pí qì] 피 치	명 성격, 기질, 성질, 조바심
新HSK5 **匹** [pǐ] 피	수 필(말 세는 단위) 형 평범하다
新HSK6 **屁股** [pì gu] 피 구	명 엉덩이, 둔부, 꽁무니
新HSK6 **偏偏(儿)** [piān piān(r)] 피앤 피앤	부 기어코, 굳이, 뜻밖에

新HSK2 **便宜** [pián yí] 피앤 이	형 싸다, 저렴하다 명 공짜, 이익
新HSK5 **片** [piàn] 피앤	명 영화 명 편, 조각, 구역
新HSK4 **骗** [piàn] 피앤	동 속이다, 기만하다, 뛰어오르다
篇 [piān] 피앤	명 편, 글 양 편(문장의 수를 세는 단위)
新HSK2 **票** [piào] 피아오	명 표, 입장권 동 무효가 되다
新HSK1 **漂亮** [piào liàng] 피아오 리앙	형 예쁘다, 아름답다, 뛰어나다, 간결하다
HT **瞥** [piē] 피에	동 얼핏보다, 언뜻 보다, 잠깐 보다
新HSK4 **拼命** [pīn mìng] 핀 밍	명 사투, 목숨을 거는 것 동 목숨을 걸다
新HSK6 **贫困** [pín kùn] 핀 쿤	명 빈곤, 곤궁 형 가난하다, 빈곤하다
新HSK6 **品德** [pǐn dé] 핀 더	명 인품과 덕성
品格 [pǐn gé] 핀 거	명 품격, 성품, 품행
新HSK6 **品质** [pǐn zhì] 핀 쯔	명 품질, 인품, 품성, 소질

중한 단어 | **159**

新HSK4 乒乓球 [pīng pāng qiú] 핑팡치우	명 탁구, 탁구공
HZ 平安 [píng ān] 핑안	명 평안 형 평안하다, 안일하다
新HSK5 平常 [píng cháng] 핑창	명 평소, 평상시 형 평범하다
新HSK6 平凡 [píng fán] 핑판	명 평범 형 평범하다
新HSK5 平静 [píng jìng] 핑찡	명 평정, 안정 형 평온하다, 고요하다
新HSK4 平时 [píng shí] 핑스	명 평소, 보통 때, 여느 때
新HSK6 平原 [píng yuán] 핑 위앤	명 평원, 벌판
新HSK4 瓶子 [píng zi] 핑즈	명 병(액체 등을 담는 큰 그릇)
新HSK5 评价 [píng jià] 핑찌아	명 평가 동 평가하다
新HSK6 评论 [píng lùn] 핑룬	명 논평, 평론 동 논평하다, 평론하다
新HSK1 苹果 [píng guǒ] 핑꾸어	명 사과, 사과나무
新HSK6 泼 [pō] 포	동 뿌리다 형 무지막지하다, 밉살스럽다

新HSK3 秋
[qiū] 치우

명 가을, 농작물이 익을 때

新HSK6 迫害
[pò hài] 포 하이

명 박해 동 박해하다

迫切
[pò qiē] 포 치에

형 절실하다, 절박하다

新HSK4 破
[pò] 포

동 깨지다, 찢다, 부수다 형 낡다

破除
[pò chú] 포 추

동 타파하다, 배제하다

新HSK5 破坏
[pò huài] 포 화이

명 파괴 동 파괴하다

破获
[pò huò] 포어 후어

동 밝히어 잡다, 적발하여 체포하다

破旧
[pò jiù] 푸어 찌우

형 오래되어 허름하다, 낡다

破烂
[pò làn] 퍼어 란

형 남루하다, 낡아빠지다

破裂
[pò liè] 푸어 리에

동 (온전한 물건이) 파열되다, 짜개지다

破碎
[pò suì] 푸어 쑤이

동 자잘하게 부서지다, 산산조각 나다

新HSK6 扑
[pū] 푸

동 뛰어들다, 잡다, 몰두하다, 열중하다

중한 단어 | **161**

| 扑灭
[pū miè] 푸 미에 | 동 박멸하다, 불을 꺼서 재산을 지킨다 |

| 葡萄
[pú táo] 푸 타오 | 명 포도, 포도나무 |

| 葡萄糖
[pú táo táng] 푸 타오 탕 | 명 (화확) 포도당 |

| 朴素
[pò sù] 푸 쑤 | 형 소박하다 |

| 普遍
[pǔ biàn] 푸 삐앤 | 형 보편적이다, 널리 퍼져 있다 |

| 普查
[pǔ chá] 푸 차 | 동 일제히 조사하다, 전면 조사하다 |

| 普及
[pǔ jí] 푸 지 | 명 보급 동 보급하다, 대중화하다 |

| 普通
[pǔ tōng] 푸 통 | 명 보통 형 일반적이다 |

| 普通话
[pǔ tōng huà] 푸 통 화 | 명 (현대 중국어의) 표준어 |

| 瀑布
[pù bù] 푸 뿌 | 명 폭포 |

| 婆婆
[pó po] 푸어 푸어 | 명 시어머니[남편의 어머니], 파파 |

| 迫使
[pò shǐ] 푸어 쓰 | 동 무리하게 요구하다, 강요(强要)하다 |

新HSK1 七
[qī] 치

양 일곱, 7

新HSK2 妻子
[qī zǐ] 치 즈

명 아내, 처, 부인

新HSK5 期待
[qī dài] 치 따이

명 기대 동 기대하다

新HSK6 欺负
[qī fù] 치 푸

동 모욕하다, 괴롭히다

新HSK6 欺骗
[qī piàn] 치 피앤

동 속이다 명 기만

欺压
[qī yā] 치 야

동 (권세를 믿고) 남을 억압하다

新HSK3 奇怪
[qí guài] 치 꽈이

형 기괴하다, 이상하다 동 의아해하다

新HSK6 奇妙
[qí miào] 치 미아오

형 기묘하다, 신기하다

新HSK3 骑
[qí] 치

동 타다, 올라타다

甲 起
[qǐ] 치

동 일어나다, 일어서다

起程
[qǐ chéng] 치 청

동 출발하다, 길을 떠나다

新HSK6 起初 [qǐ chū] 치 추	몡 처음, 애당초 ⸬ 처음에, 최초에
新HSK2 起床 [qǐ chuáng] 치 추앙	몡 기상 동 기상하다, 잠자리에서 일어나다
HT 起点 [qǐ diǎn] 치 띠앤	몡 기점, 출발점
新HSK4 起飞 [qǐ fēi] 치 페이	몡 이륙 동 (비행기가) 이륙하다
HT 起身 [qǐ shēn] 치 썬	동 출발하다, 일어서다
新HSK3 其实 [qí shí] 치 스	⸬ 실은, 사실은, 실제로는
新HSK3 其他 [qí tā] 치 타	대 기타, 그 밖, 그 외
起头(儿) [qǐ tóu(r)] 치 터우	몡 처음, 최초 ⸬ 처음에, 최초로 동 시작하다, 개시하다
起先 [qǐ xiān] 치 씨앤	몡 최초, 처음, 시작 ⸬ 처음에, 최초로
新HSK6 起源 [qǐ yuán] 치 위앤	몡 기원 동 기원하다
新HSK4 其中 [qí zhōng] 치 중	몡 그 속, 그 중
新HSK5 气氛 [qì fēn] 치 펀	몡 분위기

气愤
[qì fèn] 치 펀
형 화내다, 분노하다 명 분개, 분노, 성

气候
[qì hòu] 치 허우
명 기후, 동향, 성과, 역량

起来
[qǐ lái] 치 라이
동 자리에서 일어나다, 생기다. 일어나다

气味
[qì wèi] 치 웨이
명 냄새, 기품, 성미

气象
[qì xiàng] 치 씨앙
명 기상, 날씨, 양상, 주위의 상황, 분위기

汽车
[qì chē] 치 처
명 자동차

恰当
[qià dāng] 치아 땅
형 알맞다, 적합하다, 적절하다

恰好
[qià hǎo] 치아 하오
부 바로, 마침 형 적당하다, 알맞다

千
[qiān] 치앤
수 천, 1000 형 매우 많다

千万
[qiān wàn] 치앤 완
수 천만(千萬) 형 수가 많다 부 제발, 부디, 절대로

牵
[qiān] 치앤
동 끌다, 연루되다

牵强
[qiān qiǎng] 치앤 치앙
동 억지로 갖다 붙이다, 억지쓰다
형 억지스럽다

新HSK3 ■	**铅笔** [qiān bǐ] 치앤 비	몡 연필
□	**谦让** [qiān ràng] 치앤 랑	동 겸양하다, 겸손하게 사양하다
新HSK5 □	**谦虚** [qiān xū] 치앤 쉬	형 겸허하다 동 겸손의 말을 하다
新HSK4 □	**签证** [qiān zhèng] 치앤 쩡	명 비자 동 출입국을 허가하다
□	**签订** [qiān dìng] 치앤 띵	명 체결 동 체결하다, 조인하다
□	**前** [qián] 치앤	명 (장소·순서의) 앞, 정면, (시간) 전 동 앞으로 나아가다
□	**前程** [qián chéng] 치앤 청	명 전도, 앞길, 미래,
□	**前进** [qián jìn] 치앤 찐	명 전진 동 전진하다, 앞으로 나아가다
□	**前年** [qián nián] 치앤 니앤	명 재작년
□	**前天** [qián tiān] 치앤 티앤	명 그저께
新HSK5 □	**前途** [qián tú] 치앤 투	명 앞길, 전도, 전망, (격식) 상대방
新HSK1 ■	**钱** [qián] 치앤	명 돈, 화폐, 동전, 비용, 값, 자금, 기금 양 돈, 전 [무게의 단위]

| 新HSK5 **浅** [qiǎn] 치앤 | 형 (물이) 얕다, (길·폭이) 좁다, 평이하다, (지식·소견 등이) 천박하다 |

| HZ **强大** [qiáng dà] 치앙 따 | 형 강대하다, 힘있다 명 강대 |

| 新HSK5 **强调** [qiáng diào] 치앙 띠아오 | 동 강조하다 명 강조 |

| 新HSK5 **强烈** [qiáng liè] 치앙 리에 | 형 강렬하다, 거세다, 선명하다, 뚜렷하다 |

| HT **强盛** [qiáng shèng] 치앙 썽 | 형 강성하다, 강대하고 번성하다 |

| **强壮** [qiáng zhuàng] 치앙 쭈앙 | 형 건장하다, 튼튼하다 |

| 新HSK4 **墙** [qiáng] 치앙 | 명 벽, 담, 울타리, 기물의 칸막이 |

| 新HSK5 **抢** [qiǎng] 치앙 | 동 빼앗다, 약탈하다, 앞다투어 ~하다, (표면을) 갈다 부 급히, 서둘러 |

| 新HSK4 **敲** [qiāo] 치아오 | 동 두드리다, 치다, 속여 빼앗다 |

| 新HSK4 **桥** [qiáo] 치아오 | 명 다리, 교각, 교량 |

| 新HSK5 **瞧** [qiáo] 치아오 | 동 엿보다, 방문하다, 구경하다 |

| 新HSK5 **巧妙** [qiǎo miào] 치아오 미아오 | 형 (수단 등이) 교묘하다 |

| 新HSK5 切 [qiē] 치에 | 동 (칼로) 자르다, 썰다, 저미다 |

| 切 [qiē] 치에 | 동 맞물리다, 부합되다 형 절박[긴급]하다 부 제발, 부디 |

| 新HSK6 切实 [qiē shí] 치에 스 | 형 실질적이다, 확실하다, 착실하다 |

| 亲近 [qīn jìn] 친 찐 | 형 가깝다, 친근하다, 친밀하다 동 친밀하게 지내다, 친해지다 |

| HT 亲密 [qīn mì] 친 미 | 명 친밀함 형 친밀하다 |

| 新HSK4 亲戚 [qīn qi] 친 치 | 명 친척 |

| HZ 亲切 [qīn qiè] 친 치에 | 명 친근감 형 친절하다, 친밀하다 |

| 新HSK6 亲热 [qīn rè] 친 러 | 형 친절하다, 친근하다 |

| 新HSK6 侵犯 [qīn fàn] 친 판 | 명 침범 동 침범하다 |

| 新HSK5 侵略 [qīn lüè] 친 뤼에 | 명 침략 동 침략하다 |

| H系 侵入 [qīn rù] 친 루 | 명 침입 동 침입하다 |

| HT 侵占 [qīn zhàn] 친 짠 | 명 점유 동 점유하다 |

勤快 [qín kuai] 친 쿠아이	형 부지런하다, 근면하다
勤劳 [qín láo] 친 라오	명 근면 형 근면하다
青年 [qīng nián] 칭 니앤	명 청년, 젊은이, 나이
轻 [qīng] 칭	형 가볍다, 경미하다 부 가볍게
■ 清 [qīng] 칭	형 맑다, 깨끗하다, 고요하다 동 씻다, 제거하다
轻视 [qīng shì] 칭 쓰	동 경시하다, 업신여기다, 얕보다
轻微 [qīng wēi] 칭 웨이	형 경미하다
轻易 [qīng yì] 칭 이	형 수월하다, 간단하다 부 수월하게, 가볍게, 함부로
清除 [qīng chú] 칭 추	동 청소하다, 완전히 없애다 명 클리어
■ 清楚 [qīng chǔ] 칭 추	형 분명하다, 명백하다, 명석하다 동 알다, 이해하다
请假 [qǐng jiǎ] 칭 찌아	명 휴가 신청 동 휴가를 신청하다
清静 [qīng jìng] 칭 찡	형 조용하다, 고요하다, 한적하다

新HSK4 **请客** [qǐng kè] 칭 커	명 손님 초대 동 손님을 초대하다
新HSK6 **清理** [qīng lǐ] 칭 리	동 깨끗이 정리하다, 가다듬다
新HSK6 **清晰** [qīng xī] 칭 씨	형 또렷하다, 똑똑하다, 명석하다
新HSK6 **清醒** [qīng xǐng] 칭 싱	형 깨끗하다 동 정신을 차리다, 깨닫다
新HSK5 **情景** [qíng jǐng] 칭 징	명 정경, 광경, 상황, 장면
新HSK6 **情形** [qíng xíng] 칭 싱	명 일의 상황, 형세, 실상, 형편
新HSK2 **晴** [qíng] 칭	명 맑음 형 (날씨가) 개다
H甲 **请** [qǐng] 칭	동 ~해주세요, 청합니다, 부탁하다
新HSK6 **请教** [qǐng jiāo] 칭 찌아오	동 지도를 바라다, 가르침을 받다, 물어보다
新HSK3 **请求** [qǐng qiú] 칭 치우	명 청구, 요구, 부탁 동 바라다, 부탁하다
新HSK6 **请示** [qǐng shì] 칭 쓰	명 지시 동 지시를 바라다
新HSK5 **庆祝** [qìng zhù] 칭 쭈	동 축하하다, 경축하다

新HSK4 **穷** [qióng] 치옹	형 가난하다 동 끝나다, 막다르다 부 극히
H甲 **秋天** [qiū tiān] 치우 티앤	명 가을, 가을 하늘
新HSK4 **区别** [qū bié] 취 비에	명 차이, 구별 동 나누다, 구별하다
新HSK6 **区域** [qū yù] 취 위	명 지역, 구역, 지구
新HSK6 **曲折** [qǔ zhé] 취 저	명 곡절, 복잡하게 뒤얽히인 사정 형 복잡하다
新HSK4 **取** [qǔ] 취	동 취하다, 가지다, 얻다, 받다, 부르다
H甲 **取得** [qǔ dé] 취 더	명 취득 동 얻다, 취득하다
新HSK5 **取消** [qǔ xiāo] 취 씨아오	명 취소 동 취소하다, 없애다
新HSK1 **去** [qù] 취	동 가다, 하다, 보내다
新HSK2 **去年** [qù nián] 취 니앤	명 작년, 지난해
新HSK5 **去世** [qù shì] 취 쓰	명 사망 동 세상을 떠나다
新HSK6 **趣味** [qù wèi] 취 웨이	명 흥취, 흥미, 취미, 기호, 관심

圈子 [quān zi] 취앤 즈	명 원, 동그라미, 둘레
权力 [quán lì] 취앤 리	명 권력, 권한
权利 [quán lì] 취앤 리	명 권리, 권세, 재력
权益 [quán yì] 취앤 이	명 권익, 권리와 이익
全 [quán] 취앤	형 완전하다, 완비되다, 전부의 부 전부, 완전히 동 보전하다
全部 [quán bù] 취앤 뿌	명 전부, 전체 형 전부의, 전체의, 총계의
劝告 [quàn gào] 취앤 까오	명 충고 동 권고하다, 충고하다
劝解 [quàn jiě] 취앤 지에	동 중재하다, 화해시키다
劝说 [quàn shuō] 취앤 쑤어	동 타이르다, 설득하다, 권고하다
劝阻 [quàn zǔ] 취앤 주	동 충고하여 그만두게 하다
缺点 [quē diǎn] 취에 띠앤	명 부족한 점, 결함, 유감
缺乏 [quē fá] 취에 파	명 결핍 형 부족하다, 결핍되다

新HSK4 **缺少** [quē shǎo] 취에 사오	동 (사람·물건의 수량이) 모자라다, 결핍하다
新HSK4 **却** [què] 취에	부 도리어, 뜻밖에, 도대체 동 물러서다
新HSK4 **确定** [què dìng] 취에 띵	명 확정 동 확정하다, 확인하다
新HSK4 **确认** [què rèn] 취에 런	동 확실하게 알아보다, 확인하다
新HSK4 **确实** [què shí] 취에 스	형 확실하다 동 확실하게 하다 부 확실히, 정말로
HT **确凿** [què záo] 취에 짜오	형 확실하다, 틀림없다
新HSK3 **裙子** [qún zi] 췬즈	명 치마, 스커트
新HSK5 **群** [qún] 췬	수 떼, 무리, 대중, 군중 형 무리를 이룬
H병 **群岛** [qún dǎo] 췬 따오	명 군도[무리를 이룬 많은 섬]
群集 [qún jí] 췬 지	동 군집하다, 많은 사람이 (떼지어) 모이다
HT **群体** [qún tǐ] 췬 티	명 군체[같은 종류의 개체가 모인 집단]
新HSK6 **群众** [qún zhòng] 췬 쭝	명 군중, 대중

R

CHINESE KOREAN WORDS DICTIONARY

| 新HSK4 **然而** [rán ér] 란 얼 | 접 그러나, 그렇지만, 그런데 |

| 新HSK3 **然后** [rán hòu] 란 허우 | 부 그 후에, 그런 후에, 그리고 나서 |

| 新HSK2 **让** [ràng] 랑 | 동 허락하다, ~하게 하다 |

| **让座(儿)** [ràng zuò(r)] 랑 쭤 | 동 자리[좌석]를 양보하다, (손님에게) 자리를 권하다 |

| 新HSK1 **热** [rè] 러 | 형 뜨겁다, 덥다 명 열, 열기 동 가열하다, 몹시 탐내다 |

| 新HSK5 **热爱** [rè ài] 러 아이 | 명 열애 동 열렬히 사랑하다 |

| 新HSK5 **热烈** [rè liè] 러 리에 | 형 열렬하다, 열정적이다 |

| 新HSK4 **热闹** [rè nào] 러 나오 | 형 왁자지껄하다, 번화하다 명 여흥, 구경거리 |

| 新HSK3 **热情** [rè qíng] 러 칭 | 명 열정, 의욕 형 친절하다, 열정적이다 |

| 新HSK5 **热心** [rè xīn] 러 씬 | 명 열심, 친절 형 열성적이다 |

| 新HSK1 **人** [rén] 런 | 명 사람, 인간, 성인, 어른 |

新HSK5 人才
[rén cái] 런 차이
- 명 인재, 요원, 인품, 도량

人工呼吸
[rén gōng hū xī] 런꽁 후시
- 명 인공호흡

新HSK4 任何
[rèn hé] 런 허
- 대 어떠한, 어떤, 어떤 것이든지

新HSK6 人家
[rén jiā] 런 찌아
- 대 남, 다른 사람, 그 사람, 그, 사람

新HSK5 人类
[rén lèi] 런 레이
- 명 인간, 인류

新HSK4 人民币
[rén mín bì] 런 민 삐
- 명 (중국화폐 단위) 인민폐

新HSK5 人生
[rén shēng] 런 썽
- 명 인생

新HSK5 人物
[rén wù] 런 우
- 명 인물, 사람과 물건

新HSK6 忍耐
[rěn nài] 런 나이
- 명 인내 통 인내하다, 참아내다

忍让
[rěn ràng] 런 랑
- 명 양보, 인내 통 참고 양보[사양]하다

新HSK6 忍受
[rěn shòu] 런 쏘우
- 통 견디어내다, 참다, 이겨내다

新HSK3 认为
[rèn wéi] 런 워이
- 통 여기다, 간주하다, 생각하다

新HSK1 **认识** [rèn shi] 런 스	몡 인식 툉 인식하다, 알다
新HSK3 **认真** [rèn zhēn] 런 쩐	몡 진지함, 성실 휑 성실하다, 열심히 하다
新HSK4 **任务** [rèn wù] 런 우	몡 임무, 책무, 과업, 과제
新HSK6 **任性** [rèn xìng] 런 씽	몡 방종 휑 제멋대로 하다, 제 마음대로 하다
新HSK6 **任意** [rèn yì] 런 이	몡 임의 튄 임의로, 제멋대로 툉 임의대로 하다
新HSK4 **扔** [rēng] 렁	툉 던지다, 부치다, 포기하다
新HSK4 **仍然** [réng rán] 렁 란	튄 여전히, 아직도, 원래대로
新HSK1 **日** [rì] 르	몡 일, 날, 해, 태양, 낮, 시간, 세월, 매일, 하루하루
日餐 [rì cān] 르 찬	몡 일식 요리
新HSK5 **日常** [rì cháng] 르 창	몡 평소, 일상 휑 일상의, 평소의
新HSK4 **日记** [rì jì] 르 찌	몡 일기, 일지
HSK **日用** [rì yòng] 르 융	휑 일용의 몡 생활비

日子
[rì zi] 르 즈
명 날, 일자, 나날

容忍
[róng rěn] 룽 런
명 용인 동 용인하다, 참고 용서하다

容易
[róng yì] 룽 이
형 쉽다, 간단하다 부 쉽게, 쉽사리

柔和
[róu hé] 러우 허
형 연하고 부드럽다, 맛이 순하다

柔软
[róu ruǎn] 러우 루안
형 유연하다, 부드럽고 연하다

柔弱
[róu ruò] 러우 뤄
형 유약하다, 연약하다, 허약하다

肉
[ròu] 러우
명 고기, (사람·동물의) 살 형 굼뜨다

如果
[rú guǒ] 루 꾸어
접 만일 ~이라면, 만약

入口
[rù kǒu] 루 커우
명 입구 동 입으로 들어가다, 수입하다

入学
[rù xué] 루 쉬에
명 입학, 취학 동 입학하다

软件
[ruǎn jiàn] 루안 찌앤
명 (컴퓨터의) 소프트웨어(software)

软弱
[ruǎn ruò] 루안 뤄
명 연약, 연약함 형 (몸이) 연약하다

S

新HSK5 洒
[sǎ] 사
동 살포하다, 사방에 흩뜨리다

HZ 撒
[sǎ] 사
동 풀어주다, 펴다, 뿌리다, 마음대로 행동하다

H핵 塞
[sāi] 싸이
동 집어넣다, 쑤셔 넣다, 막히다, 틀어막다

□ 赛跑
[sài pǎo] 싸이 파오
명 달리기 (경주) 동 달리기 경주를 하다

新HSK1 三
[sān] 싼
수 셋, 3 부 재삼, 여러 번

新HSK4 散步
[sàn bù] 싼 뿌
동 산보하다, 걷다, 산책하다

新HSK3 伞
[sǎn] 산
명 우산, 양산, 우산 모양의 물건

新HSK6 丧失
[sāng shī] 쌍 쓰
동 잃어버리다

HZ 扫
[sǎo] 사오
동 쓸다, 청소하다, 제거하다, 좌우로 움직이다

□ 扫兴
[sǎo xìng] 사오 씽
동 흥[기분]이 깨지다, 흥취가 사라지다

新HSK4 森林
[sēn lín] 썬 린
명 나무숲, 삼림

178 | Point Up 왕초보 중한 + 한중 단어 사전

新HSK4 **沙发** [shā fā] 싸파	몡 소파, 안락의자
新HSK5 **沙漠** [shā mò] 싸 모	몡 사막
新HSK5 **傻** [shǎ] 사	몡 바보 혱 어리석다, 멍청하다
H중 **山** [shān] 싼	몡 산, 산과 비슷한 모양 혱 웅장하다
H병 **山谷** [shān gǔ] 싼 구	몡 계곡, 산골짜기
新HSK5 **善良** [shàn liáng] 싼 리앙	몡 선량 혱 착하다, 선량하다
新HSK5 **善于** [shàn yú] 싼 위	동 ~에 뛰어나다, ~에 능숙하다 부 능숙하게, 교묘하게
新HSK6 **擅长** [shàn cháng] 싼 창	몡 재간, 재간 동 뛰어나다, 재주가 있다
H병 **伤害** [shāng hài] 쌍 하이	동 상해하다, 손상시키다
H병 **伤口(儿)** [shāng kǒu(r)] 쌍 커우	몡 상처
新HSK4 **伤心** [shāng xīn] 쌍 씬	동 슬퍼하다, 상심하다
新HSK4 **商业** [shāng yè] 상 예	몡 상업

| 新HSK1 **商店**
[shāng diàn] 쌍 띠앤 | 몡 상점 |

| 新HSK4 **商量**
[shāng liàng] 쌍 리앙 | 몡 의논, 상의 동 의논하다, 상의하다 |

| 新HSK5 **商品**
[shāng pǐn] 쌍 핀 | 몡 상품, 물품 |

| 新HSK1 **上**
[shàng] 쌍 | 몡 위, 위쪽, 상급기관 동 오르다, 나아가다, 바치다, 싣다 |

| 新HSK2 **上班**
[shàng bān] 쌍 빤 | 몡 출근, 근무 동 출근하다, 근무하다 |

| 新HSK5 **上当**
[shàng dāng] 쌍 땅 | 몡 사기, 속임수 동 속다, 속임수에 걸리다 |

| H甲 **上课**
[shàng kè] 쌍 커 | 몡 수업 동 수업하다, 수업을 받다 |

| H甲 **上去**
[shàng qù] 쌍 취 | 동 올라가다, 오르다 |

| H丙 **上升**
[shàng shēng] 쌍 썽 | 몡 상승 동 상승하다, 올라가다 |

| 新HSK1 **上午**
[shàng wǔ] 쌍 우 | 몡 오전 |

| H丙 **上下**
[shàng xià] 쌍 씨아 | 몡 위와 아래, 상하, 높고 낮음, 좋고 나쁨 |

| H乙 **上衣**
[shàng yī] 쌍 이 | 몡 상의, 저고리, 윗도리 |

- **上月** [shàng yuè] 쌍 위에
  - 몡 지난달

- **烧** [shāo] 싸오
  - 동 태우다, 가열하다, 끓이다 몡 열(熱)

- **捎** [shāo] 싸오
  - 동 인편에 전하다

- **稍微** [shāo wēi] 싸오 웨이
  - 부 약간, 좀, 다소, 조금

- **勺子** [sháo zǐ] 사오 즈
  - 몡 (조금 큰) 국자, 후두부

- **少** [shǎo] 사오
  - 형 (수량이) 적다, 부족하다 동 잃다, 분실하다, 빚지다 부 그만

- **少量** [shǎo liàng] 사오 리앙
  - 몡 소량 부 소량으로

- **少数** [shǎo shù] 사오 쑤
  - 몡 소수, 적은 수

- **少年** [shǎo nián] 사오 니앤
  - 몡 소년, 소년기

- **舌头** [shé tóu] 서 터우
  - 몡 혀, 잡담

- **蛇** [shé] 서
  - 몡 뱀

- **设备** [shè bèi] 써 뻬이
  - 몡 설비, 시설, 동 갖추다, 설비하다

^{HSK} **设法** [shè fǎ] 써 파	튄 백방으로 튄 방법을 세우다, 대책을 세우다 튄 방법
^{新HSK4} **社会** [shè huì] 써 후이	튄 사회
^{新HSK5} **设计** [shè jì] 써 찌	튄 설계, 디자인, 설정 튄 설계하다, 구상하다
^{新HSK5} **设施** [shè shī] 써 스	튄 시설, 시책 튄 조치를 취하다
^{新HSK6} **设想** [shè xiǎng] 써 씨앙	튄 구상, 생각, 배려 튄 상상하다, 구상하다
^{新HSK5} **射击** [shè jī] 써 찌	튄 사격, 발포 튄 사격하다, 발포하다
^{新HSK1} **谁** [shéi] 쉐이	튄 누구, 아무, (임의의) 아무개
^{新HSK4} **申请** [shēn qǐng] 썬 칭	튄 신청 튄 신청하다
^{新HSK5} **身材** [shēn cái] 썬 차이	튄 체격, 몸집, 몸매
^{新HSK5} **身份** [shēn fēn] 썬 펀	튄 신분, 지위, 품위, 체면, (물건의) 품질
^{新HSK2} **身体** [shēn tǐ] 썬 티	튄 신체, 몸, 건강
^{新HSK4} **甚至** [shén zhì] 썬 쯔	튄 심지어 튄 심지어, ~까지도, ~조차도

新HSK4 **深** [shēn] 선	몡 깊이, 심도 혱 깊다, 오래되다
HZ **深度** [shēn dù] 선 뚜	몡 심도, 깊이, 정도 혱 (정도가) 심한
HZ **深厚** [shēn hòu] 선 허우	혱 깊고 두텁다, (기초가) 튼튼하다
新HSK5 **深刻** [shēn kè] 선 커	혱 심각하다, (뜻·감정 등이) 깊다, 모질다
HZ **深入** [shēn rù] 선 루	동 깊이 파고들다, 몰입하다 몡 심화, 심도, 투철
■ 新HSK1 **什么** [shén me] 선 머	대 무엇, 무슨, 무엇이든지, 뭐, 왜
新HSK5 **神经** [shén jīng] 선 찡	몡 신경, 정신 이상
新HSK5 **神秘** [shén mì] 선 미	몡 신비 혱 신비하다, 불가사의하다
新HSK6 **神气** [shén qì] 선 치	몡 표정, 기분 혱 기운차다, 의기양양하다
新HSK6 **神情** [shén qíng] 선 칭	몡 안색, 표정, 기색
新HSK6 **神色** [shén sè] 선 써	몡 안색, 얼굴빛, 기색, 표정
新HSK6 **神圣** [shén shèng] 선 썽	혱 신성하다, 성스럽다

新HSK6 **审查** [shěn chá] 선 차	동 자세히 살펴보다, 구체적으로 살펴보다
新HSK6 **慎重** [shèn zhòng] 썬 쭝	형 신중하다, 엄숙하다 동 신중히 하다
新HSK5 **升** [shēng] 썽	동 오르다, 올라가다 명 되, 됫박
旺 **生** [shēng] 썽	동 낳다, 생기다, 살다 명 삶, 생계 형 살아 있는
新HSK5 **生动** [shēng dòng] 썽 뚱	형 생동감 있다, 생생하다, 생기발랄하다
新HSK4 **生活** [shēng huó] 썽 후어	명 생활, 생계, 살림 동 생활하다, 생존하다
新HSK6 **生命** [shēng mìng] 썽 밍	명 생명, 목숨 형 생동감 있다
■ **生气** [shēng qì] 썽 치	명 생명력, 생기 동 화내다, 성내다
旺 **生意** [shēng yì] 썽 이	명 장사, 작업, 거래
■ **生病** [shēng bìng] 썽 삥	동 (인체나 동물체 등에) 병이 나다
■ **生日** [shēng rì] 썽 르	명 생일, 창립기념일
旺 **生长** [shēng cháng] 썽 장	명 성장, 생장 동 성장하다, 생장하다

新HSK6 **声明** [shēng míng] 썽 밍	명 성명, 성명서, 선언 동 성명하다, 선언하다
新HSK3 **声音** [shēng yīn] 썽 인	명 음성, 소리, 목소리, 음악, 시가(詩歌), 의견, 논조
声援 [shēng yuán] 썽 위앤	명 성원 동 성원하다, 후원을 하다
新HSK4 **省** [shěng] 성	명 성 [중국의 지방 행정 단위] 동 아끼다, 줄이다, 빠뜨리다
剩 [shèng] 썽	동 남다, 남기다
新HSK5 **胜利** [shèng lì] 썽 리	명 승리, 성공 동 승리하다, (일·사업 등이) 성공하다
新HSK6 **盛开** [shèng kāi] 썽 카이	동 꽃이 만발하다, 활짝 피다
新HSK4 **失败** [shī bài] 쓰 빠이	명 실패, 패배 동 실패하다, 패배하다
기타 **失掉** [shī diào] 쓰 띠아오	동 잃다, 잃어버리다, 놓치다
新HSK5 **失去** [shī qù] 쓰 취	동 잃어버리다, 끊어지다
湿润 [shī rùn] 스 룬	형 습윤하다, 축축하다
新HSK4 **失望** [shī wàng] 쓰 왕	명 실망, 낙담 동 실망하다, 낙담하다

新HSK6 **施展** [shī zhǎn] 쓰 잔	동 (재능·수완 따위를) 발휘하다, 나타내다, 펼치다
新HSK1 **十** [shí] 스	수 10, 열 형 완전한, 절정의
新HSK4 **十分** [shí fēn] 스 펀	부 몹시, 매우, 대단히, 아주
石头 [shí tóu] 스 토우	명 돌, 바위, 문제, 난관
新HSK6 **时常** [shí cháng] 스 창	부 자주, 늘, 항상
新HSK5 **时代** [shí dài] 스 따이	명 시대, 시기, 시절, 당시
新HSK1 **时候** [shí hòu] 스 허우	명 시기, 시절, 때
新HSK6 **时机** [shí jī] 스 찌	명 시기, 기회
新HSK2 **时间** [shí jiān] 스 찌앤	명 시간, 시각, 틈, 여가
新HSK5 **时刻** [shí kè] 스 커	명 순간, 때, 시각, 시간 부 언제나, 항상
时髦 [shí máo] 스 마오	명 유행, 현대적 동 유행을 따르다
新HSK4 **食品** [shí pǐn] 스 핀	명 식료품

新HSK5 **时期** [shí qī] 스치	몡 특정한 시기, 때
新HSK4 **实际** [shí jì] 스찌	몡 실제, 사실 동 실제에 적합하다
实践 [shí jiàn] 스찌앤	몡 실천, 이행 동 실천하다, 실행하다
新HSK6 **实施** [shí shī] 스쓰	몡 실시, 실행 동 실시하다, 실행하다
新HSK5 **实现** [shí xiàn] 스씨앤	몡 실현 동 실현하다, 이루다, 달성하다
实行 [shí xíng] 스싱	동 실행하다, 이행하다
新HSK5 **实用** [shí yòng] 스융	형 실제로 쓰다, 실용적이다
新HSK4 **实在** [shí zài] 스짜이	형 참되다, 확실하다 부 정말로, 확실히
新HSK6 **实质** [shí zhì] 스쯔	몡 본질, 실질 형 실질적이다
H甲 **食堂** [shí táng] 스탕	몡 식당, 구내 식당, 음식점
新HSK3 **使** [shǐ] 스	동 쓰다, ~시키다, ~하게 하다 몡 사절, 외교관
新HSK4 **使用** [shǐ yòng] 스융	동 사용하다, 이용하다 몡 사용

新HSK5 **始终** [shǐ zhōng] 스쭝	몡 시종, 시말 뷔 언제나, 줄곧, 결국
新HSK4 **狮子** [shī zǐ] 스즈	몡 사자
新HSK4 **市场** [shì chǎng] 쓰창	몡 시장, 저자, 도시, 도회, 시, 영역
新HSK3 ■ **世界** [shì jiè] 쓰 찌에	몡 세계, 세상, 영역, 활동 범위
HT **视察** [shì chá] 쓰 차	몡 시찰 동 시찰하다, 관찰하다
HT **事变** [shì biàn] 쓰 삐앤	몡 사변, 세태 변화, 사건
新HSK6 **事故** [shì gù] 쓰 꾸	몡 사고, 의외의 손실이나 재화
新HSK6 **事迹** [shì jì] 쓰 찌	몡 사적, 유적, 성과, 업적
新HSK4 **世纪** [shì jì] 쓰 찌	몡 세기, 연대, 시대
新HSK6 **事件** [shì jiàn] 쓰 찌앤	몡 사건, 일, 행사, 사항
新HSK2 ■ **事情** [shì qíng] 쓰 칭	몡 사정, 일, 용무, 볼일
新HSK5 **事实** [shì shí] 쓰 스	몡 사실

| 新HSK6 **事业** [shì yè] 쓰 예 | 명 사업, 영업, 비영리적 사회활동 |

■ **是** [shì] 쓰 — 동 긍정하다, ~이다 형 맞다, 옳다 (新HSK1)

| 新HSK4 **试** [shì] 쓰 | 동 시험보다, 맛보다, 시험삼아 해보다 |

| HT **适当** [shì dāng] 쓰 땅 | 동 적당하다, 알맞다, 적당하다 |

| 新HSK4 **适合** [shì hé] 쓰 허 | 형 적절하다, 적합하다, 알맞다 |

| 新HSK6 **适宜** [shì yí] 쓰 이 | 형 적당하다, 적합하다, 적절하다 |

| 新HSK4 **适应** [shì yīng] 쓰 잉 | 명 적응 동 적응하다, 맞추다 |

| HT **适用** [shì yòng] 쓰 융 | 형 쓰기에 알맞다 동 적용하다 명 적용 |

| 新HSK6 **逝世** [shì shì] 쓰 쓰 | 명 서거 동 서거하다 |

| 新HSK6 **释放** [shì fàng] 쓰 팡 | 명 석방, 배포 동 석방하다, (에너지를) 방출하다 |

| HT **收回** [shōu huí] 쑈우 후이 | 명 회수 동 회수하다, 철회하다 |

| 新HSK6 **收获** [shōu huò] 쑈우 훠 | 명 수확, 성과, 소득 동 수확하다, 추수하다 |

新HSK4 **售货** [shòu huò] 쏘우 휘	명 상품, 파는 물건 동 상품을 팔다
H列 **收集** [shōu jí] 쏘우 지	명 수집 동 모으다, 수집하다
收录 [shōu lù] 쏘우 루	동 (인원을) 뽑다, 받아들이다,
新HSK4 **收拾** [shōu shí] 쏘우 스	명 수습, 정리 동 정리하다, 수습하다
新HSK6 **收缩** [shōu suō] 쏘우 쑤어	명 수축 동 줄어들다, 수축하다
新HSK6 **收音机** [shōu yīn jī] 쏘우 인 찌	명 라디오(radio)
H甲 **手** [shǒu] 소우	명 손, 수단, 재주 동 잡다, 쥐다, 들다
新HSK4 **收** [shōu] 소우	명 접수, 징수 동 받다, 접수하다
新HSK2 **手表** [shǒu biǎo] 소수 삐아오	명 손목시계
HZ **手段** [shǒu duàn] 소우 뚜안	명 수단, 방법, 수법, 솜씨, 수완
HT **手巾** [shǒu jīn] 소우 찐	명 수건, 타월, 손수건
HZ **手绢** [shǒu juàn] 소우 쮜앤	명 손수건

| 新HSK5 **手套** [shǒu tào] 소우 타오 | 명 장갑, 글러브(glove), 스틱(stick) |

| 新HSK4 **首先** [shǒu xiān] 소우 셴 | 명 우선, 맨 먼저, 무엇보다, 먼저 |

| 新HSK5 **手指** [shǒu zhǐ] 소우 즈 | 명 손가락 |

| 新HSK4 **首都** [shǒu dōu] 소우 뚜 | 명 수도, 국도(國都) |

| 新HSK5 **寿命** [shòu mìng] 쏘우 밍 | 명 수명, 목숨, 생명 |

| 新HSK4 **收入** [shōu rù] 소우 루 | 명 수입 동 받아들이다, 포함하다 |

| HZ **受** [shòu] 쏘우 | 동 받다, 받아들이다, 입다, 맞다, 일하다, 노동하다 |

| 新HSK4 **受伤** [shòu shāng] 쏘우 쌍 | 명 부상 동 부상을 당하다, 상처를 입다 |

| 新HSK3 **瘦** [shòu] 쏘우 | 형 마르다, 여위다, 빈곤하다, 옷이 꽉 끼다 |

| 新HSK1 **书** [shū] 쑤 | 명 책, 서적, 글 동 (글씨를) 쓰다, 기록하다 |

| HZ **书包** [shū bāo] 쑤 빠오 | 명 책가방 |

| HZ **书店** [shū diàn] 쑤 띠앤 | 명 서점, 책방 |

| 新HSK3 **叔叔** [shū shū] 수 수 | 명 숙부, 아저씨, 시동생, 삼촌 |

| 新HSK6 **舒畅** [shū chàng] 쑤 창 | 형 기분이 상쾌하다, 시원하다, 쾌적하다 |

| 新HSK3 **舒服** [shū fú] 쑤 푸 | 형 (육체·정신이) 편안하다, 상쾌하다 |

| 新HSK5 **舒适** [shū shì] 쑤 쓰 | 형 기분이 좋다, 편안하다 |

| 新HSK4 **输** [shū] 수 | 동 나르다, 운반하다, 바치다 |

| 新HSK5 **输入** [shū rù] 쑤 루 | 명 입력, 수입 동 입력하다, 수입하다 |

| 新HSK5 **蔬菜** [shū cài] 쑤 차이 | 명 채소, 야채, 푸성귀 |

| 新HSK5 **熟练** [shú liàn] 수 리앤 | 명 숙련 형 능숙하다 동 숙련되게 하다 |

| 新HSK4 **数量** [shù liàng] 쑤 량 | 명 수량, 양, 수효 |

| **熟识** [shú shí] 수스 | 동 숙지하다, 잘 알다 |

| 新HSK4 **熟悉** [shú xī] 수 씨 | 동 숙지하다, 익히 알다, 충분히 알다 |

| 新HSK3 **数学** [shù xué] 쑤 쉐 | 명 수학 |

新HSK4 **数字** [shù zì] 수 쯔	몡 숫자, 수량, 디지털형
H本 **暑假** [shǔ jiǎ] 수 찌아	몡 여름방학, 여름휴가
新HSK6 **数** [shǔ] 수	동 세다, 헤아리다, (~로) 꼽히다
新HSK6 **束缚** [shù fù] 수 푸	몡 속박, 속박, 제한 동 속박하다, 제한하다
新HSK3 **树** [shù] 수	몡 나무, 수목 동 심다, 재배하다, 수립하다
新HSK6 **树立** [shù lì] 수 리	몡 수립 동 수립하다, 확립하다
H本 **刷子** [shuā zǐ] 수아 즈	몡 솔, 브러시
新HSK4 **帅** [shuài] 쑤아이	몡 군대의 최고 지휘관 동 통솔하다
H本 **衰弱** [shuāi ruò] 쑤아이 뤄	몡 쇠약 형 (신체가) 허약하다, 쇠약하다
新HSK6 **率领** [lǜ lǐng] 쑤아이 링	동 거느리다, 이끌다, 인솔하다
拴 [shuān] 쑤안	동 (끈 등으로) 붙들어 매다, 묶다, 동여매다
新HSK3 **双** [shuāng] 쑤앙	형 짝수의, 갑절의 몡 쌍, 켤레

중한 단어 | **193**

新HSK1 **水** [shuǐ] 수이	명 물, 강(江), 강·바다의 총칭, 즙, 용액
新HSK1 **水果** [shuǐ guǒ] 수이 구오	명 과일, 과실
新HSK1 **睡觉** [shuì jué] 쑤이 찌아오	동 잠자다
新HSK3 **水平** [shuǐ píng] 수이 핑	명 수준, 수준기(水準器), 능력
新HSK4 **顺便(儿)** [shùn biàn(r)] 쑨 삐앤	부 ~하는 김에, 지나는 김에
新HSK4 **顺利** [shùn lì] 쑨 리	형 순조롭다, 잘되다
顺路(儿) [shùn lù(r)] 쑨 루	명 순탄한 길 형 (길이) 순탄하다
H에 **顺手(儿)** [shùn shǒu(r)] 쑨 소우	형 순조롭다, 쓰기 편하다 부 가볍게
新HSK4 **顺序** [shùn xù] 쑨 쉬	명 순서, 차례, 순서대로
H甲 **说** [shuō] 쑤오	동 말하다, 설명하다 명 이론, 주장, 학설
新HSK5 **说服** [shuō fú] 쑤오 푸	명 설득 동 설득하다, 설복하다
新HSK1 **说谎** [shuō huǎng] 쉬 황	동 거짓말하다

新HSK4 **说明** [shuō míng] 쑤오 밍	명 설명, 해설, 증명 동 설명하다, 증명하다
新HSK3 **司机** [sī jī] 쓰 찌	명 운전사, 기관사, 조종사 동 기계를 취급하다
新HSK5 **丝毫** [sī háo] 쓰 하오	형 추호, 조금, 극히 적은 수량(주로 부정문에 쓰임)
新HSK5 **思考** [sī kǎo] 쓰 카오	동 사고하다, 깊이 생각하다 명 사고, 사색
新HSK6 **思念** [sī niàn] 쓰 니앤	동 그리워하다, 애타게 바라다
新HSK6 **思索** [sī suǒ] 쓰 수어	동 사색하다, 깊이 생각하다 명 사색, 생각
新HSK5 **思想** [sī xiǎng] 쓰 씨앙	명 사상, 생각, 이데올로기 동 사고하다, 생각하다
新HSK4 **死** [sǐ] 쓰	동 죽다, 그만두다 형 죽은 부 한사코
新HSK5 **死亡** [sǐ wáng] 쓰 왕	명 사망, 멸망 동 사망하다, 멸망하다
新HSK1 **四** [sì] 쓰	수 4, 사, 넷
H频 **四周** [sì zhōu] 쓰 쩌우	명 사방, 주위, 둘레
新HSK2 **送** [sòng] 쑹	동 보내다, 선사하다, 배웅하다

| HZ **送行**
[sòng xíng] 쏭 싱 | 명 배웅 동 배웅하다, 전별하다 |

| 新HSK4 **搜集**
[sōu jí] 쏘우 지 | 명 수집 동 수집하다, 모으다, 채집하다 |

| **搜寻**
[sōu xún] 쏘우 쉰 | 동 샅샅이 찾다, 구하다 |

| 新HSK4 **速度**
[sù dù] 쑤 뚜 | 명 속도, 템포 |

| 新HSK4 **酸**
[suān] 쑤안 | 명 (화학) 산 형 시큼하다, 쓰리다, 비통하다 |

| 新HSK4 **算**
[suàn] 쏸 | 동 계산하다, 셈하다, 계획하다 |

| 新HSK3 **虽然**
[suī rán] 쑤이 란 | 접 비록 ~하더라도, 설령 ~일지라도 |

| 新HSK4 **随着**
[suí zhe] 쑤이 저 | 개 ~따라서, ~뒤이어, 즉시, 곧 |

| HZ **随**
[suí] 쑤이 | 동 (길·강 등을) 따라가다, 맡기다, 닮다 |

| 新HSK4 **随便**
[suí biàn] 쑤이 삐앤 | 형 무책임하다 부 제멋대로 접 ~을 막론하고 |

| 新HSK1 **岁**
[suì] 쑤이 | 수 해, 세월 양 (나이 셀 때) 세, 살 |

| HZ **孙女(儿)**
[sūn nǚ(r)] 쑨 뉘 | 명 손녀 |

新HSK5 **孙子** [sūn zǐ] 쑨 즈	몡 손자, 꼬마, 애송이
H편 **损害** [sǔn hài] 순 하이	몡 손해 툉 손상시키다, 손해를 주다
新HSK5 **损失** [sǔn shī] 순 쓰	몡 손해, 손실 툉 손해보다, 손실하다
新HSK5 **缩短** [suō duǎn] 쑤오 두안	툉 (거리·시간 등을) 단축하다, 줄이다
新HSK5 **缩小** [suō xiǎo] 쑤오 씨아오	몡 축소 툉 축소하다, (작게) 줄이다
HT **所得** [suǒ dé] 쑤어 더	몡 소득, 얻은 것
新HSK5 **所谓** [suǒ wèi] 쑤어 웨이	閉 ~라는 것은, ~란, 소위, 이른바
■ 新HSK2 **所以** [suǒ yǐ] 쑤어 이	접 그래서, 그러니까 몡 원인, 까닭, 이유
新HSK4 **所有** [suǒ yǒu] 쑤어 여우	혱 모든 몡 소유, 소유물 툉 소유하다
HT **所有权** [suǒ yǒu quán] 쑤어 여우 취엔	몡 (법률) 소유권
HT **所有制** [suǒ yǒu zhì] 쑤어 여우 쯔	몡 (경제) 소유제
H편 **所在** [suǒ zài] 쑤어 짜이	몡 장소, 곳, 소재지

T

新HSK2 它
[tā] 타
때 그, 그것, 저것 등 사람 이외의 사물

新HSK1 他
[tā] 타
때 그, 그 사람, 저 사람

H甲 他们
[tā men] 타 먼
때 그들, 저들, 저 사람들

新HSK1 她
[tā] 타
때 그녀, 그 여자

新HSK1 太
[tài] 타이
튀 매우, 무척, 몹시 혱 크다, 높다

新HSK4 抬
[tái] 타이
동 (위를 향해) 쳐들다, 들어 올리다

新HSK4 台
[tái] 타이
몡 단, 누대, 받침대, 무대 수 대, 편

新HSK4 态度
[tài dù] 타이 뚜
몡 태도, 입장

新HSK5 太太
[tài tài] 타이 타이
몡 처, 아내, 부인, 마님

新HSK3 太阳
[tài yáng] 타이 양
몡 태양, 해, 햇볕, 햇빛, 햇살, 일광

新HSK4 谈
[tán] 탄
동 말하다, 논의하다

新HSK6 **谈论** [tán lùn] 탄 룬	명 담론, 논의, 비난 동 담론하다, 논의하다
新HSK5 **谈判** [tán pàn] 탄 판	명 담판, 교섭 동 담판하다, 교섭하다
HT **弹** [dàn] 탄	명 탄환, 총알 동 튕기다, (솜을) 타다
新HSK6 **探索** [tàn suǒ] 탄 수어	명 탐색 동 탐색하다, 찾다, 조사하다
新HSK3 **糖** [táng] 탕	명 설탕, 사탕, 엿, 사탕과자
新HSK6 **倘若** [tǎng ruò] 탕 뤄	접 만약 ~한다면, 가령 ~이라면
新HSK4 **躺** [tǎng] 탕	동 눕다, 눕히다, (물건 등이) 쓰러지다
新HSK4 **汤** [tāng] 탕	명 국, 뜨거운 물
新HSK5 **烫** [tàng] 탕	형 뜨겁다 동 화상을 입다, 데다, 다리다
新HSK4 **趟** [tàng] 탕	수 차례, 번, 행(行), 줄, 열(列) 명 행렬, 줄
讨教 [tǎo jiào] 타오 찌아오	동 가르침을 청하다, 지도를 요구하다
新HSK4 **讨论** [tǎo lùn] 타오 룬	명 토론, 의논 동 토론하다, 의논하다

新HSK4 **讨厌** [tǎo yàn] 타오 옌	형 싫다, 밉살스럽다 동 싫어하다
新HSK3 **特别** [tè bié] 터 비에	형 특별하다 부 특별히, 매우, 아주
新HSK5 **特长** [tè cháng] 터 창	명 특기, 장기, 특색, 장점
新HSK4 **特点** [tè diǎn] 터 덴	명 특색, 특징, 특성
新HSK6 **特殊** [tè shū] 터 수	형 특수하다, 특별하다 동 특별 대우하다
新HSK3 **疼** [téng] 텅	형 아프다 동 몹시 사랑하다
新HSK5 **提倡** [tí chàng] 티 창	동 제창하다, 장려하다
新HSK3 **提高** [tí gāo] 티 까오	동 제고하다, 향상시키다
新HSK4 **提供** [tí gōng] 티 꿍	동 제공하다, 공급하다, 제안하다
新HSK4 **提前** [tí qián] 티 치앤	동 앞당기다
新HSK6 **提示** [tí shì] 티 쓰	동 제시하다, 제기하다 명 힌트
新HSK4 **提问** [tí wèn] 티 원	명 질문, 문제 동 질문하다, 문제를 내다

新HSK4 **提醒** [tí xǐng] 티 싱	동 일깨우다, 깨우치다, 주의를 환기시키다
新HSK6 **提议** [tí yì] 티 이	명 제의, 제안 동 제의하다, 제안하다
新HSK3 **体育** [tǐ yù] 티 위	명 체육, 스포츠(sports)
H丙 **体操** [tǐ cāo] 티 차오	명 체조
新HSK5 **体会** [tǐ huì] 티 후이	명 체득, 이해 동 체득하다, 이해하다
H丙 **体现** [tǐ xiàn] 티 씨앤	명 구현 동 구현하다, 반영하다
新HSK5 **体验** [tǐ yàn] 티 옌	명 체험 동 체험하다
HT **剃** [tì] 티	동 (칼로 머리·수염을) 깎다, 밀다
HZ **替** [tì] 티	동 대신하다 개 ~를 위하여, ~대신
天 [tiān] 티앤	명 하늘, 천공, 꼭대기 부분 형 타고난, 자연의
新HSK6 **天才** [tiān cái] 티앤 차이	명 특출한 재능, 천부적 자질, 천재
新HSK1 **天气** [tiān qì] 티앤 치	명 날씨, 일기, 하늘의 기운, 시간

天真
[tiān zhēn] 티앤 쩐
- 명 천진함, 순진함 형 천진하다, 순진하다

天主教
[tiān zhǔ jiāo] 티앤 주 찌아오
- 명 천주교

田地
[tián dì] 티앤 띠
- 명 밭, 논밭, 농경지, 형편, 처지, 지경

甜
[tián] 티앤
- 형 달다, 달콤하다

挑
[tiāo] 티아오
- 동 메다, 어깨에 메다, 고르다

挑选
[tiāo xuǎn] 티아오 쉬앤
- 명 선택 동 고르다, 선택하다

条
[tiáo] 티아오
- 명 가늘고 긴 나뭇가지 양 줄기, 갈래 [가늘고 긴 모양], 마리(물고기)

调剂
[tiáo jì] 티아오 찌
- 동 (약을) 조제하다, 조정하다, (맛을) 조미하다

调节
[tiáo jié] 티아오 지에
- 명 조절, 조정 동 조절하다, 조정하다

调整
[tiáo zhěng] 티아오 정
- 명 조정, 조절 동 조정하다, 조절하다

跳
[tiào] 티아오
- 동 도약하다, 뛰어오르다, (심장이) 뛰다

跳舞
[tiào wǔ] 티아오 우
- 명 춤 동 춤을 추다

| 新HSK1 **听** [tīng] 팅 | 동 (소리를) 듣다, 판결하다 |

| H甲 **听见** [tīng jiàn] 팅 찌앤 | 동 들리다, 듣다 |

| **停** [tíng] 팅 | 동 멈추다, 정지하다, 체류하다 |

| **停留** [tíng liú] 팅 리우 | 동 (잠시) 체류하다, 머물다 |

| 新HSK4 **停止** [tíng zhǐ] 팅 즈 | 동 정지하다, 중지하다, 멈추다 |

| H甲 **通** [tōng] 퉁 | 동 통하다, 연결되다, 알다 |

| 新HSK3 **通常** [tōng cháng] 퉁 창 | 명 통상, 일반 부 일반적으로 형 보통이다 |

| 新HSK4 **通过** [tōng guò] 퉁 꿔 | 동 통과하다, 지나가다 개 ~을, ~을 통하여 |

| **通宵** [tōng xiāo] 퉁 씨아오 | 명 밤새, 온밤 동 철야하다, 밤새다 |

| H丙 **通信** [tōng xìn] 퉁 씬 | 명 통신, 서신 왕래 동 편지 왕래를 하다 |

| 新HSK6 **通讯** [tōng xùn] 퉁 쒼 | 명 통신, 뉴스 동 통신하다 |

| 新HSK5 **通知** [tōng zhī] 퉁 쯔 | 명 통지, 연락 동 통지하다, 알리다 |

HZ 同 [tóng] 통	동 ~을 같이하다　개 ~와 (함께) 접 ~과[와]
新HSK2 ■ 同学 [tóng xué] 퉁 쉬에	명 동창, 학우　동 한 학교에서 배우다
新HSK3 ■ 同意 [tóng yì] 퉁 이	명 동의, 승인, 찬성　동 동의하다, 승인하다
新HSK6 □ 统统 [tǒng tǒng] 퉁 퉁	부 모두, 전부, 함께
新HSK6 □ 统一 [tǒng yī] 퉁 이	명 통일　동 통일하다　형 일치되다
新HSK5 □ 统治 [tǒng zhì] 퉁 쯔	명 통치, 지배　동 통치하다, 지배하다
新HSK5 □ 痛苦 [tòng kǔ] 퉁 쿠	명 고통, 아픔　형 고통스럽다, 괴롭다
新HSK4 □ 同情 [tóng qíng] 퉁 칭	명 동정, 찬성　동 동정하다, 찬성하다
新HSK3 ■ 同事 [tóng shì] 퉁 쓰	명 동료, 동업자　동 함께 일하다
H甲 头 [tóu] 터우	명 머리, 선두　형 제일의　양 두, 필, 마리, 접, 건
新HSK3 ■ 头发 [tóu fā] 터우 파	명 머리털, 두발, 머리카락
新HSK6 □ 投机 [tóu jī] 터우 찌	형 배짱이 맞다, 의기투합하다

投入
[tóu rù] 터우 루
동 넣다, 뛰어들다, 참가하다, 투입하다

投降
[tóu jiàng] 터우 씨앙
명 항복 동 항복하다

突破
[tū pò] 투 포
명 돌파, 진전 동 돌파하다, 이겨내다

突然
[tū rán] 투 란
부 돌연, 갑자기 형 갑작스럽다, 의외다

图书馆
[tú shū guǎn] 투 쑤 구안
명 도서관

途径
[tú jìng] 투 찡
명 길, 도로, 경로, 절차, 순서, 수단

土豆(儿)
[tǔ dòu(r)] 투 떠우
명 감자

团结
[tuán jié] 투안 지에
동 단결하다, 연대하다 형 사이가 좋다

推
[tuī] 투이
동 밀다, 밀어내다, 추측하다

推迟
[tuī chí] 투이 츠
동 미루다, 지연시키다, 연기하다

推辞
[tuī cí] 투이 츠
명 사양 동 (임명·요청 등을) 거절하다, 사양하다

推动
[tuī dòng] 투이 뚱
명 추진 동 추진하다, 촉진하다

| 新HSK6 **推翻**
[tuī fān] 투이 판	명 전복, 번복 동 뒤집다, 번복하다
新HSK5 **推广**
[tuī guǎng] 투이 구앙	명 보급 동 널리 보급하다, 확충하다
H频 **推进**
[tuī jìn] 투이 찐	명 추진 동 추진하다, 추진시키다
新HSK3 **腿**
[tuǐ] 투이	명 다리, 중국식 햄(ham)
新HSK5 **退步**
[tuì bù] 투이 뿌	명 후퇴, 퇴각로 동 퇴보하다, 양보하다
HT **退出**
[tuì chū] 투이 추	명 퇴출 동 물러나다, 퇴장하다
HZ **托**
[tuō] 투어	동 받치다, 깔다, 위탁하다, 밀어 올리다, 핑계 삼다
HZ **拖**
[tuō] 투어	동 (시간을) 끌다, 닦다, 지연시키다
新HSK4 **脱**
[tuō] 투어	동 벗다, 제거하다 형 사소하다
新HSK6 **脱离**
[tuō lí] 투어 리	동 이탈하다, 떠나다, 관계를 끊다
新HSK6 **妥当**
[tuǒ dāng] 투어 땅	형 알맞다, 타당하다, 적당하다
新HSK6 **妥协**
[tuǒ xié] 투어 씨에	명 타협 동 타협하다, 단합되다

CHINESE KOREAN WORDS DICTIONARY

新HSK4 **袜子** [wà zǐ] 와 쯔	명 양말, 버선
新HSK6 **歪曲** [wāi qǔ] 와이 취	동 왜곡하다, 얽히다 형 비뚤다
新HSK2 **外** [wài] 와이	명 밖, 외, 외국 형 낯설다 부 또한
新HSK6 **外行** [wài xíng] 와이 항	명 비전문가 형 문외한이다, 서투르다
外人 [wài rén] 와이 런	명 남, 타인, 외부 사람
HSK **弯曲** [wān qǔ] 완 취	명 굴곡, 굽음 형 꼬불꼬불하다
新HSK2 **完** [wán] 완	동 끝내다, 완료하다 형 완전하다 명 끝
新HSK6 **完备** [wán bèi] 완 뻬이	형 완비되어 있다, 모두 갖추다
新HSK3 **完成** [wán chéng] 완 청	명 완성 동 완성하다, 끝내다
新HSK4 **完全** [wán quán] 완 취앤	부 완전히, 전혀 형 완전하다, 충분하다
新HSK6 **完善** [wán shàn] 완 싼	형 완전하다 동 완전해지게 하다

新HSK5 **完整** [wán zhěng] 완정	명 완전 형 완전하다 동 보전하다
HT **玩笑** [wán xiào] 완 씨아오	명 농담, 우스갯소리 동 농담하다
新HSK5 **顽固** [wán gù] 완 꾸	형 완고하다, 견고하다
HT **惋惜** [wǎn xī] 완 씨	동 슬퍼하고 애석해하다, 아쉬워하다
HT **晚** [wǎn] 완	형 늦다, 말기(末期)의 명 밤, 저녁, 만년
新HSK3 **碗** [wǎn] 완	명 그릇 양 그릇 모양의 물건 세는 단위
HT **晚报** [wǎn bào] 완 판	명 저녁, 저녁밥, 석간신문
新HSK2 **晚上** [wǎn shàng] 완 상	명 저녁, 밤
新HSK3 **万** [wàn] 완	수 만, 10000 형 대단히 많다 부 절대로
HT **万一** [wàn yī] 완 이	수 만 분의 일, 매우 적은 것 접 만일, 만약
新HSK4 **往** [wǎng] 왕	동 향해서 가다 형 이전의, 옛날의 개 ~쪽으로, ~(을) 향해
HT **往后** [wǎng hòu] 왕 허우	명 뒤로, 앞으로 부 뒤를 향해서

往来
[wǎng lái] 왕 라이
- 동 오가다, 왕래하다 명 왕래, 거래

网球
[wǎng qiú] 왕 치우
- 명 테니스(tennis)

往往
[wǎng wǎng] 왕 왕
- 부 왕왕, 늘, 항상, 때때로

忘
[wàng] 왕
- 동 잊다, 망각하다, 무시하다

忘记
[wàng jì] 왕 찌
- 동 잊다, 소홀히 하다

望
[wàng] 왕
- 명 명성, 보름달 동 바라보다, 원망하다

危害
[wēi hài] 웨이 하이
- 명 해, 해독 동 해치다, 해를 입히다

危机
[wēi jī] 웨이 찌
- 명 위기, 경제 위기, 공황

危险
[wēi xiǎn] 웨이 시앤
- 명 위험 형 위험하다

微小
[wēi xiǎo] 웨이 시아오
- 형 미소하다, 매우 작다

为
[wèi] 웨이
- 동 하다, 행하다, 생각하다 개 ~에게 당하다

为难
[wèi nán] 웨이 난
- 동 난처하게 만들다 형 곤란하다

新HSK5 **围巾** [wéi jīn] 웨이 찐	명 목도리, 스카프(scarf)
新HSK5 **违背** [wéi bèi] 웨이 뻬이	동 어기다, 위배하다, 거스르다
新HSK5 **违反** [wéi fǎn] 웨이 판	동 위반하다, 어기다
HT **违犯** [wéi fàn] 웨이 판	동 위법하다, (법령 등을) 위반하다
新HSK6 **维持** [wéi chí] 웨이 츠	동 유지하다, 책임을 떠맡다
新HSK5 **维护** [wéi hù] 웨이 후	명 보수, 수리, 수호 동 보호하다, 지키다
新HSK5 **伟大** [wěi dà] 웨이 따	명 위대, 위대함 형 위대하다
新HSK5 **委托** [wěi tuō] 웨이 투어	명 위탁, 위임 동 위탁하다, 위임하다
新HSK2 **为什么** [wèi shén me] 웨이 선 머	부 왜, 무엇 때문에, 어째서
新HSK5 **未来** [wèi lái] 웨이 라이	명 미래, 조만간, 이제 곧
新HSK3 **为了** [wèi le] 웨이 러	개 ~하기 위해, ~때문에
新HSK3 **位** [wèi] 웨이	명 분, 어른 자리 양 분, 명, 비트(bit)

新HSK4 **味道** [wèi dào] 웨이 다오	명 맛, 느낌, 흥취
新HSK5 **胃** [wèi] 웨이	명 위, 위장
新HSK1 **喂** [wèi] 웨이	감 야, 어이, 여보세요 동 먹이를 주다, 기르다
新HSK6 **慰问** [wèi wèn] 웨이 원	명 위문 동 위문하다
新HSK4 **温度** [wēn dù] 원 뚜	명 온도
新HSK6 **温和** [wēn hé] 원 허	형 온화하다, (기후가) 따뜻하다
新HSK5 **温暖** [wēn nuǎn] 원 누안	형 따뜻하다, 온난하다 동 따뜻하게 하다
新HSK2 **问题** [wèn tí] 원 티	명 문제, 질문
新HSK3 **文化** [wén huà] 원 화	명 문화, 일반 교양
新HSK6 **文件** [wén jiàn] 원 찌앤	명 공문서, 서류, 문장, 문헌
新HSK5 **文明** [wén míng] 원 밍	명 문명, 문화 형 현대적인, 신식의
新HSK4 **文章** [wén zhāng] 원 장	명 문장, 글, 속뜻, 이유, 생각

闻名 [wén míng] 원 밍	동 (이름·명성 등을) 듣다, 유명하다
稳定 [wěn dìng] 원 띵	동 안정시키다 형 안정되다, 가라앉다
问 [wèn] 원	명 질문, 소식 동 묻다 개 ~에게
我 [wǒ] 워	대 나, 저, 자기, 자신, 우리, 우리 측
我们 [wǒ men] 워 먼	대 우리(들), 나, 저, 당신(들)
卧室 [wò shì] 워 쓰	명 침실
握手 [wò shǒu] 워 써우	명 악수 동 악수하다, 손잡다
屋子 [wū zǐ] 우 즈	명 방, 집
无论 [wú lùn] 우 룬	접 ~을 막론하고, 어쨌든
污染 [wū rǎn] 우 란	동 오염되다, 더러운 것에 물들다
无效 [wú xiào] 우 씨아오	명 무효 형 무효하다, 효력이 없다
五 [wǔ] 우	수 5, 다섯

新HSK4 **无** [wú] 우	동 없다, ~이 아니다 접 ~을 논의할 것도 없이 부 ~하지 마라
H甲 **午饭** [wǔ fàn] 우 판	명 점심식사, 점심
新HSK4 **误会** [wù huì] 우 후이	명 오해 동 오해하다
新HSK5 **物质** [wù zhì] 우 쯔	명 물질[인간의 의식 바깥에 존재하는 객관적인 실재]
H丙 **舞会** [wǔ huì] 우 타이	명 무대, 스테이지, 무도회
新HSK6 **武装** [wǔ zhuāng] 우 쫭	명 무장, 군사 장비, 군사력
新HSK4 **无聊** [wú liáo] 우 랴우	형 무료하다, 지루하다, 심심하다
HZ **无限** [wú xiàn] 우 쎈	형 한이 없다, 끝이 없다
H丙 **无线电** [wú xiàn diàn] 우 쎈 띠앤	명 무선전신(無線電信), 무전(無電)
HT **无意** [wú yì] 우 이	동 (어떤 일을) 원하지 않다, 바라지 않다
H丙 **无疑** [wú yí] 우 이	동 의심할 여지없다, 두말 할 것 없다
新HSK6 **无知** [wú zhī] 우 즈	형 아는 바가 없다, 무지하다

X

新HSK3 西
[xī] 씨
명 서쪽, 서양 형 서양의

HZ 西餐
[xī cān] 씨 찬
명 양식, 서양요리

H계 西服
[xī fú] 씨 푸
명 양복

新HSK2 西瓜
[xī guā] 씨 꾸아
명 수박

新HSK4 西红柿
[xī hóng shì] 씨 훙 쓰
명 토마토

HZ 吸
[xī] 씨
동 빨다, 흡수하다, 당기다, 끌다, 피우다

新HSK6 吸取
[xī qǔ] 씨 취
명 흡수 동 흡수하다, 받아들이다

新HSK5 吸收
[xī shōu] 씨 써우
명 흡수 동 흡수하다, 받아들이다

新HSK2 希望
[xī wàng] 씨 왕
명 희망, 바람, 기대 동 희망하다, 바라다

新HSK6 牺牲
[xī shēng] 씨 썽
명 희생, 제물용 동 희생하다, 희생시키다

嬉笑
[xī xiào] 씨 씨아오
동 히히덕거리다, 장난치며 웃다

新HSK3 **习惯** [xí guàn] 시 꾸안	명 습관, 버릇, 풍습 동 습관이 되다
□ **习气** [xí qì] 시 치	명 (나쁜) 버릇, 습관, 습성
□ **习性** [xí xìng] 시 씽	명 습성, 습관
新HSK6 **袭击** [xí jī] 시 찌	동 습격하다, 기습하다 명 습격, 기습
新HSK2 **洗** [xǐ] 시	동 씻다, 제거하다
新HSK4 **洗衣机** [xǐ yī jī] 시 이 찌	명 세탁기
新HSK4 **吸引** [xī yǐn] 시 인	명 흡인 동 끌어들이다, 흡인하다
HT **洗澡** [xǐ zǎo] 시 자오	명 세척 동 목욕하다, 말끔히 씻다
H병 **喜爱** [xǐ ài] 시 아이	명 애호 동 좋아하다, 좋아하다
新HSK1 **喜欢** [xǐ huan] 시 후안	동 좋아하다 형 유쾌하다
□ **喜剧** [xì jù] 시 쮜	명 희극
新HSK6 **喜悦** [xǐ yuè] 시 위에	형 즐겁다, 기쁘다 명 희열

细心
[xì xīn] 씨 씬
명 세심 형 세심하다, 찬찬하다

细致
[xì zhì] 씨 쯔
형 섬세하고 치밀하다, 꼼꼼하다

下
[xià] 씨아
명 아래, 밑, 다음 동 내려가다

夏
[xià] 씨아
명 여름

下班
[xià bān] 씨아 빤
동 퇴근하다, 다음 교대하다 명 다음 조(組)

下降
[xià jiàng] 씨아 찌앙
명 하강 동 (기온·물가) 떨어지다, 하강하다

下课
[xià kè] 씨아 커
동 수업이 끝나다, 수업을 마치다

下来
[xià lái] 씨아 라이
동 내려오다, 수확하다

下棋
[xià qí] 씨아 치
명 바둑, 장기 동 바둑이나 장기를 두다

下去
[xià qù] 씨아 취
동 내려가다, 계속하다, 끝나다

下午
[xià wǔ] 씨아 우
명 오후, 하오

夏天
[xià tiān] 씨아 티앤
명 여름, 하계

新HSK3 **先** [xiān] 씨앤	몡 앞, 선두 혱 조상의 뷔 먼저, 우선
新HSK6 **先进** [xiān jìn] 씨앤 찐	몡 선구자, 선진적인 모범 혱 선진적이다
新HSK1 **先生** [xiān sheng] 씨앤 성	몡 선생님 교사, ~씨, 의사(방언)
新HSK6 **鲜明** [xiān míng] 씨앤 밍	혱 선명하다, 산뜻하다
新HSK4 **咸** [xián] 시앤	혱 (맛이) 짜다 뷔 전부, 모두
新HSK5 **显得** [xiǎn de] 시앤 더	동 나타나다, ~하게 보이다, ~인 것 같다
新HSK5 **显然** [xiǎn rán] 시앤 란	뷔 명백하게, 뚜렷하게 혱 분명하다
新HSK5 **显示** [xiǎn shì] 시앤 쓰	동 드러내 보이다, 분명히 나타내 보이다
新HSK6 **显著** [xiǎn zhù] 시앤 쭈	혱 두드러지다, 뚜렷하다, 현저하다
新HSK4 **现代** [xiàn dài] 씨앤 따이	몡 현대, 현세
新HSK5 **现金** [xiàn jīn] 씨앤 찐	몡 현금, 은행 금고의 화폐
新HSK5 **现实** [xiàn shí] 씨앤 스	몡 현실 혱 현실적이다

| 新HSK1 ■ 现在 [xiàn zài] 씨앤 짜이 | 명 지금, 현재 동 지금 존재하다 |

| 新HSK4 □ 限制 [xiàn zhì] 씨앤 쯔 | 명 제한, 제약 동 제한하다, 제약하다 |

| HZ □ 线 [xiàn] 씨앤 | 명 실, 줄, 선, 경계선, 교통노선 |

| 新HSK4 □ 羡慕 [xiàn mù] 씨앤 무 | 동 부러워하다, 탐내다 |

| 新HSK4 □ 相当 [xiāng dāng] 씨앙 땅 | 형 (수량·조건) 같다 부 상당히, 무척 |

| 新HSK5 □ 相对 [xiāng duì] 씨앙 뚜이 | 동 서로 대립하다 형 상대적이다 부 비교적 |

| HZ □ 相互 [xiāng hù] 씨앙 후 | 부 서로 형 상호, 서로의 |

| 新HSK5 □ 相似 [xiāng sì] 씨앙 쓰 | 명 비슷한 점 형 닮다, 비슷하다 |

| 新HSK5 □ 相同 [xiāng tóng] 씨앙 퉁 | 명 같음 형 같다, 똑같다, 상동(相同)하다 |

| 新HSK3 ■ 相信 [xiāng xìn] 씨앙 씬 | 동 믿다, 신임하다 |

| 新HSK3 ■ 香蕉 [xiāng jiāo] 씨앙 찌아오 | 명 바나나 |

| HZ □ 箱子 [xiāng zǐ] 씨앙 즈 | 명 상자, 궤짝, 트렁크 |

新HSK4 详细 [xiáng xì] 시앙 씨	형 상세하다, 자세하다
新HSK6 响应 [xiǎng yīng] 시앙 잉	명 호응, 응답, 공명 동 호응하다, 응답하다
新HSK1 想 [xiǎng] 시앙	명 희망 동 생각하다 조동 ~하려고 하다, ~하고 싶다
新HSK3 像 [xiàng] 씨앙	명 형상 동 (형상이) 서로 같다 부 마치, 흡사
新HSK3 响 [xiǎng] 시앙	형 울리다, 소리내다, 우렁차다
新HSK4 香 [xiāng] 씨앙	형 (냄새가) 좋다, 향기롭다
HZ 想法 [xiǎng fǎ] 시앙 파	명 생각, 견해, 의견
新HSK4 相反 [xiāng fǎn] 씨앙 판	부 반대로 동 반대되다, 상반되다
新HSK5 想念 [xiǎng niàn] 시앙 니앤	명 그리움, 생각 동 그리워하다, 생각하다
新HSK5 想像 [xiǎng xiàng] 시앙 씨앙	명 상상 동 생각하다, 상상하다
新HSK2 向 [xiàng] 씨앙	명 방향, 목표 동 향하다 개 ~에게
新HSK6 向导 [xiàng dǎo] 씨앙 따오	명 가이드, 안내 동 길을 안내하다

新HSK6 **向来** [xiàng lái] 씨앙 라이	부 본래부터, 여태까지, 늘, 언제나
HZ **象** [xiàng] 씨앙	명 코끼리, 모양, 형상 동 모방하다
H柄 **削** [xuē] 쉬에	동 깎다, 벗기다, 잘라내다, 삭감하다
新HSK6 **消除** [xiāo chú] 씨아오 추	명 해소 동 제거하다, 해소하다
新HSK5 **消费** [xiāo fèi] 씨아오 페이	명 소비 동 소비하다
新HSK6 **消耗** [xiāo hào] 씨아오 하오	명 소모, 소비 동 소모하다, 소비하다
新HSK5 **消化** [xiāo huà] 씨아오 화	명 소화 동 소화하다
新HSK6 **消极** [xiāo jí] 씨아오 지	형 소극적이다, 부정적이다
新HSK5 **消灭** [xiāo miè] 씨아오 미에	명 소멸 동 소멸하다, 멸망하다
新HSK5 **消失** [xiāo shī] 씨아오 쓰	명 소실 동 사라지다, 소실되다
新HSK2 ■ **小时** [xiǎo shí] 씨아오 스	명 시간, 시각
新HSK4 **消息** [xiāo xī] 씨아오 시	명 소식, 뉴스, 정보

小 [xiǎo] 시아오	형 작다, 적다 부 약간, 조금, 잠시
小便 [xiǎo biàn] 시아오 삐앤	명 소변, 오줌 동 소변보다
校长 [xiào cháng] 씨아오 장	명 교장, 학교장
小姐 [xiǎo jiě] 시아오 지에	명 아가씨, 숙녀, 미스(Miss)
小看 [xiǎo kàn] 시아오 칸	동 경시하다, 깔보다, 우습게 보다, 얕보다
小说(儿) [xiǎo shuō(r)] 시아오 수어	명 소설
小心 [xiǎo xīn] 시아오 씬	동 조심·주의하다 형 세심하다, 주의깊다
小学 [xiǎo xué] 시아오 쉬에	명 초등학교, 소학
效法 [xiào fǎ] 씨아오 파	동 본받다, 모방하다
效果 [xiào guǒ] 씨아오 꾸어	명 효능, 효과
笑 [xiào] 씨아오	명 웃음, 조소 동 웃다, 비웃다
笑话 [xiào huà] 씨아오 후아	명 농담, 우스갯소리 동 비웃다

| 新HSK1 **些** [xiē] 씨에 | 수 약간, 조금, 얼마간 |

| 新HSK1 **协商** [xié shāng] 시에 쌍 | 명 협상, 협의 동 협상하다, 협의하다 |

| 新HSK1 **谢谢** [xiè xiè] 씨에 씨에 | 동 감사합니다, 고맙습니다 |

| 新HSK6 **协助** [xié zhù] 시에 쭈 | 명 협조, 도움 동 협조하다, 원조하다 |

| HSK **协作** [xié zuò] 시에 쭤 | 명 협력, 제휴 동 협력하다, 제휴하다 |

| 新HSK3 **鞋** [xié] 시에 | 명 신발, 구두 |

| 新HSK1 **写** [xiě] 시에 | 동 글씨를 쓰다, 글을 짓다, (그림)그리다 |

| 新HSK4 **血** [xiě] 시에 | 명 피, 혈액 |

| **谢** [xiè] 씨에 | 동 감사[사례]하다, 거절[사양]하다 명 감사, 사례 |

| 新HSK6 **谢绝** [xiè jué] 씨에 쥐에 | 동 사절하다, 정중히 거절하다 |

| HSK **心** [xīn] 씬 | 명 심장, 마음, 생각, 사상, 감정 |

| **心病** [xīn bìng] 씬 삥 | 명 화병, 울화병, (마음속의) 걱정, 근심, 수심 |

新HSK4 **心情** [xīn qíng] 씬 칭	몡 기분, 마음, 심정
新HSK4 **信任** [xìn rèn] 씬 런	몡 신임 동 신임하다
H병 **心事** [xīn shì] 씬 쓰	몡 걱정거리, 근심, 수심, 염원
H병 **心思** [xīn sī] 씬 스	몡 생각, 마음, 머리 동 ~하려고 생각하다
新HSK6 **心疼** [xīn téng] 씬 텅	동 몹시 아끼다, 사랑하다, 아까워하다
H병 **心意** [xīn yì] 씬 이	몡 생각, 의사, 마음, 성의
HT **心愿** [xīn yuàn] 씬 위앤	몡 염원, 소원, 심원, 원망(願望)
新HSK5 **心脏** [xīn zàng] 씬 짱	몡 심장, 중심부, 심장부
新HSK4 **辛苦** [xīn kǔ] 씬 쿠	몡 고생 혱 고생스럽다 동 고생하다
新HSK6 **辛勤** [xīn qín] 씬 친	혱 부지런하다, 근면하다
新HSK5 **欣赏** [xīn shǎng] 씬 샹	몡 감상 동 감상하다, 즐기다
新HSK2 **新** [xīn] 씬	동 일신하다 혱 새롭다, 참신하다 부 갓, 새로

| 新式
[xīn shì] 씬 쓰 | 몡 신식, 신형 형 신식의, 신형의 |

| 新闻
[xīn wén] 씬 원 | 몡 뉴스, 기사, 새 소식 |

| 新鲜
[xīn xiān] 씬 씨앤 | 형 싱싱하다, 신선하다, 신기하다 |

| 信
[xìn] 씬 | 몡 신용, 신의, 편지 동 믿다, 신임하다, 내맡기다 형 확실[진실]하다 |

| 信封(儿)
[xìn fēng(r)] 씬 펑 | 몡 편지봉투 |

| 信奉
[xìn fèng] 씬 펑 | 동 (종교 등을) 믿다, 신봉하다 |

| 信赖
[xìn lài] 씬 라이 | 몡 신뢰, 신용 동 신뢰하다, 믿다 |

| 信念
[xìn niàn] 씬 니앤 | 몡 신념, 믿음, 신조 |

| 信息
[xìn xī] 씬 씨 | 몡 소식, 기별, 뉴스, 정보 |

| 信心
[xìn xīn] 씬 씬 | 몡 자신감, 확신, 신념 |

| 信仰
[xìn yǎng] 씬 양 | 몡 신앙, 믿음 동 믿다, 신봉하다 |

| 信用
[xìn yòng] 씬 융 | 몡 신용 동 신용하다 |

新HSK4 **信用卡** [xìn yòng kǎ] 씬 용 카	명 신용카드

新HSK4 **兴奋** [xīng fèn] 씽 펀	명 흥분, 자극 동 흥분하다, 감격하다

HT **星** [xīng] 씽	명 별, 천체, 극히 미세한 것, 저울눈

新HSK4 **行** [xíng] 싱	동 걷다, 가다 명 행위, 항렬, 순서 양 행, 열

新HSK1 **星期** [xīng qī] 씽 치	명 주, 주일

星期天 [xīng qī tiān] 씽 치 티앤	명 일요일

星星 [xīng xīng] 씽 싱	명 별

新HSK3 **行李** [xíng li] 싱 리	명 짐, 행장, 내력, 행적

新HSK5 **行人** [xíng rén] 싱 런	명 행인, 여행자, 통행인

HSK **行驶** [xíng shǐ] 싱 스	동 (차·배)다니다, 통행하다, 운행하다

新HSK5 **形成** [xíng chéng] 싱 청	명 형성, 구성 동 형성하다, 구성하다

新HSK5 **形式** [xíng shì] 싱 쓰	명 형식, 형태, 견적

중한 단어 | **225**

新HSK5 **形势** [xíng shì] 싱 쓰	명 정세, 형세, 지세, 지형
新HSK6 **形态** [xíng tài] 싱 타이	명 형태, 모양
新HSK5 **形象** [xíng xiàng] 싱 씨앙	명 이미지(image), 형상 형 구체적이다
新HSK5 **形状** [xíng zhuàng] 싱 쭈앙	명 형태, 겉모양, 형상
新HSK4 **醒** [xǐng] 싱	동 (잠에서)깨다, 정신이 들다 형 분명하다
新HSK3 ■ **兴趣** [xīng qù] 씽 취	명 흥미, 관심, 재미, 의향
新HSK4 **性格** [xìng gé] 씽 거	명 성격, 천성, 개성
新HSK6 **性命** [xìng mìng] 씽 밍	명 생명, 목숨
新HSK5 **性质** [xìng zhì] 씽 쯔	명 성질, 성격, 천성
新HSK4 **幸福** [xìng fú] 씽 푸	명 행복 형 행복하다
新HSK5 **幸亏** [xìng kuī] 씽 쿠이	부 다행히, 운 좋게, 요행으로
新HSK5 **兄弟** [xiōng dì] 씨옹 띠	명 형과 동생, 형제

新HSK5 **雄伟** [xióng wěi] 씨옹 웨이	형 웅장하다, 훌륭하다, 우람하다
新HSK3 **熊猫** [xióng māo] 씨옹 마오	명 판다(panda)
H甲 **休息** [xiū xī] 씨우 시	명 휴식, 휴양, 휴업 동 휴식하다, 휴양하다, 쉬다
新HSK4 **修** [xiū] 씨우	명 수정주의 동 수리하다, 건설하다
H丙 **修正** [xiū zhèng] 씨우 쩡	명 수정 동 고치다, 수정하다
新HSK6 **虚假** [xū jiǎ] 쉬 지아	명 허위, 거짓 형 허위의, 거짓의
HT **虚弱** [xū ruò] 쉬 뤄	형 허약하다, 쇠약하다
新HSK6 **虚伪** [xū wěi] 쉬 웨이	명 허위, 거짓, 위선 형 거짓이다, 위선적이다
新HSK5 **虚心** [xū xīn] 쉬 신	형 겸허하다, 허심하다
新HSK3 **需要** [xū yào] 쉬 야오	동 필요하다, 요구되다 명 필요, 수요
新HSK6 **需求** [xū qiú] 쉬 치우	명 수요, 요구 동 요구되다, 필요로 하다
新HSK4 **许多** [xǔ duō] 쉬 뚜어	형 많다, 좋다, 상당하다

新HSK5 **宣布** [xuān bù] 쉬앤 뿌	동 선언하다, 선포하다, 발표하다
新HSK5 **宣传** [xuān chuán] 쉬앤 추안	명 선전 동 선전하다, 널리 알리다
喧闹 [xuān nào] 쉬앤 나오	형 소란스럽다, 떠들썩하다
新HSK5 **选举** [xuǎn jǔ] 쉬앤 쥐	동 선출하다, 선거하다 명 선출, 선거
新HSK3 **选择** [xuǎn zé] 쉬앤 저	동 고르다, 선택하다 명 선택
HZ **学** [xué] 쉬에	명 학문, 지식, 체계적 지식 동 배우다
新HSK1 **学生** [xué shēng] 쉬에 성	명 학생, 견습생, 실습생
新HSK1 **学习** [xué xí] 쉬에 시	명 학습, 공부 동 배우다
新HSK1 **学校** [xué xiào] 쉬에 씨아오	명 학교
新HSK2 **雪** [xuě] 쉬에	명 눈
新HSK5 **询问** [xún wèn] 쉰 원	명 문의 동 문의하다
新HSK5 **迅速** [xùn sù] 쒼 수	형 매우 빠르다, 급속하다, 신속하다

CHINESE KOREAN WORDS DICTIONARY

新HSK4 **压力** [yā lì] 야 리	명 압력, 스트레스
新HSK4 **呀** [yā] 야	감 아, 야
新HSK6 **压迫** [yā pò] 야 푸어	명 억압 동 억압하다
新HSK6 **压缩** [yā suō] 야 쑤어	명 압축 동 압축하다, 줄이다
新HSK6 **压制** [yā zhì] 야 쯔	명 압제, 억압, 억제 동 압제하다
H丙 **鸭子** [yā zǐ] 야 즈	명 오리
H丙 **牙齿** [yá chǐ] 야 츠	명 이, 치아
新HSK4 **牙膏** [yá gāo] 야 까오	명 치약
HZ **牙刷** [yá shuā] 야 쑤아	명 칫솔
新HSK5 **延长** [yán cháng] 앤 창	명 연장 동 늘이다, 연장하다
新HSK4 **演出** [yǎn chū] 앤 추	동 공연하다, 상연하다 명 공연

중한 단어 | **229**

新HSK6 **严格** [yán gé] 앤 거	图 엄격히 하다 图 엄격하다, 엄하다
新HSK6 **严禁** [yán jìn] 앤 찐	图 엄금하다
新HSK6 **严厉** [yán lì] 앤 리	图 호되다, 준엄하다, 매섭다
新HSK6 **严密** [yán mì] 앤 미	图 엄밀하다, 치밀하다, 빈틈없다
新HSK5 **严肃** [yán sù] 앤 쑤	图 엄숙 图 엄숙하게 하다 图 엄숙하다, 엄정하다
新HSK4 **严重** [yán zhòng] 앤 쭝	图 심각하다, 중대하다, 엄중하다
H甲 **研究** [yán jiū] 앤 찌우	图 연구하다, 고려하다, 논의하다 图 연구, 검토, 고려
新HSK4 **研究生** [yán jiū shēng] 앤 찌우 성	图 연구생, 대학원생
H丙 **研制** [yán zhì] 앤 쯔	图 연구 제작하다, 빻아서 가루약을 만들다
新HSK4 **盐** [yán] 앤	图 소금, 염
新HSK2 **颜色** [yán sè] 앤 써	图 색깔, 용모, 얼굴빛
新HSK6 **掩盖** [yǎn gài] 앤 까이	图 덮어 씌우다, 숨기다

新HSK6 **掩护** [yǎn hù] 얜 후	명 엄호, 보호 동 엄호하다, 보호하다
新HSK6 **掩饰** [yǎn shì] 얜 쓰	명 은폐 동 (잘못·결점)숨기다
新HSK3 **眼镜(儿)** [yǎn jìng(r)] 얜 찡	명 안경
新HSK2 **眼睛** [yǎn jīng] 얜 징	명 눈, 안목
H제 **眼看** [yǎn kàn] 얜 칸	부 곧, 눈 뜬 채로, 그대로 동 눈으로 보다
H乙 **眼泪** [yǎn lèi] 얜 레이	명 눈물
新HSK4 **演员** [yǎn yuán] 얜 위앤	명 배우, 출연자, 연기자
新HSK6 **厌恶** [yàn wù] 옌 우	명 혐오 동 혐오하다, 싫어하다
H乙 **咽** [yān] 옌	동 삼키다, 넘기다, 거두다
新HSK5 **宴会** [yàn huì] 옌 후이	명 파티, 연회
羊 [yáng] 양	명 양
新HSK4 **养成** [yǎng chéng] 양 청	명 양성 동 양성하다, 키우다

新HSK4 阳光 [yáng guāng] 양 광	명 햇빛, 햇살
新HSK4 样子 [yàng zǐ] 양 즈	명 모양, 태도, 견본
新HSK3 **要求** [yào qiú] 야오 치우	동 요구하다, 요망하다 명 요구, 요망
新HSK4 邀请 [yāo qǐng] 야오 칭	명 초청, 초대 동 초청하다, 초대하다
新HSK6 遥远 [yáo yuǎn] 야오 위앤	형 아득히 멀다, 요원하다
新HSK2 **药** [yào] 야오	명 약, 화학 약품 동 독살하다
H류 药方 [yào fāng] 야오 팡	명 약국, 처방, 처방전, 약방문
新HSK2 **要** [yào] 야오	형 중요하다 명 요점 동 원하다
H2 要紧 [yào jǐn] 야오 진	형 중요하다, 심하다, 엄중하다
新HSK5 要是 [yào shì] 야오 스	접 만일 ~한다면, 만약 ~하면
新HSK4 钥匙 [yào shi] 야오 스	명 열쇠, 키(key)
新HSK3 **爷爷** [yé yé] 예 예	명 할아버지, 조부

| 新HSK2 **也**
[yě] 예 | 부 ~도, 또한, 그리고 |

| 新HSK4 **也许**
[yě xǔ] 예 쉬 | 부 아마도, 혹시, 어쩌면 |

| 新HSK5 **业务**
[yè wù] 예 우 | 명 실무, 업무, 일 |

| 新HSK5 **业余**
[yè yú] 예 위 | 형 과외의, 여가의, 아마추어의 |

| 新HSK4 **叶子**
[yè zǐ] 예 즈 | 명 잎사귀, 트럼프, 찻잎 |

| 新HSK5 **夜**
[yè] 예 | 명 밤, 밤중 저녁 |

| 新HSK4 **页**
[yè] 예 | 명 페이지(page), 한 면 |

| 新HSK1 **一**
[yī] 이 | 수 1, 하나, 일 명 첫째, 첫 번째 형 같다 |

| 新HSK3 **一般**
[yī bān] 이 빤 | 형 일반적이다, 같다, 보통이다 |

| 新HSK3 **一边**
[yī biān] 이 삐앤 | 명 한쪽, 한편, 한 면 |

| H부 **一点(儿)**
[yī diǎn(r)] 이 디앨 | 수 조금, 약간, 적은 것, 작은 것, 전혀 |

| 新HSK3 **一定**
[yī dìng] 이 띵 | 형 고정된, 일정한 부 꼭, 반드시, 꼭 |

중한 단어 | **233**

新HSK3 **一共** [yī gòng] 이 꽁	부 전부, 다, 모두, 합해서
新HSK3 **一会(儿)** [yī huì(r)] 이 후일	부 잠시, 잠깐, 짧은 시간에
新HSK2 **一起** [yī qǐ] 이 치	명 한 곳 부 함께, 모두
新HSK4 **一切** [yī qiē] 이 치에	명 일체, 모두 형 모든, 온갖
HZ **一同** [yī tóng] 이 씨앙	부 줄곧, 내내, 언제나 명 근래, 최근
新HSK3 **一样** [yī yàng] 이 양	형 똑같다, 동일하다, ~같다
新HSK3 **一直** [yī zhí] 이 즈	명 뚫을 곤변 부 줄곧, 곧바로
衣服 [yī fú] 이 푸	명 옷, 의복
新HSK1 **医生** [yī shēng] 이 썽	명 의사, 의원
新HSK1 **医院** [yī yuàn] 이 위앤	명 병원, 의원
新HSK5 **依旧** [yī jiù] 이 찌우	부 여전히, 의연히 형 여전하다, 변함없다
新HSK6 **依据** [yī jù] 이 쮜	명 근거, 바탕 동 의거하다, 증거하다

新HSK6 **依靠** [yī kào] 이 카오	명 의지 동 의지하다, 기대다
新HSK5 **依然** [yī rán] 이 란	형 의연하다, 여전하다 부 의연히, 여전히
H예 **依照** [yī zhào] 이 짜오	동 ~에 의하다, ~에 따르다, ~에 비추다
H예 **仪表** [yí biǎo] 이 비아오	명 풍채, 의표, 의용, 계량기, 미터(meter)
新HSK6 **仪器** [yí qì] 이 치	명 실험이나 관찰, 측량기구의 총칭
新HSK6 **遗产** [yí chǎn] 이 찬	명 유산, 유물
新HSK6 **遗憾** [yí hàn] 이 한	명 유감, 유한 형 유감스럽다
遗迹 [yí jì] 이 찌	명 유적, 흔적, 자취
新HSK6 **遗留** [yí liú] 이 리우	명 잔존 동 남기다, 남겨놓다
遗嘱 [yí zhǔ] 이 주	명 유언, 유언장 동 유언하다, 유언을 남기다
新HSK5 **疑问** [yí wèn] 이 원	명 의문
H예 **疑心** [yí xīn] 이 씬	명 의심 동 의심하다

新HSK2 **已经** [yǐ jīng] 이 징	부 이미, 벌써
新HSK3 **以后** [yǐ hòu] 이 허우	명 이후, 금, 향후
新HSK3 **以前** [yǐ qián] 이 치앤	명 이전
新HSK3 **以为** [yǐ wèi] 이 웨이	동 ~라고 여기다, 알다, 인정하다
新HSK1 **椅子** [yǐ zǐ] 이즈	명 의자, 걸상
新HSK5 **义务** [yì wù] 이우	명 의무 형 무보수의 동 서비스하다
新HSK4 **亿** [yì] 이	수 1억, 고대, 10만
新HSK4 **以** [yǐ] 이	개 ~으로(써) 접 ~하기 위하여
新HSK4 **艺术** [yì shù] 이 쑤	명 예술, 기능 형 예술적이다
新HSK5 **议论** [yì lùn] 이 룬	명 의론, 논의 동 논의하다, 의견을 내다
新HSK6 **抑制** [yì zhì] 이 쯔	명 억제, 억압 동 억제하다, 억누르다
新HSK4 **意见** [yì jiàn] 이 찌앤	명 의견, 생각, 이의, 불만

| 新HSK3 **意思** [yì sī] 이 스 | 몡 뜻, 생각, 조짐 툉 성의를 표시하다 |

| 新HSK5 **意外** [yì wài] 이 와이 | 휑 의외이다, 뜻밖이다 몡 뜻밖의 사고 |

| 新HSK5 **因此** [yīn cǐ] 인 츠 | 접 그러므로, 때문에, 그래서 |

| 新HSK5 **因而** [yīn ér] 인 얼 | 접 ~때문에, 그리하여, 따라서 |

| 新HSK2 **因为** [yīn wèi] 인 웨이 | 접 ~ 때문에 개 ~으로 인하여 |

| 新HSK2 **阴** [yīn] 인 | 몡 음(陰), 그늘, 뒷면 휑 흐리다, 그늘지다 |

| 新HSK3 **音乐** [yīn yuè] 인 위에 | 몡 음악 |

| 新HSK3 **银行** [yín xíng] 인 항 | 몡 은행 |

| 新HSK6 **引导** [yǐn dǎo] 인 따오 | 몡 인도 툉 안내하다, 유도하다 |

| 新HSK4 **饮料** [yǐn liào] 인 리아오 | 몡 음료 |

| 新HSK4 **引起** [yǐn qǐ] 인 치 | 툉 야기하다, 일으키다, 주의를 끌다 |

| 新HSK6 **隐约** [yǐn yuē] 인 위에 | 휑 희미하다, 어렴풋하다, 은은하다 |

新HSK4 □ 印象 [yìn xiàng] 인 씨앙	명 인상
新HSK3 ■ 应该 [yīng gāi] 잉 까이	형 마땅하다 조동 마땅히 ~해야 한다
新HSK5 □ 英雄 [yīng xióng] 잉 시옹	명 영웅 동 훌륭하게 행동하다
新HSK6 □ 英勇 [yīng yǒng] 잉 융	형 영특하고 용맹하다, 용감하다
新HSK6 □ 婴儿 [yīng ér] 잉 얼	명 영아, 갓난애, 젖먹이
新HSK5 □ 迎接 [yíng jiē] 잉 찌에	명 영접 동 마중하다, 맞이하다
新HSK3 ■ 影响 [yǐng xiǎng] 잉 시앙	명 영향, 반응, 동정 동 영향을 주다
新HSK4 □ 赢 [yíng] 잉	동 이기다, 승리하다, 이익을 보다
HZ □ 影子 [yǐng zǐ] 잉즈	명 그림자, 거울이나 물 위에 비친 모습
新HSK6 □ 应酬 [yīng chóu] 잉 처우	명 접대, 교제 동 접대하다, 교제하다
新HSK5 □ 应付 [yīng fù] 잉 푸	명 대처 동 대처하다, 얼버무리다
新HSK6 □ 应邀 [yīng yāo] 잉 야오	동 초대에 응하다, 초청을 받아들이다

新HSK5 **应用** [yīng yòng]	명 응용, 사용 동 사용하다, 응용하다
新HSK4 **硬** [yìng] 잉	부 무리하게, 억지로 형 단단하다, 강경하다
新HSK6 **拥护** [yōng hù] 융 후	명 옹호, 지지 동 지지하다, 옹호하다
新HSK6 **拥有** [yōng yǒu] 융 여우	동 보유하다, 가지다
新HSK4 **永远** [yǒng yuǎn] 융 위안	부 영원히, 길이길이 형 영원한
新HSK4 **勇敢** [yǒng gǎn] 융 간	명 용기 형 용감하다
新HSK5 **勇气** [yǒng qì] 융 치	명 용기
新HSK6 **踊跃** [yǒng yuè] 융 위에	동 펄쩍 뛰어오르다 형 활기차다, 열렬하다
新HSK3 **用** [yòng] 융	명 사용, 쓸모 동 사용하다, 필요하다
HZ **用处** [yòng chù] 융 추	명 쓸모, 용도, 용처
新HSK5 **用功** [yòng gōng] 융 꽁	동 힘써 배우다, 열심히 공부하다
新HSK4 **优点** [yōu diǎn] 여우 띠앤	명 장점, 우수한 점

优良
[yōu liáng] 여우 량
- 형 우수하다, 훌륭하다, 우량하다

优秀
[yōu xiù] 여우 씨우
- 형 뛰어나다, 훌륭하다, 우수하다

优越
[yōu yuè] 여우 위에
- 형 우월하다, 뛰어나다

悠久
[yōu jiǔ] 여우 찌우
- 형 유구하다, 장구하다

由于
[yóu yú] 여우 위
- 개 ~때문에, ~로 인해서 접 ~때문에 ~하다

邮局
[yóu jú] 여우 쥐
- 명 우체국

邮票
[yóu piào] 여우 피아오
- 명 우표

尤其
[yóu qí] 여우 치
- 부 특히, 더욱

犹豫
[yóu yù] 여우 위
- 명 유예 동 망설이다, 주저하다

油
[yóu] 여우
- 명 기름 동 기름을 바르다 형 미끄럽다

游泳
[yóu yǒng] 여우 융
- 명 수영, 헤엄 동 수영하다, 헤엄치다

友爱
[yǒu ài] 여우 아이
- 형 우애하다 명 우애

新HSK2 **右边** [yòu biān] 여우 벤	명 오른쪽, 우측
新HSK4 **友好** [yǒu hǎo] 여우 하오	형 우호적이다 명 절친한 친구
HT **友情** [yǒu qíng] 여우 칭	명 우정, 우의
新HSK4 **有趣** [yǒu qù] 여우 취	형 재미있다, 흥미진진하다, 사랑스럽다
新HSK3 **游戏** [yóu xì] 여우 씨	명 유희, 레크레이션, 오락 동 놀다
新HSK4 **友谊** [yǒu yì] 여우 이	명 우의, 우정, 친선
新HSK1 **有** [yǒu] 여우	동 있다, 소유하다, 풍부하다 대 어느, 어떤
HZ **有力** [yǒu lì] 여우 리	형 유력하다, 힘이 있다, 강력하다
新HSK5 **有利** [yǒu lì] 여우 리	형 유리하다, 유익하다
有礼貌 [yǒu lǐ mào] 여우 리 마오	형 예의 있다, 예의 바르다
新HSK3 **有名** [yǒu míng] 여우 밍	형 유명하다, 정당한 이유가 있다
新HSK4 **幽默** [yōu mò] 여우 무어	형 유머, 해학

H긴 **有效** [yǒu xiào] 여우 씨아오	형 유효하다, 효과가 있다
H병 **有益** [yǒu yì] 여우 이	형 유익하다, 도움이 되다
新HSK3 **又** [yòu] 여우	부 또, 또는, 한편, 그 위에, 게다가
H甲 **右** [yòu] 여우	명 오른쪽, 우편 형 가장 낫다, 우익이다
新HSK4 **由** [yóu] 여우	개 ~때문에, ~로 말미암아, ~으로부터
新HSK5 **幼儿园** [yòu ér yuán] 여우 얼 위앤	명 유아원, 유치원
幼稚 [yòu zhì] 여우 쯔	형 나이가 어리다, 유치하다
新HSK4 **于是** [yú shì] 위 쓰	접 그리하여, 그래서, 이리하여
新HSK2 **鱼** [yú] 위	명 생선, 물고기
新HSK4 **愉快** [yú kuài] 위 콰이	형 유쾌하다, 기쁘다
新HSK4 **羽毛球** [yǔ máo qiú] 위 마오 치우	명 배드민턴(badminton)
新HSK6 **愚蠢** [yú chǔn] 위 춘	형 미련하다, 어리석다, 우둔하다

| 新HSK3 **遇到**
[yù dào] 위 따오 | 동 만나다, 닥치다 |

| 新HSK4 **与**
[yǔ] 위 | 동 주다, 베풀다 개 ~에게 접 ~과[와] |

| 新HSK4 **与其**
[yǔ qí] 위 치 | 접 ~하기보다, ~하느니 |

| 新HSK5 **宇宙**
[yǔ zhòu] 위 쩌우 | 명 우주 |

| H甲 **雨**
[yǔ] 위 | 명 비 동 (비나 눈)내리다 |

| 新HSK5 **玉米**
[yù mǐ] 위 미 | 명 옥수수, 강냉이 |

| H例 **浴室**
[yù shì] 위 쓰 | 명 욕실, 목욕탕 |

| 新HSK4 **预习**
[yù xí] 위 시 | 명 예습 동 예습하다 |

| 新HSK4 **语言**
[yǔ yán] 위 얜 | 명 언어 |

| 新HSK5 **预报**
[yù bào] 위 빠오 | 명 예보 동 예보하다 |

| H乙 **预备**
[yù bèi] 위 뻬이 | 명 예비, 준비 동 준비하다 |

| 新HSK5 **预订**
[yù dìng] 위 띵 | 동 예약하다, 주문하다 명 예약, 주문 |

| 新HSK4 **语法**
[yǔ fǎ] 위 파 | 몡 문법, 용어법 |

| 新HSK5 **预防**
[yù fáng] 위 팡 | 몡 예방 동 예방하다 |

| HSK **预告**
[yù gào] 위 까오 | 몡 예고 동 예고하다, 미리 알리다 |

| 新HSK4 **原来**
[yuán lái] 위앤 라이 | 몡 원래, 본래 혱 본래의, 원래의
부 처음부터 |

| 新HSK6 **原理**
[yuán lǐ] 위앤 리 | 몡 원리 |

| 新HSK4 **原谅**
[yuán liàng] 위앤 리앙 | 몡 용서, 양해 동 용서하다, 양해하다 |

| 新HSK5 **原料**
[yuán liào] 위앤 리아오 | 몡 원료, 소재 |

| HSK **原始**
[yuán shǐ] 위앤 스 | 몡 최초, 원시 혱 원시의, 최초의 |

| 新HSK6 **原先**
[yuán xiān] 위앤 씨앤 | 몡 본래 혱 원래, 이전, 본래 |

| 新HSK4 **原因**
[yuán yīn] 위앤 인 | 몡 원인, 이유 |

| 암기 **圆珠笔**
[yuán zhū bǐ] 위앤 쭈 삐 | 몡 볼펜 |

| HSK **援助**
[yuán zhù] 위앤 쭈 | 몡 원조, 지원 동 원조하다, 지원하다 |

新HSK5 缘故
[yuán gù] 위앤 꾸

명 연고, 원인, 이유, 까닭

新HSK2 远
[yuǎn] 위앤

형 (거리・시간상) 멀다, 차이가 크다

新HSK3 圆
[yuán] 위앤

명 원(圓), 원둘레 형 둥글다, 동그랗다

新HSK4 阅读
[yuè dú] 위에 뚜

동 열독하다, 읽다

新HSK2 元
[yuán] 위앤

수 (중국의 화폐 단위) 원

HZ 院子
[yuàn zǐ] 위앤 즈

명 정원, 뜰, 울안

新HSK5 愿望
[yuàn wàng] 위앤 왕

명 소망, 염원, 바람

新HSK3 愿意
[yuàn yì] 위앤 이

동 희망하다, 동의하다

新HSK4 约会
[yuē huì] 위에 후이

동 만날 약속을 하다 명 만날 약속

新HSK6 约束
[yuē shù] 위에 쑤

명 구속・단속 동 제약하다, 얽매다

新HSK1 月
[yuè] 위에

명 달, 월 형 매월[매달]의

新HSK3 月亮
[yuè liàng] 위에 량

명 달, 달빛

중한 단어 | **245**

乐器 [lè qì] 위에 치	명 악기
越 [yuè] 위에	동 건너다, 벗어나다　형 (감정이) 격앙되다 부 점점, 더욱
云 [yún] 윈	명 구름
运动 [yùn dòng] 윈 뚱	명 운동　동 운동하다
运动员 [yùn dòng yuán] 윈 뚱 위앤	명 운동선수, (선거)운동원
运气 [yùn qì] 윈 치	명 운명, 운세　형 운이 좋다, 행운이다
运输 [yùn shū] 윈 쑤	명 운송, 수송　동 운수하다, 수송하다
运送 [yùn sòng] 윈 쑹	동 (사람이나 물자 등을) 운송하다
运算 [yùn suàn] 윈 쏸	동 운산하다, 연산하다
运行 [yùn xíng] 윈 싱	명 운행　동 (천체나 배·차량)운행하다
允许 [yǔn xǔ] 윈 쉬	명 허가　동 허가하다
运用 [yùn yòng] 윈 용	명 운용, 활용　동 운용하다, 활용하다

Z

新HSK6 扎
[zhā] 짜
동 묶다, 매다, 동이다

新HSK4 杂志
[zá zhì] 자 쯔
명 잡지, 잡기(雜記)

新HSK5 灾害
[zāi hài] 짜이 하이
명 재해, 피해

新HSK6 栽培
[zāi péi] 짜이 페이
동 재배하다, 심어 가꾸다, 배양하다

新HSK2 再
[zài] 짜이
부 다시, 또, 재차, 아무리 ~한다 해도

再说
[zài shuō] 짜이 쑤어
동 ~한 뒤에 정하다 접 게다가, 덧붙여 말하자면

新HSK1 在
[zài] 짜이
동 존재하다, 생존하다 개 ~에, ~에(서)

新HSK4 暂时
[zàn shí] 짠 스
형 일시적이다, 잠시적이다 부 잠시, 잠깐

新HSK5 赞成
[zàn chéng] 짠 청
동 찬성하다, 동의하다

新HSK5 赞美
[zàn měi] 짠 메이
동 찬미하다, 찬양하다

新HSK6 赞扬
[zàn yáng] 짠 양
명 찬양, 상찬(賞贊) 동 찬양하다, 칭찬하다

赞助 [zàn zhù] 짠 쭈	명 찬조, 협조 동 찬조하다, 협찬하다
早饭 [zǎo fàn] 짜오 판	명 조반, 아침밥
新HSK2 早上 [zǎo shàng] 짜오	명 아침
早已 [zǎo yǐ] 짜오 이	부 오래전에, 이미, 벌써 명 옛날, 이전
造 [zào] 짜오	동 제작하다, 건설하다 명 당사자, 수확, 시대
新HSK5 造成 [zào chéng] 짜오 청	동 조성하다, 만들다, 형성하다
造句 [zào jù] 짜오 쮜	동 글을 짓다, 작문하다
新HSK5 责备 [zé bèi] 저 뻬이	동 꾸짖다, 비난하다, 탓하다
新HSK4 责任 [zé rèn] 저 런	명 책임
新HSK1 怎么 [zěn me] 전 머	대 어떻게, 왜, 어떤, 아무리
新HSK1 怎么样 [zěn me yàng] 전 머 양	대 어떠하다, 어떻게 하다
憎恶 [zēng wù] 쩡 우	명 증오 동 증오하다, 미워하다

新HSK4 **增加** [zēng jiā] 쩡 찌아	동 증가하다, 보태다 명 증가(augment)
增进 [zēng jìn] 쩡 찐	동 증진하다, 늘리다, 증진시키다
新HSK4 **增添** [zēng tiān] 쩡 티앤	동 더하다, 보태다, 첨가하다
新HSK4 **增长** [zēng cháng] 쩡 창	동 증가하다, 늘어나다, 신장되다
炸 [zhà] 자	동 (기름에) 튀기다
新HSK6 **沾光** [zhān guāng] 짠 꾸앙	동 덕을 보다, 은혜를 입다
新HSK5 **展开** [zhǎn kāi] 잔 카이	동 펴다, 펼치다, 벌이다, 전개하다
展览会 [zhǎn lǎn huì] 잔 란 후이	명 전시회, 전람회
新HSK5 **展望** [zhǎn wàng] 잔 왕	동 (먼 곳·미래를) 내다보다 명 전망
新HSK5 **崭新** [zhǎn xīn] 잔 씬	형 참신하다, 아주 새롭다
新HSK5 **占据** [zhàn jù] 짠 쮜	동 (지역·장소를) 점거하다, 강점하다
新HSK6 **占领** [zhàn lǐng] 짠 링	동 점령하다, 점유하다

新HSK6 **占有** [zhàn yǒu] 짠 여우	동 점유하다, 점거하다, 보유하다
新HSK6 **战斗** [zhàn dǒu] 짠 떠우	명 전투, 투쟁 동 전투하다, 투쟁하다
新HSK6 **战略** [zhàn lüè] 짠 뤼에	명 전략, 전략
新HSK6 **战胜** [zhàn shèng] 짠 썽	동 싸워 이기다, 승리하다
新HSK6 **战术** [zhàn shù] 짠 수	명 전술
新HSK5 **战争** [zhàn zhēng] 짠 쩡	명 전쟁
新HSK3 **站** [zhàn] 짠	동 서다, 일어나다 명 정거장, 역
新HSK2 **张** [zhāng] 짱	동 펴다, 늘어놓다, 보다 양 장, 개
新HSK3 **长** [cháng] 창	동 자라다, 늘어나다 형 맏이의
新HSK5 **掌握** [zhǎng wò] 장 워	동 파악하다, 정통하다, 주관하다
新HSK6 **障碍** [zhàng ài] 짱 아이	명 장애, 방해 동 방해하다
新HSK6 **招待** [zhāo dài] 짜오 따이	명 접대원, 초대 동 초대하여 접대하다

招呼 [zhāo hū] 짜오 후	명 인사 동 부르다, 분부하다
着急 [zháo jí] 자오 지	동 조급해하다, 초조해하다
召唤 [zhào huàn] 짜오 환	동 부르다, 불러모으다
照 [zhào] 짜오	동 빛나다, 비춰보다, (사진·영화를) 찍다 명 사진, 면허증, 허가증
照顾 [zhào gù] 짜오 꾸	동 돌보다, 보살피다
照片 [zhào piàn] 짜오 피앤	명 사진
招聘 [zhāo pìn] 자오 핀	명 모집, 초빙 동 모집하다, 초빙하다
这 [zhè] 쩌	대 이, 이것, 이때, 지금
这个 [zhè gè] 쩌 거	대 이, 이것
这里 [zhè lǐ] 쩌 리	대 이곳, 여기
着 [zhe] 저	조동 ~하고 있는 중이다, ~해 있다
针 [zhēn] 쩐	명 바늘, 침, 주사 동 침으로 치료하다

중한 단어

| 新HSK6 **珍贵** [zhēn guì] 쩐 꾸이 | 형 진귀하다, 보배롭고 귀중하다 |

| 新HSK6 **珍惜** [zhēn xī] 쩐 씨 | 동 소중히 여기다, 귀중하게 여기다 |

| 新HSK2 **真** [zhēn] 쩐 | 형 진실하다, 참되다 명 진면목 부 정말, 참으로 |

| 新HSK5 **真理** [zhēn lǐ] 쩐 리 | 명 진리 |

| 新HSK5 **真实** [zhēn shí] 쩐 스 | 명 진실 형 진실하다 |

| 新HSK5 **阵** [zhèn] 쩐 | 명 진영, 진지 부 한때, 잠시 동안 |

| 新HSK6 **镇静** [zhèn jìng] 쩐 찡 | 동 진정하다 형 냉정하다, 침착하다 |

| 新HSK6 **镇压** [zhèn yā] 쩐 야 | 동 진압하다, 탄압하다 |

| **争** [zhēng] 쩡 | 동 다투다, 논쟁하다 형 모자라다 대 어떻게 |

| 新HSK6 **争夺** [zhēng duó] 쩡 뚜어 | 동 쟁탈하다, 다투다, 싸워서 빼앗다 |

| 新HSK5 **争论** [zhēng lùn] 쩡 룬 | 명 쟁론, 논쟁 동 쟁론하다, 논쟁하다 |

| 新HSK5 **争取** [zhēng qǔ] 쩡 취 | 동 쟁취하다, 얻다, 획득하다 |

征服 [zhēng fú] 쩡 푸	동 정복하다, 극복하다
征求 [zhēng qiú] 쩡 치우	동 (서면·구두 방식으로) 널리 구하다, 모집하다
整顿 [zhěng dùn] 정 뚠	명 정돈, 정비 동 정돈하다, 정비하다
整理 [zhěng lǐ] 정 리	명 정리, 정돈 동 정리하다, 정돈하다
整体 [zhěng tǐ] 정 티	명 전체, 총체
整天 [zhěng tiān] 정 티앤	명 온종일
正 [zhèng] 쩡	형 똑바르다, 정면의, 정직하다 동 고치다, 바로잡다 부 바로, 마침
正当 [zhèng dāng] 쩡 땅	형 정당하다, 적절하다, (인품이) 바르고 곧다, 단정하다
正好 [zhèng hǎo] 쩡 하오	부 (때)마침, 공교롭게도 형 알맞다
正经 [zhèng jīng] 쩡 징	형 (태도가) 올바르다, 단정하다
正派 [zhèng pài] 쩡 파이	형 (품행·태도가) 바르다
正式 [zhèng shì] 쩡 쓰	명 정식, 공식 형 정식의, 공식의

新HSK2 **正在** [zhèng zài] 쩡 짜이	부 한창 ~하고 있는 중이다, 바야흐로
新HSK4 **证明** [zhèng míng] 쩡 밍	명 증명, 증명서, 소개장 동 증명하다
新HSK5 **政府** [zhèng fǔ] 쩡 푸	명 정부, 관청
新HSK4 **支持** [zhī chí] 쯔 츠	동 지지하다, 후원하다, 지탱하다, 견디다
新HSK6 **支配** [zhī pèi] 쯔 페이	명 지배, 지도, 안배 동 지배하다
新HSK6 **支援** [zhī yuán] 쯔 위앤	명 지원, 원조 동 지원하다, 원조하다
新HSK3 **只** [zhǐ] 쯔	양 마리, 척, 짝, 쪽, 개 형 단독의
新HSK5 **枝** [zhī] 쯔	명 (초목의) 가지 양 가지, 자루, 대, 정
新HSK2 **知道** [zhī dào] 쯔 따오	동 알다, 이해하다, 깨닫다
新HSK4 **值得** [zhí dé] 즈 더	동 값이 맞다, 가치가 있다
新HSK5 **执行** [zhí xíng] 즈 싱	동 집행하다, 실행하다 명 실행(execute)
新HSK4 **职业** [zhí yè] 즈 예	명 직업, 일

新HSK3 **只** [zhǐ] 즈	부 오직, 단지, 오직 ~밖에 없다 접 그러나, 다만, 하지만
□ **只好** [zhǐ hǎo] 즈 하오	부 부득이, 하는 수 없이
新HSK4 **只要** [zhǐ yào] 즈 야오	접 만약 ~라면, ~하기만 하면
□ **纸** [zhǐ] 즈	명 종이 양 장, 매, 통
新HSK4 **指** [zhǐ] 즈	동 가리키다, 지적하다 양 손가락 굵기
新HSK5 **指导** [zhǐ dǎo] 즈 따오	명 지도, 교도 동 지도하다, 교도하다
□ **指头** [zhǐ tóu] 즈 터우	명 손가락, 발가락
新HSK4 **植物** [zhí wù] 즈 우	명 식물
□ **指引** [zhǐ yǐn] 즈 인	동 인도하다, 이끌다, 지도하다, 안내하다
新HSK5 **至于** [zhì yú] 쯔 위	동 ~할 지경이다 개 ~로 말하면
□ **志愿** [zhì yuàn] 쯔 위앤	명 지원, 포부 동 지원하다, 희망하다
新HSK6 **治理** [zhì lǐ] 쯔 리	명 관리 동 통치하다, 다스리다

중한 단어 | **255**

新HSK5 **治疗** [zhì liáo] 쯔 리아오	몡 치료 동 치료하다
新HSK5 **制定** [zhì dìng] 쯔 띵	동 (법규·계획 등을) 만들다, 제정하다
新HSK4 **制造** [zhì zào] 쯔 짜오	동 제조하다, 만들다, 제작하다
新HSK6 **制止** [zhì zhǐ] 쯔 즈	동 제지하다, 저지하다, 강력하게 막다
新HSK5 **制作** [zhì zuò] 쯔 쭤	동 제작하다, 만들다, 제조하다
中 [zhōng] 중	명 중앙, 한가운데, 안 형 적당하다, 치우치지 않다
新HSK6 **中断** [zhōng duàn] 중 뚜안	동 중단하다, 끊다, 끊기다
新HSK3 **中间** [zhōng jiān] 중 찌앤	명 가운데, 속, 중앙, 한가운데, 중간
新HSK6 **忠诚** [zhōng chéng] 중 청	명 충성 동 충성하다, 충성스럽다
新HSK6 **忠实** [zhōng shí] 중 스	형 충실하다, 진실하다, 참되다
新HSK3 **终于** [zhōng yú] 중 위	부 결국, 마침내, 드디어, 끝내
新HSK3 **钟** [zhōng] 중	명 종, 시계, 시, 시간

| 钟头 [zhōng tóu] 중 터우 | 명 시간(時間) |

新HSK3 种 [zhǒng] 쭝 — 명 씨, 종 동 뿌리다, 기르다, 심다

新HSK5 重 [zhòng] 쭝 — 명 중량, 무게 형 무겁다, 심하다,

重大 [zhòng dà] 쭝 따 — 형 중대하다, (매우) 크다

新HSK5 重视 [zhòng shì] 쭝 쓰 — 명 중시, 중요시 동 중시하다, 중요시하다

新HSK5 周到 [zhōu dào] 쩌우 따오 — 형 꼼꼼하다, 세심하다, 주도면밀하다

新HSK6 周密 [zhōu mì] 쩌우 미 — 형 주도면밀하다, 세밀하다, 빈틈없다

新HSK4 猪 [zhū] 쭈 — 명 돼지

新HSK5 主持 [zhǔ chí] 주 츠 — 동 주재하다, 주관하다

新HSK5 主观 [zhǔ guān] 주 꾸안 — 명 주관 형 주관적이다

新HSK5 主人 [zhǔ rén] 주 런 — 명 주인, 소유주, 임자

新HSK3 主要 [zhǔ yào] 주 야오 — 형 주요하다, 주되다 부 주로, 대부분

중한 단어 | **257**

新HSK4 **主意** [zhǔ yi] 주 이	명 (일정한) 생각, 의견, 방법
新HSK5 **主张** [zhǔ zhāng] 주 장	명 주장, 견해, 의견 동 주장하다, 결정하다
新HSK5 **煮** [zhǔ] 주	동 삶다, 익히다, 끓이다
新HSK5 **嘱咐** [zhǔ fù] 주 푸	동 분부하다, 당부하다
新HSK1 **住** [zhù] 쭈	동 살다, 거주하다, 머무르다
新HSK3 **祝** [zhù] 쭈	동 축하하다, 기원하다
新HSK3 **注意** [zhù yì] 쭈 이	명 주의, 조심 동 주의하다, 조심하다
新HSK4 **祝贺** [zhù hè] 쭈 허	명 축하 동 축하하다
新HSK4 **逐渐** [zhú jiàn] 주 찌안	부 점차 형 점진적인, 점차적인
HSK **祝愿** [zhù yuàn] 쭈 위앤	동 축원하다 명 축원
新HSK4 **著名** [zhù míng] 쭈 밍	형 저명하다, 유명하다
新HSK5 **抓紧** [zhuā jǐn] 쭈아 진	동 꽉 틀어쥐다, 힘을 들이다

| 新HSK5 **转变** [zhuǎn biàn] 주안 삐앤 | 명 전환, 변환 동 전환하다, 변환하다 |

转播 [zhuǎn bō] 주안 뽀 — 명 중계 방송 동 중계 방송하다

新HSK6 **转达** [zhuǎn dá] 주안 다 — 동 (말을) 전하다, 전달하다

新HSK5 **转告** [zhuǎn gào] 주안 까오 — 동 전언(傳言)하다, 전하여 알리다

转化 [zhuǎn huà] 주안 화 — 명 전화(轉化) 동 변하다

新HSK6 **庄严** [zhuāng yán] 쭈앙 이앤 — 형 장엄하다, 장중하다

新HSK6 **装备** [zhuāng bèi] 쭈앙 뻬이 — 명 설비, 설치 동 장치하다, 설치하다

新HSK5 **装饰** [zhuāng shì] 쭈앙 쓰 — 명 장식, 장식품 동 장식하다, 치장하다

装置 [zhuāng zhì] 쭈앙 쯔 — 명 장치, 설비 동 장치하다, 설치하다

壮大 [zhuàng dà] 쭈앙 따 — 형 장대하다, 강대하다 동 강대해지다

新HSK6 **壮丽** [zhuàng lì] 쭈앙 리 — 형 장려하다, 웅장하고 아름답다

新HSK5 **状况** [zhuàng kuàng] 쭈앙 쾅 — 명 형편, 상태, 처지, 상황

新HSK5 **状态** [zhuàng tài] 쭈앙 타이	명 상태(status)
新HSK4 **撞** [zhuàng] 쭈앙	동 치다, 부딪히다, 속이다
新HSK2 **准备** [zhǔn bèi] 준 뻬이	동 준비하다, 대비하다
新HSK4 **准时** [zhǔn shí] 준 스	명 정확한 시간, 정시 형 시간이 정확하다
新HSK1 **桌子** [zhuō zǐ] 쭈어 즈	명 탁자, 테이블
新HSK5 **资料** [zī liào] 쯔 리아오	명 자료, 재료, (생산·생활 등의) 필수품
新HSK4 **仔细** [zǐ xì] 즈 씨	형 자세하다, 세밀하다, 꼼꼼하다 동 주의[조심]하다
新HSK1 **字** [zì] 쯔	명 글자, 문자, 자음(字音)
新HSK3 **字典** [zì diǎn] 쯔 디앤	명 자전
新HSK5 **自豪** [zì háo] 쯔 하오	형 자긍심을 갖다
新HSK3 **自己** [zì jǐ] 쯔 지	명 자기, 자신, 자기에게 속한 것
新HSK6 **自满** [zì mǎn] 쯔 만	명 자만, 자신만만 형 자만하다, 오만하다

新HSK2 **自行车** [zì xíng chē] 쯔 싱 처	몡 자전거
新HSK5 **自由** [zì yóu] 쯔 여우	몡 자유 톙 자유롭다
新HSK5 **自愿** [zì yuàn] 쯔 위앤	몡 자원 통 자원하다, 스스로 원하다
新HSK5 **综合** [zōng hé] 쭝 허	몡 종합 통 종합하다
H병 **总** [zǒng] 쭝	부 늘, 언제나, 반드시 통 총괄하다
新HSK4 **总结** [zǒng jié] 쭝 지에	몡 총결산, 총괄 통 총괄하다, 총결산하다
新HSK5 **总括** [zǒng kuò] 쭝 쿼	몡 총괄, 개괄 통 총괄하다, 개괄하다
新HSK3 **总是** [zǒng shì] 쭝 쓰	부 반드시, 꼭, 절대로,
新HSK4 **总算** [zǒng suàn] 쭝 쏸	부 다행히, 간신히, 마침내
新HSK5 **总之** [zǒng zhī] 쭝 쯔	접 결론적으로, 한 마디로 말해, 즉
新HSK2 **走** [zǒu] 저우	통 걷다, 달아나다, 옮기다, 출발하다
H甲 **足球** [zú qiú] 주 치우	몡 축구, 축구공

중한 단어 | **261**

新HSK6 **阻碍** [zǔ ài] 주 아이	명 방해, 장애 동 가로막다, 방해하다
新HSK6 **阻力** [zǔ lì] 주 리	명 항력, 저항, 저항력, 방해, 장애물
新HSK5 **阻止** [zǔ zhǐ] 주 즈	동 막다, 가로막다, 저지하다
新HSK4 **组成** [zǔ chéng] 주 청	동 조성하다, 구성하다
新HSK6 **钻研** [zuàn yán] 쭈안 이앤	동 파고들다, 깊이 연구하다
新HSK4 **嘴** [zuǐ] 주이	명 입, 주둥이
新HSK2 **最** [zuì] 쭈이	부 가장, 최고, 제일
新HSK4 **最好** [zuì hǎo] 쭈이 하오	형 가장 좋다 부 가장 좋기는
新HSK4 **最后** [zuì hòu] 쭈이 허우	명 최후, 맨 마지막
新HSK3 **最近** [zuì jìn] 쭈이 찐	명 최근, 요즘
新HSK5 **尊敬** [zūn jìng] 쭈언 찡	명 존경 동 존경하다
新HSK6 **尊严** [zūn yán] 쭈언 이앤	명 존엄, 존엄성 형 존엄하다

新HSK4 **尊重** [zūn zhòng] 쭈언 쭝	동 존중하다 형 점잖다
新HSK5 **遵守** [zūn shǒu] 쭈언 서우	동 준수하다, 지키다
新HSK1 **昨天** [zuó tiān] 쭈어 티앤	명 어제
HT **左** [zuǒ] 쭈어	명 왼쪽, 동쪽 형 어긋나다, 비뚤어지다
HT **作法** [zuò fǎ] 쮜 프아	동 술수(術數)를 부리다
新HSK6 **作风** [zuò fēng] 쮜 펑	명 (일·생활 등의) 태도, 기풍
新HSK5 **作品** [zuò pǐn] 쮜 핀	명 작품(作品)
新HSK5 **作为** [zuò wèi] 쮜 웨이	명 행위, 거동, 보람 동 ~로 여기다
HT **作物** [zuò wù] 쮜 우	명 농작물, 작물
新HSK5 **作用** [zuò yòng] 쮜 융	동 (어떤 것에 대해) 작용하다, 영향을 미치다
新HSK4 **作者** [zuò zhě] 쮜 저	명 (문장이나 저작물, 예술 작품의) 작자(作者)
HT **作主** [zuò zhǔ] 쮜 주	동 주관하다, 결정하고 책임지다

新HSK3 **作业** [zuò yè] 쭤 예	몡 숙제, 훈련 동 작업을 하다
新HSK **坐** [zuò] 쭤	동 앉다, 타다, 놀다 명 자리, 좌석
HZ **坐班** [zuò bān] 쭤 반	동 (정상적으로) 출근하다
병 **座儿** [zuò ér] 쭤얼	명 (어떤 장소나 탈것 등에서의) 좌석, 자리
HZ **座谈** [zuò tán] 쭤 탄	명 좌담, 간담 동 좌담하다, 간담하다
□ **坐位** [zuò wèi] 쭤 워이	명 (주로 공공 장소의) 자리, 좌석
新HSK1 **做** [zuò] 쭤	동 짓다, 제조하다, 만들다
HT **做工** [zuò gōng] 쭤 궁	동 일하다, 노동하다
HZ **做客** [zuò kè] 쭤 커	동 손님이 되다
HZ **做法** [zuò fǎ] 쭤 파	명 (만드는) 방법, (하는) 방식
□ **做人** [zuò rén] 쭤 런	동 행동하다, 처세하다 명 사람 됨됨이
新HSK6 **做主** [zuò zhǔ] 쭤 주	동 (자신의) 생각대로 처리하다

Part II

Point up
왕초보
한중 단어

ㄱ

KOREAN CHINESE WORDS DICTIONARY

- 명 가게, 점포, 상점 铺子 [pù zi] 푸 즈
- 명 가격 价格 [jià gé] 찌아 거
- 명 가격표 价格表 [jià gé biǎo] 찌아 거 뱌오
- 명 가구, 세간, 가재도구, 생산 家具 [jiā jù] 찌아 쥐
- 명 가극, 오페라 歌剧 [gē jù] 꺼 쮜
- 형 가깝다 동 가까이 다가가다, 접근하다 靠近 [kào jìn] 카오 찐
- 형 가깝다, 비슷하다 동 가까이하다 近 [jìn] 찐
- 명 가난, 빈곤, 곤궁 형 가난하다, 빈곤하다 贫困 [pín kùn] 핀 쿤
- 명 가늘고 긴 나뭇가지 줄기(양사) 条 [tiáo] 티아오
- 형 가늘다 细 [xì] 시
- 형 가능하다 명 가능성 부 아마 可能 [kě néng] 커 넝
- 동 가다, 떠나다, 놓치다, 없애다 去 [qù] 취
- 동 가다, 향하다 개 ~쪽으로, ~(을) 향해 往 [wǎng] 왕
- 동 가득 차다, 충만하다 充满 [chōng mǎn] 충만

- 형 가렵다 痒 [yǎng] 양

- 동 가르치다, 교육하다 명 교육, 종교 教 [jiào] 찌아오

- 동 가리키다, 지적하다, (머리털이) 곤두서다 指 [zhǐ] 즈

- 형 가볍다, 간편하다 부 가볍게 명 손가락 轻 [qīng] 칭

- 동 가속하다, 속도를 내다, 빨리하다 加速 [jiā sù] 찌아 쑤

- 명 가수, 노래 잘 부르는 사람 歌手 [gē shǒu] 꺼 소우

- 명 가슴 胸 [xiōng] 슝

- 명 가시, 바늘 동 찌르다, 자극하다 刺 [cì] 츠

- 명 가운데, 속, 중앙, 한가운데, 중심 中间 [zhōng jiān] 쭝 찌앤

- 명 가위 剪刀 [jiǎn dāo] 지앤 다오

- 명 가을, 가을 하늘 秋天 [qiū tiān] 치유 티앤

- 명 가이드, 길 안내자 동 안내하다 向导 [xiàng dǎo] 씨앙 다오

- 형 가장 좋다, 제일 좋다 最好 [zuì hǎo] 쭈이 하오

- 명 가정, 집안, 집 家 [jiā] 찌아

- 동 가져오다 拿来 [ná lái] 나 라이

한중 단어 | **267**

명 **가족** 家族 [jiā zú] 찌아 쭈

명 **가죽 띠, 가죽 혁대** 皮革 [pí gé] 피 끄어

명 **가지** 茄子 [qié zi] 치에즈

명 **가지, 자루, 대, 정(펜 종류)** 枝 [zhī] 쯔

동 **가지고 놀다, 희롱하다** 弄 [nòng] 눙

동 **가지고 오다** 带过来 [dài guo lái] 따이 꾸어 라이

동 **가지다, 찾다, 구하다, 얻다** 取 [qǔ] 취

명 **가짜** 假的 [jiǎ de] 찌아 더

명 **가치** 价值 [jià zhí] 찌아 즈

명 **간, 간장** 肝脏 [gān zàng] 깐 짱

형 **간결하다** 简短 [jiǎn duǎn] 찌앤 두안

명 **간식, 과자** 동 **요기하다** 点心 [diǎn xin] 디앤 신

명 **간장** 酱油 [jiàng yóu] 찌앙 요우

형 **간편하다** 简便 [jiǎn biàn] 지앤 삐앤

명 **간호사** 护士 [hù shi] 후 스

- 동 갈다(밭을), 생계를 도모하다　耕 [gēng] 껑
- 동 갈아타다(차를)　换(车) [huàn chē] 환 처
- 명 감, 감나무　柿子 [shì zi] 쓰 즈
- 명 감각, 느낌 동 느끼다, 여기다　感觉 [gǎn jué] 간 쥐에
- 명 감기 동 감기에 걸리다　感冒 [gǎn mào] 간 마오
- 명 감기약　感冒药 [gǎn mào yào] 간 마오 야오
- 명 감독, 연출자, 안무 동 연출하다　导演 [dǎo yǎn] 다오 이앤
- 동 감독하다　监督 [jiān dū] 지앤 두
- 명 감동　感动 [gǎn dòng] 간 둥
- 형 감동적이다 동 감동시키다　感人 [dòng rén] 똥 런
- 명 감사 동 감사하다　感谢 [gǎn xiè] 간 씨에
- 동 감사(사례)하다 명 감사, 사례　谢 [xiè] 씨에
- 동 감상하다, 즐기다, 좋다고 여기다　欣赏 [xīn shǎng] 씬 상
- 동 감염되다, 감동시키다 명 감화, 감동　感染 [gǎn rǎn] 간 란
- 명 감자　土豆 [tǔ dòu] 투 또우

명 감정, 애정, 친근감 **感情** [gǎn qíng] 간 칭

명 감정, 평가(서) 동 감정하다, 평가하다 **鉴定** [jiàn dìng] 찌앤 띵

부 갑자기, 문득, 별안간, 돌연히 **忽然** [hū rán] 후 란

명 값, 가격, 조건 **价钱** [jià qián] 찌아 치앤

동 값을 내리다, 할인하다 명 가격 할인 **减价** [jiǎn jià] 지앤 찌아

명 강, 장강(長江), 양자강(揚子江) **江** [jiāng] 찌앙

명 강, 하천, 은하계 **河** [hé] 허

명 강도 **强盗** [qiáng dào] 치앙 따오

형 강렬하다, 거세다, 선명하다, 뚜렷하다 **强烈** [qiáng liè] 치앙 리에

명 강사 **讲师** [jiǎng shī] 지앙 쓰

명 강산, 산하, 국토, 국가, 책임, 역할 **江山** [jiāng shān] 찌앙 싼

동 강의하다 **讲课** [jiǎng kè] 지앙 커

동 강조하다 **强调** [qiáng diào] 치앙 띠아오

형 강하다 **强** [qiáng] 치앙

동 갖추다, 구비하다, 가지다, 소유하다 **具备** [jù bèi] 쮜 뻬이

분 같이, 더불어, 함께 명 한곳, 같은 곳 一起 [yī qǐ] 이 치

양 개, 명 형 단독의 명 (사람의) 키 个 [gè] 꺼

명 개, (사람을 욕하는 말로서) 앞잡이, 주구 狗 [gǒu] 고우

동 개방하다, 개항하다, 공개하다 开放 [kāi fàng] 카이 팡

형 개별의, 개개의, 극소수의, 유별나다 个别 [gè bié] 꺼 비에

형 개별의, 개개의, 색다르다, 독특하다 各别 [gè bié] 꺼 비에

명 개선 동 개선하다 改善 [gǎi shàn] 가이 싼

명 개성, 개별성 个性 [gè xìng] 꺼 씽

동 개업하다, 설립하다, 열다, 시작하다 开办 [kāi bàn] 카이 빤

명 개인, 저(자신), 나(자신), 그 사람 个人 [gè rén] 꺼 런

명 개정, 정정 동 개정하다, 정정하다 改正 [gǎi zhèng] 가이 쩡

명 개조, 개혁 동 개조하다, 개혁하다 改造 [gǎi zào] 가이 짜오

동 개표하다, 영수증을 끊다 开票 [kāi piào] 카이 피아오

명 개혁 동 개혁하다 改革 [gǎi gé] 가이 거

명 객관 형 객관적이다 客观 [kè guān] 커 꾸안

한중 단어 | **271**

명 객석 **客座** [kè zuò] 커 쭈오

명 객실 **客房** [kè fáng] 커 팡

명 갱신 **更新** [gēng xīn] 껑 씬

대 거기에 **在那里** [zài nà lǐ] 짜이 나 리

형 거대하다 **巨大** [jù dà] 쥐 다

동 거래하다, 교역하다 **交易** [jiāo yì] 지아오 이

명 거리, 길, 가로(街路) **街** [jiē] 찌에

명 거스름돈 **找(回的)零钱** [zhǎo huí de líng qián] 자오 후이 더 치엔

명 거울, 안경 **镜子** [jìng zi] 찡즈

명 거의, 대체로 동 근접하다 **差不多** [chà bu duō] 차 부 뚜어

명 거절, 거부 동 거절하다, 거부하다 **拒绝** [jù jué] 쥐 쥐에

동 거절하다, 사양(사절)하다, 물리(치)다 **推辞** [tuī cí] 투이 츠

명 거주지 동 거주하다, 살다 **居住** [jiū zhù] 쥐 쭈

명 거짓 형 거짓의 동 가정하다 접 가령 **假** [jiǎ] 지아

동 거행하다, 진행하다, 개최하다 **举行** [jǔ xíng] 쥐 싱

동 걱정하다, 염려하다, 근심하다 担心 [dān xīn] 딴 신

명 건강 형 건전하다, 튼튼하다 健康 [jiàn kāng] 찌앤 캉

동 건너다 형 격앙되다 부 점점, 더욱 더 越 [yuè] 위에

동 건립하다, 세우다, 설립하다, 맺다 建立 [jiàn lì] 찌앤 리

동 건배하다, 술잔을 비우다 干杯 [gān bēi] 깐 뻬이

형 건장하다 동 건강하게하다 强壮 [qiáng zhuàng] 치앙 쭈앙

명 건전지, 전지 电池 [diàn chí] 띠엔 츠

형 건조하다, (말·문장 등이) 무미건조하다 干燥 [gān zào] 깐 짜오

명 건축물, 구조 동 건축하다, 설치하다 建筑 [jiàn zhù] 찌앤 쭈

동 걷다, 달아나다, 옮기다, 출발하다 走 [zǒu] 조우

명 걸음, 보폭, 단계, 순서 동 걷다, 밟다 步 [bù] 뿌

명 걸작, 뛰어난 작품 杰作 [jié zuò] 지에 쭤

형 검다, 어둡다, 사악하다 동 사기치다 黑 [hēi] 헤이

명 검사, 검증 동 검사하다, 검증하다 检验 [jiǎn yàn] 지앤 옌

동 검색하다, 검사하여 찾아보다 检索 [jiǎn suǒ] 지앤 수어

- 형 검소하다 俭 [jiǎn] 지앤

- 명 검역 检疫 [jiǎn yì] 지앤 이

- 명 겉, 외부, 모범, 양식 동 나타내다 表 [biǎo] 삐아오

- 명 게 螃蟹 [páng xiè] 팡 씨에

- 접 게다가, 또한, 더욱이 而且 [ér qiě] 얼 치에

- 형 게으르다 懒惰 [lǎn duò] 란 뚜어

- 명 게임 游戏 [yóu xì] 여우씨

- 명 게임씨디 游戏CD [yóu xì CD] 여우씨 씨디

- 명 겨울 방학 寒假 [hán jià] 한 찌아

- 명 겨울 冬天 [dōng tiān] 둥 티앤

- 명 겨자 芥末 [jiè mò] 찌에 무어

- 형 격렬하다, 극렬하다, 치열하다 激烈 [jī liè] 찌 리에

- 명 격식, 양식, 스타일, 디자인 格式 [gé shì] 꺼 쓰

- 형 견고하다, 튼튼하다 동 굳히다 坚固 [jiān gù] 찌앤 꾸

- 동 견디다 耐 [nài] 나이

- 몡 견본, 견본품, 샘플 样品 [yàng pǐn] 양 핀

- 몡 견적서 报价单 [bào jià dān] 빠오 찌야 단

- 몡 견해, 관점, 보는 방법 看法 [kàn fǎ] 칸 파

- 몡 결과, 결실 结果 [jié guǒ] 지에 구어

- 부 결국에는, 마침내 终于 [zhōng yú] 중 위

- 몡 결론 结论 [jié lùn] 지에 룬

- 동 결산하다, 계산하다 结账 [jié zhàng] 지에 짱

- 몡 결승, 결승전 决赛 [jué sài] 쮜에 싸이

- 몡 결심, 결의 동 결심하다, 결의하다 决心 [jué xīn] 쮜에 씬

- 몡 결점, 단점, 결함, 흠, 유감 缺点 [quē diǎn] 취에 디앤

- 몡 결정, 결의 동 결정하다, 규정하다 决定 [jué dìng] 쮜에 띵

- 동 결정하다, 판단하다 형 결연하다 부 결코 决 [jué] 쮜에

- 몡 결합 结合 [jié hé] 지에 허

- 몡 결혼 동 결혼하다 结婚 [jié hūn] 지에 후언

- 몡 결혼기념일 结婚纪念日 [jié hūn jì niàn rì] 지에 훈 지 니엔 르

- 형 겸손하다, 예의바르다　동 사양하다　**客气** [kè qi] 커 치

- 명 경계　**境** [jìng] 찡

- 명 경고, (행정 처분의) 경고　동 경고하다　**警告** [jǐng gào] 징 까오

- 명 경관　**景色** [jǐng sè] 징 써

- 명 경극　**京剧** [jīng jù] 찡 쥐

- 명 경기장　**赛场** [sài chǎng] 싸이 챵

- 명 경력　**经历** [jīng lì] 찡 리

- 부 경솔하게, 함부로, 좀체　형 간단하다　**轻忽** [qīng hū] 칭 이

- 명 경영자　**经营者** [gé yíng zhě] 거 잉 져

- 명 경찰, 경찰관　**警察** [jǐng chá] 징 차

- 명 경축　**庆祝** [qìng zhù] 칭 쭈

- 명 경치, 풍경　**风光** [fēng guāng] 펑 광

- 명 경험, 체험　동 경험하다, 체험하다　**经验** [jīng yàn] 찡 옌

- 명 계곡, 산골짜기　**山谷** [shān gǔ] 싼 구

- 명 계급　**阶级** [jiē jí] 지에 지

- 명 계단, 층계 楼梯 [lóu tī] 로우 티

- 명 계란, 달걀 鸡蛋 [jī dàn] 찌 딴

- 명 계산서 账单 [zhàng dān] 짱 딴

- 동 계산하다, 포함시키다, 추측하다 算 [suàn] 쑤안

- 명 계약 合同 [hé tóng] 흐어 통

- 명 계약금 订金 [dìng jīn] 띵 진

- 명 계약서 合同书 [hé tóng shū] 허 통 수

- 명 계절, 철 季节 [jì jié] 찌 지에

- 명 계획 计划 [jì huà] 찌 화

- 동 고개를 끄덕이다 点头 [diǎn tóu] 디앤 토우

- 명 고객, 손님 顾客 [gù kè] 꾸 커

- 명 고구마 红薯 [hóng shǔ] 홍 수

- 명 고궁 古宫 [gǔ gōng] 꾸 꽁

- 명 고급 아파트, 맨션 高级公寓 [gāo jí gōng yù] 까오지 꿍위

- 명 고급 高级 [gāo jí] 까오 지

명 고기, (사람·동물의) 살 동 굼뜨다   肉 [ròu] 러우

명 고등학교   高中 [gāo zhōng] 까오 쫑

명 고등학생   高中生 [gāo zhōng shēng] 까오 쫑 셩

형 고맙다   谢谢 [xiè xiè] 씨에 씨에

명 고모   姑姑 [gū gu] 꾸 구

명 고무지우개, 고무의 통칭   橡皮 [xiàng pí] 씨앙 피

명 고민, 번뇌, 걱정 동 고민하다   烦恼 [fán nǎo] 판 나오

명 고사, 옛이야기, 플롯(plot), 줄거리   故事 [gù shì] 꾸 스

명 고생, 수고   辛苦 [xīn kǔ] 씬 쿠

명 고속도로   高速公路 [gāo sù gōng lù] 까오 쑤 꽁 루

명 고약, 연고(軟膏)   药膏 [yào gào] 야오 까오

명 고양이 동 숨다   猫 [māo] 마오

동 고용하다   雇用 [gù yòng] 꾸 용

명 고원   高原 [gāo yuán] 까오 위앤

명 고장   故障 [gù zhàng] 꾸 장

- 형 고전적인 **古典的** [gǔ diǎn de] 구 디엔 더
- 형 고정된, 일정한, 상당한 부 꼭, 반드시 **一定** [yí dìng] 이 띵
- 형 고정적이다 **固定** [gù dìng] 꾸 띵
- 동 고찰하다, 관찰하다, 시찰하다 **考察** [kǎo chá] 카오 차
- 명 고추 **辣椒** [là jiāo] 라 찌아오
- 명 고추장 **辣椒酱** [là jiāo jiàng] 라 찌아오 찌앙
- 동 고치다, 바로잡다, 변하다, 바꾸다 **改** [gǎi] 가이
- 동 고치다, 수리하다 **修理** [xiū lǐ] 씨우 리
- 명 고통 **痛苦** [tòng kǔ] 통쿠
- 명 고향 **老乡** [lǎo xiāng] 라오 시앙
- 명 곤란, 어려움 형 곤란하다, 어렵다 **困难** [kùn nán] 퀸난
- 명 곤충 **昆虫** [kūn chóng] 퀸충
- 형 곧다 **直** [zhí] 즈
- 동 곧이듣다, 정말로 여기다 형 진지하다 **认真** [rèn zhēn] 런 쩐
- 명 골동품 **古玩** [gǔ wán] 구 완

명 골목, 작은 거리 **胡同** [hú tòng] 후 통

명 골인 동 골인하다 **进球** [jìn qiú] 찐 치우

명 골프, 골프공 **高尔夫球** [gāo ěr fū qiú] 까오 얼 푸 치우

명 공급, 지급 동 공급하다, 지급하다 **供给** [gōng jǐ] 꽁 지

명 공급자 **供应者** [gōng yìng zhě] 꽁잉저

명 공기 **空气** [kōng qì] 쿵 치

명 공동 **共同** [gòng tóng] 꿍 퉁

명 공무원 **公务员** [gōng wù yuán] 꿍 우 위엔

명 공사, 공정 **工程** [gōng chéng] 꿍 청

명 공업기술 **工业技术** [gōng yè jì shù] 꿍예 찌수

명 공연 **公演** [gōng yǎn] 꿍 이엔

명 공예품 **工艺品** [gōng yì pǐn] 꿍 이 핀

명 공원 **公园** [gōng yuán] 꿍 위엔

명 공장 **工厂** [gōng chǎng] 꿍 창

명 공전, 품삯, 노임, 임금 **工钱** [gōng qian] 꿍 치앤

- 명 공중전화 **公用电话** [gōng yòng diàn huà] 궁용 띠엔화
- 명 공책, 노트, 장부 **本子** [běn zi] 번쯔
- 명 공항, 비행장 **机场** [jī chǎng] 찌 창
- 명 과거, 지난날 **过去** [guò qù] 꿔 취
- 명 과실, 아니오 **不是** [bù shì] 부 스
- 명 과연, 생각한 대로 접 만약 ~한다면 **果然** [guǒ rán] 구어 란
- 형 과외의, 여가의, 아마추어의 **业余** [yè yú] 예 위
- 명 과일 주스, 과일즙 **果汁(儿)** [guǒ zhī(r)] 구어 쯔
- 명 과일, 과실 **水果** [shuǐ guǒ] 수이 구어
- 명 과자 **饼干** [bǐng gān] 빙 깐
- 형 과장하다 **夸张** [kuā zhāng] 쿠아 장
- 명 과학 **科学** [kē xué] 커 쉬에
- 명 관객, 관중 **观众** [guān zhòng] 구안 쭝
- 명 관계, 관련, 영향 동 관련되다, 영향을 주다 **关系** [guān xì] 구안씨
- 동 관광하다, 여행하다 명 관광 **观光** [guān guāng] 꾸안 꾸앙

한중 단어 | **281**

图 관리하다, 운영하다, 돌보다, 단속하다　**管理** [guǎn lǐ] 구안 리

명 관세　**关税** [guān shuì] 꾸안 수이

동 관심을 기울이다, 관심을 가지다　**关心** [guān xīn] 구안신

명 관절, 뼈마디, 이음매, 중요한 부분　**关节** [guān jié] 구안 지에

명 광고　**广告** [guǎng gào] 광 까오

명 광동어　**广东话** [guǎng dōng huà] 광둥화

명 광천수, 미네랄워터　**矿泉水** [kuàng quán shuǐ] 쾅 취앤 수이

형 괜찮다, 문제없다, 대수롭지 않다　**不要紧** [bú yào jǐn] 뿌 야오 진

형 괜찮아요　**没关系** [méi guān xi] 메이 꽈안 시

형 괴롭다, (맛이) 쓰다　동 고생시키다　**苦** [kǔ] 쿠

형 괴상하다, 이상하다　동 의아해하다　**奇怪** [qí guài] 치 꽈이

명 교과서 **课本** [kè běn] 커 번

명 교류　**交流** [jiāo liú] 지아오 류

명 교민　**侨民** [qiáo mín] 치아오 민

명 교복　**校服** [xiào fú] 씨아오 푸

- 명 교사, 선생님 **老师** [lǎo shī] 라오 스

- 명 교수 동 강의하다, 교수하다 **教授** [jiào shòu] 찌아오 쏘우

- 명 교시, 가르침 동 가르치다, 지도하다 **教导** [jiào dǎo] 찌아오 다오

- 명 교실 **教室** [jiào shì] 찌아오 쓰

- 명 교외, 시외 **郊外** [jiāo wài] 찌아오 와이

- 명 교육, 교양 동 교육하다, 교양하다 **教育** [jiào yù] 찌아오 위

- 명 교자, 만두 **饺子** [jiǎo zi] 지아오 즈

- 명 교제, 사교 동 사귀다, 교제하다 **交际** [jiāo jì] 찌아오 찌

- 명 교차로 **交叉路** [jiāo chā lù] 찌아오 챠 루

- 명 교통, 연락 사무 동 내통하다, 왕래하다 **交通** [jiāo tōng] 찌아오 통

- 명 교통사고 **车祸** [chē huò] 처 후어

- 명 교통체증 차가 막히다 **堵车** [dǔ chē] 두 처

- 명 교환 **交换** [jiāo huàn] 찌아오 환

- 명 교회, 예배당 **教堂** [jiào táng] 찌아오 탕

- 명 구급차 **救护车** [jiù hù chē] 지우 후 처

- 명 **구두** 皮鞋 [pí xié] 피 시에

- 명 **구름** 云 [yún] 윈

- 명 **구멍** 孔 [kǒng] 쿵

- 명 **구명복** 救生衣 [jiù shēng yī] 찌우성이

- 동 **구별하다, 식별하다** 区别 [qū bié] 취 비에

- 명 **구십(90)** 九十 [jiǔ shí] 지우 스

- 명 **구역, 지역, 지구** 区域 [qū yù] 취 위

- 명 **구월(9월)** 九月 [jiǔ yuè] 지우 위에

- 명 **구토** 동 **구토하다, 게우다** 呕吐 [ǒu tù] 오우 투

- 명 **국가, 나라** 国家 [guó jiā] 구오 찌아

- 명 **국경** 国境 [guó jìng] 구오 찡

- 명 **국내** 国内 [guó nèi] 구어 네이

- 명 **국내선** 国内线路 [guó nèi xiàn lù] 구어 네이 씨엔 루

- 명 **국립** 国立 [guó lì] 구어리

- 명 **국민** 国民 [guó mín] 구어민

- 몡 국수, 테이프가 엉클어진 상태 面条儿 [miàn tiáor] 미앤 티아오

- 몡 국외 国外 [guó wài] 구오 와이

- 몡 국자 汤勺 [tāng sháo] 탕 사오

- 몡 국자, 후두부 勺子 [sháo zi] 사오 즈

- 몡 국적 国籍 [guó jí] 구오 지

- 몡 국제 国际 [guó jì] 구오 지

- 몡 국제선 国际线 [guó jì xiàn] 구오 지 시엔

- 몡 국제전화 国际长途 [guó jì cháng tú] 구오 지 창 투

- 몡 군인 军人 [jūn rén] 쥔 런

- 동 군집하다, 떼지어 모이다 群集 [qún jí] 췬 지

- 형 굵다, 크다, 거칠다 부 대충, 약간 粗 [cū] 추

- 동 굽다(불에), 불에 쬐어 말리다 烤 [kǎo] 카오

- 몡 권리 权利 [quán lì] 취엔 리

- 동 궤멸하다, 멸망하다 溃灭 [kuì miè] 쿠이 미에

- 몡 귀 耳朵 [ěr duō] 얼 뚜어

명 귀고리, 귀걸이 **耳环** [ěr huán] 얼 후안

형 귀엽다, 사랑스럽다 **可爱** [kě ài] 커 아이

형 귀중하다, 소중하다 **贵重** [guì zhòng] 꾸이 쫑

형 귀찮다, 번거롭다 동 귀찮게 굴다 **麻烦** [má fan] 마 판

명 규정 **规定** [guī dìng] 꾸이 띵

명 규칙 **规则** [guī zé] 꾸이 저

명 균형 **平衡** [píng héng] 핑 헝

명 귤 **橘子** [jú zi] 쥐 즈

명 그 자신, 그 자체 **本身** [běn shēn] 번 썬

대 그, 그 사람, 그이, 다른 곳, 다른 방면 **他** [tā] 타

대 그, 저, 그것, 저것 **它** [tā] 타

대 그, 저, 그것, 저것, 저렇다, 그렇다 **那个** [nà ge] 나 거

대 그곳, 그때 **那儿** [nàr] 날

대 그곳, 저곳, 거기, 저기 **那里** [nà lǐ] 나 리

대 그녀, 그 여자 **她** [tā] 타

- 대 그들, 그 사람들, 저 사람들 **他们** [tā men] 타 먼
- 접 그래서, 때문에, 그런 까닭에 명 까닭, 이유 **所以** [suǒ yǐ] 수어이
- 접 그러나, 그렇지만, 그런데 부 대단히, 정말 **可是** [kě shì] 커 쓰
- 접 그러나, 그렇지만, 하지만 **但是** [dàn shì] 딴 쓰
- 접 그러므로, 때문에, 그래서 **因而** [yīn'ér] 인얼
- 대 그렇게, 저렇게, 그런, 저런 접 그러면 **那么** [nà me] 나 머
- 명 그루, 포기(식물 등을 셀 때) **棵** [kē] 커
- 명 그룹, 단체 **团体** [tuán tǐ] 투안 티
- 동 그리다, 선을 긋다 명 그림, (한자의) 획 **画** [huà] 화
- 동 그리워하다, 그리다, 생각하다 **怀念** [huái niàn] 후아이 니앤
- 명 그림 **画(儿)** [huà(r)] 활
- 명 그림자, 모습, 형상 **影子** [yǐng zi] 잉 즈
- 부 그야말로, 실로, 완전히, 전혀 **简直** [jiǎn zhí] 지앤 즈
- 명 그저께 **前天** [qián tiān] 치앤 티앤
- 대 그쪽, 거기 **那边** [nà biān] 나 비엔

[형] 극렬하다, 격렬하다, 맹렬하다 **剧烈** [jù liè] 쥐 리에

[명] 극본, 각본, 대본, 시나리오 **剧本** [jù běn] 쥐 번

[명] 극장 **剧场** [jù chǎng] 쥐 창

[양] 근(무게의 단위) [명] 도끼 **斤** [jīn] 찐

[명] 근거 [동] 근거하다, 의거하다 **根据** [gēn jù] 껀 쥐

[명] 근거, 바탕, 의거 [동] 의거하다, 증거하다 **依据** [yī jù] 이 쥐

[명] 근교, 도시 부근의 교외 **近郊** [jìn jiāo] 찐 지아오

[동] 근무하다, 봉사하다, 서비스하다 **服务** [fú wù] 푸 우

[명] 근본, 기초 [형] 본래의, 자기의 **本** [běn] 번

[명] 근육 **肌肉** [jī ròu] 찌 로우

[동] 글씨를 쓰다, 글을 짓다, 묘사하다 **写** [xiě] 시에

[동] 글을 짓다, 작문하다 **造句** [zào jù] 짜오 쥐

[명] 글자, 문자, 서체, 단어, 어휘 **字** [zì] 쯔

[명] 금년, 올해 **今年** [jīn nián] 찐 니앤

[부] 금방, 곧, 즉시 **马上** [mǎ shàng] 마 쌍

명 금속　金属 [jīn shǔ] 찐수

명 금연, 담배(아편)의 금지　禁烟 [jìn yān] 찐 이엔

명 금연석　禁烟席 [jìn yān xí] 찐 이엔 시

명 금요일　星期五 [xīng qī wǔ] 씽 치 우

명 금지　禁止 [jìn zhǐ] 찐즈

동 급하다, 분주하다　부 급히, 바쁘게　急忙 [jí máng] 지 망

명 급행, 급행 버스　快车 [kuài chē] 콰이 처

명 기간　期间 [qī jiān] 치 지앤

명 기계, 기구　机器 [jī qì] 지 치

조동 기꺼이 ~(하려) 하다　동 승낙하다　肯 [kěn] 컨

명 기내식　航空食品 [háng kōng shí pǐn] 항 콩 스 핀

명 기념　纪念 [jì niàn] 찌 니앤

명 기념일　纪念日 [jì niàn rì] 찌 니앤르

명 기념품　纪念品 [jì niàn pǐn] 찌 니앤 핀

명 기능, 효능, 작용　功能 [gōng néng] 궁넝

- 동 기다, 기어가다, 기어 오르다, 뻗다 爬 [pá] 파

- 동 기다리다 명 대기(wait) 等待 [děng dài] 덩 따이

- 명 기대, 고대 동 기대하다, 고대하다 期待 [qī dài] 치 따이

- 명 기도 동 기도하다, 빌다 祈祷 [qí dǎo] 치 다오

- 명 기독교 基督教 [jī dū jiào] 찌 뚜 찌아오

- 동 기록하다 记录 [jì lù] 찌 루

- 동 기르다, 살리다 养 [yǎng] 양

- 명 기름 동 (기름 등을) 바르다 명 교활하다 油 [yóu] 요우

- 형 기름지다 명 기름진 식품 油腻 [yóu nì] 요우 니

- 형 기분이 나쁘다, 편하지 않다, 느리다 不快 [bù kuài] 뿌 콰이

- 형 기쁘다, 유쾌하다, 즐겁다, 행복하다 快乐 [kuài lè] 콰이 러

- 명 기상, 날씨, 일기, 분위기 气象 [qì xiàng] 치 씨앙

- 동 기상하다, 잠자리에서 일어나다 起床 [qǐ chuáng] 치 추앙

- 명 기술 技术 [jì shù] 찌 수

- 동 기억하다, 명심하다 명 책, 글, 기호 记 [jì] 찌

- 명 기업가　企业家　[qǐ yè jiā] 치 이에 지아

- 명 기온　气温　[qì wēn] 치 원

- 접 기왕 이렇게 된 이상　既然　[jì rán] 찌 란

- 명 기운(생물의 움직이는 힘)　力气　[lì qi] 리 치

- 동 기입하다, 써넣다　填写　[tián xiě] 티엔 씨에

- 명 기자　记者　[jì zhě] 찌 저

- 명 기질, 성격, 성미, 화, 성깔　脾气　[pí qi] 피 치

- 명 기차　火车　[huǒ chē] 후오 처

- 명 기차역　火车站　[huǒ chē zhàn] 후어처짠

- 명 기초, 토대　基础　[jī chǔ] 찌이추

- 명 기침　동 기침하다　咳嗽　[ké sou] 커 소우

- 명 기한(예정된 시한)　期限　[qī xiàn] 치 씨엔

- 명 기혼　已婚　[yǐ hūn] 이 훈

- 명 기회　机会　[jī huì] 지 후이

- 명 기후, 동향, 정세, 결과, 성취　气候　[qì hòu] 치허우

- 명 긴 머리　**长头发**　[cháng tóu fa]　창 토우 파

- 형 긴장하다, 바쁘다　**紧张**　[jǐn zhāng]　진 짱

- 명 길, 도로, 노정, 방법, 조리　**道**　[dào]　따오

- 명 길, 도로, 수단, 비결, 경로　**途径**　[xú jīng]　투 찡

- 형 길고 멀다, 장구하다　**长远**　[cháng yuǎn]　창 위앤

- 형 길다, 멀다　명 길이, 장점　**长**　[cháng]　창

- 명 김, 해태(海苔)　**紫菜**　[zǐ cài]　쯔 차이

- 형 김새다, 썰렁하다　**扫兴**　[sǎo xìng]　싸오 싱

- 명 김치　**泡菜**　[pào cài]　파오 차이

- 형 깁다, 보충하다　명 이익, 도움　**补**　[bǔ]　부

- 명 깁스(Gips)　**石膏**　[shí gāo]　스 까오

- 형 깊다, 오래되다　명 깊이, 심도　**深**　[shēn]　썬

- 명 깊이　**深度**　[shēn dù]　썬두

- 형 까다롭다, 어렵다, 곤란하다　**棘手**　[jí shǒu]　지 서우

- 동 깎다, (껍질을) 벗기다, 착취하다　**刮**　[bāoguā]　꾸아

- 동 깜짝 놀라다 **吃惊** [chī jīng] 츠 찡

- 형 깨끗하다, 깔끔하다 **干净** [gān jìng] 깐 찡

- 동 깨닫다, 자각(自覺)하다 **觉悟** [jué wù] 쥬에 우

- 동 깨어나다, 깨닫다 형 분명하다 **醒** [xǐng] 싱

- 동 깨지다, 찢다 형 낡다, 좋지 않다 **破** [pò] 포

- 형 (몸에) 꼭 끼다 **紧身** [jǐn shēn] 진 션

- 명 꽃, 관상용 식물 형 꽃으로 장식된 **花** [huā] 후아

- 명 꽃가루, 화분(花粉) **花粉** [huā fěn] 후와 펀

- 부 꽤 **相当** [xiāng dāng] 시앙 땅

- 동 꾸미다, 장식하다, 고치다 **修** [xiū] 씨유

- 동 꾸짖다, 비난하다, 탓하다 **责备** [zé bèi] 저 뻬이

- 명 꿈 **梦** [mèng] 멍

- 동 꿈을 꾸다, 환상하다, 공상하다 **做梦** [zuò mèng] 쭤 멍

- 동 꿰매다, 깁다, 바느질하다 **缝** [féng] 펑

- 동 끄다, (열려 있는 물체를) 닫다 **关** [guān] 꾸안

- 명 끈, 노끈, 새끼, 밧줄 绳子 [shéng zǐ] 썽쯔

- 명 끈기, 강인성, 근성, 인성 韧性 [rèn xìng] 런 씽

- 동 끊다, 단절하다, 차단하다 断绝 [duàn jué] 뚜안 쥐에

- 부 끊임없이, 계속하여, 연이어 陆续 [lù xù] 루 쒸

- 동 끌다, 당기다, 운반하다, 늘이다, 연주하다 拉 [lā] 라

- 동 끌어올리다 拉上来 [lā shàng lái] 라 쌍 라이

- 동 끓다 沸 [fèi] 페이

- 동 끓이다, 달이다, 참고 견디다 煮 [zhǔ] 주

- 명 끓인 물 开水 [kāi shuǐ] 카이 수이

- 형 끔찍하다, 참혹하다 惨不忍睹 [cǎn bù rěn dǔ] 찬 뿌 런 두

- 명 (물체 양쪽의) 끝 末 [mò] 모

- 명 끝, 최후, 끝장, 끝판, 맨 마지막 最后 [zuì hòu] 쭈이 호우

- 동 끝나다, 완성하다 完 [wán] 완

- 명 낌새, 조짐, 전조, 실마리, 상황 苗头儿 [miáo tou(r)] 미아오 토우

[대] 나, 저, 자기, 자신, 우리(들), 우리측 我 [wǒ] 워

[동] 나가다, 외출하다 出去 [chū qù] 추 취

[동] 나누다 [양] 분(수·시간·각도), 전(화폐) 分 [fēn] 펀

[동] 나르다, 운반하다, 기부하다, 바치다 输 [shū] 쑤

[명] 나무, 목재, 감정이 메마른 사람 木头 [mù tou] 무 토우

[명] 나무, 수목 [동] 심다, 재배하다 树 [shu] 쑤

[명] 나비 蝴蝶 [hú dié] 후 띠에

[동] 나빠지다, 퇴보하다, 양보하다 退步 [tuì bù] 투이 뿌

[형] 나쁘다, 악하다 [명] 상하다, 망가지다 坏 [huài] 화이

[명] 나사, 나사못 螺钉 [luó dīng] 루오 띵

[동] 나아가다, (안으로) 들다, 사들이다 进 [jìn] 찐

[동] 나오다, 발행하다, 발표하다, 생산하다 出 [chū] 추

[동] 나오다, 출현하다, 나서다, 발생하다 出来 [chū lái] 추 라이

[명] 나이, 연령 年纪 [nián jì] 니앤 찌

- 명 낙관 형 낙관하다, 낙천적이다   乐观 [lè guān] 러 꾸안

- 동 낙방하다, 시험에 떨어지다   落榜 [luò bǎng] 뤄 방

- 형 낙후되다, 뒤떨어지다, 낙오하다   落后 [luò hòu] 뤄 호우

- 명 낚시 동 낚시를 하다   钓鱼 [diào yú] 띠아오 위

- 명 난간   栏杆 [lán gān] 란 깐

- 명 난로, 아궁이, 화로, 용광로   火炉 [huǒ lú] 휘 루

- 명 날, 일, 태양, 낮, 시간, 세월, 매일   日 [rì] 르

- 동 날다, 비행하다 형 뜻밖의   飞 [fēi] 페이

- 명 날씨, 일기, 하늘의 기운, 시간   天气 [tiān qì] 티앤 치

- 형 날씬하다, 호리호리하다   苗条 [miáo tiao] 미아오 티아오

- 명 날짜, 시일, 기간, 세월, 시간   日子 [rì zi] 르쯔

- 형 낡다, 오래되다 명 옛날, 고대   古 [gǔ] 구

- 명 남, 남쪽, 남부   南 [nán] 난

- 대 남, 다른 사람, 그, 나, 자신, 몸, 신분   人家 [rén jiā] 런 지아

- 대 남, 타인   别人 [bié ren] 비에 런

- 명 남극과 북극, 양극과 음극 **两极** [liǎng jí] 리앙 지
- 명 남녀 공학, 남녀 동창생 **男女同学** [nán nǚ tóng xué] 난 뉘 퉁 쉬에
- 명 남동생, 아우 **弟弟** [dì di] 띠 디
- 형 남색의, 파란색의, 남빛의 명 쪽 **蓝** [lán] 란
- 명 남자 **男人** [nán rén] 난 런
- 명 남쪽, 남쪽 지역, 남방(南方) **南边** [nán biān] 난 비엔
- 명 남편 **丈夫** [zhàng fu] 짱 푸
- 동 낭비하다 형 헛되다, 비경제적이다 **浪费** [làng fèi] 랑 페이
- 형 낮다 명 바닥, 밑, 밑바닥 **底** [dǐ] 디
- 형 낯설다, 생소(生疎)하다 **陌生** [mò shēng] 무어 성
- 형 낯익다 **面熟** [miàn shú] 몐 수
- 동 낳다, 출산하다, 출현하다 **产生** [chǎn shēng] 찬 썽
- 명 내 것, 나의~ **我的** [wǒ de] 워 더
- 명 내년, 명년 **明年** [míng nián] 밍 니앤
- 동 (서류를) 내다 **开付** [kāi fù] 카이 푸

동 내려가다, 계속하다, 끝나다   下去 [xià qù] 씨아 취

동 내려오다, 수확하다, 지나다   下来 [xià lái] 씨아 라이

명 내력, 유래, 경로, 경력   来历 [lái lì] 라이 리

동 (차에)내리다   下车 [xià chē] 시아 처

명 내부(어떤 범위 이내)   内部 [nèi bù] 네이 뿌

명 내선, 내간(内間)   内线 [nèi xiàn] 네이 씨엔

명 내야, 집안일, 가사   内场 [nèi cháng] 네이 창

명 내왕, 교류   동 내왕하다, 교류하다   来往 [lái wǎng] 라이 왕

명 내용   内容 [nèi róng] 네이 룽

명 내의, 속옷   内衣 [nèi yī] 네이 이

명 내일, 가까운 장래, 미래, 앞날   明天 [míng tiān] 밍 티앤

명 냄비, 솥, (중국식) 프라이팬   锅 [guō] 꾸어

명 냄새   味(儿) [wèi(r)] 웰

명 냅킨(napkin)   餐巾纸 [cān jīn zhǐ] 찬 진 즈

명 냉면, 냉국수, 불쾌한 얼굴   冷面 [lěng miàn] 렁 미앤

- 명 냉수, 시원한 물, 찬물 凉水 [liáng shuǐ] 량 수이

- 명 냉장고 电冰箱 [diàn bīng xiāng] 띠앤 삥 씨앙

- 형 냉정하다, 침착하다 동 침착하게 하다 冷静 [lěng jìng] 렁 찡

- 명 냉커피(冷coffee) 冷咖啡 [lěng kā fēi] 렁 카페이

- 대 너, 자네, 당신, 너희들, 당신들, 누구 你 [nǐ] 니

- 대 너희들, 당신들, 자네들 你们 [nǐ men] 니 먼

- 형 넓다, 광대하다, 거대하다 广大 [guǎng dà] 구앙 따

- 동 넘치다 泛漫 [fàn màn] 판 만

- 동 (안에) 넣다 放进 [fàng jìn] 팡 찐

- 명 네 개 四个 [sì gè] 쓰 거

- 명 네 사람 四个人 [sì gè rén] 쓰 거 런

- 명 네 시(4시) 四点 [sì diǎn] 쓰 띠엔

- 명 네티즌(netizen), 인터넷 이용자 网民 [wǎng mín] 왕 민

- 명 넥타이 领带 [lǐng dài] 링 따이

- 수 넷, 4 명 중국 전통 음악의 한 음계 四 [sì] 쓰

명 년, 해, 설, 새해, 연령, 나이, 시대, 수확　年 [nián] 니앤

형 노랗다, 누렇다　명 황금, 노른자　黄 [huáng] 후앙

동 노래를 부르다　명 노래, 창가　唱歌 [chàng gē] 창 꺼

동 노래를 부르다, 크게 외치다　명 노래　唱 [chàng] 창

동 노력하다, 애쓰다, 힘쓰다　명 노력　努力 [nǔ lì] 누 리

명 노선(자동차·철도 선로)　路线 [lù xiàn] 루 씨엔

명 노선표　路线图 [llù xiàn tú] 루 시엔 투

명 노인, 늙은이, 영감, 아버지, 아버님　老头儿 [lǎo tóur] 라오 토우얼

명 노인, 늙은이, 자기 부모나 조부모　老人 [lǎo rén] 라오 런

동 노출하다　露光 [lòu guāng] 러우 구앙

명 노트북　笔记本电脑 [bǐ jì běn diàn nǎo] 비 찌 번 띠앤 나오

명 녹음기　录音机 [lù yīn jī] 루 인 지

명 녹차　绿茶 [lǜ chá] 뤼 차

명 논문　论文 [ùn wén] 룬 원

동 놀라다　惊 [jīng] 징

- 동 놀리다, 희롱하다, 만지작거리다 玩弄 [wán nòng] 완눙
- 명 농구, 농구 시합, 농구공 篮球 [lán qiú] 란 치유
- 명 농담, 우스갯소리 동 농담하다 玩笑 [wán xiào] 완 씨아오
- 동 농담하다, 웃기다, 놀리다 开玩笑 [kāi wán xiào] 카이 완 시아오
- 명 농부, 농민, 농군 农夫 [nóng fū] 눙푸
- 명 농촌 农村 [nóng cūn] 눙 추언
- 형 높다, 뛰어나다, 크다 부 높이 高 [gāo] 까오
- 동 놓다, 두다, 놓아주다, 풀어주다 放 [fàng] 팡
- 명 뇌, 두뇌, 지능, 우두머리 脑 [nǎo] 나오
- 대 누구, 아무, 아무개, 누가, 누구나 谁 [shuí] 쉐이
- 명 누나, 언니 姐姐 [jiě jie] 지에 지에
- 동 누르다, 고찰하다 개 ~대로 按 [àn] 안
- 명 눈 형 (눈처럼) 희다, 빛나다 동 풀다 雪 [xuě] 쉬에
- 명 눈물 眼泪 [yǎn lèi] 이앤 레이
- 명 눈썹 眉毛 [méi máo] 메이 마오

명 눈의 통칭, 안중(眼中), 보는 눈 眼睛 [yǎn jing] 이앤 징

동 눈이 내리다, 눈이 오다 下雪 [xià xuě] 씨아 쉬에

동 눕다, 드러눕다 躺下 [tǎng xià] 탕 씨아

명 뉴스, 신문, 새 소식, 신기한 소식 新闻 [xīn wén] 씬 원

형 느리다, 게으르다, 무례하다 동 늦추다 慢 [màn] 만

부 늘, 항상, 자주 형 평상의 명 법칙, 윤리 常 [cháng] 창

동 늘이다, 연장하다 명 연장 延长 [yán cháng] 이앤 창

형 늙다, 노련하다 老 [lǎo] 라오

명 능력, 기량, 재량, 재능, 재주 本事 [běn shì] 번쓰

명 능력, 재능 형 유능하다 조동 ~할 수 있다 能 [néng] 넝

형 늦다, 말기의, 늦은, 뒤의 명 밤, 저녁 晚 [wǎn] 완

동 늦추다, 느슨하게 하다, 풀어주다 放松 [fàng sōng] 팡쑹

명 늪, 못 池沼 [chí zhǎo] 츠 짜오

명 니코틴 尼古丁 [ní gǔ dīng] 니 꾸 딩

명 닉네임 绰号 [chuò hào] 춰 하오

- 동 다그치다, 강화하다, 박차를 가하다　加紧　[jiā jǐn] 찌아 진
- 명 다다음주　下下个星期　[xià xià ge xīng qī] 시아 시아꺼 씽치
- 명 다량　多量　[duō liàng] 뚸 리앙
- 명 다리, 교량　桥　[qiáo] 치아오
- 명 다리, 중국식 햄(ham)　腿　[tuǐ] 투이
- 명 다리미, 인두　熨斗　[yùn dǒu] 윈 도우
- 명 다섯 개　五个　[wǔ gè] 우 거
- 명 다섯 사람　五个人　[wǔ ge rén] 우 거 런
- 수 다섯, 5　명 중국 민족 음악의 한 음계　五　[wǔ] 우
- 명 다섯시(5시)　五点　[wǔ diǎn] 우 띠엔
- 부 다소간에, 많든 적든　명 분량　多少　[duō shao] 뚜어 사오
- 명 다수, 많은 수　부 대개, 대체로　多数　[duō shù] 뚜어 쑤
- 부 다시, 또, 재차, 더욱, 아무리 ~한다 해도　再　[zài] 짜이
- 명 다운로드(download)　동 다운로드하다　下载　[xià zài] 씨아 짜이

- 명 다음달, 내달 下个月 [xià ge yuè] 씨아꺼 위에

- 명 다음주 下星期 [xià xīng qī] 씨아 싱치

- 명 다층 건물, 층, 점포 양 동(棟)을 셀 때 씀 楼 [lóu] 로우

- 동 다투다, 논쟁하다 형 모자라다 부 어떻게 争 [zhēng] 쩡

- 동 다투다, 말싸움(말다툼)을 하다 吵架 [chǎo jià] 차오 찌아

- 동 다투다, 싸움을 하다 打架 [dǎ jià] 다 찌아

- 형 다하다, 가난하다 부 쓸데없이 穷 [qióng] 츙

- 부 다행히, 운 좋게, 요행으로 幸亏 [xìng kuī] 씽 쿠이

- 형 단단하다, 강하다 부 막, 금방, 마침 刚 [gāng] 깡

- 형 단단하다, 굳다 부 무리하게, 억지로 硬 [yìng] 잉

- 형 단순하다, 간단하다 简单 [jiǎn dān] 찌앤 딴

- 명 단위(길이, 무게, 시간의 기준) 单位 [dān wèi] 딴 웨이

- 형 단정하다, 가지런하다 端正 [duān zhèng] 두안 쩡

- 동 단정(斷定)하다 断定 [duàn dìng] 두안 띵

- 형 단정하다, (품행·태도가) 바르다 正派 [zhèng pài] 쩡 파이

- 명 단체관광　团体观光　[tuán tǐ guān guāng]　투안 티 꾸안 꾸앙

- 명 단추, 매듭, 절정, 클라이맥스(climax)　扣子　[kòu zi]　코우 즈

- 명 단풍　红叶　[hóng yè]　훙 이에

- 동 닫다, 끄다, 가두다, 감금되다 관련되다　关　[guān]　꾸안

- 동 닫다, 다물다, 감다, 막히다, 끝나다　闭　[bì]　삐

- 명 달　月亮　[yuè liàng]　위에 리앙

- 명 달, 월(시간의 단위) 형 매월(매달)의　月　[yuè]　위에

- 형 달다, 달콤하다, 즐겁다, (잠이) 달다　甜　[tián]　티앤

- 명 달러(dollar)　美金　[měi jīn]　메이 진

- 명 달리기 동 달리기 경주를 하다　赛跑　[sài pǎo]　싸이 파오

- 명 달리기 동 달리기하다, 조깅하다　跑步　[pǎo bù]　파오 뿌

- 동 달리다, 뛰다, 달아나다, 도망가다　跑　[pǎo]　파오

- 명 닭　鸡　[jī]　찌

- 명 닭고기　鸡肉　[jī ròu]　찌 로우

- 명 담배　香烟　[xiāng yān]　시앙 이엔

명 담보 担保 [dān bǎo] 딴 바오

명 담요, 모포, 깔개 毯子 [tǎn zi] 탄쯔

명 답안, 해답 答案 [dá àn] 다 안

명 당구, 당구공, 탁구(공) 台球 [tái qiú] 타이 치우

명 당근, 홍당무 胡萝卜 [hú luó bo] 후 루오 보

동 당기다, 끌어당기다, 잡아당기다 拉 [lā] 라

명 당신, 선생님, 귀하 您 [nín] 닌

형 당연하다, 의심할 여지가 없다 부 당연히 当然 [dāng rán] 땅 란

형 당황하다, 허둥대다 慌張 [huāng zhāng] 후앙 장

양 (대) 차량(車輛)·자전거 등을 셀 때 辆 [liàng] 리앙

명 대강, 개요 형 대강의, 대충의 부 대략, 대개 大概 [dà gài] 따 까이

명 대국, 중요한 이치, 전체 부 대체로, 대략 大体 [dà tǐ] 따 티

형 대담하다, 용감하다 동 대담해지다 大胆 [dà dǎn] 따 단

동 대답하다, 응답하다, 승낙하다, 동의하다 答应 [dā yìng] 따 잉

명 대략 동 들어맞다 조동 ~할 수 있다 可以 [kě yǐ] 커 이

- 명 대로, 도로, 큰길, 한길 马路 [mǎ lù] 마 루

- 명 대륙, 중국 본토 大陆 [dà lù] 따 루

- 동 대리하다 代理 [dài lǐ] 따이 리

- 명 대만 台湾 [tái wān] 타이 완

- 명 대변 동 대변을 보다 大便 [dà biàn] 따 삐앤

- 명 대사관 大使馆 [dà shǐ guǎn] 따 스 관

- 동 대접하다 接待 [jiē dài] 지에 따이

- 동 대체하다, 대신하다 代替 [dài tì] 따이 티

- 부 대체로, 아마 동 염려하다, 두려워하다 恐怕 [kǒng pà] 콩 파

- 동 대체하다, 대신하다 개 ~을 위하여 替 [tì] 티

- 동 대출하다, 대부하다 贷款 [dài kuǎn] 따이 쿠안

- 명 대통령 总统 [zǒng tǒng] 쭝 통

- 명 대학 동 크게 배우다 大学 [dà xué] 따 쉬에

- 명 대학생 大学生 [dà xué shēng] 따 쉬에 성

- 형 대형의 大型 [dà xíng] 따 씽

- 형 더럽다, 지저분하다, 불결하다 脏 [zāng] 짱

- 동 더블 클릭하다 双击 [shuāng jī] 쑤앙 찌

- 동 더하다, 보태다, 늘리다 부 더, 더욱 加 [jiā] 찌아

- 동 던지다, 내버리다, 지껄이다 扔 [rēng] 렁

- 형 덥다, 뜨겁다 명 열, 열기 동 가열하다 热 [rè] 러

- 동 덧붙이다, 부가하다 附加 [fù jiā] 푸찌아

- 명 덩어리, 조각 덩이, 원(중국 화폐 단위) 块 [kuài] 콰이

- 명 덮개, 뚜껑 동 덮다, 감추다 盖 [gài] 까이

- 동 덮다, 당하다 명 이불 개 ~당하다 被 [pī] 뻬이

- 동 데우다, 중탕하다, 화상을 입다 형 뜨겁다 烫 [tàng] 탕

- 명 도구(연장), 공구 工具 [gōng jù] 꿍쥐

- 부 도대체, 결국, 마침내 동 끝까지 ~하다 到底 [dào dǐ] 따오 디

- 명 도둑, 좀 도둑 小偷 [xiǎo tōu] 시아오 터우

- 명 도로, 길, 수로, 기술 동 말하다, 표하다 道 [dào] 따오

- 부 도리어, 오히려 동 물러나다, 물리치다 却 [què] 취에

명 도마　菜板(儿) [cài bǎn(r)] 차이 반

명 도매상　批发商 [pī fā shāng] 피파상

명 도서관　图书馆 [tú shū guǎn] 투 쑤 구안

명 도시, 도회지, 시내　城市 [chéng shì] 청 쓰

명 도시락　饭盒 [fàn hé] 판 허

명 도심지, 시가 지역　市区 [shì qū] 스 취

명 도자기　瓷器 [cí qì] 츠 치

명 도중하차　半道下车 [bàn dào xià chē] 빤 따오 씨아 처

동 도착하다, 도달하다, 이르다　到达 [dào dá] 따오 다

명 도청　道厅 [dào tīng] 따오 팅

명 도표　图表 [tú biǎo] 투 삐아오

명 독서　동 책을 읽다　看书 [kàn shū] 칸 쑤

동 독서하다, 책을 읽다, 공부하다　读书 [dú shū] 두 쑤

명 독촉, 재촉　동 독촉하다, 재촉하다　督促 [dū cù] 뚜 추

명 독촉하다, 요구하다, 받아내다　索取 [suǒ qǔ] 수오 취

명 돈, 화폐, 비용, 값, 자금, 기금 양 돈, 전   钱 [qián] 치앤

동 돈을 거슬러 주다 명 거스름돈   找钱 [zhǎo qián] 자오 치앤

동 돈을 받다   领款 [lǐng kuǎn] 링 쿠안

명 돌, 바위   石头 [shí tou] 스 토우

동 돌보다, 보살피다, 고려하다, 주의하다   照顾 [zhào gù] 짜오 꾸

동 돌아오다, 돌리다   回 [huí] 후이

동 돕다, 거들어주다 명 가장자리, 집단   帮 [bāng] 빵

동 돕다, 원조하다 명 도움, 원조   帮助 [bāng zhù] 빵 쭈

명 동료, 친구, 동업자, 파트너, 동반자   伙伴 [huǒ bàn] 후오 빤

명 동물   动物 [dòng wù] 뚱우

명 동물원   动物园 [dòng wù yuán] 뚱우 위엔

조 동사 뒤에서 완료·과거의 경험을 나타냄   过 [guo] 구어

조 동사·형용사를 수식하는 구조조사   地 [de] 더

명 동의, 승인 동 동의하다, 승인하다   同意 [tóng yì] 통이

조 동작·변화의 완료를 나타냄   了 [le] 러

- 동 동정하다 **同情** [tóng qíng] 퉁 칭

- 명 동쪽, 동녘, 주인, 초대자 **东** [dōng] 둥

- 명 동창, 학우, 동급생 동 한 학교에서 배우다 **同学** [tóng xué] 퉁 쉬에

- 명 돼지 **猪** [zhū] 쭈

- 명 돼지고기 **猪肉** [zhū ròu] 쭈 로우

- 동 되돌아오다, 돌아오다, (병 등이) 도지다 **回来** [huí lái] 후이 라이

- 부 되풀이해서, 반복하여 **反复** [fǎn fù] 판 푸

- 명 된장 **大酱** [dà jiàng] 따 지앙

- 명 된장, 각종 잼류 동 (된장·간장에) 절이다 **酱** [jiàng] 찌앙

- 형 두껍다, 두텁다 **厚** [hòu] 허우

- 동 두려워하다, 근심하다 부 혹시 **怕** [pà] 파

- 동 두려워하다, 무서워하다 **害怕** [hài pà] 하이 파

- 형 두렵다, 무섭다, 겁나다, 끔찍하다 **可怕** [kě pà] 커 파

- 동 두루 퍼지다 부 널리 형 모든 양 번, 회, 차례 **遍** [biàn] 삐앤

- 명 두통 형 머리가 아프다, 골치 아프다 **头疼** [tóu téng] 토우 텅

- 수 둘, 2, 몇몇, 두어 명 양쪽, 쌍방 两 [liǎng] 리앙

- 수 둘, 2, 제2, 둘째, 두 번 형 두 가지의 二 [èr] 얼

- 형 둥글다 圆 [yuán] 위엔

- 명 뒤, 후, 후손 동 뒤떨어지다, 뒤로 미루다 后 [hòu] 호우

- 명 뒤꿈치 동 뒤따르다 개 ~에게 접 ~와(과) 跟 [gen] 껀

- 형 뒤섞이다, 잡다하다 杂 [zá] 자

- 명 드라이버(driver), 나사 돌리개 螺丝刀 [luó sī dāo] 루어쓰 따오

- 동 드러눕다, (물건 등이) 쓰러지다, 넘어지다 躺 [tǎng] 탕

- 동 득점하다, 점수를 얻다 得分 [dé fēn] 더 펀

- 동 듣다, 듣고 따르다, 마음대로 하게 하다 听 [tīng] 팅

- 동 들다, 잡다, 파악하다 개 ~(의)로(써), ~을 拿 [ná] 나

- 동 들리다, 듣다 听见 [tīng jiàn] 팅 찌앤

- 동 들어가다 进去 [jìn qù] 찐 취

- 동 들어오다 进来 [jìn lái] 찐 라이

- 명 등, 뒷면 형 외지다 동 등지다, 떠나다 背 [bèi] 뻬이

명 등, 등불, 전자관, 진공관 灯 [dēng] 떵

명 등급 等级 [děng jí] 덩 지

명 등기, 등록, 체크인(check in) 동 체크인하다 登记 [dēng jì] 떵 찌

명 등기우편 挂号信 [guà hào xìn] 꽈 하오 씬

명 등산 동 등산하다, 산에 올라가다 爬山 [pá shān] 파 싼

명 디자인, 설계 동 디자인하다, 설계하다 设计 [shè jì] 써 찌

명 디저트, (맛이) 단 식품, 단것 甜食 [tián shí] 티엔스

명 디지털 카메라 数码相机 [shù mǎ xiàng jī] 쑤 마 씨앙 찌

명 디지털(digital), 숫자, 수량 数码(儿) [shù mǎ(r)] 쑤 마

동 따귀를 때리다 打耳光 [dǎ ěr guāng] 다 얼 꾸앙

형 따뜻하다 暖 [nuǎn] 누안

동 따라가다, 뒤쫓다, 서두르다 赶 [gǎn] 간

동 따르다, 따라가다, 순종하다, 닮다 随 [suí] 수이

형 딱 맞다 合身 [hé shēn] 허 썬

명 딸, 미혼녀 女儿 [nǚér] 뉘 얼

명 딸기 草莓 [cǎo méi] 차오 메이

명 땀 汗 [hàn] 한

명 땅콩 花生 [huā shēng] 후아 썽

동 때려 부수다, 타파하다, 깨다 打破 [dǎ pò] 다 푸어

명 땔나무와 물, 급료, 봉급, 월급 薪水 [xīn shuǐ] 씬 수이

동 떠나다, 헤어지다 개 ~부터 ~까지 离 [lí] 리

동 떠들다, 말다툼하다 형 시끄럽다, 떠들썩하다 吵 [chǎo] 차오

동 떠오르다, 올라가다 양 리터(liter), 되 명 되, 됫박 升 [shēng] 썽

동 떨어지다, 잃다, 뒤떨어지다 掉 [diào] 띠아오

명 떼, 무리, 대중 형 아주 많은 群 [qún] 췬

명 또, 다시, 또한, 한편, 그 위에 又 [yòu] 요우

부 또한, 그래도 也 [yě] 예

접 또한, 그리고, 더욱이, 게다가, 그 위에 并且 [bìng qiě] 삥 치에

형 똑같다, 동일하다, ~같다, ~와 비슷하다 一样 [yī yàng] 이 양

명 똑딱단추, 스냅(snap)단추 按扣儿 [àn kòu(r)] 안 코우

형 똑바르다 통 고치다, 바로잡다 부 바로, 마침 正 [zhèng] 쩡

명 뙤약볕, 강하게 내리쬐는 태양 烈日 [liè rì] 리에 르

명 뚜껑, 마개, 동물의 등껍질 盖子 [gài zi] 까이 즈

명 뚝배기, (약탕관 같은) 질그릇 沙锅儿 [shā guō(r)] 싸 꾸어

명 뚝심, 고집, 완고함, 대단한 힘, 큰 힘 牛劲(儿) [niú jìn(r)] 니우 찐

통 뚫다, 꿰뚫다, 통과하다, 입다, 신다 穿 [chuān] 추안

통 뚫다, 통하다, 교류하다 형 모든, 전체의 通 [tōng] 퉁

형 뚱뚱하다, 살찌다 胖 [pàng] 팡

형 뜨겁다, 무덥다, 찌는 듯하다 炎热 [yán rè] 이앤 러

명 뜰, 정원 院子 [yuàn zi] 위앤 즈

명 뜸 통 뜸질하다 灸 [jiǔ] 지우

명 뜻, 의미, 의의, 가치, 보람 意义 [yì yì] 이 이

명 뜻밖 意外 [yì wài] 이 와이

명 띠, 벨트, 타이어(tire) 통 지니다, 휴대하다 带 [dài] 따이

통 띠다, 가지다, 나타내다 呈 [chéng] 청

ㄹ

명 라디오(radio)　收音机　[shōu yīn jī] 쏘우 인 찌

명 라면　方便面　[fāng biàn miàn] 팡 삐앤 미앤

명 라벨(label), 상표　商标　[shāng biāo] 쌍 삐아오

명 라이터(lighter)　打火机　[dǎ huǒ jī] 다 후어 찌

명 라일락　丁香　[dīng xiāng] 띵 씨앙

명 란제리(lingerie 프)　女内衣　[nǚ nèi yī] 뉘 네이 이

명 러닝셔츠(running shirts)　汗背心　[hàn bèi xīn] 한 뻬이 씬

명 레몬(lemon)　柠檬　[níng méng] 닝 멍

명 레슬링　摔跤　[shuāi jiāo] 쑤아이 찌아오

명 레이더(radar), 전파 탐지기　雷达　[léi dá] 레이 다

명 레이저(laser), 레이저 광선　激光　[jī guāng] 찌 꾸앙

명 레인코트(rain coat), 우의, 비옷　雨衣　[yǔ yī] 위 이

명 레코드(record), 음반　唱片　[chàng piàn] 창 피앤

형 로맨틱하다, 낭만적이다　浪漫　[làng màn] 랑 만

- 명 로봇(robot) **机器人** [jī qì rén] 찌 치 런
- 명 로켓(rocket) **火箭** [huǒ jiàn] 후어 찌앤
- 명 록(rock) 음악, 로큰롤 **摇滚乐** [yáo gǔn yuè] 야오 군 위에
- 명 리더쉽(leadership) **统率力** [tǒng shuài lì] 퉁 쏴이 리
- 명 리듬, 박자, 장단, 템포, 일정한 규칙 **节奏** [jié zòu] 지에 쪼우
- 명 리모컨(remote control), 원격 조종 **遥控** [yáo kòng] 야오쿵
- 명 리포터(reporter) **通讯员** [tōng xùn yuán] 퉁 쒼 왠
- 명 리코더(recorder) **录音機** [lù yīn qì] 루 인 지
- 동 리코딩(recording) **配音** [pèi yīn] 페이 인
- 명 리허설(rehearsal) **彩排** [cǎi pái] 차이 파이
- 명 린스(rinse) **护发素** [hù fā sù] 후 파 쑤
- 명 릴레이(relay) **接力** [jiē lì] 찌에 리
- 명 립스틱(lipstick) **口红** [kǒu hóng] 코우훙
- 명 링(ring) **环** [huán] 환

명 마늘 蒜 [suàn] 쑤안

양 마디, 구(말·글의 수) 명 문장 句 [jù] 쮜

조동 마땅히 ~해야 한다 应该 [yīng gāi] 잉 까이

명 마라톤(marathon) 马拉松 [mǎ lā sōng] 마 라 쏭

명 마루, 마루청, 토지 地板 [dì bǎn] 띠 반

형 마르다, 건조하다 동 푸대접하다 부 헛되이 干 [gān] 깐

양 마리, 척, 짝, 쪽, 개 형 단독의 只 [zhī/zhǐ] 쯔

동 마시다, 술을 마시다 감 허! (놀람을 나타냄) 喝 [hē] 허

명 마요네즈(mayonnaise) 蛋黄酱 [dàn huáng jiàng] 딴 후앙 찌앙

명 마우스(mouse) 鼠标 [shǔ biāo] 수 삐아오

동 마음을 놓다, 안심하다 放心 [fàng xīn] 팡 씬

동 마중하다, 영접하다, (일을) 맞이하다 迎接 [yíng jiē] 잉 찌에

동 마찰시키다, 비비다, 닦다, 바르다, 스치다 擦 [chā] 차

동 (약물이나 침술로) 마취하다 麻醉 [má zuì] 마 쭈웨이

- 부 마치 ~와 같다, 비슷하다　**好像** [hǎo xiàng] 하오 씨앙
- 명 막차, 마지막 기회　**末班车** [mò bān chē] 무어 빤 처
- 명 만, 10,000　형 대단히 많다　부 대단히, 매우　**万** [wàn] 완
- 동 만나다, 대면하다　**见面** [jiàn miàn] 찌앤 미앤
- 명 만날 약속　동 만날 것을 약속하다　**约会** [yuē huì] 위에 후이
- 동 만발하다, (꽃이) 활짝 피다　**盛开** [shèng kāi] 성 카이
- 접 만약 ~라면, ~하기만 하면　**只要** [zhǐ yào] 즈 야오
- 접 만일 ~한다면, 가령 ~라면　**要是** [yào shì] 야오 스
- 형 만족하다, 충분하다　동 만족시키다　**满足** [mǎn zú] 만 주
- 명 만찬, 저녁(밥)　**晚餐** [wǎn cān] 완 찬
- 명 만화　**漫画** [màn huà] 만 화
- 명 만화가　**漫画家** [màn huà jiā] 만화찌아
- 형 많다　동 지나치게 ~하다　부 얼마나　**多** [duō] 뚜어
- 명 말, 이야기　동 말하다, 이야기하다　**话** [huà] 화
- 동 말(이야기)하다, 설명하다　명 이론, 주장　**说** [shuō] 쑤어

형 맑다, 개어 있다 동 (날씨가) 개다 **清** [qīng] 칭

명 맛, 느낌, 기분, 흥취, 흥미, 재미, 냄새 **味道** [wèi dao] 웨이따오

동 맛보다, 먹어보다, 〈비유〉겪다, 경험(체험)하다 **尝** [cháng] 창

형 맛없다 **不好吃** [bù hǎo chī] 부 하오 츠

형 맛있다, 맛나다 **好吃** [hǎo chī] 하오 츠

동 망쳐버리다, 틀렸다 **糟了** [zāo le] 짜오 러

명 망치, 해머 **锤子** [chuí zi] 추이 즈

명 맞은편, 반대편 동 맞대면하다 **对面** [duì miàn] 뚜이 미앤

대 매, 각, ~마다 부 언제나, 항상, 자주 **每** [měi] 메이

명 매니큐어(manicure) **指甲油** [zhǐ jiǎ yóu] 즈 지아 여우

동 매다, 연결하다 **系** [jì/xì] 찌/씨

형 매력적이다, 매력 있다 **有魅力** [yǒu mèi lì] 요우 메이 리

부 매우, 아주, 꽤, 몹시, 대단히 **很** [hěn] 헌

명 매일, 날마다 **每天** [měi tiān] 메이 티앤

명 (공공장소에서) 매점 **小卖部** [xiǎo mài bù] 시아오 마이 뿌

- 동 매진되다, 남김없이 다 팔(리)다　卖光　[mài guāng]　마이 구왕
- 명 매체(media), 매스미디어, 매개물, 매개체　媒体　[méi tǐ]　메이 티
- 명 매표기　售票机　[shòu piào jī]　써우 피아오 지
- 명 매표소　售票处　[shòu piào chù]　써우 피아오 추
- 명 매화　梅花　[méi huā]　메이 화
- 명 맥도날드　麦当劳　[mài dāng láo]　마이 땅 라오
- 명 맥주　啤酒　[pí jiǔ]　피 지우
- 형 맵다, 아리다　명 매운 맛　동 매운 자극을 받다　辣　[là]　라
- 동 맹세하다　发誓　[fā shì]　파 쓰
- 명 머리, 꼭대기　형 제일의　양 두, 필, 마리　头　[tóu]　토우
- 명 머리, 뇌, 골, 두뇌, 지능　脑袋　[nǎo dai]　나오 따이
- 동 머리를 감다　洗头　[xǐ tóu]　시 터우
- 동 머리를 빗다　梳头　[shū tóu]　쑤 터우
- 명 머리카락, 머리털, 두발　头发　[tóu fà]　터우파
- 명 머리핀　发夹子　[fa jiā zi]　파 찌아 (즈)

⑧ 머무르다, 붙들어두다 留 [liú] 리우

⑧ 먹다, 마시다, 피우다 吃 [chī] 츠

⑲ 먹물, 잉크, 지식, 학문 墨水儿 [mò shuǐr] 모 수이

⑲ 멀다, 소원하다, 심원하다 ⑧ 멀리하다 远 [yuǎn] 위앤

⑧ 멈추다, 정지하다, 체류하다 停 [tíng] 팅

⑲ 멋있다 ⑧ 통솔하다 ⑲ 총사령관 帅 [shuài] 쑤아이

⑲ 멍청하다, 어리석다, 우둔하다 糊涂 [hú tú] 후 투

⑲ 메뉴, 식단, (컴퓨터의) 메뉴 菜单 [cài dān] 차이 딴

⑧ 메다, 선택하다, 고르다 ⑲ 짐 挑 [tiāo] 티아오

⑲ 메모리(RAM) 内存 [nèi cún] 네이 춘

⑧ 면도하다, 수염을 깎다 刮胡子 [guā hú zǐ] 구와 후즈

⑧ 면세하다, 세금을 면제하다 免税 [miǎn shuì] 미앤 쑤이

⑲ 면세품 免税品 [miǎn shuì pǐn] 미앤 쑤이 핀

⑲ 면역 免疫 [miǎn yì] 미앤 이

⑲ 면적 面积 [miàn jī] 미앤 지

- 동 면접시험(面接試驗)을 치다 面试 [miàn shì] 멘스
- 명 (운전) 면허증 驾驶证 [jià shǐ zhèng] 찌아 스 쩡
- 명 명단 名单 [míng dān] 밍 딴
- 명 명령 동 명령하다 命令 [mìng lìng] 밍 링
- 형 명백(분명)하다, 현명하다 동 알다 明白 [míng bai] 밍 바이
- 조 명사·동사 뒤에서 한정의 역할 的 [de] 더
- 명 명함 名片儿 [míng piànr] 밍 피앤
- 명 몇 개 几个 [jǐ ge] 지 거
- 명 몇 명 几个人 [jǐ ge rén] 지 거 런
- 명 몇 층 几楼 [jǐ lóu] 지 러우
- 명 몇(주로 10 이하의 수를 나타냄) 几 [jǐ] 지
- 명 모니터(monitor) 显示器 [xiǎn shì qì] 시앤 쓰 치
- 명 모닝콜(불러서 깨움) 叫醒 [jiào xǐng] 찌아오 싱
- 명 모두, 도합, 합계, 전부 一共 [yí gòng] 이꿍
- 명 모두, 전부, 이미, 심지어, ~조차도 都 [dōu] 더우

명 모레, 후천(적) 형 후천적이다 后天 [hòu tiān] 호우 티앤

명 모순, 창과 방패, 모순 동 모순되다 矛盾 [máo dùn] 마오 뚠

명 모습, 모양, 형상 样子 [yàng zǐ] 양즈

동 모시다, 동반하다, 수행하다, 사과하다 陪 [péi] 페이

동 모으다, 만나다 명 모임, 단체 조 ~할 줄 안다 会 [huì] 후이

명 모의실험 동 모방하다, 본뜨다 模拟 [mó nǐ] 무어니

명 모임, 회합, 집회 동 모이다, 집합하다 聚会 [jù huì] 쮜 후이

명 모자, 딱지, 죄명, 웃돈 帽子 [mào zi] 마오 즈

동 모집하다, 손을 (아래위로) 흔들다 招 [zhāo] 짜오

명 모친, 어머니 母亲 [mǔ qīn] 무 친

명 모터사이클, 오토바이 摩托车 [mó tuō chē] 무어 투어 처

명 모포, 담요 毛毯 [máo tǎn] 마오 탄

명 목, (물건의) 목 부분 脖子 [bó zi] 부어즈

명 목, 깃, 칼라, 요점 동 이끌다 명 벌, 장 领 [lǐng] 링

명 목걸이 项链儿 [xiàng liànr] 씨앙 리앤

- 명 목도리, 스카프(scarf) 围巾 [wéi jīn] 웨이 찐

- 형 목마르다, 목 타다, 간절하다, 절실하다 渴 [kě] 커

- 명 목요일 星期四 [xīng qī sì] 씽 치 쓰

- 동 목욕하다, 샤워하다, 몸을 씻다 洗澡 [xǐ zǎo] 시 자오

- 명 목적 目的 [mù de] 무 띠

- 명 목적지 目的地 [mù dì dì] 무 띠 띠

- 명 몸매, 체격, 몸집 身材 [shēn cái] 썬 차이

- 명 못, 장애 钉子 [dīng zi] 띵 즈

- 형 못생겼다, 보기 싫다, 면목(체면)이 없다 难看 [nán kàn] 난 칸

- 명 (식물의) 무(radish) 萝卜 [luó bo] 루오 보

- 명 무게 重量 [zhòng liàng] 쭝 량

- 동 무너지다, 넘어지다, 파산하다, 바꾸다 倒 [dào] 따오

- 명 무대, 스테이지 舞台 [wǔ tái] 우 타이

- 명 무대연습, 리허설 동 무대 연습을 하다 排演 [pái yǎn] 파이 이앤

- 형 무례하다 没(有)礼貌 [méi (yǒu) lǐ mào] 메이 요우 리 마오

- 명 무료, 공짜 **免費** [miǎn fèi] 미엔 페이

- 명 무릎 **膝盖** [xī gài] 씨 까이

- 대 무엇, 어느, 어떤, 무슨, 무엇이든지, 뭐, 왜 **什么** [shén me] 선 머

- 명 무역, 교역(交易) **贸易** [mào yì] 마오 이

- 명 무지개, 아름다운 교량(橋梁) **彩虹** [cǎi hóng] 차이 홍

- 형 무지하다, 아는 바가 없다 **无知** [wú zhī] 우 즈

- 형 무책임하다 부 제멋대로 **随便** [suí biàn] 수이 삐앤

- 형 무효하다, 효력(效力)이 없다 **无效** [wú xiào] 우 샤오

- 동 묶다, 감다, 동이다, 납치하다 **绑** [bǎng] 방

- 명 문, 출입구, 여닫이, 스위치, 개폐기, 가문 **门** [mén] 먼

- 명 문건, 서류 양 건, 점, 벌, 개 **件** [jiàn] 찌앤

- 명 문구(붓, 벼루, 먹, 종이 등의 용품을 가리킴) **文具** [wén jù] 원 쥐

- 명 문구점 **文具店** [wén jù diàn] 원쥐 띠엔

- 명 문명, 문화 형 현대적인, 신식의 **文明** [wén míng] 원 밍

- 동 문을 두드리다, 노크하다, 방문하다 **敲门** [qiāo mén] 치아오 먼

동 문의하다, 질문하다, 묻다 **询问** [xún wèn] 쉰 원

명 문장, 글, 속뜻, 이유, 계책, 생각 **文章** [wén zhāng] 원 짱

명 문제, 질문 **问题** [wèn tí] 원 티

명 문화, 교양, 일반 지식 **文化** [wén huà] 원 화

동 묻다, 안부를 묻다 개 ~에게, ~을 향하여 **问** [wèn] 원

명 물, 강, 즙, 용액, 비용, 부수입 **水** [shuǐ] 수이

명 물건, 물품, 음식, 놈, 자식, 새끼 **东西** [dōng xi] 뚱시

명 물고기, 생선 **鱼** [yǔ] 위

명 물수건 **湿毛巾** [shī máo jīn] 스 마오 진

명 미국 **美国** [měi guó] 메이 구어

형 미끄럽다, 반들반들하다 **滑** [huá] 후와

형 미래의, 앞으로의, 뒷날의 **未来** [wèi lái] 웨이 라이

형 미려하다, 아름답다 **美丽** [měi lì] 메이 리

명 미술관 **美术管** [měi shù guǎn] 메이 쑤 구안

명 미신, 맹목적인 신봉 동 맹신하다 **迷信** [mí xìn] 미 씬

한중 단어 | **327**

동 미안하다, 죄송하다 对不起 [duì bù qǐ] 뚜이 뿌치

명 미용실 美容室 [měi róng shì] 메이 룽 쓰

명 미인, 미녀 美人 [měi rén] 메이 런

양 미터(meter) 公尺 [gōng chǐ] 꿍츠

명 미혼 未婚 [wèi hūn] 웨이 후언

명 민요 民谣 [mín yáo] 민 야오

명 민족 民族 [mín zǔ] 민 주

형 민첩하다, 빠르다 부 빨리, 곧 快 [kuài] 콰이

형 민첩하다, 영민하다, 재빠르다 灵活 [líng huó] 링 후어

동 믿다 명 신용 형 확실하다 信 [xìn] 씬

동 믿다, 신봉하다, 믿고 이행하다 信奉 [xìn fèng] 씬 펑

동 믿다, 신임하다 相信 [xiāng xìn] 씨앙 씬

명 밀가루 面粉 [miàn fěn] 미앤 펀

동 밀다, 갈다, 빻다, 깎다, 추측하다 推 [tuī] 투이

동 밀어 움직이다, 튀기다, 제거하다 拨 [bō] 뽀

- 동 바꾸다, 고치다, 대체하다, 경험하다　更　[gēng] 껑
- 동 바뀌다, 변하다　改变　[gǎi biàn] 가이 삐엔
- 명 바나나(banana)　香蕉　[xiāng jiāo] 씨앙 찌아오
- 명 바늘, 침, 주사　동 침으로 병을 치료하다　针　[zhēn] 쩐
- 명 바다, 대해(大海)　大海　[dà hǎi] 따 하이
- 명 바다, 큰 호수　형 대단히 크다　海　[hǎi] 하이
- 명 바둑, 장기　동 바둑이나 장기를 두다　下棋　[xià qí] 씨아 치
- 동 바라다, 원하다　조동 ~하기를 바라다　愿意　[yuàn yì] 위앤 이
- 동 바라보다, 방문하다　명 명성, 보름달　望　[wàng] 왕
- 명 바람, 풍속, 습관　형 바람에 말린　风　[fēng] 펑
- 동 바람이 불다　刮风　[guā fēng] 꾸아 펑
- 개 바로 그 때　조동 반드시 ~해야 한다　当　[dàng] 땅
- 형 바쁘다　동 서두르다, 바삐 ~하다　忙　[máng] 망
- 명 바이러스(virus)　病毒　[bìng dú] 뼁 두

- 동 바이올린을 연주하다 **拉小提琴** [lǎ xiǎo tí qín] 라 시아오 티 친

- 명 바지 **裤子** [kù zi] 쿠쯔

- 명 박물관 **博物馆** [bó wù guǎn] 보 우 관

- 동 박수를 치다, 손으로 박자를 맞추다 **拍手** [pāi shǒu] 파이 소우

- 명 밖, 바깥, 외국 형 낯설다 부 게다가 **外** [wài] 와이

- 수 반, 절반, 2분의 1 형 중간의 부 반쯤 **半** [bàn] 빤

- 명 반, 클래스, 그룹(group) 양 무리, 조, 단 **班** [bān] 빤

- 명 반대 동 반대하다 **反对** [fǎn duì] 판 뚜이

- 동 반드시(기필코) ~해야 한다 **必须** [bì xū] 삐쉬

- 조 반문·의문의 어기를 나타냄 **呢** [ne] 너

- 명 반응, 반향 동 반응하다 **反应** [fǎn yìng] 판 잉

- 명 반지 **戒指** [jiè zhi] 찌에 즈

- 명 반창고 **橡皮膏** [xiàng pí gāo] 씨앙 피 까오

- 동 받다, 받아들이다, 참다, 견디다 **受** [shòu] 쏘우

- 동 받아들이다, 수락하다, 받다, 접수하다 **接受** [jiē shòu] 찌에 쏘우

[명] 발, 밑동, 다리, 본문의 주(註) 脚 [jiǎo] 찌아오

[명] 발가락 脚趾 [jiǎo zhǐ] 찌아오 즈

[명] 발견 [동] 발견하다, 찾다, 나타나다 发现 [fā xiàn] 파 씨앤

[동] 발견하다, 알아차리다, 눈치채다 发觉 [fā jué] 파 쮜에

[동] 발달하다, 향상되다, 발전시키다 发达 [fā dá] 파 다

[명] 발명, 발명품 [동] 발명하다, 설명하다 发明 [fā míng] 파 밍

[명] 발목 脚腕子 [jiǎo wàn zi] 찌아오 완즈

[명] 발코니, 베란다, 빨래 시렁대 阳台 [yáng tái] 양 타이

[명] 발톱 脚指甲 [jiǎo zhǐ jia] 지아오 즈 지아

[명] 발표, 공표 [동] 발표하다, 공표하다 发表 [fā biǎo] 파 비아오

[형] 밝다, 빛나다, 환하다 亮 [liàng] 리앙

[명] 밤, 밤중 夜 [yè] 예

[명] 밥, 식사, 생활 饭 [fàn] 판

[명] 밥그릇, 밥공기 饭碗 [fàn wǎn] 판 완

[동] 밥을 먹다, 생계를 유지하다 吃饭 [chī fàn] 츠 판

- 동 밥을 하다, 취사하다 做饭 [zuò fàn] 쭈어 판

- 명 방(房), 실(室), 거실(居室) 屋子 [wū zi] 우 즈

- 명 방금, 아까, 금방, 막, 조금 전 刚才 [gāng cái] 깡 차이

- 명 방문 동 방문하다, 찾아보다 访问 [fǎng wèn] 팡 원

- 명 방법, 수단, 방식 方法 [fāng fǎ] 팡 파

- 명 방송 동 방송하다, 퍼뜨리다 广播 [guǎng bō] 구앙 뽀

- 명 방송국(TV) 电视台 [diàn shì tái] 띠앤 쓰 타이

- 동 방송하다 播放 [bō fàng] 뽀팡

- 동 방지하다(나쁜 일을) 防止 [fáng zhǐ] 팡 즈

- 동 방학하다, 휴가를 보내다 放假 [fàng jiǎ] 팡 지아

- 동 방해하다, 지장을 주다, 폐를 끼치다 打扰 [dǎ rǎo] 따라오

- 명 방향, 목표 동 향하다 개 ~을 향하여 向 [xiàng] 씨앙

- 명 방향, 목표 方向 [fāng xiàng] 팡 씨앙

- 명 밭, 논밭, 농경지, 형편, 처지, 지경 田地 [tián dì] 티앤 띠

- 양 배, 곱(절) 명 더욱, 훨씬 동 갑절로 늘다 倍 [bèi] 뻬이

- 명 배, 선박 船 [chuán] 추안

- 동 배가 아프다 肚子痛 [dù zi téng] 뚜즈 퉁

- 명 (무대, 영화, TV 드라마 등의) 배경 背景 [bèi jǐng] 뻬이 찡

- 형 배고프다 동 굶다, 굶주리다 饿 [è] 어

- 명 배구, 배구공 排球 [pái qiú] 파이 치우

- 명 배나무, 배 梨 [lí] 리

- 동 (공문,서신을) 배달하다, 보내다 投递 [tóu dì] 터우 띠

- 형 배부르다, 옹골지다 동 만족시키다 부 충분히 饱 [bǎo] 빠오

- 명 배역, 역할, 인물, 명인, 명사(名士) 角色 [jué sè] 쥐에 써

- 명 배우, 연기자, 출연자 演员 [yǎn yuán] 이앤 위앤

- 동 배우다, 학습하다, 모방하다 명 학교, 학문 学 [xué] 쉬에

- 동 배웅하다, 전송하다 送行 [sòng xíng] 쑹싱

- 명 (식물) 배추 白菜 [bái cài] 바이 차이

- 수 백(100) 百 [bǎi] 바이

- 수 백만(수량이 극히 많음을 가리킴) 百万 [bǎi wàn] 바이 완

- 동 백업하다, (숫자 등을) 채우다 명 예비 **备份** [bèi fèn] 뻬이 펀

- 명 백주, 고량주 **白酒** [bái jiǔ] 바이 지우

- 명 백화점, 마트 **百货商店** [bǎi huò shāng diàn] 바이 후어 상 띠앤

- 명 (동물) 뱀 **蛇** [shé] 서

- 명 버거킹(BURGER KING) **汉堡王** [hàn bǎo wáng] 한 바오 왕

- 명 버섯 동 귀찮게 달라붙다, 치근거리다 **蘑菇** [mó gu] 무어 구

- 명 버스정류장, 정거장, 역 **车站** [chē zhàn] 처 짠

- 명 버터(butter), 윤활제의 한 가지 **黄油** [huáng yóu] 후앙 요우

- 명 번역(자), 통역(자) 동 번역하다, 통역하다 **翻译** [fān yì] 판 이

- 명 번호, 사이즈(size), 호수(號數) **号码** [hào mǎ] 하오 마

- 형 번화하다 동 흥청대다 명 구경거리 **热闹** [rè nao] 러 나오

- 부 벌써, 이미 **已经** [yǐ jīng] 이징

- 명 범, 호랑이 형 용맹하다 동 흉악한 표정을 짓다 **虎** [hǔ] 후

- 명 범인, 죄인 **犯人** [fàn rén] 판 런

- 명 법, 방법, 방식, 표준 동 본받다, 모방하다 **法** [fǎ] 파

명 법률 法律 [fǎ lǜ] 파 뤼

명 법칙, 규율 规律 [guī lǜ] 꾸이 뤼

동 벗다, (머리가) 빠지다, 벗어나다 형 소홀하다 脱 [tuō] 투어

명 베, 천, 포 동 공포하다, 퍼뜨리다 布 [bù] 뿌

명 베개 枕头 [zhěn tou] 전 토우

명 베드민턴, (베드민턴의) 셔틀콕 羽毛球 [yǔ máo qiú] 위 마오 치우

명 베스트셀러 畅销书 [chàng xiāo shū] 창 씨아오 쑤

명 벽, 담, 울타리, 기물의 칸막이 墙 [qiáng] 치앙

명 변비 便秘 [biàn mì] 삐엔 미

명 변상(물어줌) 赔偿 [péi cháng] 페이 창

동 변하다, 바뀌다, 변화시키다 명 변고, 전란 变 [biàn] 삐앤

명 변호사 律师 [lǜ shī] 뤼 스

명 별 星星 [xīng xing] 싱싱

명 별, 천체, 유명한 사람, 스타, 저울눈 星 [xīng] 싱

동 별거하다, 분가하다, 따로따로 살다 分居 [fēn jū] 펀쥐

- 명 병(배 부분은 크고, 목 부분은 긴 용기) 瓶 [píng] 핑

- 명 병, 질병, 고통 동 병나다, 앓다 病 [bìng] 삥

- 명 병따개 起子 [qǐ zi] 치 쯔

- 명 병실, 입원실, 병동(病棟) 病房 [bìng fáng] 삥 팡

- 동 병에 걸리다, 병을 얻다 得病 [dé bìng] 더 삥

- 명 병원 医院 [yī yuàn] 이 위엔

- 명 보(자기), 꾸러미, 부담, 압력 包袱 [bāo fu] 빠오 푸

- 명 보고서, 진술 동 보고하다, 진술하다 报告 [bào gào] 빠오 까오

- 형 보기 좋다, 아름답다, 재미있다 好看 [hǎo kàn] 하오 칸

- 동 보내다, 발사하다, 발생하다, 발표하다 发 [fā] 파

- 동 보내다, 전(달)하다, 주다, 선물하다 送 [sòng] 쏭

- 동 보다, 구경하다, 읽다, 관찰하다 看 [kàn] 칸

- 동 보다, 만나다 명 의견, 견해, 생각 见 [jiàn] 찌앤

- 동 보다, 보이다, 눈에 띄다 看见 [kàn jiàn] 칸 찌앤

- 동 보답하다 回报 [huí bào] 후웨이 빠오

- 명 보도 동 보도하다 **报道** [bào dào] 빠오 따오

- 명 (식물) 보리 **大麦** [dà mài] 따 마이

- 명 보석 **宝石** [bǎo shí] 바오 스

- 명 보약 **补药** [bǔ yào] 부 야오

- 명 보증, 담보 동 보증하다, 담보하다 **保证** [bǎo zhèng] 바오 쩡

- 명 보증금 **押金** [yā jīn] 야 진

- 명 보증서 **保证书** [bǎo zhèng shū] 바오 쩡 수

- 명 보증인 **保人** [bǎo rén] 바오 런

- 명 보통 **普通** [pǔ tōng] 푸퉁

- 명 보험 형 안전하다 부 틀림없이, 반드시 **保险** [bǎo xiǎn] 바오 시앤

- 명 보호 동 보호하다 **保护** [bǎo hù] 바오 후

- 명 복도, 좁고 긴 지대, 회랑(回廊) 지대 **走廊** [zǒu láng] 저우랑

- 명 복부(腹部), 배, 물체의 돌출부분 **肚子** [dù zi] 뚜즈

- 명 복사기 **复印机** [fù yìn jī] 푸 인 지

- 동 복수하다, 원수를 갚다 **报仇** [bào chóu] 빠오 처우

- 명 복숭아, 복숭아나무 桃子 [táo zi] 타오 즈

- 명 복용량 服用量 [fú yòng liàng] 푸 용 리양

- 동 복잡하다 复杂 [fù zá] 푸 자

- 명 복장 服装 [fú zhuāng] 푸 쭈앙

- 명 복제 동 복제하다, (파일을) 카피하다 复制 [fù zhì] 푸 쯔

- 명 복종, 종속 동 따르다, 복종하다 服从 [fú cóng] 푸 총

- 명 복통 腹痛 [fù tòng] 푸 퉁

- 동 볶다(기름에), 투기 매매하다, 해고하다 炒 [chǎo] 차오

- 명 볶음밥 炒饭 [chǎo fàn] 차오 판

- 명 본래, 원래 부 본래, 원래, 응당, 당연히 本来 [běn lái] 번 라이

- 명 본문(교과서의) 课文 [kè wén] 커 원

- 명 본체(주기계) 主机 [zhǔ jī] 주 찌

- 명 볼링(bowling), 볼링공 保龄球 [bǎo líng qiú] 바오 링 치유

- 명 볼펜 圆珠笔 [yuán zhū bǐ] 위앤 쭈 비

- 명 봄, 봄철 春天 [chūn tiān] 추언 티앤

동 봉하다, 밀폐하다, 제한하다 명 통, 꾸러미 **封** [fēng] 펑

명 부근, 근처 부 부근에, 근처에 **附近** [fù jìn] 푸 찐

명 부동산, 산업, 생산을 목적으로 하는 사업 **产业** [chǎn yè] 찬 예

명 부두(埠頭), 선창(船艙) **码头** [mǎ tóu] 마 터우

형 부드럽다, 온화하다, 연약하다 **软** [ruǎn] 루안

부 부득이, 하는 수 없이 **只好** [zhǐ hǎo] 즈 하오

동 부딪치다, 충돌하다, (우연히) 만나다 **碰** [pèng] 펑

동 부러지다, 꺾다, 끊다 **折** [zhé] 저

동 부리다, 사용하다, 파견하다 명 사절, 외교관 **使** [shǐ] 스

명 부모 **父母** [fù mǔ] 푸 무

명 부부 **夫妻** [fū qī] 푸 치

명 부분, 일부, 부서 양 부분, 일부 **部分** [bù fen] 뿌 펀

명 부엌, 주방, 요리사, 조리사 **厨房** [chú fáng] 추 팡

형 부유하다, 풍족하다 동 부유하게 하다 **富裕** [fù yù] 푸 위

명 부인 **夫人** [fū rén] 푸 런

- 명 부자(富者) 有钱人 [yǒu qián rén] 여우 치엔 런

- 명 부장, (정부의 각 부처의) 장관 部长 [bù zhǎng] 뿌장

- 명 부정, 취소 동 부정하다, 취소하다 형 부정의 否定 [fǒu dìng] 포우 띵

- 형 부지런하다, 근면하다 勤快 [qín kuài] 친 쿠와이

- 명 부채 扇子 [shàn zǐ] 샨즈

- 동 부치다, 우송하다, 맡기다, 위탁하다 寄 [jì] 찌

- 명 부친(아버지) 父亲 [fù qīn] 푸 친

- 동 부탁(付託)하다(주로 남에게 부탁할 때 씀) 拜托 [bài tuō] 빠이 투어

- 명 부피 体积 [tǐ jī] 티 지

- 명 부하 部下 [bù xià] 뿌 씨아

- 명 북, 북녘, 북방, 북쪽, 패배자 동 패배하다 北 [běi] 베이

- 동 북을 치다, 가슴이 두근거리다 打鼓 [dǎ gǔ] 다구

- 명 북쪽 北边 [běi biān] 베이 비엔

- 명 북한 北韩 [běi hán] 베이 한

- 명 분리 分开 [fēn kāi] 펀 카이

형 분명하다, 명백하다 동 알다, 이해하다　清楚 [qīng chu] 칭 추

부 분명히, 확실히, 정말　的确 [de què] 띠 취에

명 분배, 할당 동 분배하다, 할당하다　分配 [fēn pèi] 펀 페이

명 분석 동 분석하다　分析 [fēn xī] 펀 시

동 분쇄하다, 으깨다, 깨지다　粉碎 [fěn suì] 펀 쑤이

동 분실하다　弄丢 [nòng diū] 눙 띠우

명 분위기　气氛 [qì fēn] 치 펀

동 분장하다, 치장하다 명 분장, 치장　打扮 [dǎ bàn] 다 빤

형 분주한 모양, 황급한 모양　匆匆 [cōng cōng] 충 충

명 분필, 백묵　粉笔 [fěn bǐ] 펀 비

형 분홍색의, 핑크(pink)빛의　粉红 [fěn hóng] 펀 훙

명 불, 화약, 열 형 붉다, 번창하다, 긴급하다　火 [huǒ] 후어

명 불가능　不可能 [bù kě néng] 뿌 커 넝

명 불고기, 구운 고기　烤肉 [kǎo ròu] 카오 러우

명 불공평　不公平 [bù gōng píng] 뿌 꿍 핑

명 불교 佛教 [fé jiào] 푸어 찌아오

형 불쌍하다, 가련하다, 볼품없다 동 동정하다 可怜 [kě lián] 커 리앤

형 불운하다, 운수 사납다, 재수없다 倒霉 [dǎo méi] 따오 메이

형 불친절 不亲切 [bù qīn qiē] 뿌 친 치에

명 불편 不方便 [bù fāng biàn] 뿌 팡 삐엔

형 불편하다 不便 [bù biàn] 부 삐엔

동 불평하다, 원망(怨望)하다 埋怨 [mán yuàn] 만 위엔

동 불합격하다, 낙제하다 不及格 [bù jí gé] 뿌 지 거

형 불행하다 不幸 [bù xìng] 부 씽

형 붉다, 빨갛다, 번창하다 명 다홍, 주홍 红 [hóng] 홍

명 붓, 모필 毛笔 [máo bǐ] 마오 비

명 붕대 绷带 [bēng dài] 뻥 따이

동 붙다, 붙이다 贴 [tiē] 티에

명 뷔페, 셀프서비스 식사 自助餐 [zì zhù cān] 쯔 쭈 찬

명 브랜디(brandy) 白兰地 [bái lán dì] 바이 란 띠

- 명 블라우스　女衬衫 [nǚ chèn shān] 뉘 천산

- 명 비　동 (비·눈 등이) 내리다　雨 [yǔ] 위

- 명 비가 내리다, 비가 오다　下雨 [xià yǔ] 씨아 위

- 명 비관　형 비관적이다　悲观 [bēi guān] 뻬이 꾸안

- 명 비교　동 비교하다　개 ~에 비하여　부 비교적　比较 [bǐ jiào] 비 찌아오

- 동 비교하다　명 대, 비율　개 ~에 비하여　比 [bǐ] 비

- 명 비극　悲剧 [bēi jù] 뻬이 쥐

- 명 비누　肥皂 [féi zào] 페이 짜오

- 형 (속이) 텅 비다, 내용이 없다　空 [kōng] 쿵

- 명 비둘기　鸽子 [gē zi] 꺼 즈

- 명 비디오(video)　录像 [lù xiàng] 루씨앙

- 명 비디오테이프(videotape)　录像带 [lù xiàng dài] 루씨앙 따이

- 접 비록 ~일지라도, 설령 ~일지라도　虽然 [suī rán] 쑤이 란

- 형 비밀의(↔公开)　秘密 [mì mì] 미 미

- 명 비빔밥　拌饭 [bàn fàn] 빤 판

명 비상구 安全出口 [ān quán chū kǒu] 안 취엔 추 커우

명 비서 秘书 [mì shū] 미 수

형 (가격이) 비싸다, 귀중하다 동 중히 여기다 贵 [guì] 꾸이

명 비올라를 연주하다 拉中提琴 [lā zhōng tí qín] 라 중티친

명 비용, 경비, 지출 동 (돈·시간 등을) 쓰다 花费 [huā fèi] 후아 페이

명 비자, 사증 명 사증(查證)하다, 서명하다 签证 [qiān zhèng] 치앤 쩡

명 비전문가, 문외한 형 문외한이다 外行 [wài háng] 와이 항

명 비즈니스맨(businessman) 实业家 [shí yè jiā] 스예찌아

형 비참하다 悲惨 [bēi cǎn] 뻬이 찬

명 비행 동 비행하다 飞行 [fēi xíng] 페이 싱

명 비행기, 항공기 飞机 [fēi jī] 페이지

명 비행기표, 비행기 탑승권 机票 [jī piào] 찌 피아오

명 빈방, 빈집 闲房 [xián fáng] 시앤 팡

명 빈혈 贫血 [pín xuè] 핀 쉬에

명 빌딩, 고층 건물 大厦 [dà shà] 따 싸

명 빌리다, 꾸다, 빌려주다, 핑계삼다 借 [jiè] 찌에

명 빗 梳子 [shū zi] 수 쯔

명 빛, 광선, 영광 동 빛내다 형 광택이 있다 光 [guāng] 꾸앙

동 빛나다, 비춰보다 명 사진, 면허증 照 [zhào] 짜오

부 빨리 快 [kuài] 콰이

명 빵, 식빵, 빵 부스러기 面包 [miàn bāo] 미앤 빠오

명 빵집 面包店 [miàn bāo diàn] 미엔 빠오 디엔

동 빼앗다, 약탈하다 부 급히, 서둘러 抢 [qiǎng] 치앙

명 뼈, 체신, 고상한 품격 骨头 [gǔ tou] 구 토우

동 뽑다, 꺼내다, 뽑아내다, 빨다, 피우다 抽 [chōu] 처우

명 뿌리, 밑부분, 자손, 근원, 근거 양 가닥, 대 根 [gēn] 껀

동 뿌리치다 摔手 [shuāi shǒu] 쏴이 써우

접 뿐만 아니라 不只 [bù zhǐ] 뿌 즈

명 뿔 角 [jiǎo] 쨔오

동 삐다 扭伤 [niǔ shāng] 뉴 쌍

명 사건, (특별한) 일, 사태, 행사 事件 [shì jiàn] 쓰 찌앤

명 사격, 발포, 사격 경기 통 사격하다, 발포하다 射击 [shè jī] 써 찌

명 사고, (의외의) 손실이나 재난, 불상사 事故 [shì gù] 스 꾸

명 사고, 사색, 사유 통 사고하다, 사색하다 思考 [sī kǎo] 쓰 카오

명 사과, 사과나무 苹果 [píng guǒ] 핑구어

통 사과하다, 유감의 뜻을 표하다 道歉 [dào qiàn] 따오치엔

형 사납다, 대단하다, 지독하다 명 지독함, 본때 厉害 [lì hai] 리 하이

통 사다, 구입하다, 세내다, 매수하다 买 [mǎi] 마이

명 사람, 인간, 성인, 어른, 일반인, 남, 타인 人 [rén] 런

통 사랑하다, ~하기 좋아하다, 소중히 여기다 爱 [ài] 아이

명 사막 沙漠 [shā mò] 싸 모

명 사무용 테이블, 책상 写字台 [xiě zì tái] 시에 쯔 타이

명 사분의 일(1/4) 四分之一 [sì fēn zhī yī] 쓰 펀즈 이

명 사상, 이데올로기 통 사고하다, 생각하다 思想 [sī xiǎng] 쓰 시앙

명 사색 통 사색하다, 깊이 생각하다   思索 [sī suǒ] 쓰수어

명 사실   事实 [shì shí] 쓰 스

명 사십(40)   四十 [sì shí] 쓰 스

명 사업, 기업, 영업, 비영리적 사회활동   事业 [shì yè] 쓰 예

명 사업가   实业家 [shí yè jiā] 스 이에 찌아

통 사용하다, 고용하다, 부리다 명 사용   使用 [shǐ yòng] 스융

명 사월(4월)   四月 [sì yuè] 스 위에

명 사이, 중간, 방, 실 양 칸(방을 셀 때)   间 [jiān] 찌앤

명 사이다(cider)   汽水 [qì shuǐ] 치 수이

명 사일(4일)   四日 [sì rì] 쓰르

명 사장(社長), 주인(主人)   老板 [lǎo bǎn] 라오 반

명 사전(단어)   词典 [cí diǎn] 츠 띠앤

명 사전(어구·성어)   辞典 [cí diǎn] 츠 띠앤

명 사진   照片 [zhào piàn] 짜오 피앤

명 사진기, 카메라   照像机 [zhào xiàng jī] 짜오 씨앙 찌

- 동 사진을 찍다, 촬영하다　拍照　[pāi zhào]　파이 짜오

- 명 사회자, 진행자　主持人　[zhǔ chí rén]　주 츠 런

- 동 삭제하다, 지우다, 빼다　명 삭제(delete)　删除　[shān chú]　싼 추

- 명 산, 산과 비슷한 모양, 누에 섶　형 웅장하다　山　[shān]　싼

- 형 산뜻하다, 연하다, 담백하다, 불경기이다　清淡　[qīng dàn]　칭 딴

- 동 산책(散策)하다, 산보(散步)하다　散步　[sàn bù]　싼 뿌

- 동 살다, 거주하다, 머무르다, 멎다, 정지하다　住　[zhù]　쭈

- 동 살다, 생활하다　형 활기차다　부 산 채로　活　[huó]　후어

- 동 살려주다, 목숨을 살리다　救命　[jiù mìng]　찌우밍

- 동 삶다, 익히다, 끓이다　煮　[zhǔ]　주

- 명 삼각관계(남녀의)　三角恋爱　[sān jiǎo liàn ài]　싼 지아오 리앤 아이

- 명 삼림, 나무숲　森林　[sēn lín]　썬 린

- 명 삼분의 이(2/3)　三分之二　[sān fēn zhī èr]　싼 펀즈 얼

- 명 삼십(30)　三十　[sān shí]　싼 스

- 명 삼십분(30분)　三十分钟　[sān shí fēn zhōng]　싼스 펀쭝

- 명 삼십일(30일) 三十日 [sān shí rì] 싼스르

- 명 삼월(3월) 三月 [sān yuè] 싼 위에

- 명 삼일(3일) 三日 [sān rì] 싼 르

- 동 삼키다, 넘기다, (말을) 거두다 咽 [yàn] 옌

- 명 상반기 上半期 [shàng bàn qī] 샹 반 치

- 명 상사, 상관(上官), 상급 上司 [shàng si] 썅 스

- 명 상상 동 상상하다 想像 [xiǎng xiàng] 시앙 씨앙

- 명 상순(초순: 초하루부터 초열흘까지) 上旬 [shàng xún] 샹 쉰

- 동 상실하다 丧失 [sàng shī] 쌍 스

- 명 상의, 윗도리, 저고리, 겉옷 上衣 [shàng yī] 썅 이

- 동 상의하다, 상담하다, 의논하다 商量 [shāng liang] 쌍 리앙

- 명 상자, 궤짝, 트렁크 箱子 [xiāng zi] 씨앙 즈

- 명 상점 商店 [shāng diàn] 쌍 띠앤

- 명 상처 伤口 [shāng kǒu] 샹커우

- 동 상처를 입다, 부상을 당하다 受伤 [shòu shāng] 쏘우 쌍

명 상태   状态 [zhuàng tài] 쭈앙타이

명 상품, 시장 물품   商品 [shāng pǐn] 쌍 핀

명 상황, 정황, 형편, 상태   状况 [zhuàng kuàng] 쭈앙 쾅

명 (동물) 새   鸟 [niǎo] 니아오

형 새롭다, 새것의   갓, 새로   동 새롭게 하다   新 [xīn] 신

명 새벽   黎明 [lí míng] 리 밍

명 색, 색채, 안색, 얼굴빛, 무서운 행동   颜色 [yǎn sè] 이앤 써

명 샌드위치(sandwich)   三明治 [sān míng zhì] 싼 밍 쯔

명 샌들(sandals)   凉鞋 [liáng xié] 리앙 시에

명 샐러드(salad)   沙拉 [shā lā] 사라

명 샐러리맨(salaried man)   上班族 [shàng bān zú] 쌍반주

명 생각, 염두, 머리, 심정, 기분   心思 [xīn si] 신쓰

명 생각, 의견, 견해   想法 [xiǎng fǎ] 시앙 파

명 생각, 의견, 말뜻, 의미   동 성의를 표시하다   意思 [yì si] 이쓰

명 생각, 취지, 아이디어, 주견, 의견   主意 [zhǔ yi] 주 이

- 동 생각하다, 그리워하다, 공부하다　명 생각, 염두　念　[niàn]　니앤

- 동 생각하다, 추측하다　조동 ～하려고 하다　想　[xiǎng]　씨앙

- 명 생강　동 부추기다, 선동하다　姜　[jiāng]　찌앙

- 명 생맥주　生啤酒　[shēng pí jiǔ]　셩피찌유

- 명 생물학　生物学　[shēng wù xué]　셩 우 슈에

- 명 생일, (사람이) 태어난 날　生日　[shēng rì]　셩 르

- 명 생활, 생계　동 생활하다, 생존하다　生活　[shēng huó]　셩 후오

- 명 샴페인(champagne)　香槟酒　[xiāng bīn jiǔ]　샹빈찌유

- 명 샴푸(shampoo)　香波　[xiāng bō]　씨앙뿌어

- 동 서다, 일어나다, 멈추다　명 정거장, 역, 기관　站　[zhàn]　짠

- 부 서둘러, 급히, 얼른, 바삐　赶忙　[gǎn máng]　간 망

- 명 서류, 공문서, 문장, 문헌, 파일, 텍스트　文件　[wén jiàn]　원 찌앤

- 동 (문서 등에) 서명(署名)하다, 사인하다　签名　[qiān míng]　치앤 밍

- 명 서법, 서예, 서도(書道)　书法　[shū fǎ]　수 파

- 명 서식, 양식(樣式)　表格　[biǎo gé]　삐아오 거

- 명 서양 요리 **西餐** [xī cān] 씨 찬

- 명 서양 **西洋** [xī yáng] 씨 양

- 명 서재, 서점, 관청의 사무실 **书房** [shū fáng] 쑤 팡

- 명 서점, 책방 **书店** [shū diàn] 쑤 띠앤

- 명 서쪽, 서방(西方) **西边** [xī biān] 시삐엔

- 명 서쪽, 서양 형 서양의 **西** [xī] 씨

- 명 석양 **夕阳** [xī yáng] 시 양

- 명 석유 **煤油** [méi yóu] 메이 요우

- 명 석탄 **煤** [méi] 메이

- 명 선거, 선출 동 선거하다, 선출하다 **选举** [xuǎn jǔ] 쉬앤 쥐

- 명 선글라스(sunglass) **太阳眼镜** [tài yáng yǎn jìng] 타이 양 이앤 징

- 형 선두의 **先头** [xiān tóu] 씨앤 터우

- 명 선물, 예물, (간단한) 방문 선물 **礼物** [lǐ wù] 리 우

- 명 선반, (건조물의) 뼈대 **架子** [jià zi] 찌아 즈

- 명 선생, 교사, (성인 남자 존칭) 선생 **先生** [xiān sheng] 씨앤 성

- 명 선생님, 스승, 은사 老师 [lǎo shī] 라오 쓰

- 동 선적하다 装船 [zhuāng chuán] 쭈앙 추안

- 동 선포하다, 공표하다, 선언하다, 발표하다 宣布 [xuān bù] 쉬앤 뿌

- 명 선풍기 电扇 [diàn shàn] 띠앤 싼

- 동 설립하다, (과목을) 개설하다 开设 [kāi shè] 카이 써

- 부 설마 ~하겠는가, 그래 ~(이)란 말인가 难道 [nán dào] 난 따오

- 명 설명, 해설 동 설명하다, 해설하다 说明 [shuō míng] 쑤오 밍

- 동 설사하다 拉肚子 [lā dù·zi] 라 뚜 즈

- 동 설치하다, 프로그램을 설치하다 安装 [ān zhuāng] 안 쭈앙

- 명 섬 岛 [dǎo] 다오

- 형 섬세하다, 세밀하다, 공들이다, 치밀하다 细致 [xī·zhì] 씨 쯔

- 명 성격, 천성, 개성 性格 [xìng gé] 씽 거

- 명 성공, 완성 형 성공적이다 동 성공하다 成功 [chéng gōng] 청꽁

- 명 성냥 火柴 [huǒ chái] 후어 차이

- 명 성명, 성과 이름, 씨명(氏名) 姓名 [xìng míng] 씽밍

- 명 성별　**性别** [xìng bié] 씽 비에

- 동 성숙하다, 무르익다, (과일 등이) 익다　**成熟** [chéng shú] 청 수

- 형 성실하다, 솔직하다, 온순하다　부 사실상　**老实** [lǎo·shī] 라오 스

- 명 성음, 목소리　**声音** [shēng yīn] 썽 인

- 동 성장하다, 자라다　**长大** [zhǎng dà] 장따

- 명 성적표　**成绩** [chéng jì] 청 찌 딴

- 명 성취, 성과, 업적　동 성취하다, 이루다　**成就** [chéng jiù] 청찌유

- 명 세계, 세상, 사회의 형세, 영역　**世界** [shì jiè] 쓰 찌에

- 명 세관　**海关** [hǎi guān] 하이 관

- 명 세균　**细菌** [xì jūn] 씨 쥔

- 명 세금　**税金** [shuì jīn] 쑤이진

- 동 세다, 헤아리다, 나열하다, 책망하다　**数** [shǔ] 수

- 동 세수하다, 얼굴을 씻다　**洗脸** [xǐ liǎn] 시 리앤

- 동 세탁하다, 빨래하다, 옷을 빨다　**洗衣** [xǐ yī] 시 이

- 명 세탁기　**洗衣机** [xǐ yī jī] 시 이 찌

- 명 셀로판테이프　**透明胶带** [tòu míng jiāo dài] 터우 밍 지아오 따이

- 명 셀프서비스(self-service)　**自助** [zì zhù] 쯔쭈

- 수 셋, 3　부 재삼, 여러 번　**三** [sān] 싼

- 명 셔츠(shirts)　**恤衫** [xù shān] 쉬 산

- 명 (사진기의) 셔터(shutter)　**快门** [kuài mén] 콰이 먼

- 명 소　형 완고하다　동 허풍을 치다, 언쟁하다　**牛** [niú] 니우

- 동 소개하다, 설명하다　명 소개, 설명　**介绍** [jiè shào] 찌에 싸오

- 형 소극적이다, 부정적이다　**消极** [xiāo jí] 씨아오 지

- 명 소금, 염　**盐** [yán] 이앤

- 명 소나기, 갑자기 내리는 비　**阵雨** [zhèn yǔ] 쩐 위

- 명 소년, 소년기, 소년 시절　**少年** [shào nián] 싸오 니앤

- 동 소독(消毒)하다　**消毒** [xiāo dú] 씨아오 두

- 명 소매　**零售** [líng shòu] 링서우

- 명 소변, 오줌　동 소변을 보다　**小便** [xiǎo biàn] 시아오 삐앤

- 명 소비자　**消费者** [xiāo fèi zhě] 씨아오 페이저

명 소설 小说 [xiǎo shuō] 시아오 쑤어

명 소식, 기별, 정보(情報) 信息 [xìn xī] 씬 씨

명 소식, 정보, 뉴스, 보도, 기사, 기별, 편지 消息 [xiāo xi] 씨아오 시

명 소원, 바람, 희망 愿望 [yuàn wàng] 위앤 왕

명 소유, 소유물 동 소유하다 형 모든 所有 [suǒ yǒu] 수어 여우

명 소음 噪音 [zào yīn] 짜오 인

명 소책자, 작은 책자, 팸플릿 小册子 [xiǎo cè zǐ] 씨아오 처즈

명 소켓(socket), 콘센트 插座 [chā zuò] 차 쭤

명 소파(sofa) 沙发 [shā fā] 싸 파

명 소포, 보따리 동 싸다, 포장하다 包裹 [bāo guǒ] 빠오 구어

명 소프트웨어(software) 软件 [ruǎn jiàn] 루안 찌앤

형 소형의, (형상이나 규모 등이) 작은 小型 [xiǎo xíng] 시아오 씽

명 소화불량 消化不良 [xiāo huà bù liáng] 씨아오 후아 뿌 량

명 소흥주(중국의 술의 일종) 绍兴酒 [shào xīng jiǔ] 싸오 씽 지우

명 속, 안, 면, 안쪽, 이웃, 고향 양 리(거리 단위) 里 [lǐ] 리

- 명 속눈썹 睫毛 [jié máo] 지에 마오

- 명 속만두 包子 [bāo zi] 빠오 즈

- 명 손, 수단 부 손수, 직접 동 (손에) 잡다, 쥐다 手 [shǒu] 써우

- 명 손가락 手指 [shǒu zhǐ] 소우 즈

- 명 손녀 孙女 [sūn nǚ] 쑨 뉘

- 명 손님, 여객, 나그네, 길손, 행상(行商) 客人 [kè rén] 커 런

- 명 손목, 팔목 手腕子 [shǒu wàn zi] 써우 완 쯔

- 명 손목시계 手表 [shǒu biǎo] 써우 비아오

- 명 손수건 手绢 [shǒu juàn] 서우 쮜앤

- 동 손을 뻗다, 착수하다, 손을 내밀다 伸手 [shēn shǒu] 썬 서우

- 명 손자 孙子 [sūn zi] 쑤언 즈

- 동 손찌검을 하다, 손을 대다, 착수하다 动手 [dòng shǒu] 뚱 서우

- 명 손톱 指甲 [zhǐ jiǎ] 즈 지아

- 명 손톱깎기 指甲刀 [zhǐ jia dāo] 즈 지아 따오

- 명 솔, 브러시 刷子 [shuā zi] 쑤아 즈

- 명 송별회 送别会 [sòng bié huì] 쑹 비에 후이
- 명 송수화기, 마이크, 메가폰, 확성기 话筒 [huà tǒng] 화퉁
- 양 송이(꽃·구름 등을 셀 때) 朵 [duǒ] 두어
- 명 쇠고기 牛肉 [niú ròu] 니우 러우
- 명 쇼핑, 구입하다, 사들이다 购买 [gòu mǎi] 꺼우 마이
- 명 쇼핑센터 购物中心 [gòu wù zhōng xīn] 꺼우 우 쭝신
- 명 쇼핑하기 동 물건을 사다 买东西 [mǎi dōng xi] 마이 뚱시
- 명 수건, 타월(towel) 毛巾 [máo jīn] 마오 찐
- 명 수단, 방법, 방식, 조치, 방책, 술책 办法 [bàn fǎ] 빤파
- 명 수도, 국도(國都) 首都 [shǒu dū] 써우 뚜
- 명 수령인 领取人 [lǐng qǔ rén] 링 취 런
- 명 수박 西瓜 [xī guā] 씨 꾸아
- 명 수수료, 수속비, 수속료 手续费 [shǒu xù fèi] 써우 쉬 페이
- 명 수술 手术 [shǒu shù] 써우 수
- 동 수술을 하다 动手术 [dòng shǒu shù] 뚱 써우 쑤

- 명 수신인 收信人 [shōu xìn rén] 써우 씬 런

- 명 수신자부담전화 对方付款电话 [duì fāng fù kuǎn diàn huà] 두이 팡 푸 콴 뎬 화

- 명 수업, 강의, 학습, 학과목, 공부 功课 [gōng kè] 꿍 커

- 동 수업에 빠지다, 무단 결석하다 旷课 [kuàng kè] 쾅 커

- 동 수업을 받다, 수강하다, 청강하다 听课 [tīng kè] 팅 커

- 동 수업이 끝나다, 수업을 마치다 下课 [xià kè] 씨아 커

- 동 수업하다 上课 [shàng kè] 쌍 커

- 동 수영하다, 헤엄치다 명 수영, 헤엄 游泳 [yóu yǒng] 여우 융

- 명 수요일 星期三 [xīng qī sān] 씽 치 싼

- 명 수입, 입력 동 받아들이다, 수입하다 收入 [shōu rù] 써우 루

- 동 수정하다, 고치다, 정정하다 修正 [xiū zhèng] 씨우 쩡

- 명 수첩 小笔记本 [xiǎo bǐ jì běn] 씨아오 비 찌 번

- 명 수표(手票 : check) 支票 [zhī piào] 즈 피아오

- 명 수하물, 짐 行李 [xíng li] 씽 리

- 명 수학(數學) 数学 [shù xué] 쑤 쉬에

명 수화기, 이어폰(earphone), 리시버(receiver) **耳机** [ěr jī] 얼 지

명 숙부, 작은아버지, 아저씨, 시동생 **叔叔** [shū shu] 수 수

명 숙제, 작업, 훈련 동 작업을 하다 **作业** [zuò yè] 쭤 예

형 순수하다, 깨끗하다 부 순전히, 완전히 **纯粹** [chún cuì] 춘 취

형 순조롭다, 잘되다 **顺利** [shùn lì] 쑤언 리

형 순하다, 부드럽다, 평화롭다 명 평화 **和平** [hé píng] 허 핑

명 술, 팅크, 알코올 액체 **酒** [jiǔ] 찌유

동 술에 취하다 **喝醉** [hē zuì] 허 쭈에이

명 술집 **酒店** [jiǔ diàn] 지우 디엔

형 쉽다, 용이하다 부 쉽게, 쉽사리 **容易** [róng yì] 룽 이

명 슈퍼마켓 **超级市场** [chāo jí shì chǎng] 차오 지 쓰 창

명 스웨터, 털옷 **毛衣** [máo yī] 마오 이

명 스위치, 개폐기, 밸브(valve) **开关** [kāi guān] 카이 꾸안

명 스캐너 **扫描器** [sǎo miáo qì] 사오 미아오 치

명 스케이팅 동 스케이트를 타다 **滑冰** [huá bīng] 후아 삥

- 명 스케줄, 일정 日程 [rì chéng] 르 청

- 명 스키 (운동) 동 스키를 타다 滑雪 [huá xuě] 후아 쉬에

- 명 스타(star), 유명 기업이나 상점 明星 [míng xīng] 밍 씽

- 명 스타킹 丝袜 [sī wà] 쓰 와

- 명 스튜어디스 空中小姐 [kōng zhōng xiǎo jiě] 쿵쭝 씨아오 지에

- 명 스포츠(sports) 体育 [tǐ yù] 티 위

- 명 수프(soup) 汤 [tāng] 탕

- 동 슬퍼하다 명 비애, 슬픔 형 슬프다 悲哀 [bēi āi] 뻬이 아이

- 명 습관, 버릇, 관습 동 습관이 되다 习惯 [xí guàn] 시 꾸안

- 명 습기 湿气 [shī qì] 스 치

- 형 습기가 많다, 축축하다, 눅눅하다 潮湿 [cháo shī] 차오 쓰

- 명 습도 湿度 [shī dù] 쓰 뚜

- 명 승객 乘客 [chéng kè] 청 커

- 명 승리, 성공 동 승리하다, 성공하다 胜利 [shèng lì] 썽 리

- 명 승마 동 말을 타다, 승마를 하다 骑马 [qí mǎ] 치 마

한중 단어 | **361**

⑧ 승인하다, 동의하다, 인정하다 承认 [chéng rèn] 청 런

⑧ 승진하다, 올라가다 升级 [shēng jí] 썽지

⑨ 시(時), 시간 点钟 [diǎn zhōng] 디앤 쭝

⑨ 시간 钟头 [zhōng tóu] 쭝터우

⑨ 시간, 시각, 여가, 동안, 시간 时间 [shí jiān] 스 찌앤

⑨ 시간, 여가, 짬, 솜씨, 재주, 시(時), 때 工夫 [gōng fu] 꽁푸

⑨ 시계(時計) 表 [biǎo] 비아오

⑨ 시골, 지방, 농촌 乡下 [xiāng xià] 씨앙 씨아

⑨ 시금치 菠菜 [bō cài] 뿌어 차이

⑱ 시끄럽다 吵杂 [chǎo zá] 차오 자

⑨ 시내 市内 [shì nèi] 쓰 네이

⑨ 시내버스, 버스 公共汽车 [gōng gòng qì chē] 궁꿍 치처

⑱ 시다, 시큼하다, 시큰거리다 ⑨ 산 酸 [suān] 쑤안

⑧ 시도하다, 테스트(test)하다 试 [shì] 쓰

⑨ 시력 视力 [shì lì] 스 리

- 형 시원스럽다, 인색하지 않다, 고상하다 大方 [dà fang] 따 팡

- 형 시원하다 동 더위를 식히다 凉快 [liáng kuài] 리앙 쿠아이

- 명 시월(10월) 十月 [shí yuè] 스 위에

- 동 시작되다 开始 [kāi shǐ] 카이 스

- 명 시장 市场 [shì chǎng] 쓰 창

- 명 시차 时差 [shí chā] 스 차

- 명 시청 市政府 [shì zhèng fǔ] 스 쩡 푸

- 명 시청률 收视率 [shōu shì lǜ] 쏘우 쓰 뤼

- 동 시청하다, (텔레비전을) 보다 收看 [shōu kàn] 쏘우 칸

- 명 시합 동 시합을 하다 比赛 [bǐ sài] 비 싸이

- 명 시험, 고사 동 시험을 보다 考试 [kǎo shì] 카오 쓰

- 명 식기(食器), 식사 도구 餐具 [cān jù] 찬 쥐

- 명 식당, 구내 식당, 음식점 食堂 [shí táng] 스 탕

- 명 식당, 레스토랑 餐厅 [cān tīng] 찬 팅

- 명 식물 植物 [zhí wù] 즈 우

명 식물원　植物园　[zhí wù yuán]　즈 우 위엔

명 식욕　食欲　[shí yù]　스 위

명 식중독　食物中毒　[shí wù zhōng dú]　스 우 중 두

명 식탁　饭桌　[fàn zhuō]　판 쭈오

명 신경과민　神经过敏　[shén jīng guò mǐn]　선징 꾸어 민

동 신고하다　申报　[shēn bào]　선 빠오

명 신념, 믿음, 신조　信念　[xìn niàn]　씬 니앤

명 신뢰, 신용　동 신뢰하다, 믿다　信赖　[xìn lài]　씬 라이

명 신문, 간행물, 대가　동 알리다, 응답하다　报　[bào]　빠오

동 신문을 보다(읽다)　看报　[kàn bào]　칸 빠오

명 신발, 구두　鞋　[xié]　시에

명 신분, 지위, 품위, 지위, 체면, 품질　身分　[shēn fen]　썬 펀

명 신분증　身份证　[shēn fèn zhèng]　선펀 쩡

명 신앙, 신조, 믿음　동 믿다, 신봉하다　信仰　[xìn yǎng]　씬 양

명 신용카드　信用卡　[xìn yòng kǎ]　씬융카

명 신입생 新生 [xīn shēng] 씬 썽

명 신장, 콩팥 肾 [shèn] 썬

동 신청하다, 지원하다, 이름을 올리다 报名 [bào míng] 빠오 밍

명 신체, 몸, 건강 身体 [shēn tǐ] 썬 티

명 신호, 신호 전파 信号 [xìn hào] 씬 하오

명 신호등 红绿灯 [hóng lǜ dēng] 홍뤼떵

명 실, 선, 줄, 선, 경계선, 교통 노선, 실마리 线 [xiàn] 씨앤

동 실망하다, 예상치 못하다 명 실망, 낙담 失望 [shī wàng] 쓰 왕

명 실성, 정신이상 동 미치다, 실성하다 疯 [fēng] 펑

명 실연 동 실연하다 失恋 [shī liàn] 쓰 리앤

명 실천, 실행, 이행 동 실천하다, 실행하다 实践 [shí jiàn] 스 찌앤

명 실패, 패배 동 실패하다, 패배하다 失败 [shī bài] 쓰 빠이

명 실험 实验 [shí yàn] 스 옌

형 싫다 不喜欢 [bù xǐ huan] 뿌 시 환

동 싫어하다, 미워하다 형 싫다, 밉살스럽다 讨厌 [tǎo yàn] 타오 옌

- 명 심장, 마음, 생각, 감정, 가운데, 중심 心 [xīn] 씬

- 명 심정, 기분, 마음 心情 [xīn qíng] 씬 칭

- 명 십구(19) 十九 [shí jiǔ] 스 찌유

- 명 십만 十万 [shí wàn] 스 완

- 명 십사(14) 十四 [shí sì] 스 쓰

- 명 십사일(14일) 十四號 [shí sì hào] 스 쓰 하오

- 명 십삼(13) 十三 [shí sān] 스 싼

- 명 십오(15) 十五 [shí wǔ] 스 우

- 명 십육(16) 十六 [shí liù] 스 리유

- 명 십이(12) 十二 [shí èr] 스 얼

- 명 십이월(12월) 十二月 [shí èr yuè] 스 얼 위에

- 명 십일(10일) 十号 [shí hào] 스 하오

- 명 십일월(11월) 十一月 [shí yī yuè] 스 이 위에

- 명 십일일(11일) 十一号 [shí yī hào] 스 이 하오

- 명 십자로, 사거리, 갈림길 十字路口 [shí zì lù kǒu] 스쯔 루 커우

명 십칠(17)　十七　[shí qī] 스 치

명 십팔(18)　十八　[shí bā] 스 파

형 싱겁다, 묽다, 옅다, 냉담하다　淡　[dàn] 딴

명 싱글, 독신(獨身)　单身　[dān shēn] 딴 션

형 싸다, (높이·수준·등급 등이) 낮다　동 내려가다　低　[dī] 띠

형 싸다　명 이익, 공짜　동 이롭게 해주다　便宜　[pián yi] 피앤 이

명 싸움(말)　吵架　[chǎo jià] 차오 지아

동 싸워서 이기다, 물리치다, 패전하다　打败　[dǎ bài] 다 빠이

명 쌀　大米　[dǎ mǐ] 따 미

명 쌀밥　米饭　[mǐ fàn] 미 판

동 쌓다, 축적하다, 누적하다　명 축적　积累　[jī lěi] 찌 레이

동 쓰다, 사용하다　명 비용, 쓸모　用　[yòng] 융

동 쓰러지다　倒下　[dǎo xià] 따오 쌰

명 쓰레기, 오물, 노폐물　垃圾　[lā jī] 라 지

명 쓰레기통, 휴지통　垃圾箱　[lā jī xiāng] 라 찌 씨앙

명 쓰레받기 簸箕 [bò jī] 뽀어 지

명 쓴웃음 苦笑 [kǔ xiào] 쿠 쑈

동 쓸다, 청소하다, 없애다, 제거하다 扫 [sǎo] 사오

명 쓸모 用处 [yòng chu] 융 추

형 쓸쓸하다 寂寞 [jì mò] 찌 무어

부 쓸쓸히 凄凉 [qī liáng] 치 량

동 씌우다 套 [tào] 타오

명 씨, 종자, 종, 종류, 종족 양 종류, 가지 种 [zhǒng] 중

명 씨름 摔跤 [shuāi jiāo] 쏴이 쨔오

명 씨앗 种子 [zhǒng zi] 쭝 쯔

형 씩씩하다 雄赳赳 [xióng jiū jiū] 쓩 쥬 쥬

동 씹다, 음미하다 嚼 [jiáo] 지아오

동 씻다, 빨다, 제거하다, 현상하다, 뒤섞다 洗 [xǐ] 시

감 아, 야, 앗 조 문장 끝의 감탄·긍정·의문표시 啊 [a] 아

명 아가씨, 양(孃), 미스(Miss) 小姐 [xiǎo jiě] 시아오 지에

명 아기 婴儿 [yīng ér] 잉 얼

동 아끼다, 절약하다, 절감하다 节省 [jié shěng] 지에 성

명 아나운서 播音员 [bō yīn yuán] 뿌어 인 위엔

명 아내, 처, 부인 妻子 [qī zi] 치 즈

부 아니다, ~않다(부정문), 못하다 不 [bù] 뿌

명 아동, 어린 아이, 꼬마 小朋友 [xiǎo péng yǒu] 씨아오 펑 요우

명 아동, 어린이 儿童 [ér tóng] 얼 퉁

명 아들 儿子 [ér zi] 얼 즈

명 아래, 밑, 다음 동 내려가다 부 밑으로 下 [xià] 씨아

명 아래층, 일층 楼下 [lóu xià] 러우 씨아

동 아르바이트를 하다 打工 [dǎ gōng] 다 꿍

형 아름답다, 잘 생기다, 보기 좋다 漂亮 [piāo liàng] 피아오 리앙

- 튄 아마, 어쩌면 젭 혹은, 그렇지 않으면 **或者** [huò zhě] 후어 저

- 몡 아빠, 아버지 **爸爸** [bà ba] 빠바

- 몡 아이스박스, 냉장고 **冰箱** [bīng xiāng] 빙 씨앙

- 몡 아이스크림 **冰淇淋** [bīng qī líng] 삥 치 린

- 튄 아직, 일찍이, 더욱, 또, 그만하면 **还** [hái] 하이

- 튄 아직도, 여전히, 역시 젭 또는, 아니면 **还是** [hái shi] 하이 쓰

- 몡 아첨 **吹吹拍拍** [chuī chuī pāi pāi] 추에이 추에이 파이 파이

- 몡 아침 **早上** [zǎo shang] 자오 상

- 튕 아침밥을 먹다 **吃早饭** [chī zǎo fàn] 츠 자오 판

- 몡 아파트, 공동 주택 **公寓** [gōng yù] 꽁 위

- 혱 아프다 튕 몹시 사랑하다, 대단히 아끼다 **痛** [tòng] 퉁

- 쉬 아홉, 9, (횟수나 수량이) 많은 것, 다수 **九** [jiǔ] 찌유

- 몡 악기 **乐器** [yuè qì] 위에 치

- 몡 악보 **乐谱** [yuè pǔ] 위에 푸

- 몡 악수 튕 악수하다, 손을 잡다 **握手** [wò shǒu] 워 소우

- 형 악하다, 나쁘다, 흉포하다 명 악, 악행 恶 [è] 어
- 동 악화되다, 나쁘게 되다, 나빠지다 恶化 [è huà] 어 화
- 명 안(쪽), 속, 내부, 처가의 친척 内 [nèi] 네이
- 명 안개, 안개와 같은 작은 물방울 雾 [wù] 우
- 명 안경 眼镜(儿) [yǎn jìng] 이앤 찡
- 명 안내소 询问处 [xún wèn chù] 쉰 원 추
- 동 안다, 포옹하다, 간직하다, 뭉치다 抱 [bào] 빠오
- 명 안락사 安乐死 [ān lè sǐ] 안 러 스
- 명 안약 眼药 [yǎn yào] 이엔 야오
- 동 안전하다 형 안전한 安全 [ān quán] 안 취엔
- 명 안전벨트, (자동차의) 안전띠 安全带 [ān quán dài] 안 취엔 따이
- 형 안정되다 동 안정시키다 安定 [ān dìng] 안 띵
- 명 안주 下酒菜 [xià jiǔ cài] 시아 지우 차이
- 동 앉다, 타다, 놀다 명 자리, 좌석 坐 [zuò] 쭤
- 동 알다, 이해하다, 깨닫다 知道 [zhī dào] 쯔 다오

- 명 알레르기(Allergie) **过敏** [guò mǐn] 꾸워 민

- 동 알리다, 고하다, 말하다 **告诉** [gào sù] 까오 쑤

- 형 알맞다, 타당하다, 온당하다 **妥当** [tuǒ dang] 투어 땅

- 명 알코올(alcohol) **酒精** [jiǔ jīng] 지여우 찡

- 명 (의학)암 **癌症** [ái zhēng] 아이 쩡

- 명 암호, 비밀 번호, 패스워드(password) **密码** [mì mǎ] 미 마

- 명 압력 **压力** [yā lì] 야 리

- 명 (행동이나 욕망 등을) 압박, 억압(抑壓) **压迫** [yā pò] 야 푸어

- 명 앙코르(encore 프), 재연주 **返场** [fǎn chǎng] 판 창

- 명 앞, 선두, 조상 형 조상의 부 미리, 먼저 **先** [xiān] 씨앤

- 명 앞, 정면, 이전 동 앞으로 나아가다 **前** [qián] 치앤

- 동 (죽은 자를) 애도(哀悼)하다 **哀悼** [āi dào] 아이 따오

- 동 애쓰다, 힘을 소모하다 형 힘들다 **费力** [fèi lì] 페이 리

- 명 애완 동물 **宠物** [chǒng wù] 충 우

- 명 애인, 연인, 정부(情婦), 정부(情夫) **情人(儿)** [qíng rén] 칭 런

- 명 야경(밤의 경치) **夜景** [yè jǐng] 이에 징
- 명 야구, 야구공 **棒球** [bàng qiú] 빵 치우
- 명 야식, 야참, 밤참 **夜餐** [yè cān] 예 찬
- 동 야영하다, 캠프(camp)하다 **露营** [lù yíng] 루 잉
- 명 야외 **野外** [yě wài] 이에 와이
- 명 야채, 채소, 요리의 총칭, 반찬 **菜** [cài] 차이
- 명 약, 약물, 화학 약품 동 약으로 치료하다 **药** [yào] 야오
- 양 약간, 몇, 조금, 얼마쯤 **些** [xiē] 시에
- 명 약국, 약방, 약국 **药房** [yào fáng] 야오 팡
- 명 약사 **药师** [yào shī] 야오 스
- 동 약을 먹다, 괴로움을 당하다 **吃药** [chī yào] 츠 야오
- 명 약점, 흠, 결함, 문제점, 고장, 병, 질병 **毛病** [máo bìng] 마오 삥
- 명 약정, 약속 동 약정하다, 약속하다 **约定** [yuē dìng] 위에 띵
- 형 (힘, 세력이) 약하다 **弱** [ruò] 루어
- 명 약혼자 남녀 **未婚(夫)妻** [wèi hūn(fū) qī] 웨이 훈(푸) 치

- 형 얇다　薄　[bó]　뿌어

- 명 양　羊　[yáng]　양

- 명 양, 수량, 한도　동 가늠하다, 헤아리다　量　[liáng]　리앙

- 명 양말, 버선　袜子　[wà zi]　와즈

- 동 양보(사양)하다, 양도하다　让　[ràng]　랑

- 명 양복　西服　[xī fú]　씨 푸

- 명 양산, 우산　伞　[sǎn]　산

- 동 양성하다, 육성하다, 키우다, 기르다　培养　[péi yǎng]　페이 양

- 명 양식, 식량　粮食　[liáng shi]　리앙 스

- 명 양초　蜡烛　[là zhú]　라주

- 명 양탄자, 카펫, 융단　地毯　[dì tǎn]　띠 탄

- 명 양파, 옥파　洋葱　[yáng cōng]　양충

- 형 얕다, (길·폭이) 좁다, 천박하다　浅　[qiǎn]　치앤

- 명 어깨, 책임　肩膀　[jiān bǎng]　찌앤 방

- 대 어느 것, 어떤, 어디　부 어떻게, 어째서　哪　[nǎ]　나

- 형 어둡다, 깜깜하다, 어둡고 부패하다 黑暗 [hēi' àn] 헤이 안
- 대 어디, 어느 곳, 어떻게, 어째서 哪儿 [nǎr] 날
- 대 어떠하다, 어떻게 하다 怎么样 [zěn me yàng] 쩐머양
- 대 어떻게, 왜, 어떤, 아무리 ~해도 怎么 [zěn me] 쩐머
- 형 어렵다, ~하기 힘들다 동 난처하게 만들다 难 [nán] 난
- 형 어렵다, 고달프다, 고생스럽다 艰苦 [jiān kǔ] 찌앤 쿠
- 명 어른, 성인 동 어른이 되다 成人 [chéng rén] 청 런
- 명 어른, 성인 大人 [dà rén] 따 런
- 형 어리석다, 우둔하다, 미련하다 愚蠢 [yú chǔn] 위 춘
- 명 어린 아이, 아동, 자녀, 자식 孩子 [hái zi] 하이 쯔
- 명 어린이, 어린 아이 小孩(儿) [xiǎo hái(r)] 시아오 하이
- 형 어울리다, 알맞다 相配 [xiāng pèi] 씨앙 페이
- 감 어이, 여보세요 동 먹이를 주다 喂 [wèi] 웨이
- 명 어제 昨天 [zuó tiān] 쭈어 티앤
- 형 어지럽다, 머리가 아찔하다 头晕 [tóu yūn] 터우 윈

부 어쨌든 反正 [fǎn zhèng] 판쩡

부 어쩌면, 아마도, 아마, 혹시 也许 [yě xǔ] 이에 쉬

동 억누르다, 억압하다, 억제하다 压制 [yā zhì] 야 쯔

부 억지로 勉强 [miǎn qiáng] 미엔 치앙

명 언어, 말 语言 [yǔ yán] 위 위엔

대 언제 什么时候 [shén me shí hòu] 썬머 스허우

부 언제든지 什么时候都 [shén me shí hòu dōu] 썬머 스허우 떠우

부 언젠가(시간을 물을 때 씀) 多会儿 [duō huì ér] 뚜어 후얼

동 얻다, 획득하다 형 알맞다 감 됐어 得 [de] 더

명 얼굴, 안색, 표정, 체면, 면목, 정면 脸 [lián] 리앤

대 얼마, 몇, 얼마 多少 [duō shao] 뚜어 사오

명 얼마든지 多少都 [duō shǎo dōu] 뚜어 사오 떠우

명 얼마예요? 多少錢 [duō shǎo qián] 뚜어 사오 첸

형 엄격하다, 엄하다 동 엄격히 하다 严格 [yán gé] 이앤 꺼

명 엄마, 어머니 妈妈 [mā ma] 마 마

- 명 업무, 일, 실무　**业务**　[yè wù] 예 우
- 동 업신여기다, 무시하다, 깔보다　**看不起**　[kàn bu qǐ] 칸 부 치
- 동 없다, 아무도 ~않다　부 아직 ~않다　**没有**　[méi yǒu] 메이 요우
- 명 엉덩이, 둔부, 꽁무니, 꽁다리　**屁股**　[pì gu] 피 구
- 명 에스컬레이터(escalator)　**电动扶梯**　[diàn dòng fú tī] 띠앤 뚱 푸티
- 명 에어컨디셔너　동 공기를 조절하다　**空调**　[kōng tiáo] 쿵 티아오
- 명 엔진(engine)　**发动机**　[fā dòng jī] 파뚱지
- 명 엘리베이터(elevator)　**电梯**　[diàn tī] 띠앤 티
- 명 여관, 호텔(Hotel), 식당, 레스토랑　**饭店**　[fàn diàn] 판 띠앤
- 명 여권, 패스포트, 증명서　**护照**　[hù zhào] 후 짜오
- 대 여기　**这里**　[zhè lǐ] 쩌 리
- 수 여덟, 8　**八**　[bā] 빠
- 명 여동생, 누이동생, 친척 여동생　**妹妹**　[mèi mei] 메이 메이
- 명 여러 가지　**各种各样**　[gè zhǒng gè yàng] 꺼중꺼양
- 대 여러, 모든, 여러 가지　명 각각, 각자　**各**　[gè] 꺼

@ 여러분, 모두 @ 대가, 권위자 **大家** [dà jiā] 따 찌아

@ 여름 방학, 여름 휴가 **暑假** [shǔ jià] 수 찌아

@ 여름, 하계 **夏天** [xià tiān] 씨아 티앤

@ 여보세요(전화) **喂** [wèi] 웨이

@ 여섯, 6 @ 중국의 음계 부호의 하나 **六** [liù] 리우

@ 여섯 시(6시) **六点** [liù diǎn] 리우 디엔

@ 여우 **狐狸** [hú li] 후 리

@ 여위다, 수척하다, 메마르다 **瘦** [shòu] 쏘우

@ 여자, 여인 **女人** [nǚ rén] 뉘 런

@ 여태껏, 지금까지, 이제까지 **从来** [cóng lái] 충 라이

@ 여행 @ 여행하다 **旅行** [lǚ xíng] 뤼 싱

@ 여행가방 **旅行包** [lǚ xíng bāo] 뤼 싱 빠오

@ 여행사 **旅行社** [lǚ xíng shè] 뤼싱써

@ 여행자, 여객(旅客), 나그네 **旅客** [lǚ kè] 뤼 커

@ 여행짐, 행장, 수화물 **行李** [xíng li] 싱 리

- 명 역, 정류장 **车站** [chē zhàn] 처 짠
- 명 역사, 개인의 경력, 과거의 사실 **历史** [lì shǐ] 리 스
- 명 연고, 까닭. 이유, 원인(原因) **缘故** [yuán gù] 위엔 꾸
- 명 연구, 검토, 고려 동 연구하다 **研究** [yán jiū] 이앤 찌우
- 명 연극 **话剧** [huà jù] 화 쮜
- 동 연기하다, 공연하다 **表演** [biǎo yǎn] 삐아오 옌
- 명 연대, 시대, 시기 **年代** [nián dài] 니앤 따이
- 명 연락(聯絡)하다 **联络** [lián luò] 리엔 루어
- 명 연령, 나이 **年龄** [nián líng] 니앤 링
- 명 연애 편지 **情书** [qíng shū] 칭 쑤
- 동 연애하다, 사랑을 속삭이다 **谈恋爱** [tán liàn ài] 탄 리앤 아이
- 명 연장자, 선대(先代) **老辈** [lǎo bèi] 라오 뻬이
- 명 연주 동 연주하다 **演奏** [yǎn zòu] 이앤 쩌우
- 명 연중무휴 **年中无休** [nián zhōng wú xiū] 니앤 쭝 우씨유
- 명 연필 **铅笔** [qiān bǐ] 치앤 비

- 명 연합, 공동 동 연합하다 联合 [lián hé] 리앤 허
- 명 열, 10 형 완전한, 많은 十 [shí] 스
- 형 열광적이다 狂热 [kuáng rè] 쿠앙 러
- 동 열다, 개통하다, 피다 开 [kāi] 카이
- 명 열두시(12시) 十二点 [shí èr diǎn] 스 얼 디엔
- 명 열쇠, 키(key), 방법, 방도 钥匙 [yào shi] 야오 스
- 동 열심히 공부하다, 힘써 배우다 用功 [yòng gōng] 용꿍
- 동 열이 나다 명 발열 发烧 [fā shāo] 파 싸오
- 명 열정, 의욕, 열의 형 열정적이다 热情 [rè qíng] 러 칭
- 동 열중하다, 몰두하다 专心 [zhuān xīn] 쥬안 씬
- 동 염색하다 染 [rǎn] 란
- 명 엽서, 우편엽서 明信片 [míng xìn piàn] 밍 씬 피앤
- 명 영사관 领事馆 [lǐng shì guǎn] 링 스 관
- 명 영수증 收据 [shōu jù] 써우 쥐
- 명 영아, 갓난아기, 젖먹이 婴儿 [yīng ér] 잉 얼

- 명 영어(英語) 英语 [yīng yǔ] 잉 위
- 동 영업하다 推销 [tuī xiāo] 투이 시아오
- 명 영업사원 推销人员 [tuī xiāo rén yuán] 투이 시아오 런 위엔
- 명 영예(榮譽) 盛誉 [shèng yù] 셩 위
- 부 영원히, 언제까지나 永远 [yǒng yuǎn] 융 위엔
- 명 영화 관람 동 영화를 보다 看电影 [kān diàn yǐng] 칸 띠앤 잉
- 명 영화 电影 [diàn yǐng] 띠앤 잉
- 명 영화배우 影星 [yǐng xīng] 잉 씽
- 명 옆, 곁, 끝 부 한편 접미 ~쪽 边 [biān] 삐앤
- 명 옆집, 이웃, 이웃집 隔壁 [gé bì] 거 삐
- 동 예금하다, 저축하다 存款 [cún kuǎn] 추언 쿠안
- 명 예방 명 예방하다 预防 [yù fáng] 위 팡
- 명 예비, 준비 명 예비하다, 준비하다 预备 [yù bèi] 위 뻬이
- 명 예산(豫算) 预算 [yù suàn] 위 쑤안
- 명 예상(豫想)하다 预想 [yù xiǎng] 위 씨앙

- 명 예술, 기술, 기능 형 예술적이다 **艺术** [yì shù] 이 쑤
- 명 예약, 주문 동 예약하다, 주문하다 **预订** [yù dìng] 위 띵
- 명 예약석 **订座** [dìng zuò] 띵 쭈어
- 형 예의 있다, 예의 바르다 **有礼貌** [yǒu lǐ mào] 요우 리 마오
- 동 예정(豫定)하다 **预定** [yù dìng] 위 띵
- 명 오늘, 현재 **今天** [jīn tiān] 찐 티앤
- 명 오늘밤 **今晚** [jīn wǎn] 진 완
- 동 오다, 일어나다 형 미래의 **来** [lǎi] 라이
- 명 오락실 **游戏场** [yóu xì chǎng] 여우 시 창
- 형 오래다, 길다 명 시간 **久** [jiǔ] 찌유
- 형 오래되다, 낡다 명 오랜 우정 **旧** [jiù] 찌유
- 명 오룡차, 우롱차 **乌龙茶** [wū lóng chá] 우룽차
- 명 오른쪽 **右边** [yòu biān] 여우 비엔
- 명 오리 **鸭子** [yāzi] 야쯔
- 명 오십(50) **五十** [wǔ shí] 우 스

- 명 오월(5월)　五月　[wǔ yuè] 우 위에
- 명 오이　黄瓜　[huáng guā] 후앙 꾸아
- 명 오일(5일)　五号　[wǔ hào] 우 하오
- 명 오전　上午　[shàng wǔ] 쌍 우
- 부 오직, 단지 접 그러나, 다만　只　[zhǐ] 즈
- 명 오징어　墨鱼　[mò yú] 무어 위
- 동 오한이 나다　发冷　[fā lěng] 파 렁
- 명 오후, 하오　下午　[xià wǔ] 씨아 우
- 부 오히려, 반대로 접 그런데　反而　[fǎn'ér] 판 얼
- 명 옥수수　玉米　[yù mǐ] 위 미
- 명 온도　温度　[wēn dù] 원 뚜
- 형 온순하다, 순종하다　驯从　[xùn cóng] 쉰 충
- 명 온천　温泉　[wēn quán] 원 취엔
- 형 온화하다, 부드럽다 동 멈추다　平和　[píng hé] 핑 허
- 형 온화하다, 평화롭다 개 ~에게 접 ~와, 및　和　[hé] 허

- 동 올라가다, 오르다 上去 [shàng qù] 쌍 취

- 형 올바르다, 옳다, 정확하다, 틀림없다 正确 [zhèng què] 쩡 취에

- 동 옮기다, 운반하다, 이사하다 搬 [bān] 빤

- 형 맞다, 옳다, 틀림없다, 정확하다 是 [shì] 쓰

- 명 옷, 의복 衣服 [yī fu] 이 푸

- 동 옷(의복)을 갈아입다 换衣服 [huàn yī fu] 환 이 푸

- 동 옷(의복)을 벗다 脱衣服 [tuō yī fu] 투어 이푸

- 동 옷(의복)을 입다 穿衣服 [chuān yī fu] 추안 이 푸

- 명 옷걸이, 의가(衣架). 衣架 [yī jià] 이 지아

- 명 옷장, 장롱 衣柜 [yī guì] 이 꾸이

- 명 와이셔츠, 셔츠(shirt), 블라우스 衬衫 [chèn shān] 천 싼

- 동 완성하다 부 곧, 이미 개 ~에 대하여 就 [jiù] 찌우

- 형 완전하다 동 다하다 명 끝 完 [wán] 완

- 형 완전무결하다, 완벽하다, 매우 훌륭하다 完美 [wán měi] 완 메이

- 형 완전하다, 완비되다 부 전부 동 보전하다 全 [quán] 취앤

- 동 완치되다, 완치하다 　治好 [zhì hǎo] 쯔 하오

- 명 왕복 　동 왕복하다, 오가다 　往返 [wǎng fǎn] 왕 판

- 명 왕복표 　双程票 [shuāng chéng piào] 솽 청 퍄오

- 대 왜, 무엇 때문에, 어째서 　为什么 [wèi shén me] 웨이 선 머

- 접 왜냐하면 　개 ~때문에 　因为 [yīn wèi] 인 웨이

- 명 외과 　外科 [wài kē] 와이 커

- 명 외교 　外交 [wài jiāo] 와이 찌아오

- 형 외롭다, 쓸쓸하다, 고독하다, 미약하다 　孤单 [gū dān] 꾸 딴

- 명 외삼촌 　舅舅 [jiù jiu] 찌우 지우

- 동 외출하다, 밖에 나가다 　出门 [chū mén] 추 먼

- 동 외치다, 부르짖다, 부르다 　叫 [jiào] 찌아오

- 명 외할머니, 산파 　姥姥 [lǎo lao] 라오 라오

- 명 외할아버지, 외조부 　姥爷 [lǎo ye] 라오 예

- 명 외화, 외국 화폐 　外币 [wài bì] 와이 삐

- 명 왼쪽, 동쪽, 옆 　형 어긋나다 　左 [zuǒ] 쭈어

- 몡 요구, 요망 동 요구하다, 요망하다 **要求** [yāo qiú] 야오 치우

- 명 요금, 비용 **费用** [fèi yòng] 페이 융

- 명 요리사 **厨师** [chú shī] 추 쓰

- 명 요일(曜日), 주(週), 주일 **星期** [xīng qī] 씽 치

- 명 요즘, 요사이, 근래 **最近** [zuì jìn] 쭈이 진

- 동 요청하다, 초청하다, 한턱내다 **请** [qǐng] 칭

- 명 욕실, 목욕탕 **浴室** [yù shì] 위 쓰

- 동 욕하다, 꾸짖다, 질책하다, 따지다 **骂** [mà] 마

- 명 용, 공룡 등의 파충류, 황제 **龙** [lóng] 룽

- 형 용감하다, 대담하다 부 감히 ~하다 **敢** [gǎn] 간

- 명 용기 **勇气** [yǒng qì] 융 치

- 명 용도, 용처, 쓸모 **用途** [yòng tú] 융 투

- 명 용서(容恕)하다 **原谅** [yuán liàng] 위엔 리양

- 형 우람하다, 웅장하고 훌륭하다 **雄伟** [xióng wěi] 시웅 웨이

- 대 우리(들), 나, 저, 당신(들) **我们** [wǒ men] 워 먼

명 우산, 양산, 우산 모양의 물건 伞 [sǎn] 산

명 우수리, 나머지 형 소량이다 수 영, 0 零 [líng] 링

형 우수하다, 뛰어나다 优秀 [yōu xiù] 요우 씨우

명 우애 형 우애롭다, 친밀하다 友爱 [yǒu'ài] 요우 아이

형 우연하다, 우연스럽다 부 우연히, 뜻밖에 偶然 [ǒu rán] 어우 란

형 우울하다 忧郁 [yōu yù] 여우 위

명 우유 牛奶 [niú nǎi] 니우 나이

명 우정, 우의(友誼) 友情 [yǒu qíng] 요우 칭

명 우주, 일체의 물질과 그 존재 형식의 총체 宇宙 [yǔ zhòu] 위 쪼우

명 우체국 邮局 [yóu jú] 요우 쥐

명 우체통 邮筒 [yóu tǒng] 여우 퉁

명 우측, 오른쪽 형 가장 낫다 右 [yòu] 요우

명 우편물 邮件 [yóu jiàn] 요우 찌앤

명 우표 邮票 [yōu piào] 여우 피아오

동 우회전하다 右拐 [yòu guǎi] 여우 꾸와이

- 명 운동, 스포츠, (정치·문화의) 운동 运动 [yùn dòng] 윈뚱

- 명 운동선수 运动员 [yùn dòng yuán] 윈뚱 위엔

- 명 운동화 运动鞋 [yùn dòng xié] 윈뚱 시에

- 동 운반하다 搬运 [bān yùn] 빤 윈

- 명 운용, 활용 동 운용하다, 활용하다 运用 [yùn yòng] 윈 용

- 명 운임 运费 [yùn fèi] 윈 페이

- 명 운전 면허증 驾驶执照 [jià shǐ zhí zhào] 찌아 스즈 짜오

- 명 운전사, 조종사 동 기계를 취급하다 司机 [sī jī] 쓰 찌

- 동 운전하다, (기계를) 조종하다 驾驶 [jià shǐ] 찌아 스

- 동 울다, (소리 내어) 울다 哭 [kū] 쿠

- 동 움직이다, 행동하다 动 [dòng] 똥

- 동 웃다, 비웃다 명 웃음거리 笑 [xiào] 씨아오

- 명 원고, 초고, 원화(原畵) 原稿 [yuán gǎo] 위앤 가오

- 명 원래, 본래 형 원래의, 본래의 原来 [yuán lái] 위앤 라이

- 명 원숭이 猴 [hóu] 호우

- 명 원인　原因　[yuán yīn]　위엔 인

- 명 원피스　连衣裙　[lián yī qún]　리앤 이 췬

- 명 월경, 생리　月经　[yuè jīng]　위에 징

- 명 월드컵(World Cup)　世界杯　[shì jiè bēi]　스 찌에 뻬이

- 명 월요일　星期一　[xīng qī yī]　씽 치 이

- 명 웹 사이트　网站　[wǎng zhàn]　왕 짠

- 명 위　胃　[wèi]　웨이

- 명 위, 윗부분　동 오르다, 나아가다　上　[shàng]　쌍

- 명 위경련　胃痉挛　[wèi jìng luán]　웨이 징 루안

- 형 위급하다　危急　[wēi jí]　웨이 지

- 형 위대하다, 장엄하다, 등등하다　宏伟　[hóng wěi]　훙 웨이

- 동 위배하다, 어기다, 거스르다　违背　[wéi bèi]　웨이 뻬이

- 명 위스키(whisky)　威士忌　[wēi shì jì]　웨이 쓰 찌

- 명 위아래, 상하, 안팎　上下　[shàng xià]　상 씨아

- 명 위장약　肠胃药　[cháng wèi yào]　창 웨이 야오

- 명 위장염 肠胃炎 [cháng wèi yán] 창 웨이 옌

- 명 위조품 假冒品 [jiǎ mào pǐn] 찌아 마오 핀

- 명 위쪽, 위 上边 [shàng biān] 샹 삐엔

- 명 위층, 2층 楼上 [lóu shàng] 로우 쌍

- 명 위험 형 위험하다 危险 [wēi xiǎn] 웨이 시앤

- 명 유감 遗憾 [yí hàn] 이 한

- 명 유람선 游船 [yóu chuán] 요우 츄안

- 명 유래, 애초부터, 전부터 由来 [yóu lái] 여우 라이

- 명 유럽(Europe) 欧 [ōu] 오우

- 명 유로(Euro), 유럽 연합(EU)의 단일 화폐 欧元 [ōu yuán] 어우 위앤

- 명 유리 玻璃 [bō lí] 뽀 리

- 명 유머(humor), 해학 형 익살맞다 幽默 [yōu mò] 여우 무어

- 형 유명(有名)하다 有名 [yǒu míng] 여우 밍

- 동 유사하다, 비슷하다 类似 [lèi sì] 레이 쓰

- 명 유산, 유물 遗产 [yí chǎn] 이 챤

- 몡 유아원, 유치원　**幼儿园**　[yòu'ér yuán]　요우 얼 위앤
- 몡 유월(6월)　**六月**　[liù yuè]　리우 위에
- 혱 유익하다, 이롭다, 유리하다　**有益**　[yǒu yì]　요우 이
- 몡 유적　**遗迹**　[yí jì]　이 지
- 혱 유쾌하다, 즐겁다, 기쁘다　**愉快**　[yú kuài]　위 콰이
- 혱 유해하다, 해롭다　동 유해하게 되다　**有害**　[yǒu hài]　요우 하이
- 몡 유행, 현대적, 최신식　혱 유행이다　**时髦**　[shí máo]　스 마오
- 혱 유효하다, 효과가 있다　**有效**　[yǒu xiào]　여우 씨아오
- 몡 육(6), 여섯　**六**　[liù]　리우
- 몡 육교, 구름다리, 평균대의 한 가지　**天桥**　[tiān qiáo]　티앤 치아오
- 몡 육십(60)　**六十**　[liù shí]　리우 스
- 몡 육일(6일)　**六号**　[liù hào]　리우 하오
- 몡 육지, 뭍　**陆地**　[lù dì]　루 띠
- 몡 은하, 은하수　**银河**　[yín hé]　인 허
- 몡 은행　**银行**　[yín háng]　인 항

- 명 음(陰), 그늘, 뒷면 형 흐린 阴 [yīn] 인

- 명 음료 饮料 [yǐn liào] 인 리아오

- 명 음성, 소리, 목소리 声音(儿) [shēng yīn(r)] 썽 잉

- 명 음식(飮食) 饮食 [yǐn shí] 인 스

- 명 음악 감상 동 음악을 듣다 听音乐 [tīng yīn yuè] 팅 인 위에

- 명 음악회, 콘서트 音乐会 [yīn yuè huì] 인 위에 후이

- 명 응접실, 접대실, 거실 客厅 [kè tīng] 커 팅

- 명 의견, 견해, 이의, 불만 意见 [yì jiàn] 이 찌앤

- 명 의론, 논의 동 의론하다, 비평하다 议论 [yì lùn] 이 룬

- 명 의뢰인, 위탁자 委托人 [wěi tuō rén] 웨이 퉈 런

- 명 의문 疑问 [yí wèn] 이 원

- 명 의사, 의원 医生 [yī shēng] 이 성

- 명 의식 동 의식하다, 깨닫다 意识 [yì shí] 이 스

- 명 의심 동 의심하다 疑心 [yí xīn] 이 씬

- 명 의원, 병원 医院 [yī yuàn] 이 위앤

명 의자 椅子 [yǐ zi] 이즈

명 의학 医学 [yī xué] 이 쉬에

대 이, 이것 这个 [zhè ge] 쩌 거

대 이, 이것, 이때, 지금 这 [zhè] 쩌

명 이, 치아 牙齿 [yá chǐ] 야 츠

대 이곳, 여기 这里 [zhè lǐ] 쩌 리

동 이기다, 승리하다 赢 [yíng] 잉

동 이끌다, 인솔하다 带领 [dài lǐng] 따이 링

명 이력서 简历 [jiǎn lì] 찌앤 리

동 이루다, 성공하다 형 기존의 成 [chéng] 청

동 이륙하다, 급성장하기 시작하다 起飞 [qǐ fēi] 치 페이

동 이르다, 도달하다 개 ~에, ~으로 到 [dào] 따오

동 이를 닦다, 양치질하다 명 칫솔 刷牙 [shuā yá] 쑤아 야

명 이름, 성명, (사물의) 명칭 名字 [míng zi] 밍즈

명 이름, 일, 번호, 사이즈 号 [hào] 하오

한중 단어 | **393**

명 이마　前额　[qián é]　치앤 어

명 이모　姨妈　[yí mā]　이 마

부 이미, 벌써　已经　[yǐ jīng]　이 징

동 이민하다　移民　[yí mín]　이 민

명 이발　동 이발하다　理发　[lǐ fà]　리 파

명 이발사　理发师　[lǐ fà shī]　리 파스

명 이번 달　本月　[běn yuè]　번 위에

명 이번 주　这个星期　[zhè ge xīng qī]　쩌 거 씽 치

동 이별하다　부 ~하지 마라　형 다른　명 차이　别　[bié]　비에

명 이불　被子　[bèi zi]　뻬이 즈

동 이사하다, 이전하다, 옮기다　搬家　[bān jiā]　빤 찌아

명 이상, 꿈　형 이상적이다　理想　[lǐ xiǎng]　리 씨앙

명 이슬비, 가랑비, 보슬비, 안개비　细雨　[xì yǔ]　씨 위

명 이십(20)　二十　[èr shí]　얼 스

명 이십사시간(24시간)　二十四小时　[èr shí sì xiǎo shí]　얼 스 쓰 시아오 스

- 명 이십사일(24일)　二十四号 [èr shí sì hào] 얼 스 쓰 하오
- 명 이십일(20일)　二十号 [èr shí hào] 얼 스 하오
- 동 이야기하다, 말하다　讲 [jiǎng] 지앙
- 동 이어지다 부 연이어 개 ~까지도　连 [lián] 리앤
- 명 이용, 활용 동 이용하다, 활용하다　利用 [lì yòng] 리 용
- 명 이웃, 이웃집, 이웃 사람　邻居 [lín jū] 린 쮜
- 명 이월(2월)　二月 [èr yuè] 얼 위에
- 명 이유(理由), 까닭　理由 [lǐ yóu] 리 여우
- 명 이익　利益 [lì yì] 리 이
- 명 이일(2일)　二号 [èr hào] 얼 하오
- 명 이자율　利息率 [lì xī lǜ] 리 찌 뤼
- 명 이전　以前 [yǐ qián] 이 치앤
- 형 이중의　双重 [Shuāng chóng] 쑤앙 충
- 명 이쪽　这边 [zhè biān] 쩌 비엔
- 명 이해, 파악 동 이해하다, 파악하다　理解 [lǐ jié] 리 지에

한중 단어 | **395**

- 통 이해하다, 알다　懂 [dǒng] 둥

- 명 이혼　통 이혼하다　离婚 [lí hūn] 리 훈

- 부 이후, 다음, 금후, 향후　以后 [yǐ hòu] 이 허우

- 형 익숙하다, 능숙하다　熟练 [shú liàn] 수 리엔

- 통 인계하다, 교대하다, 당부하다　交代 [jiāo dài] 찌아오 따이

- 명 인공위성　人造卫星 [rén zào wèi xīng] 런 짜오 웨이 씽

- 명 인공호흡　人工呼吸 [rén gōng hū xī] 런꿍 후씨

- 명 인내심, 참을성　형 참을성이 있다　耐心 [nài xīn] 나이 씬

- 명 인도, 보도　人行道 [rén xíng dào] 런 싱 따오

- 통 인도하다, 이끌다, 유도하다　引导 [yǐn dǎo] 인 다오

- 명 인류　人类 [rén lèi] 런 레이

- 통 인사하다, 알리다　打招呼 [dǎ zhāo hu] 다 짜오 후

- 명 인삼　人参 [rén shēn] 런선

- 명 인상　印象 [yìn xiàng] 인 씨앙

- 형 인색하다, 옹졸하다　통 인색하게 굴다　小气 [xiǎo qi] 시아오 치

- 명 인생　人生　[rén shēng]　런 썽

- 동 인쇄하다　印刷　[yìn shuā]　인 수아

- 명 인스턴트(instant)식품　即食食品　[jí shí shí pǐn]　지 스 스 핀

- 명 인식　동 알다, 인식하다　认识　[rèn shi]　런 스

- 동 인출하다　取款　[qǔ kuǎn]　취 쿠안

- 명 인터넷 주소　网址　[wǎng zhǐ]　왕 즈

- 명 인터넷 카페, PC방　网吧　[wǎng bā]　왕 바

- 명 인터넷　因特网　[yīn tè wǎng]　인 터 왕

- 동 인터넷에 접속하다　上网　[shàng wǎng]　쌍 왕

- 동 일(손)을 돕다　명 원조, 조력　帮忙(儿)　[bāng máng(r)]　빵 망

- 명 일, 문제, 사정, 용무, 볼일, (사물의) 진상　事情　[shì qing]　쓰 칭

- 수 일곱, 7　七　[qī]　치

- 명 일곱시(7시)　七点　[qī diǎn]　치 디엔

- 명 일기 예보　天气预报　[tiān qì yù bào]　티앤 치 위 빠오

- 형 일반적이다, 보통이다, 마찬가지다　一般　[yì bān]　이 빤

- 명 일본 日本 [rì běn] 르 번
- 형 일상의, 일반적인 부 늘, 언제나, 항상 经常 [jīng cháng] 징창
- 명 일식 요리 日餐 [rì cān] 르 찬
- 동 일어나다, 기상하다, 출발하다 起来 [qǐ lái] 치 라이
- 동 일어나다, 옮기다, 뽑다 양 번, 차례, 건, 무리 起 [qǐ] 치
- 수 일억, 대단히 많은 수 동 예측하다 亿 [yì] 이
- 명 일요일 星期天 [xīng qī tiān] 씽 치 티앤
- 명 일월(1월) 一月 [yī yuè] 이 위에
- 명 일의 상황, 형세, 정황, 형편 情形 [qíng xing] 칭 싱
- 명 일일(1일) 一号 [yī hào] 이 하오
- 명 아침 早 [zǎo] 자오
- 부 일찍이, 이전에, 이미, 벌써 曾经 [céng jīng] 청 찡
- 동 일출하다 日出 [rì chū] 르 추
- 형 일치하다 一致 [yī zhì] 이쯔
- 동 일하다, 노동하다 명 사업, 노동 工作 [gōng zuò] 궁쭈어

- 명 일행하다, 함께 가다 **同行** [tóng xíng] 퉁싱

- 명 일회용의, 일회성의 **一次性** [yī cì xìng] 이 츠 씽

- 동 읽다, 열독하다 명 독음(讀音) **读** [dú] 뚜

- 동 잃다, 유실하다, 내버려두다 **丢** [diū] 띠우

- 동 잃어버리다, 잃다 **失去** [shī qù] 쓰 취

- 명 임금, 급여, 노임, 월급 **工资** [gōng zī] 궁쯔

- 명 임무, 책무, 책임, 할당된 일 **任务** [rèn wù] 런 우

- 동 임신하다 **怀孕** [huái yùn] 후아이 윈

- 명 입, 부리, 주둥이, 말, 말솜씨 **嘴** [zuǐ] 쭈이

- 명 입구 **入口** [rù kǒu] 루 커우

- 명 입구, 현관 **门口(儿)** [mén kǒu(r)] 먼 커우

- 동 입국하다 **入境** [rù jìng] 루찡

- 명 입국관리 **入境管理** [rù jìng guǎn lǐ] 루찡관리

- 동 입맞추다, 키스(kiss)하다 **接吻** [jiē wěn] 지에 원

- 명 입술의 통칭 **嘴唇** [zuǐ chún] 주이 춘

- 동 입원하다　住院 [zhù yuàn] 쭈 위앤

- 동 입으로 힘껏 불다　吹 [chuī] 추이

- 명 입장권, 입장료　门票 [mén piào] 먼 피아오

- 명 입찰　投标 [tóu biāo] 터우 뺘오

- 명 입체　立体 [lì tǐ] 리 티

- 동 입학하다, 취학하다　명 입학, 취학　入学 [rù xué] 루 쉬에

- 명 입항　进港 [jìn gǎng] 찐 강

- 부 잇달아　接连 [jiē lián] 찌에 랜

- 명 잇몸　牙龈 [yá yín] 야 인

- 동 있다, 소유하다　대 어느, 어떤　有 [yǒu] 여우

- 명 잉어　鲤鱼 [lǐ yú] 리 위

- 명 잉크(ink)　墨水(儿) [mò shuǐ(r)] 머 쑤이

- 동 잊다, 망각하다, 무시하다　忘 [wàng] 왕

- 동 잊어버리다, 까먹다　忘记 [wàng jì] 왕 찌

- 명 잎, 트럼프　叶子 [yè zi] 예즈

ㅈ

명 자, 척도(尺度), 기준, 표본　尺子　[chǐ zi] 츠 즈

명 자격(資格)　资格　[zī gé] 쯔 거

대 자기, 자신　부 스스로　명 나(저)　自己　[zì jǐ] 쯔 지

부 자발적으로, 주동적으로　自动　[zì dòng] 쯔뚱

명 자동차　汽车　[qì chē] 치 처

명 자동판매기　自动售货机　[zì dòng shòu huò jī] 쯔뚱 서우 후어지

동 자라다, 나다, 생기다　형 항렬이 높다　长　[zhǎng] 장

명 자료, 물자, 수단　资料　[zī liào] 쯔 리아오

동 자르다, 썰다, 저미다, 접히다　切　[qiē] 치에

명 자리, 좌석　座位　[zuò wèi] 쭈어 웨이

명 자리, 위치, 직위　양 분, 명　位　[wèi] 웨이

동 자리(좌석)를 양보하다　让座　[ràng zuò] 랑 쭈어

명 자매(언니와 여동생)　姐妹　[jiě mèi] 지에 메이

명 자세　姿势　[zī shì] 쯔 스

- 명 자연　自然 [zì rán] 쯔 란

- 명 자유　형 자유롭다　自由 [zì yóu] 쯔 여우

- 명 자유시간　自由活动 [zì yóu huó dòng] 쯔 여우 후어 뚱

- 명 자장면　炸酱面 [zhá jiàng miàn] 자 찌앙 미앤

- 명 자전　字典 [zì diǎn] 쯔 디앤

- 명 자전거　自行车 [zì xíng chē] 쯔 싱 처

- 명 작가　作家 [zuò jiā] 쭈오 지아

- 명 작년, 지난해　去年 [qù nián] 취 니앤

- 형 작다, 적다　부 약간, 조금　명 어린아이　小 [xiǎo] 시아오

- 명 작품, 방법, 수법, 방식　作品 [zuò pǐn] 쭤 핀

- 명 잔, 컵, 트로피(trophy)　양 잔　杯 [bēi] 뻬이

- 명 잔돈　零钱 [líng qián] 링 치엔

- 동 잘 알다, 이해하다, 알아보다　了解 [liǎo jiě] 리아오 지에

- 명 잘못, 착오　형 들쑥날쑥하다　错 [cuò] 춰

- 동 잘하다　干得好 [gān dé hǎo] 깐 더 하오

- 동 잠그다 명 자물쇠 **锁** [suǒ] 쑤어

- 부 잠시, 잠깐, 곧, 잠깐 사이에 **一会儿** [yī huìr] 이 후얼

- 명 잠옷 **睡衣** [shuì yī] 쑤이 이

- 동 잠을 자다 **睡觉** [shuì jiào] 쑤이 찌아오

- 명 잡담, 쓸데없는 말 **闲话** [xián huà] 씨엔 후와

- 명 잡동사니, 자질구레한 물건 **杂物** [zá wù] 짜우

- 명 잡지, 잡기(雜記) **杂志** [zá zhì] 자 쯔

- 명 잡화 **杂货** [zá huò] 자 훠

- 명 장갑, 글러브(glove), 스틱(stick) **手套** [shǒu tào] 서우 타오

- 명 장기, 장기간 형 장기적이다 **象棋** [xiàng qí] 씨앙 치

- 명 장난감, 완구 **玩具** [wán jù] 완 쥐

- 동 장난하다, 놀이를 하다 명 감상품 **玩** [wán] 완

- 명 장래, 미래 **将来** [jiāng lái] 찌앙 라이

- 명 장르(genre) **体裁** [tǐ cái] 티 차이

- 명 장마, 장마비 **梅雨** [méi yǔ] 메이 위

- 명 장소, 지점 **地点** [dì diǎn] 띠 디엔

- 명 장소, 무대 양 회, 편, 장 **场** [chǎng] 창

- 명 장식, 치장 동 장식하다, 치장하다 **装饰** [zhuāng shì] 쭈앙 쓰

- 명 장애(물), 방해 동 방해하다 **障碍** [zhàng'ài] 짱 아이

- 명 장점, 우수한 점 **优点** [yōu diǎn] 여우 디앤

- 명 장치, 설비 동 장치하다, 설치하다 **装置** [zhuāng zhì] 쭈앙 쯔

- 명 장학금 **奖学金** [jiǎng xué jīn] 지앙 쉬에 찐

- 명 재능, 기량, 수완, 능력 **本领** [běn lǐng] 번 링

- 명 재떨이 **烟灰缸** [yān huī gāng] 이엔 후이 깡

- 명 재료, 재목, 데이터(data), 자질 **材料** [cái liào] 차이 리아오

- 명 재미, 흥미, 취미, 기호, 관심 **趣味** [qù wèi] 취 웨이

- 형 재미있다, 뜻깊다 **有意思** [yǒu yì si] 여우 이 쓰

- 명 재방송 동 재방송을 하다 **重播** [chóng bō] 충 뿌어

- 부 재빨리, 어서, 얼른 **赶快** [gǎn kuài] 간 콰이

- 명 재스민 차 **茉莉花茶** [mò lì huā chá] 무어리화 차

명 재작년 前年 [qián nián] 치앤 니앤

명 재주, 재능 부 방금, 이제 막 才 [cái] 차이

명 재판, 심판 동 재판하다, 심판을 보다 裁判 [cái pàn] 차이 판

명 재판소 法院 [fǎ yuàn] 파 위엔

명 재혼 동 재혼하다 再婚 [zài hūn] 짜이 훈

명 쟁론, 논쟁 동 쟁론하다, 논쟁하다 争论 [zhēng lùn] 쩡 룬

명 쟁반, 매매가격, 팁(tip) 盘子 [pán zi] 판즈

대 저(것), 그(것), 그것(들) 접 그렇다면 那 [nà] 나

명 저녁, 밤 晚上 [wǎn shang] 완 상

명 저녁, 저녁밥 晚饭 [wǎn fàn] 완 판

명 저녁무렵 傍晚 [bàng wǎn] 빵 완

명 저울 秤 [chèng] 청

동 저지하다, 가로막다 阻住 [zǔ zhù] 주 쮸

형 적극적이다, 열성적이다 积极 [jī jí] 찌 지

형 적다, 부족하다 동 잃다, 분실하다 少 [shǎo] 사오

한중 단어 | **405**

- 형 적당하다, 알맞다, 적합하다 合适 [hé shì] 허 쓰

- 부 적당히 适当地 [shì dàng de] 스 땅 더

- 형 적막하다, 고독하다, 외롭다 寂寞 [jì mò] 찌무어

- 부 적어도, 최소한 最少 [zuì shǎo] 쭈이 사오

- 형 적합하다, 적절하다, 어울리다 适合 [shì hé] 쓰 허

- 동 전(달)하다, 전파하다, 통하다 传 [chuán] 추안

- 명 전공, 학과(學科) 专业 [zhuān yè] 쭈안 예

- 명 전기 밥솥 电饭锅 [diàn fàn guō] 띠앤 판 꾸어

- 명 전기 청소기 吸尘器 [xī chén qì] 씨 천 치

- 명 전기 电气 [diàn qì] 띠앤 치

- 명 전기스탠드, 탁상용 전등 台灯 [tái dēng] 타이 떵

- 명 전등, 백열등 电灯 [diàn dēng] 띠앤 떵

- 명 전망대 瞭望台 [liào wàng tái] 랴오 왕 타이

- 명 전문가 专家 [zhuān jiā] 쥬안 지아

- 명 전보, 전신 电报 [diàn bào] 띠앤 빠오

- 명 전부, 전체 형 전부의, 전체의, 총계의　全部 [quán bù] 취앤 뿌

- 명 전시회, 전람회　展览会 [zhǎn lǎn huì] 잔 란 후이

- 명 전자 우편, 이메일　电子邮件 [diàn zǐ yóu jiàn] 띠앤 즈 여우 찌앤

- 명 전자공학　电子学 [diàn zǐ xué] 띠엔 즈 슈에

- 명 전자레인지　微波炉 [wēi bō lú] 웨이 뽀 루

- 명 전쟁　战争 [zhàn zhēng] 짠정

- 명 전체, 온몸, 전신　全体 [quán tǐ] 취앤 티

- 명 전통　传统 [chuán tǒng] 추안 퉁

- 동 전하다, 전달하다　传达 [chuán dá] 주안 다

- 명 전형 형 전형적이다　典型 [diǎn xíng] 디앤 씽

- 명 전화　电话 [diàn huà] 띠앤 화

- 동 전화를 걸다　挂 [guà] 꽈

- 명 전화번호　电话号码 [diàn huà hào mǎ] 띠엔 화 하오 마

- 명 전후, 쯤, 앞뒤　前后 [qián hòu] 치앤 호우

- 명 절, 사원(寺院)　寺院 [sì yuàn] 쓰 위엔

한중 단어 | 407

형 절대의, 절대적인, 무조건적인 부 절대로 **绝对** [jué duì] 쥐에 뚜이

명 절망 동 절망하다, 모든 희망을 버리다 **绝望** [jué wàng] 쥐에 왕

형 절반의 **一半的** [yī bàn de] 이 빤 더

명 절정 동 극에 달하다 부 매우 형 최고의 **极** [jí] 지

명 절차, 절차 **手续** [shǒu xù] 서우 쉬

동 절충(折衷)하다 **折中** [zhé zhōng] 저쭝

명 절친한 친구 형 우호적이다 **友好** [yǒu hǎo] 여우 하오

형 젊다 **年轻** [nián qīng] 니엔 칭

명 젊은이, 청년 **年轻人** [nián qīng rén] 니앤 칭 런

명 점, 얼룩 동 점찍다 양 약간, 조금 **点** [diǎn] 디앤

명 점심, 점심 식사 **午饭** [wǔ fàn] 우 판

명 점원, 판매원 **售货员** [shòu huò yuán] 쏘우 훠 위앤

동 점프하다, 건너뛰다, (심장이) 뛰다 **跳** [tiào] 티아오

동 접근(접촉)하다, 맞이하다, 연결하다 **接** [jiē] 찌에

명 접시 **碟子** [dié zi] 디에쯔

- 명 접촉하다, 접하다 接触 [jiē chù] 찌에 추
- 명 젓가락 筷子 [kuài zi] 콰이 즈
- 명 정시(시간에 맞다) 准时 [zhǔn shí] 주언 스
- 형 정교하다, 세밀(정밀)하다, 매우 가늘다 精细 [jīng xì] 찡씨
- 명 정기간행물 期刊 [qī kān] 치 칸
- 형 정당하다, 적절하다, (인품이) 바르다 正当 [zhèng dàng] 쩡당
- 명 정리, 정돈 동 정리하다, 정돈하다 整理 [zhěng lǐ] 정 리
- 동 정리하다, 수습하다, 수리하다, 없애다 收拾 [shōu shi] 써우 스
- 형 진실한, 참된, 진짜의, 실제의 真实 [zhēn shí] 쩐스
- 형 진짜의, 진짜이다 真的 [zhēn de] 쩐더
- 명 정보 情报 [qíng bào] 칭 빠오
- 명 정부, 관청 政府 [zhèng fǔ] 쩡 푸
- 명 정수리, 꼭대기 동 머리로 받다 부 아주 顶 [dǐng] 딩
- 명 정식, 공식 형 정식의, 공식의 正式 [zhèng shì] 쩡 쓰
- 명 정신, 사상, 주된 의의, 요지 精神 [jīng shén] 찡 선

- 명 정오, 한낮 **中午** [zhōng wǔ] 쭝우

- 명 정원, 뜰 **庭院** [tíng yuàn] 팅 위앤

- 명 정점, 꼭대기, 절정, 클라이맥스, 꼭지점 **顶点** [dǐng diǎn] 딩 디앤

- 동 정정하다, 잘못을 바로 고치다 **更正** [gēng zhèng] 껑 쩡

- 형 정직하다, 솔직하다 **老实** [lǎo shí] 라오 스

- 명 정차 **停车** [tíng chē] 팅 처

- 형 정확하다, 틀림없다 **准确** [zhǔn què] 주언 취에

- 형 젖다, 습하다 **湿** [shī] 스

- 접두 제~, ~째 부 다만, 단지 **第** [dì] 띠

- 동 제거하다, 없애다 **消除** [xiāo chú] 씨아오 추

- 동 제공하다, 공급하다, 제안하다 **提供** [tí gòng] 티 꿍

- 동 제어하다, 조종하다, 통제하다 **控制** [kòng zhì] 쿵쯔

- 명 제의, 제안 동 제의(하다) **建议** [jiàn yì] 찌앤 이

- 명 제의, 제안 동 제의하다, 제안하다 **提议** [tí yì] 티 이

- 동 제작하다, 건설하다 명 당사자 **造** [zào] 짜오

- 몡 제정하다, 세우다, 만들다 **制定** [zhì dìng] 쯔띵

- 몡 공장(工場) **厂家** [chǎng jiā] 창 찌아

- 동 제조하다, 만들다, 제작하다 **制造** [zhì zào] 쯔 짜오

- 동 제지하다, 저지하다, 강력하게 막다 **制止** [zhì zhǐ] 쯔 즈

- 동 제출하다, 제의하다, 제기하다 **提出** [tí chū] 티추

- 명 제한, 한정 동 제한하다, 한정하다 **限制** [xiàn zhì] 씨앤 쯔

- 명 조각, 편, 구역 동 얇게 저미다 **片** [piàn] 피앤

- 명 조각품, 15분 동 새기다 형 심하다 **刻** [kè] 커

- 명 조개, 패화(貝貨), 진귀한 물건, 보배 **贝** [bèi] 뻬이

- 명 조건 **条件** [tiáo jiàn] 티아오 찌엔

- 수량 조금, 약간, 적은 것, 작은 것 **一点儿** [yì diǎnr] 이 디앨

- 동 조급해하다, 초조해하다, 걱정하다 **着急** [zháo jí] 자오 지

- 명 조미료, 양념, 양념감 **作料(儿)** [zuò liào(r)] 쭤 리아오

- 명 조반, 아침밥 **早饭** [zǎo fàn] 자오 판

- 명 조사 동 조사하다 **调查** [diào chá] 띠아오 차

명 조수   助手 [zhù shǒu] 쭈 서우

동 조심하다, 주의하다   형 조심스럽다   小心 [xiǎo xīn] 시아오 씬

동 조아리다, (잠시) 멈추다   양 끼니, 번, 차례   顿 [dùn] 뚠

명 조연(助演), 상대역   配角(儿) [pèi jué(r)] 페이 쥐에

형 조용하다, 안정되다, 평온하다   安静 [ān jìng] 안 찡

명 조작   동 조작하다, 다루다   操作 [cāo zuò] 차오 쭤

명 조정, 조절   동 조정하다, 조절하다   调整 [tiáo zhěng] 티아오 정

동 조제하다, 알맞게 조절하다   调剂 [tiáo jì] 티아오 찌

명 조종사, 파일럿   飞行员 [fēi xíng yuán] 페이 싱 위앤

명 조치, 대책, 시책   동 조치하다   措施 [cuò shī] 추어 쓰

명 존경   동 존경하다   尊敬 [zūn jìng] 쭈언 찡

동 존재하다, 생존하다   개 ~에, ~에서   在 [zài] 짜이

동 존중하다   형 점잖다   尊重 [zūn zhòng] 쭈언 쭝

명 졸업   동 졸업하다   毕业 [bì yè] 삐 예

명 졸업장, 졸업 증서   毕业文凭 [bì yè wén píng] 삐 예 원 핑

형 좁고 작다, 협소하다　狭小　[xiá xiǎo] 씨아 시아오

형 (폭이) 좁다　窄　[zhǎi] 쟈이

명 종, 시계, 시, 시간　钟　[zhōng] 쭝

명 종결, 종료　동 끝나다, 마치다　结束　[jié shù] 지에 쑤

명 종교　宗教　[zōng jiào] 쭝 찌아오

명 종류, 등급　형 같다　동 기다리다　조 등, 따위　等　[děng] 덩

명 종목, 프로그램, 레퍼토리　节目　[jié mù] 지에 무

명 종이 장, 매, 통　纸　[zhǐ] 즈

명 종전, 이전　부 예전에, 종전에　从前　[cóng qián] 충 치앤

명 종합　동 종합하다　综合　[zōng hé] 쭝허

형 좋다, 성하다　부 잘, 적절하게　好好(儿)　[hǎo hǎo(r)] 하오 하올 (러)

형 좋다, 훌륭하다　부 아주, 매우　好　[hǎo] 하오

동 좋아하다, 호감을 가지다　형 유쾌하다　喜欢　[xǐ huān] 시 후안

명 좌담, 간담　동 좌담하다, 간담하다　座谈　[zuò tán] 쭤 탄

명 좌우, 양측, 측근　동 좌우하다, 지배하다　左右　[zuǒ yòu] 쭈어 여우

- 명 좌회전 **左拐** [zuǒ guǎi] 쭤 과이

- 명 주(週), 요일, 일요일 동 예배하다 **礼拜** [lǐ bài] 리 빠이

- 명 주간, 낮, 대낮 **白天** [bái tian] 바이 티앤

- 명 주관 형 주관적이다 **主观** [zhǔ guān] 주 꾸안

- 동 주다, 바치다 개 ~에게, ~를 위하여 **给** [gěi] 게이

- 명 주동, 주도권 형 주동적이다, 자발적이다 **主动** [zhǔ dòng] 주 뚱

- 명 주말 **周末** [zhōu mò] 쩌우 무어

- 명 주목하다, 주의하여 보다 **注视** [zhù shì] 쮸 스

- 명 주문서(注文書) **订单** [dìng dān] 띵 딴

- 동 주문하다 **点菜** [diǎn cài] 디앤 차이

- 명 주사(走査), 스캐닝 동 스캐닝하다 **扫描** [sǎo miáo] 사오 미아오

- 동 주사를 놓다, 주사를 맞다 **打针** [dǎ zhēn] 다 쩐

- 명 주소 **地址** [dì zhǐ] 디 즈

- 명 주스(juice), 즙 **汁** [zhī] 즈

- 명 주식회사 **股分公司** [gǔ fēn gōng sī] 구펀 꿍쓰

- 명 주위, 둘레, 사방 四周 [sì zhōu] 쓰 쪼우

- 명 주유소 加油站 [jiā yóu zhàn] 찌아 여우 짠

- 동 주유하다, 기름을 치다, 힘을 내다 加油 [jiā yóu] 찌아 요우

- 명 주의, 조심 동 주의하다, 조심하다 主义 [zhǔ yì] 쭈 이

- 명 주인, 소유주, 임자, 당사자 主人 [zhǔ rén] 주 런

- 명 주장, 견해 동 주장하다, 결정하다 主张 [zhǔ zhāng] 주 짱

- 명 주제 主题 [zhǔ tí] 주 티

- 명 주차장 停车场 [tíng chē chǎng] 팅 처 창

- 동 주최(主催)하다 主办 [zhǔ bàn] 주 빤

- 명 주택, 집, 주거 住房 [zhù fáng] 쭈팡

- 동 죽다 형 죽은 부 필사적으로 死 [sǐ] 스

- 동 준비하다, 대비하다, ~할 예정이다 准备 [zhǔn bèi] 준 뻬이

- 부 줄곧, 내내, 계속해서, 끊임없이 一直 [yì zhí] 이즈

- 부 줄곧, 본래부터, 늘, 언제나 向来 [xiàng lái] 씨앙 라이

- 동 줄다, 감소하다, 줄이다 减少 [jiǎn shǎo] 지앤 사오

- 명 중간고사 期中考試 [qī zhōng kǎo shì] 치쭝 카오쓰

- 명 중계 방송 통 중계 방송하다 转播 [zhuǎn bō] 주안 뽀

- 명 중국 요리, 중국 음식 中餐 [zhōng cān] 쭝찬

- 명 중국 中国 [zhōng guó] 쭝구어

- 명 중국어, 한어(漢語) 汉语 [hàn yǔ] 한 위

- 동 중단하다(되다), 끊다 中断 [zhōng duàn] 중 뚜안

- 형 중대하다, 크다 重大 [zhòng dà] 쭝따

- 동 중독(中毒)되다 中毒 [zhōng dú] 쭝두

- 명 중량, 무게 형 무겁다, 심하다 重 [zhòng] 쭝

- 명 중립하다 中立 [zhōng lì] 중리

- 명 중복하다 부 거듭 형 겹겹의 양 층, 겹 重 [chóng] 충

- 명 중순(매월 초의 열흘 동안) 中旬 [zhōng xún] 쭝쉰

- 명 중시, 중요시 동 중시하다, 중요시하다 重视 [zhòng shì] 쭝쓰

- 명 중앙, 한가운데, 안 형 적당하다 中 [zhōng] 쭝

- 명 중요하게 여기지 않는 말 耳边风 [ěr biān fēng] 얼 삐앤 펑

형 중요하다, 요긴하다 명 요점, 관건 동 원하다 **要** [yào] 야오

형 중요하다, 요긴하다, 심각하다, 엄중하다 **要紧** [yào jǐn] 야오 진

동 중지하다, 중단하다, 도중에 그만두다 **中止** [zhōng zhǐ] 쯍 즈

명 중학교 **初中** [chū zhōng] 추쯍

명 중학생 **中学生** [zhōng xué shēng] 쯍 쉬에 성

명 쥐 **老鼠** [lǎo shǔ] 라오 수

부 즉시, 곧, 당장 **立刻** [lì kè] 리 커

명 즐거움, 재미 **乐趣** [lè qù] 러 취

동 즐거워하다, 좋아하다 형 즐겁다, 기쁘다 **高兴** [gāo xìng] 까오 씽

형 즐겁다, 흥겹다, 유쾌하다 **欢乐** [huān lè] 후안 러

동 증가하다, 더하다 명 증가 **增加** [zēng jiā] 쩡 찌아

명 증권 **证券** [zhèng quàn] 쩡 취엔

명 증기, 온수, 스팀(steam), 난방설비 **暖气** [nuǎn qì] 누안 치

명 증명, 증명서, 소개장 동 증명하다 **证明** [zhèng míng] 쩡 밍

동 지각하다, 연착(延着)하다 **迟到** [chí dào] 츠 따오

- 명 지갑, 돈지갑, 돈주머니, 돈가방 **钱包** [qián bāo] 치앤 빠오

- 명 지금, 현재, 이제 부 당장, 바로 **现在** [xiàn zài] 씨앤 짜이

- 동 지나가다, (시간이) 지나다 명 잘못, 과실 **过** [guò] 꿔

- 명 지난 주 **上星期** [shàng xīng qī] 상 씽 치

- 명 지난달 **上月** [shàng yuè] 쌍 위에

- 명 지도 **地图** [dì tú] 디 투

- 명 지도, 교도, 코치 동 지도하다, 교도하다 **指导** [zhǐ dǎo] 즈 다오

- 형 지독하다, 냉혹(冷酷)하다 **毒辣** [dú là] 뚜라

- 명 지방, 그곳, 그 지방 **地方** [dì fāng] 띠 팡

- 동 경영 관리하다 **经理** [jīng lǐ] 찡 리

- 동 지불하다, 낭비하다 명 비용, 수수료 **费** [fèi] 페이

- 동 지불하다(지급하다) 명 지불, 지급 **付款** [fù kuǎn] 푸 쿠안

- 명 지붕, 옥상 **屋顶** [wū dǐng] 우 딩

- 동 지시를 바라다, (상급 기관에) 물어보다 **请示** [qǐng shì] 칭 쓰

- 명 지역 **地区** [dì qū] 디 취

- 명 지역번호 地区号 [dì qū hào] 디 취 하오

- 명 지원, 원조 동 지원하다, 원조하다 支援 [zhī yuán] 쯔 위앤

- 명 지은이, 작자, 저자, 필자 作者 [zuò zhě] 쭤 저

- 명 지지난주 上上星期 [shàng shàng xīng qī] 상 상 씽 치

- 동 지지다, (약을) 달이다 양 탕약 횟수 煎 [jiān] 찌앤

- 동 지지하다, 후원하다, 지탱하다, 견디다 支持 [zhī chí] 쯔 츠

- 형 지치다, 피로하다 명 피로 동 피로해지다 疲劳 [pí láo] 피 라오

- 동 지키다, 잡다 명 자루, 움큼 개 ~를 把 [bǎ] 바

- 동 지키다, 유지하다 保持 [bǎo chí] 바오 츠

- 명 지하철 地铁 [dì tiě] 띠 티에

- 명 직업, 일 职业 [zhí yè] 즈 예

- 명 직원(職員) 职员 [zhí yuán] 즈 위엔

- 형 직접의, 직접적인 直接 [zhí jiē] 즈 지에

- 명 직책(직무와 책임) 职责 [zhí zé] 즈 저

- 동 직행하다, 쭉 ~에 이르다 直到 [zhí dào] 즈 따오

- 형 진귀하다, 보배롭고 귀중하다 珍贵 [zhēn guì] 쩐 꾸이

- 명 진동하다, 흔들다 振动 [zhèn dòng] 쩐 똥

- 명 진리 真理 [zhēn lǐ] 쩐 리

- 명 진보 동 진보하다 형 진보적이다 进步 [jìn bù] 찐 뿌

- 형 진실하다, 참되다 명 진실 부 정말 真理 [zhēn lǐ] 쩐 리

- 명 진열하다, 전시하다 陈列 [chén liè] 천 리에

- 동 진찰하다, 치료하다, 문병하다 看病 [kàn bìng] 칸 삥

- 명 진통제 止疼药 [zhǐ téng yào] 즈텅 야오

- 형 진하다, 짙다, 농후하다, (정도가) 깊다 浓 [nóng] 눙

- 동 진행하다, 행진하다, 전진하다 进行 [jìn xíng] 찐 싱

- 명 질문, 문제 동 질문하다, 문제를 내다 提问 [tí wèn] 티 원

- 명 질병, 병 疾病 [jí bìng] 지 삥

- 명 짐승말, (장기의) 말 형 크다 马 [mǎ] 마

- 명 집, 건물 房子 [fáng zi] 팡즈

- 명 집들이 乔迁宴 [qiáo qiān yàn] 치아오 치엔 옌

- 동 집에 가다, 귀가하다, 귀성하다　回家　[huí jiā] 후이 찌아

- 동 집을 빌리다(세내다)　명 셋집　租房　[zū fáng] 쭈 팡

- 명 집주인　房东　[fáng dōng] 팡둥

- 동 집중하다(되다), 모으다　集中　[jí zhōng] 지쭝

- 동 집합하다, 모이다　集合　[jí hé] 지 허

- 동 짓다, 제조하다, 만들다　做　[zuò] 쭤

- 형 짜다　부 전부, 모두　咸　[xián] 시앤

- 명 짝사랑　동 짝사랑하다　单相思　[dān xiāng sī] 딴 씨앙 쓰

- 형 짧다　동 결여되다　명 단점, 흠　短　[duǎn] 두안

- 동 찌다, 데우다, 증발하다　蒸　[zhēng] 쩡

- 동 찌르다, 박다　刺　[cì] 츠

- 명 찌르레기　椋鸟　[liáng niǎo] 량 뇨

- 동 찍다, 때리다, 치다, 두드리다　拍　[pāi] 파이

- 명 찜질　敷　[fū] 푸

- 동 찢다, 째다　撕　[sī] 쓰

ㅊ

- 명 차, 수레, 기계 동 선반으로 깎다 车 [chē] 처

- 명 차, 차나무, 음료의 명칭 茶 [chá] 차

- 형 차다, 매우 차다, 차디차다 冰凉 [bīng liáng] 삥 리앙

- 명 차도 车道 [chē dào] 처 따오

- 양 차례, 번, 행, 줄, 열 명 행렬 趟 [tàng] 탕

- 양 차례, 순서 명 번, 횟수 수 제2의 次 [cì] 츠

- 동 차를 타다 上车 [shàng chē] 쌍 처

- 명 차멀미 晕车 [yūn chē] 윈 처

- 명 차별, 구별, 격차 差别 [chā bié] 차 비에

- 명 차비, 교통비 车费 [chē fèi] 처 페이

- 동 차에서 내리다, 하차하다 下车 [xià chē] 씨아 처

- 명 차이 差异 [chā yì] 챠 이

- 명 차이나드레스 旗袍(儿) [qí páo(r)] 치 파오

- 명 착륙하다, 착지하다 着陆 [zhuó lù] 주오 루

- 형 착하다, 선량하다, 어질다 善良 [shàn liáng] 싼 리앙

- 동 찬성하다, 동의하다 赞成 [zàn chéng] 짠 청

- 동 찬양하다, 칭찬하다 명 찬양 赞扬 [zàn yáng] 짠 양

- 동 참가하다, 가입하다, 참석하다 参加 [cān jiā] 찬 찌아

- 명 참관, 견학 동 참관하다, 견학하다 参观 [cān guān] 찬 꾸안

- 명 참기름, 향기로운 기름 香油 [xiāng yóu] 씨앙 요우

- 명 참깨, 깨알같이 작은 것 芝麻 [zhī ma] 쯔 마

- 형 참되다, 진실하다 부 정말로, 확실히 实在 [shí zài] 스 짜이

- 명 참새 麻雀 [má què] 마 취에

- 명 참외 甜瓜 [tián guā] 티앤 꾸아

- 명 찻집, 다방 茶馆 [chá guǎn] 차관

- 명 창, 창문 窗户 [chuāng hù] 추앙 후

- 명 창립, 성립 동 창립하다, 성립하다 成立 [chéng lì] 청 리

- 명 창립, 창시 동 창립하다, 창시하다 创立 [chuàng lì] 추앙 리

- 명 창문 窗户 [chuāng hù] 츄앙 후

- 몡 창자, 장, 배알, 마음씨, 속마음 肠子 [cháng zi] 창 즈
- 동 창작하다 몡 창작, 문예 작품 创作 [chuàng zuò] 추앙 쭤
- 동 찾다, 채우다 找 [zhǎo] 자오
- 몡 채널(channel) 频道 [pín dào] 핀 따오
- 동 채식(菜食)하다 吃素 [chī sù] 츠 쑤
- 동 채용하다, 채택하다, 도입하다 采用 [cǎi yòng] 차이융
- 동 채우다, 메우다 填 [tián] 티엔
- 몡 책, 편지, 글씨체 동 (글씨를) 쓰다 书 [shū] 쑤
- 몡 책가방 书包 [shū bāo] 쑤 빠오
- 몡 책꽂이, 서가 书架(儿) [shū jià(r)] 쑤 찌아 (즈)
- 동 책망하다 형 이상하다 부 아주 몡 괴물 怪 [guài] 꽈이
- 동 책을 읽다, 독서하다, 공부하다 念书 [niàn shū] 니앤 쑤
- 몡 책임 责任 [zé rèn] 저 런
- 몡 처, 아내, 부인, 마님 太太 [tài tai] 타이 타이
- 몡 처녀, 아가씨, 딸 姑娘 [gū niang] 꾸 니앙

- 동 처리하다, 해결하다 处理 [chù lǐ] 추리
- 동 처리하다, 경영하다 명 사무실 办 [bàn] 빤
- 동 처방전을 짓다 开方 [kāi fāng] 카이 팡
- 명 처음, 원래, 본래 原先 [yuán xiān] 위앤 씨앤
- 양 척, 자(길이 단위) 명 자 尺 [chǐ] 츠
- 명 천(1,000) 一千 [yī qiān] 이 치앤
- 수 천, 1000 형 매우 많다 千 [qiān] 치앤
- 명 천국, 극락(極樂) 天堂 [tiān táng] 티앤 탕
- 명 천둥 雷 [léi] 레이
- 명 천둥번개 雷电 [léi diàn] 레이 디앤
- 명 천둥이 치다 打雷 [dǎ léi] 다 레이
- 명 천만(千萬) 형 수가 많다 부 제발, 부디 千万 [qiān wàn] 치앤 완
- 명 천주교 天主教 [tiān zhǔ jiào] 티앤 주 찌아오
- 동 천천히 걷다, 안녕히 가세요 慢走 [màn zǒu] 만 저우
- 부 천천히, 차츰, 느릿느릿 慢慢(儿) [màn màn(r)] 만말

- 명 천체 **天体** [tiān tǐ] 티앤 티

- 명 철학(哲學) **哲学** [zhé xué] 저 쉬에

- 명 첫사랑 **初恋** [chū liàn] 추 리앤

- 명 첫차, 첫 번째 기회 **头趟车** [tóu tàng chē] 터우 탕 처

- 명 청구서, 명세서 **账单** [zhàng dān] 짱 단

- 명 청년, 젊은이 **青年** [qīng nián] 칭 니앤

- 명 청바지, 진스(jeans) **牛仔裤** [niú zǎi kù] 니우 짜이 쿠

- 동 청소하다, 소제하다, 치우다 **打扫** [dǎ sǎo] 다 싸오

- 동 청취하다, (방송을) 듣다 **收听** [shōu tīng] 써우 팅

- 동 체결하다, 조인하다, (계약을) 맺다 **签订** [qiān dìng] 치앤 띵

- 명 체력, 힘 **体力** [tǐ lì] 티 리

- 명 체온 **体温** [tǐ wēn] 티 원

- 명 체조 **体操** [tǐ cāo] 티 차오

- 명 체크아웃(check out) 동 집을 반환하다 **退房** [tuì fáng] 투이 팡

- 명 체험 동 체험하다 **体验** [tǐ yàn] 티 옌

- 동 체험하다, 견디다 经受 [jīng shòu] 징 써우
- 동 첼로를 연주하다 拉大提琴 [lā dà tí qín] 라 따 티 친
- 동 쳐들다, 들어 올리다 명 거동, 행위 举 [jǔ] 쥐
- 동 초과하다, 따라잡다, 추월하다 超过 [chāo guò] 챠오 꿔
- 동 초대하다, 접대하다 명 접대원, 접대인 招待 [zhāo dài] 쨔오 따이
- 명 초등학교, 소학 小学 [xiǎo xué] 시아오 쉬에
- 명 초등학생 小学生 [xiǎo xué shēng] 시아오 쉬에 셩
- 명 초록색, 녹색 형 푸르다, 녹색의 绿 [lǜ] 뤼
- 명 초보자 初学者 [chū xué zhě] 추쉬에 저
- 명 초원, 풀밭 草原 [cǎo yuán] 차오 위앤
- 명 초인종 门铃 [mén líng] 먼 링
- 명 초점(焦點) 焦点 [jiāo diǎn] 지아오 디엔
- 명 초청, 초대 동 초청하다, 초대하다 邀请 [yāo qǐng] 야오 칭
- 명 초콜릿 巧克力 [qiǎo kè lì] 치아오 커 리
- 양 촌, 치(길이 단위) 형 짧다, 작다 寸 [cùn] 춘

- 명 총괄, 총화, 총결산 동 총괄하다 **总结** [zǒng jié] 쭝 지에

- 동 총괄하다 형 전체의 부 항상, 결국 **总** [zǒng] 쭝

- 형 총명하다, 영리하다, 똑똑하다 **聪明** [cōng ming] 충밍

- 명 촬영금지 **禁止摄影** [jìn zhǐ shè yǐng] 진쯔 써잉

- 명 최고, 으뜸 부 가장, 제일 **最** [zuì] 쭈이

- 명 최근, 요즈음, 근래 **最近** [zuì jìn] 쭈이 진

- 형 최대이다, 제일 크다 **最大** [zuì dà] 쭈이 따

- 명 최첨단 **最尖端** [zuì jiān duān] 쭈이 지엔 두안

- 명 추가요금 **补加费** [bǔ jiā fèi] 부 지아 페이

- 명 추리소설 **推理小说** [tuī lǐ xiǎo shuō] 투이리 씨아오 수어

- 명 추상 형 추상적이다 **抽象** [chōu xiàng] 초우 씨앙

- 명 추억, 회고 동 추억하다, 회고하다 **回忆** [huí yì] 후이 이

- 동 추진하다, 밀고 나아가다 명 추진, 촉진 **推动** [tuī dòng] 투이 뚱

- 명 추천 **推荐** [tuī jiàn] 투이 찌엔

- 동 추측해서 풀다, 짐작하여 맞추다 **猜** [cāi] 차이

- 명 축구, 축구공　足球　[zú qiú] 주 치우

- 명 축구팬　球迷　[qiú mí] 치우 미

- 동 축복하다, 행복을 빌다　祝福　[zhù fú] 쭈 푸

- 명 축제, 기념일(記念日)　节日　[jié rì] 지에 르

- 명 축하 동 축하하다, 경하하다　祝贺　[zhù hè] 쭈 허

- 동 축하하다　恭喜　[gōng xǐ] 꽁시

- 명 출구　出口　[chū kǒu] 추 커우

- 명 출국　出境　[chū jìng] 추 징

- 동 출근하다, 근무하다 명 고관(高官)　上班　[shàng bān] 쌍 빤

- 명 출발 동 출발하다　出发　[chū fā] 추 파

- 명 출생 동 출생하다, 태어나다　出生　[chū shēng] 추 썽

- 명 출석　出席　[chū xí] 추 씨

- 동 출석을 부르다, 점호를 하다　点名　[diǎn míng] 디앤 밍

- 명 출신, 신분 동 ~출신이다　出身　[chū shēn] 추 썬

- 명 출입　出入　[chū rù] 추 루

- 동 출장가다　出差　[chū chā]　추 차이

- 명 출판　동 출판하다　出版　[chū bǎn]　추 반

- 명 출판사　出版社　[chū bǎn shè]　추 반 셔

- 동 출현하다, 나타나다, 나오다　出现　[chū xiàn]　추 씨앤

- 명 출혈　出血　[chū xiě]　추 씨에

- 형 춥다, 차다　동 식히다　冷　[lěng]　렁

- 형 충분하다　充分　[chōng fèn]　충펀

- 형 충분하다, 넉넉하다　부 충분히, 대단히　够　[gòu]　꼬우

- 조동 충분히 ~할 수 있다　能够　[néng gòu]　넝 꼬우

- 형 충실하다, 풍부하다　동 채워 넣다　充实　[chōng shí]　충스

- 형 충족하다, 충분하다　充足　[chōng zú]　충주

- 동 취득하다, 얻다　명 인출(fetch)　取得　[qǔ dé]　취 더

- 동 취미가 있다, 애호하다, 즐기다　爱好　[ài hǎo]　아이 하오

- 동 취소하다, 효력을 잃다　取消　[qǔ xiāo]　취 시아오

- 동 취재하다, 탐방하다, 인터뷰하다　采访　[cǎi fǎng]　차이 팡

- 명 층, 계층 형 겹겹의, 중첩한 양 층, 겹 层 [céng] 청

- 명 치과 牙科 [yá kē] 야 커

- 명 치과의사 牙科医生 [yá kē yī shēng] 야커 이성

- 동 치다, (전보를) 보내다 명 채, 라켓 拍 [pāi] 파이

- 동 치다, 깨뜨리다, 공격하다, 쌓다, 묶다 打 [dǎ] 따

- 명 치료 동 치료하다 治疗 [zhì liáo] 쯔 리아오

- 명 치마, 스커트 裙子 [qún zi] 췬즈

- 명 치수, 사이즈, 길이, 분별 尺寸 [chǐ cùn] 츠춘

- 명 치약 牙膏 [yá gāo] 야 까오

- 명 치즈 干酪 [gān lào] 깐 라오

- 명 치통 형 이가 아프다 牙痛 [yá tòng] 야 텅

- 명 친구, 벗, 동무, 연인, 애인 朋友 [péng you] 펑 요우

- 형 친밀하다, 다정하다 동 친하게 지내다 亲热 [qīn rè] 친 러

- 형 친절하다, 친근하다 명 친절, 친근감 亲切 [qīn qiè] 친 치에

- 명 친척, 부모형제, 일가족, 친밀함 亲戚 [qīn qi] 친 치

- 명 칠십(70) 七十 [qī shí] 치 스

- 명 칠월(7월) 七月 [qī yuè] 치 위에

- 명 칠일(7일) 七号 [qī hào] 치 하오

- 명 칠판, 흑판 黑板 [hēi bǎn] 헤이 반

- 명 침대(bed), 평상, 가게 채, 자리 床 [chuáng] 추앙

- 명 침략 동 침략하다 侵略 [qīn lüè] 친 뤼에

- 명 침묵 동 침묵하다 형 과묵하다 沉默 [chén mò] 천 모

- 명 침범 동 침범하다, 침입하다 侵犯 [qīn fàn] 친 판

- 명 침실 卧室 [wò shì] 워 쓰

- 명 침입, 침투 동 침입하다, 침투하다 侵入 [qīn rù] 친 루

- 형 침착하다, 차분하다, 여유가 있다 从容 [cóng róng] 충룽

- 명 칫솔 牙刷 [yá shuā] 야 쑤아

- 명 칭찬, 찬양 동 칭찬하다, 찬양하다 称赞 [chēng zàn] 청 짠

KOREAN CHINESE WORDS DICTIONARY

- 명 칵테일(cocktail) 鸡尾酒 [jī wěi jiǔ] 지 웨이 지우

- 명 칼, 작은 칼 刀子 [dāo zi] 따오 즈

- 명 캔맥주 听装啤酒 [tīng zhuāng pí jiǔ] 팅 쭈앙 피지우

- 명 커튼, 블라인드 窗帘 [chuāng lián] 추앙 리앤

- 명 커피나무, 커피(coffee) 咖啡 [kā fēi] 카 페이

- 명 커피숍 咖啡厅 [kā fēi tīng] 카 페이 팅

- 명 컴퓨터(computer) 电脑 [diàn nǎo] 띠앤 나오

- 명 케이블카 缆车 [lǎn chē] 란 처

- 명 케이에프씨(KFC Corporation) 肯德基 [kěn dé jī] 컨 더 찌

- 명 케이크(cake), 카스텔라 蛋糕 [dàn gāo] 딴 까오

- 명 케첩(tomato ketchup) 番茄酱 [fān qié jiàng] 판 치에 찌앙

- 명 코, (기물의) 코 鼻子 [bí zi] 비 즈

- 명 코끼리, 형상(形狀), 모양 동 모방하다 象 [xiàng] 씨앙

- 명 코트, 외투 大衣 [dà yī] 따 이

한중 단어 | **433**

- 명 코피를 흘리다, 코피가 나다 流鼻血 [liú bí xiě] 리우 비 쒸에

- 명 콘서트(concert) 演唱会 [yǎn chàng huì] 이엔 창 후이

- 명 콘택트렌즈 隐形眼镜 [yǐn xíng yǎn jìng] 인 씽 이엔 징

- 명 콜라 可乐 [kě lè] 커 러

- 통 콧물이 나다, 콧물을 흘리다 流鼻涕 [liú bí tì] 리우 비 티

- 명 콩, 대두, 대두의 종자 大豆 [dà dòu] 따 또우

- 형 쾌적하다, 편안하다, 아늑하다 舒适 [shū shì] 쑤 쓰

- 명 크기, 큰 것과 작은 것, 대소 大小 [dà xiǎo] 따 시아오

- 형 크다, 높다 부 너무, 정말 太 [tài] 타이

- 형 크다, 많다 부 매우, 몹시 大 [dà] 따

- 명 크리스마스, 성탄절 圣诞节 [shèng dàn jié] 성 딴 지에

- 명 큰소리 大声 [dà shēng] 따 성

- 명 큰일 大事 [dà shì] 따 쓰

- 명 클래식 음악 古典音乐 [gǔ diǎn yīn yuè] 구 디앤 인 위에

- 명 클리닉(clinic) 诊所 [zhěn suǒ] 쩐 쑤어

- 명 클리닝(cleaning) 洗 [xǐ] 씨

- 명 클릭(click) 동 클릭하다 点击 [diǎn jī] 디앤 찌

- 명 클립(clip) 曲别针 [qū bié zhēn] 취 볘 쩐

- 명 키 个子 [gè zi] 꺼즈

- 형 키가 작다 个子矮 [gè zi ǎi] 꺼즈 아이

- 형 키가 작다, (높이가) 낮다, 낮추다 矮 [ǎi] 아이

- 형 키가 크다 个子高 [gè zi gāo] 꺼즈 까오

- 명 키다리, 꺽다리 大高个子 [dà gāo gè zi] 따 까오 꺼즈

- 명 키보드, 〈음악〉 건반, 키보드 键盘 [jiàn pán] 찌앤 판

- 동 키스하다, 입 맞추다 亲吻 [qīn wěn] 친 원

- 동 키우다 养育 [yǎng yù] 양 위

- 명 키잡이 舵手 [duò shǒu] 뚸 써우

- 명 킬러(killer) 杀手 [shā shǒu] 싸 써우

- 양 킬로그램 (kg) 公斤 [gōng jīn] 꿍진

- 명 킬로미터(kilometer) 公里 [gōng lǐ] 꿍 리

- 동 타다, 올라타다 **骑** [qí] 치

- 동 타도하다, 쳐부수다, 때려눕히다 **打倒** [dǎ dǎo] 따 따오

- 명 타이어(tire) **轮胎** [lún tāi] 룬 타이

- 명 타협 동 타협하다, 의견이 맞다 **妥协** [tuǒ xié] 투어 씨에

- 명 탁구, 탁구공 **乒乓球** [pīng pāng qiú] 핑 팡 치우

- 명 탁자, 테이블 **桌子** [zhuō zi] 쭈어 쯔

- 명 탄수화물, 설탕, 사탕, 엿, 캔디 **糖** [táng] 탕

- 명 탈의실 **更衣室** [gēng yī shì] 껑 이 스

- 명 탈지면 **药棉** [yào mián] 야오 미엔

- 동 탐색하다, 찾다, 조사하다 **探索** [tàn suǒ] 탄 수오

- 명 탐지기 **探测仪** [tàn cè yí] 탄 처 이

- 동 (차, 배 등을) 타다 **乘坐** [chéng zuò] 청 쭈워

- 명 탑승권 **登机牌** [dēng jī pái] 떵 지 파이

- 동 탑승하다 **登机** [dēng jī] 떵 지

명 태권도 跆拳道 [tái quán dào] 타이 취앤 따오

명 태극권 太极拳 [tài jí quán] 타이 지 취앤

명 태도, 기풍, 작풍, 풍격, 수법 作风 [zuò fēng] 쭤 펑

명 태양, 해, 햇볕, 햇빛, 햇살 太阳 [tài yang] 타이 양

동 태어나다 형 살아있는 명 생명 生 [shēng] 셩

동 태우다, 불사르다, 끓이다 열(熱) 烧 [shǎo] 싸오

명 태풍 台风 [tái fēng] 타이 펑

명 택배 宅配 [zhái pèi] 자이 페이

명 택시 기사를 풍자해 부르는 말 的哥 [dí gē] 디 꺼

명 택시 出租汽车 [chū zū qì chē] 추 쭈 치 처

명 택시승강장 出租车站 [chū zū chē zhàn] 추 주 처 짠

명 털, 초목, 털실 형 거칠다 동 떨어지다 毛 [máo] 마오

명 테니스, 테니스공 网球 [wǎng qiú] 왕 치우

명 (음악) 테이프(tape) 磁带 [cí dài] 츠 따이

명 텔레비전(television) 电视 [diàn shì] 띠앤 쓰

- 명 토끼 兔 [tù] 투

- 명 토론, 의논 동 토론하다, 의논하다 讨论 [tǎo lùn] 타오 룬

- 명 토마토 西红柿 [xī hóng shì] 씨훙쓰

- 양 토막, 조각, 기간 명 수단, 방법 段 [duàn] 뚜안

- 명 토요일 星期六 [xīng qī liù] 씽 치 리우

- 동 통과하다, 채택되다 개 ~을 통하여 通过 [tōng guò] 퉁 꾸어

- 명 통로, 큰길 通道 [tōng dào] 퉁 따오

- 명 통신(문), 뉴스, 기사 동 통신하다 通讯 [tōng xùn] 퉁 쒼

- 명 통신, 서신 왕래 동 서신 왕래하다 通信 [tōng xìn] 퉁 씬

- 명 통오리구이 烤鸭子 [kǎo yā zi] 카오 야 (즈)

- 명 통일 동 통일하다 형 일치하다, 단일하다 统一 [tǒng yī] 퉁이

- 명 통증 疼痛 [téng tòng] 텅퉁

- 명 통지, 통고서, 연락 동 통지하다, 알리다 通知 [tōng zhī] 퉁즈

- 명 통치, 지배 동 통치하다, 다스리다 统治 [tǒng zhì] 퉁쯔

- 명 통행금지 禁止通行 [jìn zhǐ tōng xíng] 찐 즈 퉁 씽

동 통화중이다 占线 [zhàn xiàn] 짠 씨앤

동 퇴근하다 다음 조(組) 下班 [xià bān] 씨아 빤

동 퇴원하다 出院 [chū yuàn] 추 위앤

동 퇴장하다 명 퇴장 退场 [tuì chǎng] 투이 창

명 퇴적 동 쌓아 올리다, 쌓이다, 밀리다 堆积 [duī jī] 뚜이 찌

동 퇴직하다, 사직하다 명 퇴직 退职 [tuì zhí] 투이 즈

동 퇴치하다, 제거하다, 청소하다 명 청소 扫除 [sǎo chú] 사오 추

동 투고하다 명 투고 投稿 [tóu gǎo] 터우 가오

동 투신하다, 헌신하다 投身 [tóu shēn] 터우 선

동 투입하다, 넣다, 뛰어들다, 참가하다 投入 [tóu rù] 터우 루

동 투자하다 명 투자, 투자금 投资 [tóu zī] 터우 즈

동 투표하다 명 투표 投票 [tóu piào] 터우 피아오

동 튀기다, (야채를) 데치다 炸 [zhá] 자

동 튀다, 튀기다 溅 [jiàn] 찌앤

동 튕기다, (솜을) 타다, (손가락으로) 튀기다 弹 [tán] 탄

- 명 트럭(truck), 화물차 **卡车** [kǎ chē] 카 처

- 명 트윈룸(이인용 방) **双人房** [shuāng rén fáng] 쑤알런 팡

- 명 특급 **特快** [tè kuài] 터콰이

- 명 특기, 장기, 특색, 장점 **特长** [tè cháng] 터 창

- 형 특별하다, 특이하다 부 매우, 아주 **特别** [tè bié] 터 비에

- 부 특별히, 각별히, 일부러, 모처럼 **特地** [tè dì] 터 띠

- 명 특산품 **特产品** [tè chǎn pǐn] 터 찬 핀

- 형 특수하다, 특별하다 동 특별 대우하다 **特殊** [tè shū] 터 쑤

- 형 튼튼하다, 단단하다, 건장하다 **结实** [jiē shi] 찌에스

- 형 틀린, 잘못된 명 잘못, 실수, 틀린 행위 **错误** [cuò wù] 춰 우

- 형 틀림없다, 맞다, 그렇다, 정확하다 **不错** [bù cuò] 뿌 춰

- 동 틀어막(히)다, 채우다 명 뚜껑, 마개 **塞** [sāi] 싸이

- 명 팁(tip) **小费** [xiǎo fèi] 시아오 페이

ㅍ

명 파 형 푸르다, 새파랗다 　葱　[cōng] 총

동 파견하다, 보내다 　派遣　[pài qiǎn] 파이 치앤

동 파괴하다, 훼손하다, 위반하다 　破坏　[pò huài] 포 화이

명 파도, 물결 　波浪　[bō làng] 뽀 랑

형 파랗다 　蓝　[lán] 란

동 파악하다, 정통하다, 주관하다, 관리하다 　掌握　[zhǎng wò] 장 워

명 파티, 연회 　宴会　[yàn huì] 옌 후이

명 판다(panda) 　熊猫　[xióng māo] 시옹 마오

동 판매하다, 팔다 　出卖　[chū mài] 추 마이

명 팔 　胳膊　[gē bo] 꺼 부어

동 팔다, 판매하다, 팔아먹다, 과시하다 　卖　[mài] 마이

명 팔십(80) 　八十　[bā shí] 빠 스

명 팔월(8월) 　八月　[bā yuè] 빠 위에

명 팔일(8일) 　八号　[bā hào] 빠 하오

한중 단어 | **441**

- 명 팜플렛(pamphlet)　介绍手册 [jiè shào shǒu cè] 찌에 싸오 서우츠어

- 명 패스트푸드, 인스턴트 식품, 즉석 음식　快餐 [kuài cān] 콰이 찬

- 명 패스트푸드점, 즉석 음식점　快餐厅 [kuài cān tīng] 콰이 찬 팅

- 명 팩스(fax), 초상(화)　동 초상화 그리다　传真 [chuán zhēn] 추안 쩐

- 형 팽팽하다, 단단하다　동 바짝 죄다, 아끼다　紧 [jǐn] 진

- 명 퍼머(permanent)　烫发 [tàng fā] 탕 파

- 명 펜, 만년필, 철필　钢笔 [gāng bǐ] 깡비

- 동 펴다, 늘어놓다, 보다　양 장, 개　张 [zhāng] 짱

- 동 펴다, 펼치다, 벌이다, 전개하다　展开 [zhǎn kāi] 잔 카이

- 명 편도　单程 [dān chéng] 딴 청

- 형 편리하다　동 편리하게 하다　便利 [biàn lì] 삐앤 리

- 형 편리하다, 적당하다　동 (대소)변을 보다　方便 [fāng biàn] 팡 삐앤

- 형 편안하다, 가뿐하다, 안락하다, 쾌적하다　舒服 [shū fu] 쑤 푸

- 명 편의점(24시)　便利店 [biàn lì diàn] 삐엔 리 띠앤

- 명 편지 봉투　信封 [xìn fēng] 씬 펑

명 편지지 信纸 [xìn zhǐ] 씬 즈

명 편집, 편찬, 편집인 동 편집하다 编辑 [biān jí] 삐앤 지

동 펼치다, 뻗다 형 분명하다, 즐겁다 伸展 [shēn zhǎn] 썬 잔

명 평가 동 평가하다 评价 [píng jià] 핑 찌아

형 평범하다 平凡 [píng fán] 핑 판

명 평소, 평상시 형 평범하다, 일반적이다 平常 [píng cháng] 핑 창

부 평소, 평상시, 보통 때, 여느 때 平时 [píng shí] 핑 스

형 평안하다, 편안하다, 안일하다, 무사하다 平安 [píng'ān] 핑 안

형 평온하다, 조용하다, 고요하다, 평정하다 平静 [píng jìng] 핑 찡

명 평원, 벌판 平原 [píng yuán] 핑 위앤

명 평일, 보통 날 平日 [píng rì] 핑 르

명 폐, 폐장 肺脏 [fèi zàng] 페이 짱

동 폐기하다, 녹여 없애다, 소각하다 销毁 [xiāo huǐ] 씨아오 후이

동 폐지하다, 파기하다, 취소하다 废除 [fèi chú] 페이 추

동 포괄하다, 포함하다, 일괄하다 包括 [bāo kuò] 빠오 쿼

- 동 포기하다, 단념하다, 희망을 버리다 死心 [sǐ xīn] 스 씬

- 동 포기하다, 철회하다, 버리다 放弃 [fàng qì] 팡 치

- 명 포도, 포도나무 葡萄 [pú táo] 푸 타오

- 명 포도주, 와인 葡萄酒 [pú táo jiǔ] 푸 타오 지우

- 동 포멧하다, 초기화하다 格式化 [gé shì huà] 거 스 화

- 동 포장하다, 싸다   명 보자기   양 포, 봉지 包 [bāo] 빠오

- 동 포장하다, 짐을 묶다, 포장을 풀다 打包 [dǎ bāo] 다 빠오

- 동 포함하다, 함유하다, 담다, 들다 包含 [bāo hán] 빠오 한

- 동 폭로하다, 까발리다 揭露 [jiē lù] 찌에 루

- 명 폭포 瀑布 [pù bù] 푸 뿌

- 명 폭풍우, 급격한 변화, 혼란 暴风雨 [bào fēng yǔ] 빠오 펑 위

- 명 표, 증서, 지폐, 증명서   양 한 건(件) 票 [piào] 피아오

- 동 표를 작성하다, 미터기대로 하다 打表 [dǎ biǎo] 다 비아오

- 명 표면, 겉, 외견, 외관 表面 [biǎo miàn] 비아오 미앤

- 동 표명하다, 분명히 하다 表明 [biǎo míng] 비아오 밍

- 동 표명하다, 표시하다 명 표정, 기색 **表示** [biǎo shì] 비아오 쓰
- 명 표적, 목표물, 목적, 목표 **目标** [mù biāo] 무 삐아오
- 명 표정, 안색, 의기양양함 형 기운차다 **神气** [shén qì] 선 치
- 명 표준, 기준 형 표준적이다 **标准** [biāo zhǔn] 삐아오 준
- 명 표창, 칭찬 동 표창하다, 칭찬하다 **表扬** [biǎo yáng] 비아오 양
- 명 표현, 태도 동 표현하다, 나타내다 **表现** [biǎo xiàn] 비아오 씨앤
- 동 표현하다, 나타내다 **表达** [biǎo dá] 비아오 다
- 명 풀, 짚, 초서, 초고 형 거칠다, 어설프다 **草** [cǎo] 차오
- 명 품성, 인품, 소질, 품질 **品质** [pǐn zhì] 핀 쯔
- 명 풍격, 품격, 기풍, 특징 **风格** [fēng gé] 펑 거
- 명 풍경, 경치 **风景** [fēng jǐng] 펑 징
- 형 풍부하다, 많다 동 풍부하게 하다 **丰富** [fēng fù] 펑 푸
- 명 풍속, 풍습 **风俗** [fēng sú] 펑 수
- 명 풍작 동 풍작이 들다 **丰收** [fēng shōu] 펑 써우
- 명 풍채, 의표, 계량기, 미터(meter) **仪表** [yí biǎo] 이 비아오

- 명 프런트 데스크　**服务台** [fú wù tái] 푸 우 타이
- 동 프린트하다, 인쇄하다　**打印** [dǎ yìn] 다 인
- 명 플래시, 발광　**闪光** [shǎn guāng] 산 광
- 명 플랫폼(platform), (옥외의) 테라스　**月台** [yuè tái] 위에 타이
- 명 플러그(plug)　**插头** [chā tóu] 차 터우
- 명 플레이어(CD)CD　**唱机CD** [chàng jī] 창 찌 씨디
- 명 피, 혈액 **血** [xiě] 시에
- 형 피곤하다, 지치다　동 피곤하게 하다　**累** [lěi] 레이
- 명 피동적이다, 수동적이다　**被动** [bèi dòng] 뻬이 뚱
- 형 피로하다, 지치다　명 피곤, 피로　**疲乏** [pí fá] 피 파
- 명 피부　**皮肤** [pí fū] 피 푸
- 명 피아노(piano)　**钢琴** [gāng qín] 깡 친
- 동 피아노를 치다　**弹钢琴** [tán gāng qín] 탄 깡 친
- 명 피자 헛(Pizza Hut)　**必胜客** [bì shèng kè] 삐 썽 커
- 명 피자(pizza)　**比萨饼** [bǐ sà bǐng] 비 싸 빙

- 동 피하다, 모면하다, 피면하다 避免 [bì miǎn] 삐 미앤

- 부 필경, 결국, 역시, 드디어 毕竟 [bì jìng] 삐 찡

- 명 필름(film) 胶片 [jiāo piàn] 찌아오 피앤

- 명 필명, 펜네임(pen name) 笔名 [bǐ míng] 비 밍

- 명 필수품 必需品 [bì xū pǐn] 삐 쉬 핀

- 부 필시, 반드시, 틀림없이 想必 [xiǎng bì] 샹 삐

- 형 필연적이다 부 반드시 명 필연 必然 [bì rán] 삐 란

- 명 필요 형 필요(로)하다 必要 [bì yào] 삐 야오

- 명 필자, 저자 笔者 [bǐ zhě] 비 저

- 동 필적하다 양 필(옷감), 마리 형 단독의 匹 [pǐ] 피

- 명 필통, 필갑 笔盒(儿) [bǐ hé(r)] 비 허

- 명 핏줄, 혈관 血管(儿) [xuè guǎn(r)] 쉬에 구안

- 동 핑계로 삼다 명 핑계, 구실 借口 [jiè kǒu] 찌에 커우

- 명 핑퐁(ping-pong) 乒乓球 [pīng pāng qiú] 핑 팡 츄

- 명 핑크(pink) 粉红 [fěn hóng] 펀 홍

ㅎ

동 하강하다, 떨어지다, 내려앉다   下降 [xià jiàng] 씨아 찌앙

수 하나, 1   명 첫째, 첫 번째   형 같다, 다른   一 [yī] 이

명 하늘, 공중   天空 [tiān kōng] 티앤 쿵

명 하늘, 천공   형 타고난, 자연의   天 [tiān] 티앤

동 하다, 담당하다   명 줄기, (사물의) 주체   干 [gàn] 깐

동 하다, 마련하다, 어떤 관계를 맺다   搞 [gǎo] 가오

동 하다, 행하다   개 ~에게 ~당하다   为 [wèi] 웨이

명 하드웨어(hardware), 기계 설비 및 장비   硬件 [yìng jiàn] 잉 찌앤

명 하루종일, 온종일   成天 [chéng tiān] 청 티앤

명 하루   一天 [yī tiān] 이 티엔

부 하마터면, 자칫하면   형 조금 다르다   差点儿 [chà diǎnr] 차 디앨

접 하물며, 게다가, 더구나   况且 [kuàng qiě] 쾅 치에

접 하물며, 더군다나   何况 [hé kuàng] 허 쿠앙

명 하반기   下半期 [xià bàn qī] 시아 빤 치

- 명 하순 下旬 [xià xún] 시아 쉰
- 명 하이힐, 굽이 높은 구두 高跟鞋 [gāo gēn xié] 까오 껀 씨에
- 명 학교 学校 [xué xiào] 쉬에 씨아오
- 명 학기 学期 [xué qī] 쉬에 치
- 명 학년 年级 [nián jí] 니앤 지
- 명 학생, 견습생, 실습생, 사내 아이 学生 [xué shēng] 쉬에 성
- 명 학습, 공부 동 배우다, 학습하다 学习 [xué xí] 쉬에 시
- 명 학점, 성적, 점수 学分 [xué fēn] 쉬에 펀
- 명 한 병 一瓶 [yī píng] 이 핑
- 형 한 쌍의, 짝수의, 두 배의 양 쌍, 켤레 双 [shuāng] 쑤앙
- 명 한 장 一张 [yī zhāng] 이 짱
- 명 한국 韩国 [hán guó] 한 구어
- 명 한국어 韩语 [hán yǔ] 한 위
- 명 한밤중 深更半夜 [shēn gēng bàn yè] 선껑빤예
- 명 한방약, 한약, 중국 의약 中药 [zhōng yào] 중 야오

- 명 한시(1시) **一点** [yī diǎn] 이 디엔
- 명 한약 **中药** [zhōng yào] 중 야오
- 명 한평생, 일생(一生) **一辈子** [yī bèi zi] 이 뻬이 즈
- 명 할머니, **奶奶** [nǎi nai] 나이 나이
- 명 할부 **摊付** [tān fù] 탄 푸
- 명 할아버지, 조부 **爷爷** [yé ye] 예 예
- 동 할인하다 **准折** [zhǔn zhé] 준 저
- 동 함께 일하다 명 직장 동료, 동업자 **同事** [tóng shì] 퉁쓰
- 명 합격 **合格** [hé gé] 허 거
- 동 합격하다 **及格** [jí gé] 찌거
- 동 (시험에) 합격하다 **考上** [kǎo shàng] 카오 쌍
- 형 합리적이다, 도리에 맞다 **合理** [hé lǐ] 허 리
- 명 합창단 **合唱团** [hé chàng tuán] 허 창 투안
- 동 합치다, 겸유하다 부 함께 접 또한 **并** [bìng] 삥
- 명 항공 **航空** [háng kōng] 항쿵

- 명 항공사 　航空公司　[háng kōng gōng sī] 항 쿵 궁스

- 명 항공편 　航班　[háng bān] 항 빤

- 부 항상, 늘, 자주, 종종, 언제나 　常常　[cháng cháng] 창 창

- 명 항의 동 항의하다 　抗议　[kàng yì] 캉 이

- 명 해, 세월, 시간 양 세, 살 　岁　[suì] 쑤이

- 동 해결하다, 풀다, 소멸시키다 　解决　[jiě jué] 지에 쥐에

- 동 해를 끼치다, 손해를 주다 　损害　[sǔn hài] 순 하이

- 명 해변, 해안, 바닷가 　海滨　[hǎi bīn] 하이 삔

- 명 해산, 해체 동 해산하다, 흩어지다 　解散　[jiě sàn] 지에 싼

- 명 해산물 　海鲜　[hǎi xiān] 하이 씨엔

- 명 해열제 　解热剂　[jiě rè jì] 지에 르어 찌

- 동 해치다, 해를 끼치다 명 해, 해독 　危害　[wēi hài] 웨이 하이

- 명 해커(hacker) 　黑客　[hēi kè] 헤이 커

- 명 핸드백, 손가방 　手提包　[shǒu tí bāo] 소우 티 빠오

- 명 햄(ham)(중국의) 　火腿　[huǒ tuǐ] 후오 투이

- 명 햄버거(hamburger) 汉堡包 [hàn bǎo bāo] 한 바오 빠오

- 명 행복 형 행복하다 幸福 [xìng fú] 씽 푸

- 명 행운, 좋은 운, 좋은 시기 好运 [hǎo yùn] 하오 윈

- 명 행인, 통행인, 여행자 行人 [xíng rén] 씽런

- 명 향수 香水 [xiāng shuǐ] 씨앙 수이

- 명 허가 批准 [pī zhǔn] 피 쥰

- 형 허다한, 좋다, 상당하다 许多 [xǔ duō] 쉬 뚜어

- 명 허리, 바지의 허리 부분 腰 [yāo] 야오

- 형 허약하다, 쇠약하다 동 약해지다 衰弱 [shuāi ruò] 수아이 뤄

- 명 허위, 거짓 형 허위의, 거짓의 虚假 [xū jiǎ] 쉬 지아

- 명 헤어드라이어(hair dryer) 吹风机 [chuī fēng jī] 추이 펑 찌

- 명 혀, 적의 보초병 舌头 [shé tou] 서 토우

- 명 혁신 동 혁신하다 革新 [gé xīn] 거 씬

- 명 현관, 대문, 정문 大门 [dà mén] 따 먼

- 명 현금, 은행 금고에 보존 화폐 现金 [xiàn jīn] 씨앤 찐

- 명 현기증　眩晕　[xuàn yūn]　슈엔 윈
- 명 현대, 현대　现代　[xiàn dài]　씨앤 따이
- 명 현실　형 현실적이다, 실질적이다　现实　[xiàn shí]　씨앤 스
- 명 혈액형　血型　[xiě xíng]　쉐 씽
- 명 협력, 제휴　동 협력하다, 제휴하다　协作　[xié zuò]　시에 쭤
- 명 협조, 협력　동 협조하다, 협력하다　合作　[hé zuò]　허 쭤
- 명 형, 오빠, 친척 형, 친척 오빠　哥哥　[gē ge]　꺼 거
- 명 형상, 모양, 형상, 이미지(image)　形象　[xíng xiàng]　싱 씨앙
- 동 형성하다, 이루다, 구성하다　形成　[xíng chéng]　싱 청
- 명 형세, 상황, 기세, 형편, 지형　形势　[xíng shì]　싱 쓰
- 명 형식, 형태　形式　[xíng shì]　싱 쓰
- 명 형제, 형과 동생　兄弟　[xiōng di]　씨웅 띠
- 명 혜택, 실제의 이익　实惠　[shí huì]　스 후웨이
- 명 호랑이　老虎　[lǎo hǔ]　라오 후
- 명 호박　南瓜　[nán guā]　난 꾸아

- 명 호소 동 호소하다, 어필(appeal)하다 号召 [hào zhào] 하오 짜오

- 명 호수 湖 [hú] 후

- 명 호응, 응답 동 호응하다, 응답하다 响应 [xiǎng yìng] 시앙 잉

- 명 호주머니, 부대, 자루 口袋(儿) [kǒu dai(r)] 코우 다이

- 명 호텔, 영빈관, (시설이 좋고 큰) 여관 宾馆 [bīn guǎn] 삔 구안

- 동 혼합하다, 한데 섞다 명 〈화학〉 혼합 混合 [hùn hé] 훈 허

- 부 홀로, 단독으로 单独 [dān dú] 딴 두

- 동 홀로 서다, 독립하다, 명 독립 独立 [dú lì] 두 리

- 명 홈페이지(home page) 网页 [wǎng yè] 왕 예

- 명 홍차 红茶 [hóng chá] 홍차

- 형 홑의, 단일의 부 단지, 오로지 单 [dān] 딴

- 명 화가 画家 [huà jiā] 화 찌아

- 동 화내다, 성내다 명 생기, 생명력 生气 [shēng qì] 썽 치

- 명 화물, 물품, 상품 货物 [huò wù] 훠 우

- 명 화상 동 화상을 입다 灼伤 [zhuó shāng] 쥬어 쌍

- 명 화요일 　星期二　[xīng qī èr]　씽 치 얼

- 명 화장　　化妆　[huà zhuāng]　화 쭈앙

- 명 화장실, 변소　　洗手间　[xǐ shǒu jiān]　시 소우 찌앤

- 명 화장지, 휴지　　卫生纸　[wèi shēng zhǐ]　웨이 썽 즈

- 명 화장품　　化妆品　[huà zhuāng pǐn]　화 쥬앙 핀

- 명 화제, 이야기의 주제　　话题　[huà tí]　화 티

- 명 화폐, 돈　　货币　[huò bì]　후워 삐

- 명 화해　　和解　[hé jiě]　허 지에

- 동 화해하다, 화목해지다　형 화목하다　　和好　[hé hǎo]　허 하오

- 동 확대하다, 넓히다　　扩大　[kuò dà]　쿼 따

- 형 확실하다, 진실하다　부 확실히, 정말로　　确实　[què shí]　취에스

- 동 확인(確認)하다　　确认　[què rèn]　취에 런

- 형 확정적이다, 명확하다　동 확정하다　　确定　[què dìng]　취에 띵

- 동 확충하다, 증대하다　　扩充　[kuò chōng]　쿼충

- 동 환불하다, 돈을 돌려주다　　退钱　[tuì qián]　투이 치앤

한중 단어 | **455**

명 환상 동 환상을 가지다 **幻想** [huàn xiǎng] 환 시앙

동 환영하다, 즐겁게 받아들이다 **欢迎** [huān yíng] 후안 잉

명 환영회 **欢迎会** [huān yíng huì] 후안 잉 후이

명 환율 **汇率** [huì lǜ] 후웨이 뤼

명 환자 **患者** [huàn zhě] 후안 져

명 환자, 병자 **病人** [bìng rén] 삥 런

동 환전하다, 돈을 바꾸다 **换钱** [huàn qián] 환 치앤

형 환하다, 밝다, 빛나다 **明亮** [míng liàng] 밍 리앙

동 환호하다 **欢呼** [huān hū] 후안 후

형 활동적이다, 활기차다 동 활약하다 **活跃** [huó yuè] 후오 위에

형 활발하다, 생기있다 **活泼** [huó pō] 후오 포

명 회, 생선회 **生鱼片** [shēng yú piàn] 셩 위 피앤

명 회담 동 회담하다 **会谈** [huì tán] 후이 탄

명 회답, 대답 동 회답하다, 대답하다 **回答** [huí dá] 후이 다

명 회로망, 네트워크(network), 조직 **网络** [wǎng luò] 왕 루어

- 명 회복 回復 [huí fù] 후이 푸
- 통 회복하다(되다), 되찾다 恢复 [huī fù] 후이 푸
- 명 회사, 기업 公司 [gōng sī] 궁쓰
- 명 회의, 의심 통 회의하다 怀疑 [huái yí] 후아이 이
- 명 회화, 그림 통 그림을 그리다 绘画 [huì huà] 후이 화
- 명 횡단보도 人行横道 [rén xíng héng dào] 런 싱 헝 따오
- 명 후불 后付 [hòu fù] 허우 푸
- 명 후추, 후추씨 胡椒 [hú jiāo] 후 찌아오
- 통 후퇴하다, 물러나다 后退 [hòu tuì] 허우 투이
- 명 후회 통 후회하다 后悔 [hòu huǐ] 허우 후이
- 형 훌륭하다, 멋지다, 근사하다 精彩 [jīng cǎi] 찡 차이
- 통 훔치다, 도둑질하다, 털다 偷 [tōu] 터우
- 명 휴가 기간, 방학 기간 假期 [jià qī] 찌아 치
- 명 휴가 休假 [xiū jiǎ] 시우 지아
- 명 휴대폰, 핸드폰 手机 [shǒu jī] 서우 찌

- 명 휴식, 휴양 동 휴식하다, 휴양하다 **休息** [xiū xi] 씨우 시

- 명 휴일, 휴식일, 쉬는 날 **休息日** [xiū xī rì] 시우 시 르

- 명 휴지통 **秽纸筒** [huì zhǐ tǒng] 후이 즈 퉁

- 동 흐르다, 이동하다 명 흐름, 물결 **流** [liú] 리우

- 동 흔들리다, 요동(搖動)하다 **搖晃** [yáo huàng] 야오 후앙

- 동 흡수하다, 받아들이다 **吸收** [xī shōu] 씨 써우

- 동 흡수하다, 섭취하다 **吸取** [xī qǔ] 씨 취

- 명 흡연 **吸烟** [xī yān] 씨 옌

- 명 흡연금지 **禁止吸烟** [jìn zhǐ xī yān] 찐즈 시이엔

- 명 흡연석 **吸烟席** [xī yān xí] 시 이엔 시

- 명 흥미, 취미, 흥취, 재미 **兴趣** [xìng qù] 씽 취

- 형 흥미를 느끼다 **感兴趣** [gǎn xìng qù] 간 씽 취

- 명 흥분, 자극 동 흥분하다, 감격하다 **兴奋** [xīng fèn] 씽 펀

- 명 희극 **喜剧** [xǐ jù] 시 쮜

- 형 희다, 하얗다 부 헛되이, 공연히 **白** [bái] 바이

- 명 희망, 바람 동 희망하다, 바라다 **希望** [xī wàng] 씨 왕

- 형 희미하다, 분명치 않다 **隐约** [yǐn yuē] 인 위에

- 명 희생, 재물용 가축 동 희생하다 **牺牲** [xī shēng] 씨 셩

- 명 희열 형 기쁘다, 즐겁다 **喜悦** [xǐ yuè] 시 위에

- 명 힘 **力** [lì] 리

- 명 힘, 에너지 (접미) ~함, ~하기 **劲儿** [jìnr] 찌얼

- 명 힘, 체력, 완력 **力气** [lì qi] 리 치

- 형 힘겹다, 어렵고 막중하다 **艰巨** [jiān jù] 찌앤 쮜

- 동 힘을 다하다, 최선을 다하다 **尽力** [jìn lì] 찐 리

- 형 힘이 있다, 강력하다 **有力** [yǒu lì] 여우 리

- 조 ~니? ~까? ~느냐? **吗** [ma] 마

- 동 ~라고 느끼다 **觉得** [jué de] 쮜에 더

- 동 ~라고 부르다, ~이다 **叫做** [jiào zuò] 찌아오 쭤

- 동 ~라고 생각하다, 알다 **以为** [yǐ wéi] 이 웨이

- 형 ~를 잘하다 부 능숙하게 **善于** [shàn yú] 싼 위

[집] ~뿐만 아니라 **不但** [bú dàn] 뿌 딴

[개] ~에 대하여, ~에 관하여 **对于** [duì yú] 뚜이 위

[개] ~에 대하여, ~에 관하여 **关于** [guān yú] 꾸안 위

[개] ~에게 [양] 쌍, 짝 [동] 대답하다 **对** [duì] 뚜이

[개] ~에서, ~을, ~로 **从** [cóng] 충

[동] ~을 같이하다 [개] ~와 (함께) **同** [tóng] 퉁

[집] ~이나, ~지만, ~하고(도) **而** [ér] 얼

[조] ~하고 있는 중이다, ~한 채로 있다 **着** [zhe] 저

[조동] ~하려고 하다 [동] 계획하다 **打算** [dǎ suan] 다 수안

[부] ~하지 마라, ~해서는 안 된다 **不要** [bù yào] 뿌 야오

[조동] ~할 수 있다 [형] 좋다 **可以** [kě yǐ] 커 이

[부] ~할 필요가 없다, ~하지 마라 **不必** [bú bì] 뿌 삐

[조] ~해라(명령), ~하자(건의) [명] 추측 **吧** [ba] 바

Part III

부록

- 중국어 상용한자
- 주제별 중단어
- 필수 속담·성어·관용어

중국어 상용한자

* : 필수교육한자

佳	佳	훌륭하다 **가** [jiā] 찌아
假	假	거짓, 휴가 **가** [jiǎ] [jià] 지아, 찌아
*价	價	값, 가격 **가** [jià] 찌아
加	加	더하다 **가** [jiā] 찌아
可	可	가하다 **가** [kě] 커
呵	呵	꾸짖다, 숨을 내쉬다 **가** [hē] 허
哥	哥	형 **가** [gē] 꺼
嫁	嫁	시집가다 **가** [jià] 찌아
家	家	집 **가** [jiā] 찌아
架	架	선반 **가** [jià] 찌아
歌	歌	노래 **가** [gē] 꺼
稼	稼	심다, 곡식 **가** [jià] 찌아
街	街	거리, 큰길 **가** [jiē] 찌에
驾	駕	타다, 거마 **가** [jià] 찌아
刻	刻	새기다, 시각 **각** [kè] 커
却	却	오히려 **각** [què] 취에
各	各	여러, 각각 **각** [gè] 꺼
壳	殼	껍데기 **각** [ké] 커, 치아오
脚	腳	발, 밑동 **각** [jiǎo] 지아오
*角	角	뿔, 각색 **각** [jiǎo] 지아오, 쥐에
*阁	閣	높다란 집 **각** [gé] 거
*搁	擱	놓다 **각** [gē] 꺼
胳	胳	겨드랑이 **각** [gē] 꺼
*觉	覺	깨닫다, 잠 **각**, **교** [jué, jiào] 쥐에, 찌아오

刊 刊	새기다 **간** [kān] 칸
*奸 姦	간사하다 **간** [jiān] 찌앤
*干 幹	줄기, 일을 하다 **간** [gàn] 깐
恳 懇	간절하다 **간** [kěn] 컨
拣 揀	고르다 **간** [jiǎn] 지앤
杆 桿	자루, 막대 **간** [gǎn] 간, 깐
看 看	보다, 지키다 **간** [kàn] 칸
竿 竿	막대 **간** [gān] 깐
*简 簡	간단하다 **간** [jiǎn] 찌앤
肝 肝	간 **간** [gān] 깐
艰 艱	어렵다 **간** [jiān] 찌앤
*间 間	사이, 중간, 틈 **간** [jiān] 찌앤
赶 趕	따라가다, 서둘다 **간** [gǎn] 간
喝 喝	마시다, 외치다 **갈** [hē] 허
渴 渴	목마르다 **갈** [kě] 커
竭 竭	다하다 **갈** [jié] 지에
褐 褐	거친 털옷 **갈** [hé] 허
堪 堪	할 만하다 **감** [kān] 칸
嵌 嵌	새겨 넣다 **감** [qiàn] 치앤
感 感	느끼다 **감** [gǎn] 간
憾 憾	유감 **감** [hàn] 한
敢 敢	용감하다, 감히 **감** [gǎn] 간
*减 減	감소하다 **감** [jiǎn] 지앤
甘 甘	달다 **감** [gān] 깐

중국어 상용한자 | 주제별 중단어 | 필수속담·성어·관용어

监 监	살피다 **감** [jiān] 찌앤	纲 綱	벼리 **강** [gāng] 깡
鉴 鑒	거울 **감** [jiàn] 찌앤	腔 腔	빈 속 **강** [qiāng] 치앙
砍 砍	베다 **감** [kǎn] 칸	讲 講	이야기하다 **강** [jiǎng] 찌앙
碱 碱	소금기, 알칼리, 소다 **감** [jiǎn] 지앤	钢 鋼	강철 **강** [gāng] 깡
甲 甲	첫째 (십간의 첫째) 천간 **갑** [jiǎ] 지아	僵 僵	뻣뻣하다 **강** [jiāng] 찌앙
闸 閘	수문 **갑** [zhá] 자	扛 扛	어깨에 메다 **강** [káng] 캉
刚 剛	방금, 굳세다 **강** [gāng] 깡	介 介	끼다, 소개하다 **개** [jiè] 찌에
冈 岡	산언덕 **강** [gāng] 깡	个 個	낱, 개, 명 **개** [gè, gè] 꺼, 거
岗 崗	산등성이 **강** [gǎng] 강	慨 慨	분개하다 **개** [kǎi] 카이
康 康	편안하다 **강** [kāng] 캉	改 改	고치다 **개** [gǎi] 가이
强 强	강하다 **강** [qiáng] 치앙	概 概	대개 **개** [gài] 까이
江 江	강 **강** [jiāng] 찌앙	溉 溉	물대다 **개** [gài] 까이

盖 蓋	덮개, 덮다 **개** [gài] 까이
开 開	열다 **개** [kāi] 카이
磕 磕	부딪히다 **개** [kē] 커
客 客	손님, 여객 **객** [kè] 커
坑 坑	구덩이 **갱** [kēng] 컹
更 更	더욱, 바꾸다 **갱, 경** [gēng] 껑
去 去	가다 **거** [qù] 취
居 居	살다 **거** [jū] 쮜
巨 巨	크다 **거** [jù] 쮜
拒 拒	대항하다, 거절하다 **거** [jù] 쮜
据 據	의거하다 **거** [jù] 쮜
举 舉	들다 **거** [jǔ] 쮜

渠 渠	도랑 **거** [qú] 취
距 距	거리 **거** [jù] 쮜
件 件	일, 사건 **건** [jiàn] 찌앤
健 健	건강하다 **건** [jiàn] 찌앤
巾 巾	수건, 헝겊 **건** [jīn] 찐
建 建	세우다 **건** [jiàn] 찌앤
键 鍵	건반 **건** [jiàn] 찌앤
杰 傑	걸출하다 **걸** [jié] 지에
俭 儉	검소하다, 부족하다 **검** [jiǎn] 지앤
剑 劍	칼 **검** [jiàn] 찌앤
检 檢	검사하다 **검** [jiǎn] 지앤
脸 臉	얼굴 **검** [jiǎn] 리앤

捡 撿	줍다 검 [jiǎn] 지앤	*决 決	결정하다, 결코 결 [jué] 쥐에
怯 怯	겁이 많다 겁 [qiè] 치에	*洁 潔	깨끗하다 결 [jié] 지에
揭 揭	떼다 게 [jiē] 찌에	*结 結	매다, 씨앗을 맺다 결 [jié, jiē] 지에, 찌에
*击 擊	치다 격 [jí] 찌	缺 缺	모자라다 결 [quē] 취에
格 格	격자, 표준 격 [gé] 거	兼 兼	겸하다 겸 [jiān] 찌앤
激 激	격렬하다 격 [jī] 찌	*谦 謙	겸손하다 겸 [qiān] 치앤
隔 隔	사이에 두다 격 [gé] 거	歉 歉	미안하다 겸 [qiàn] 치앤
坚 堅	단단하다 견 [jiān] 찌앤	*倾 傾	기울다 경 [qīng] 칭
*牵 牽	끌어당기다 견 [qiān] 치앤	劲 勁	힘, 굳세다 경 [jìng] 찐,찡
肩 肩	어깨 견 [jiān] 찌앤	境 境	경계 경 [jìng] 찡
*见 見	보이다, 의견 견 [jiàn] 찌앤	*径 徑	좁은 길 경 [jìng] 찡
遣 遣	파견하다 견 [qiǎn] 치앤	庆 慶	축하하다 경 [qìng] 칭

敬 敬	공경하다 **경** [jìng] 찡
景 景	경치, 상황 **경** [jǐng] 징
梗 梗	식물줄기 **경** [gěng] 겅
硬 硬	단단하다 **경** [yìng] 잉
*竟 竟	결국, 뜻밖에 **경** [jìng] 찡
竞 競	다투다 **경** [jìng] 찡
*经 經	지나다 **경** [jìng] 찡
耕 耕	밭 갈다, 고르다 **경** [jīng] 찡
警 警	경계하다 **경** [jǐng] 징
*轻 輕	가볍다, 젊다 **경** [qīng] 칭
*镜 鏡	거울 **경** [jìng] 찡
顷 頃	무렵 **경** [qǐng] 칭

*惊 驚	놀라다 **경** [jīng] 찡
鲸 鯨	고래 **경** [jīng] 찡
氢 氫	수소 **경** [qīng] 칭
*启 啓	열다 **계** [qǐ] 치
季 季	계절 **계** [jì] 찌
届 屆	때가 되다, 기회 **계** [jiè] 찌에
戒 戒	경계하다 **계** [jiè] 찌에
械 械	기계 **계** [xiè] 씨에
溪 溪	시내 **계** [xī] 씨
界 界	경계 **계** [jiè] 찌에
*系 繫	매다, 계통 **계** [jì, xì] 찌, 씨
*继 繼	계속하다 **계** [jì] 찌

计	計	계산하다 계 [jì] 찌
阶	階	계단 계 [jiē] 찌에
鸡	鷄	닭 계 [jī] 찌
古	古	옛날 고 [gǔ] 꾸
告	告	알리다 고 [gào] 까오
固	固	견고하다 고 [gù] 꾸
姑	姑	고모 고 [gū] 꾸
孤	孤	외롭다 고 [gū] 꾸
库	庫	곳집 고 [kù] 쿠
故	故	연고, 따라서 고 [gù] 꾸
敲	敲	두드리다 고 [qiāo] 치아오
枯	枯	시들다 고 [kū] 쿠
稿	稿	볏짚, 초고 고 [gǎo] 까오
考	考	시험하다 고 [kǎo] 카오
股	股	넓적다리 고 [gǔ] 구
膏	膏	기름 고 [gāo] 까오
苦	苦	쓰다, 고되다 고 [kǔ] 쿠
雇	雇	고용하다 고 [gù] 꾸
顾	顧	돌보다, 돌아보다 고 [gù] 꾸
高	高	높다 고 [gāo] 까오
鼓	鼓	북, 고무하다 고 [gǔ] 구
估	估	평가하다 고 [gū] 꾸
糕	糕	찐떡 고 [gāo] 까오
靠	靠	기대다 고 [kào] 카오

한자	간체	뜻·병음
咕	咕	꼬꼬 고 [gū] 꾸
搞	搞	하다 고 [gǎo] 가오
烤	烤	굽다 고 [kǎo] 카오
褲	裤	바지 고 [kù] 쿠
哭	哭	울다 곡 [kū] 쿠
曲	曲	굽다, 가락 곡 [qǔ] 취
*谷	穀	곡식, 계곡 곡 [gǔ] 구
困	困	곤란하다 곤 [kùn] 쿤
*昆	昆	형, 맏이 곤 [kūn] 쿤
棍	棍	막대기 곤 [gùn] 꾼
滾	滚	구르다 곤 [gǔn] 군
捆	捆	묶다 곤 [kǔn] 쿤
骨	骨	뼈 골 [gú] 구
供	供	공급, 공급하다 공 [gōng] 꽁
公	公	공공의 공 [gōng] 꽁
共	共	함께 공 [gòng] 꽁
功	功	공로, 효과 공 [gōng] 꽁
孔	孔	구멍 공 [kǒng] 콩
工	工	일꾼, 작업 공 [gōng] 꽁
恐	恐	두려워하다 공 [kǒng] 쿵
恭	恭	공손하다 공 [gōng] 꽁
拱	拱	두 손을 맞잡고 절하다 공 [gǒng] 꽁
控	控	통제하다, 고발하다 공 [kòng] 콩
攻	攻	공격하다 공 [gōng] 꽁

空 空	텅 비다, 틈 공 [kōng] 콩	锅 鍋	솥 과 [guō] 꾸어
*贡 貢	바치다 공 gòng 꿍	颗 顆	낟알 과 [kē] 커
巩 鞏	견고하다 공 [gǒng] 공	裹 裹	싸매다 과 [kuǎ] 구오
哄 哄	속이다 공, 떠들석하다 공,홍 [hǒng, hōng] 훙	垮 垮	무너지다 과 [kuǎ] 쿠아
寡 寡	적다 과 [guǎ] 구아	棵 棵	그루, 포기 과 [kē] 커
果 果	과실 과 [guǒ] 구어	冠 冠	모자, 일등하다 관 [guàn] 꾸안
瓜 瓜	오이 과 [guā] 꾸아	官 官	관리, 국가의 관 [guān] 꾸안
科 科	과, 조목 과 [kē] 커	*宽 寬	넓다 관 [kuān] 쿠안
*夸 誇	과장하다 과 [kuā] 쿠아	*惯 慣	익숙해지다 관 [guàn] 꾸안
*课 課	수업, 과 과 [kè] 커	款 款	금액, 항목 관 [kuǎn] 쿠안
跨 跨	활보하다, 초월하다 과 [kuà] 콰	灌 灌	물대다 관 [guàn] 꾸안
*过 過	지나다, 초월하다 과 [guò, guo] 꿔, 구오	管 管	관, 관리하다 관 [guǎn] 구안

罐 罐	항아리 **관** [guàn] 꾸안	框 框	테두리 **광** [kuàng] 쿠앙
*观 觀	보다, 관점 **관** [guān] 꾸안	*矿 礦	광석 **광** [kuàng] 쿠앙
*贯 貫	꿰뚫다 **관** [guàn] 꾸안	挂 掛	걸다 **괘** [guà] 꾸아
*关 關	닫다, 관계 **관** [guān] 꾸안	褂 褂	적삼 **괘** [guà] 꾸아
*馆 館	객사 **관** [guǎn] 구안	乖 乖	얌전하다, 어긋나다 **괴** [guāi] 꾸아이
刮 刮	칼날로 깎다 **괄** [guā] 꾸아	*块 塊	조각 **괴** [kuài] 콰이
括 括	묶다, 포괄하다 **괄** [kuò] 꾸앙	*坏 壞	나쁘다 **괴** [huài] 화이
光 光	빛, 빛내다 **광** [guāng] 꾸앙	怪 怪	이상하다, 탓하다 **괴** [guài] 꽈이
*广 廣	넓다, 넓히다, 너비 **광** [guǎng] 구앙	愧 愧	부끄럽다 **괴** [kuì] 쿠이
旷 曠	널찍하다 **광** [kuàng] 쿠앙	拐 拐	속이다, 방향을 바꾸다 **괴** [guǎi] 구아이
狂 狂	미치다 **광** [kuáng] 쿠앙	宏 宏	넓고 크다 **굉** [hóng] 훙
筐 筐	광주리 **광** [kuāng] 쿠앙	轰 轟	울리다, 수레소리 **굉** [hōng] 훙

缴 繳	납부하다 교 [jiǎo] 지아오
交 交	사귀다 교 [jiāo] 찌아오
咬 咬	물다 교 [yǎo] 야오
娇 嬌	아리땁다, 미녀 교 [jiāo] 치아오
巧 巧	교묘하다 교 [qiǎo] 치아오
搅 攪	휘젓다 교 [jiǎo] 찌아오
教 教	가르치다 교 [jiào] 찌아오
校 校	학교 교 [xiào] 씨아오
*桥 橋	다리, 교량 교 [qiáo] 치아오
翘 翹	발돋움하다 교 [qiáo] 치아오
*胶 膠	아교 교 [jiāo] 찌아오
*较 較	비교하다, 비교적 교 [jiào] 찌아오

轿 轎	가마 교 [jiào] 찌아오
郊 郊	교외 교 [jiāo] 찌아오
骄 驕	교만하다 교 [jiāo] 찌아오
丘 丘	언덕 구 [qiū] 치우
久 久	오래다 구 [jiǔ] 지우
九 九	아홉 구 [jiǔ] 지우
仇 仇	원수 구 [chóu] 초우
具 具	기구, 용구 구 [jù] 쮜
勾 勾	삭제하다, 결탁하다 구 [gōu] 꼬우
*区 區	구별, 지구 구 [qū] 취
口 口	입, 입구 구 [kǒu] 커우
句 句	문장, 마디 구 [jù] 쮜

惧 懼	겁내다 구 [jù] 쮜		购 購	사다 구 [gòu] 꼬우
拘 拘	구금하다 구 [jū] 쮜		钩 鉤	갈고리 구 [gōu] 꼬우
救 救	구제하다 구 [jiù] 찌우		驱 驅	몰다 구 [qū] 취
构 構	구성하다 구 [gòu] 꺼우		鸥 鷗	갈매기 구 [ōu] 오우
求 求	구하다 구 [qiú] 치우		扣 扣	채우다, 구류하다 구 [kòu] 코우
沟 溝	도랑 구 [gōu] 꼬우		夠 夠	모으다 구 [gòu] 꺼우
狗 狗	개 구 [gǒu] 고우		国 國	나라 국 [guó] 구오
球 球	공 구 [qiú] 치우		局 局	한판, 국면 국 [jú] 쥐
矩 矩	곱자, 법도 구 [jǔ] 쥐		君 君	임금 군 [jūn] 쮠
究 究	탐구하다 구 [jiū] 찌우		群 群	무리 군 [qún] 췬
舅 舅	외삼촌 구 [jiù] 찌우		裙 裙	치마 군 [qún] 췬
旧 舊	낡다 구 [jiù] 찌우		军 軍	군대 군 [jūn] 쮠

屈 屈	굽히다 굴 [qū] 취	权 權	권세, 권리 권 [quán] 취앤
掘 掘	파다 굴 [jué] 쥐에	柜 櫃	함, 옷장 궤 [guì] 꾸이
窟 窟	굴, 동굴, 소굴 굴 [kū] 쿠	溃 潰	둑이 터지다 궤 [kuì] 쿠이
宫 宮	궁전 궁 [gōng] 궁	轨 軌	궤도 궤 [guǐ] 꾸이
弓 弓	활 궁 [gōng] 꿍	跪 跪	무릎 꿇다 궤 [guì] 꾸이
*穷 窮	궁하다 궁 [qióng] 치웅	*归 歸	돌아가다 귀 [guī] 꾸이
躬 躬	자신, 몸소 궁 [gōng] 꿍	*贵 貴	비싸다 귀 [guì] 꾸이
倦 倦	피곤하다 권 [juàn] 쮜앤	鬼 鬼	귀신 귀 [guǐ] 꾸이
*劝 勸	권장하다 권 [quàn] 추안	龟 龜	거북, 균열 귀 [guī] 꾸이
圈 圈	동그라미, 우리 권 [quān, juàn] 취앤, 쮜앤	叫 叫	부르짖다 규 [jiào] 찌아오
拳 拳	주먹 권 [quán] 취앤	纠 糾	얽히다, 바로잡다 규 [jiū] 찌우
卷 捲	말다, 책 권 [juǎn] 주안, 쭈안	*规 規	규칙, 규정 규 [guī] 꾸이

闺 闺	규방 규 [guī] 꾸이
均 均	고르다 균 [jūn] 쮠
菌 菌	세균, 버섯 균 [jùn] 쮠
匀 匀	균등하다 균 [yún] 윈
橘 橘	귤, 귤나무 귤 [jú] 쥐
*克 克	극복하다 극 [kè] 커
*剧 劇	연극, 심하다 극 [jù] 쮜
*极 極	지극히 극 [jí] 지
隙 隙	틈, 구멍 극 [xì] 씨
*仅 僅	겨우, 다만 근 [jǐn] 진
勤 勤	부지런하다 근 [qín] 친
斤 斤	[양사] 근 근 [jīn] 찐

根 根	뿌리, 근본 근 [gēn] 껀
筋 筋	힘줄 근 [jīn] 찐
*谨 謹	조심하다 근 [jǐn] 진
近 近	가깝다 근 [jìn] 찐
跟 跟	~와, 뒤꿈치 근 [gēn] 껀
哏 哏	우습다 근 [gén] 건
今 今	지금, 바로 금 [jīn] 찐
琴 琴	거문고 금 [qín] 친
禁 禁	금하다, 견디다 금 [jìn] 찐
*锦 錦	비단 금 [jǐn] 진
金 金	금속 금 [jīn] 찐
及 及	이르다, 및 급 [jí] 지

急 急	초조하다, 급하다 급 [jí] 지	几 幾	몇, 거의 기 [jǐ] 찌
*级 級	등급 급 [jí] 지	技 技	기능, 기술 기 [jì] 지
*给 給	~에게 공급하다 급 [gěi, jǐ] 게이, 지	旗 旗	기 기 [qí] 치
圾 圾	쓰레기 급 jī 찌	既 既	이미 기 [jì] 찌
肯 肯	수긍하다 긍 kěn 컨	期 期	시기 기 [qī] 치
企 企	바라다 기 [qǐ] 치	棋 棋	장기, 바둑 기 [qí] 치
其 其	그의 기 [qí] 치	*齐 棄	내버리다, 잊어버리다 기 [qì] 치
器 器	기구, 그릇 기 qì 치	机 機	기계 기 [jī] 찌
基 基	기초 기 [jī] 찌	欺 欺	속이다 기 [qī] 치
奇 奇	기이하다, 홀수의 기 [qí, jī] 치, 찌	*气 氣	기체 기 [qì] 치
寄 寄	맡기다, 부치다 기 [jì] 찌	汽 汽	수증기, 증기 기 [qì] 치
己 己	자기 기 [jǐ] 지	纪 紀	기강 기 [jì] 찌

肌 肌	근육 기 [jī] 찌
*记 記	기억하다 기 [jì] 찌
讥 譏	비방하다 기 [jī] 찌
岂 豈	어찌 기 [qǐ] 치
起 起	일어나다 기 [qǐ] 취
*饥 饑	배고프다 기 [jī] 찌
*骑 騎	걸터앉다 기 [qí] 치
*紧 緊	팽팽하다 긴 [jǐn] 진
吉 吉	길하다 길 [jí] 지
拿 拿	잡다, 쥐다 나 [ná] 나
那 那	저, 그 나 [nà] 나
哪 哪	어느 나 [nǎ] 나

暖 暖	따뜻하다 난 [nuǎn] 누안
*难 難	어렵다, 곤란하다 난 [nán] 난
捏 捏	손가락으로 집다 날 [niē] 니에
南 南	남쪽 남 [nán] 난
男 男	남자 남 [nán] 난
纳 納	넣다, 받아 넣다 납 [nà] 나
娘 娘	어머니, 아가씨 낭 [niáng] 니앙
乃 乃	바로 ~이다 내 [nǎi] 나이
内 內	안, 내부 내 [nèi] 네이
奈 奈	참다, 어떻게 내 [nài] 나이
耐 耐	참다 내 [nài] 나이
奶 奶	젖 내 [nǎi] 나이

女 女	여자, 딸 녀 [nǚ] 뉘
年 年	해, 년 년 [nián] 니앤
念 念	읽다 념 [niàn] 니앤
*宁 寧	편안하다, 차라리 녕 [níng] 닝
拧 擰	비틀다, 고집 세다 녕 [níng] 닝
努 努	힘쓰다 노 [nǔ] 누
奴 奴	종, 노예 노 [nú] 누
怒 怒	성내다 노 [nù] 누
*禄 祿	봉급, 행복 녹, 록 [lù] 뤼
*浓 濃	짙다 농 [nóng] 눙
*农 農	농사 농 [nóng] 눙
*恼 惱	화내다 뇌 [nǎo] 나오
*脑 腦	뇌, 두뇌 뇌 [nǎo] 나오
尿 尿	소변 뇨 [niào] 니아오
挠 撓	긁적거리다 뇨 [náo] 나오
嫩 嫩	부드럽다 눈 [nèn] 넌
纽 紐	손잡이, 단추 뉴 [niǔ] 니우
扭 扭	비틀다 뉴 [niǔ] 니우
能 能	재능, 능하다 능 [néng] 넝
泥 泥	진흙, 바르다 니 [ní] 니
呢 呢	[의문조사] 니 [ne] 너
你 你	너, 자네, 당신 니 [nǐ] 니
您 您	당신, 귀하 니 [nín] 닌
多 多	많다 다 [duō] 뚜오

茶 茶	차 다 [chá] 차	蛋 蛋	알 단 [dàn] 딴
爹 爹	아버지 다 [diē] 띠에	锻 鍛	단조하다 단 [duàn] 뚜안
丹 丹	붉은색 단 [dān] 딴	*达 達	통하다 달 [dá] 다
但 但	다만, 그러나 단 [dàn] 딴	坛 壇	목긴 항아리 담 [tán] 탄
*单 單	홑, 하나, 오직 단 [dān] 딴	*担 擔	메다, 짐 담 [dān] 딴
*团 團	단체, 둥글다 단 [tuán] 투안	淡 淡	싱겁다, 엷다 담 [dàn] 딴
*断 斷	끊다 단 [duàn] 뚜안	潭 潭	깊은 못 담 [tán] 탄
旦 旦	아침 단 [dàn] 딴	*胆 膽	쓸개 담 [dǎn] 단
段 段	토막, 단락 단 [duàn] 뚜안	*谈 談	이야기하다 담 [tán] 탄
短 短	짧다 단 [duǎn] 두안	毯 毯	담요 담 [tǎn] 탄
端 端	발단 단 [duān] 뚜안	答 答	대답, 대답하다 답 [dá, dā] 다, 따
缎 緞	비단 단 [duàn] 뚜안	踏 踏	발로 밟다 답 [tà] 타

堂 堂	대청, 홀 당 [táng] 탕
塘 塘	제방, 못 당 [táng] 탕
撞 撞	부딪히다 당 [zhuàng] 쭈앙
*当 當	~이 되다 당 [dāng] 땅
糖 糖	사탕, 엿 당 [táng] 탕
*党 黨	정당, 파벌 당 [dǎng] 당
倘 倘	만약 당 [tǎng] 탕
档 檔	선반, 문서 당 [dǎng] 당
挡 擋	막다 당 [dǎng] 당
膛 膛	가슴 당 [táng] 탕
躺 躺	드러눕다 당 [tǎng] 탕
代 代	대신하다 대 [dài] 따이
大 大	크다, 많다 대 [dà] 따
*对 對	대답하다, 옳다 대 [duì] 뚜이
*带 帶	띠, 지니다 대 [dài] 따이
待 待	대우하다, 기다리다 대 [dài] 따이
戴 戴	착용하다 대 [dài] 따이
*抬 擡	들다 대 [tái] 타이
台 臺	대, 무대 대 [tái] 타이
袋 袋	주머니 대 [dài] 따이
*队 隊	행렬, 팀, 무리 대 [duì] 뚜이
贷 貸	빌려주다 대 [dài] 따이
德 德	덕, 행위 덕 [dé] 더
倒 倒	넘어지다, 역으로 도 [dǎo, dào] 다오, 따오

刀 刀	칼 도 [dāo] 따오	淘 淘	(쌀을) 일다, 씻다 도 [táo] 타오
到 到	~까지, 이르다 도 [dào] 따오	渡 渡	건너다 도 [dù] 뚜
*图 圖	그림 도 [tú] 투우	滔 滔	도도하다 도 [tāo] 타오
堵 堵	막다 도 [dǔ] 두	涛 濤	큰 파도 도 [tāo] 타오
*导 導	인도하다 도 [dǎo] 다오	盗 盜	훔치다 도 [dào] 따오
屠 屠	도살하다 도 [tú] 투	稻 稻	벼 도 [dào] 따오
*岛 島	섬 도 [dǎo] 따오	萄 萄	포도 도 [táo] 타오
徒 徒	무리, 헛되이 도 [tú] 투	赌 賭	노름하다 도 [dǔ] 두
挑 挑	선택하다, 쳐들다 도 [tiāo] 티아오	跳 跳	뛰다 도 [tiào] 티아오
掉 掉	떨어뜨리다 도 [diào] 띠아오	逃 逃	달아나다 도 [táo] 타오
捣 搗	찧다 도 [dǎo] 따오	途 途	길, 도로 도 [tú] 투
桃 桃	복숭아 도 [táo] 타오	道 道	길, 도로 도 [dào] 따오

都 都	모두, 수도 도 [dōu, dū] 또우, 뚜
镀 鍍	도금하다 도 [dù] 뚜
陶 陶	질그릇 도 [táo] 타오
叨 叨	잔소리하다 도 [dāo] 따오
掏 掏	끄집어내다 도 [tāo] 타오
度 度	법칙, 짐작하다 도, 탁 [dù, duó] 뚜, 두오
毒 毒	독, 마약 독 [dú] 두
*独 獨	혼자, 오직 독 [dú] 두
督 督	감독하다 독 [dū] 뚜
秃 禿	대머리 독 [tū] 투
*读 讀	읽다 독 [dú] 두
笃 篤	도탑다 독 [dǔ] 두

墩 墩	작은 언덕 돈 [dūn] 뚠
顿 頓	잠시 멈추다 돈 [dùn] 뚠
突 突	부딪다, 갑자기 돌 [tū] 투
冬 冬	겨울 동 [dōng] 뚱
*冻 凍	얼다, 춥다 동 [dòng] 뚱
*动 動	움직이다 동 [dòng] 뚱
同 同	같다 동 [tóng] 퉁
懂 懂	알다 동 [chǒng] 동
*东 東	동쪽 동 [dōng] 뚱
洞 洞	구멍, 동굴 동 [dòng] 뚱
疼 疼	아프다 동 [téng] 텅
童 童	어린이, 아이 동 [tóng] 퉁

简体	繁體	뜻 / 발음
*铜	銅	구리 동 [tóng] 퉁
咚	咚	[의성어] 둥둥, 쿵쿵 동 [dōng] 똥
兜	兜	호주머니 두 [dōu] 또우
豆	豆	콩 두 [dòu] 떠우
逗	逗	희롱하다 두 [dòu] 떠우
*头	頭	머리 두 [tóu] 토우
抖	抖	떨다 두 [dǒu] 떠우
肚	肚	배, 복부 두 [dù] 뚜
陡	陡	가파르다 두 [dǒu] 도우
钝	鈍	무디다, 둔하다 둔 [dùn] 뚠
得	得	[조사], 얻다 득 [dé] 더
*灯	燈	등, 등불 등 [dēng] 떵
登	登	오르다 등 [dēng] 떵
等	等	기다리다, 같다 등 [děng] 덩
藤	藤	등나무 등 [téng] 텅
腾	騰	질주하다, 오르다 등 [téng] 텅
凳	凳	걸상, 등상 등 [dèng] 떵
蹬	蹬	오르다 등 [dèng] 떵
喇	喇	나팔, 펄럭 라 [lǎ] 라
懒	懶	게으르다 라 [lǎn] 란
*罗	羅	새그물 라 [luó] 루어
萝	蘿	덩굴성식물 라 [luó] 루오
螺	螺	소라, 나사 라 [luó] 루오
锣	鑼	징 라 [luó] 루오

骡	騾	노새 라 [luó] 루오
烙	烙	다리다, (낙인을) 찍다 락 [luò] 라오
*络	絡	그물, 얽히다 락 [luò] 루오
落	落	떨어지다 락 [luò] 루어
骆	駱	낙타 락 [luò] 루어
*乐	樂	즐겁다, 음악 락, 악 [lè, yuè] 러, 위에
乱	亂	혼란하다 란 [luàn] 루안
卵	卵	알 란 [luǎn] 루안
*栏	欄	난간, 칼럼 란 [lán] 란
*烂	爛	문드러지다 란 [làn] 란
*兰	蘭	난초 란 [lán] 란
拦	攔	막다, 가로막다 란 [lán] 란
辣	辣	맵다 랄 [là] 라
篮	籃	바구니 람 [lán] 란
*蓝	藍	쪽빛 람 [lán] 란
*览	覽	보다 람 [lǎn] 란
*滥	濫	범람하다 람 [làn] 란
垃	垃	쓰레기 랍 [lā] 라
拉	拉	끌다 랍 [lā] 라
蜡	蠟	밀랍 랍 [là] 라
啦	啦	[어조사] 랍 [la] 라
廊	廊	복도, 회랑 랑 [láng] 랑
朗	朗	밝다 랑 [lǎng] 랑
浪	浪	물결 랑 [làng] 랑

狼 狼	이리 랑 [láng] 랑	*谅 諒	용서하다 량 [liàng] 리앙
*来 來	오다 래 [lái] 라이	辆 輛	대 량 [liàng] 리앙
冷 冷	춥다, 차다 랭 [lěng] 렁	量 量	헤아리다, 용량 량 [liàng] 리앙
掠 掠	빼앗다 략 [lüè] 뤼에	凉 涼	차다, 서늘하다 량 [liáng] 리앙
略 略	간략하다, 요약 략 [lüè] 뤼에	励 勵	힘쓰다 려 [lì] 리
亮 亮	밝다 량 [liàng] 리앙	*虑 慮	생각하다 려 [lǜ] 뤼
俩 倆	두 사람 량 [liǎ] 리아	旅 旅	나그네 려 [lǚ] 뤼
*两 兩	둘 량 [liǎng] 리앙	驴 驢	당나귀 려 [lǘ] 뤼
梁 梁	건축, 들보 량 [liáng] 리앙	*丽 麗	아름답다 려 [lì] 리
梁 梁	대들보 량 [liáng] 리앙	黎 黎	많다 려 [lí] 리
*粮 糧	양식 량 [liáng] 리앙	厉 厲	갈다 려 [lì] 리
良 良	양호하다 량 [liáng] 리앙	荔 荔	여지 려 [lì] 리

| 铝 | 鋁 | 알루미늄 려 [lǚ] 뤼
| 力 | 力 | 힘 력 [lì] 리
| *历 | 曆 | 경험하다, 겪다 력 [lì] 리
| *历 | 歷 | 겪다, 과거의 력 [lì] 리
| 沥 | 瀝 | 떨어지다 력 [lì] 리
| *怜 | 憐 | 가엾게 생각하다 련 [lián] 리앤
| *恋 | 戀 | 연애하다 련 [liàn] 리앤
| 炼 | 煉 | 단련하다 련 [liàn] 리앤
| *练 | 練 | 훈련하다 련 [liàn] 리앤
| *联 | 聯 | 연결하다 련 [lián] 리앤
| *莲 | 蓮 | 연 련 [lián] 리앤
| 连 | 連 | 잇다, 조차 련 [lián] 리앤

| 链 | 鏈 | 쇠사슬 련 [liàn] 리앤
| 列 | 列 | 늘어놓다 렬 [liè] 리에
| 烈 | 烈 | 강렬하다 렬 [liè] 리에
| 裂 | 裂 | 금가다 렬 [liè] 리에
| 咧 | 咧 | 입 벌리다 렬 [liě] 리에
| *廉 | 廉 | 청렴하다 렴 [lián] 리앤
| *帘 | 簾 | 발, 커튼 렴 [lián] 리앤
| *猎 | 獵 | 사냥하다 렵 [liè] 리에
| 令 | 令 | 명령하다 령 [lìng] 링
| *岭 | 嶺 | 재, 큰 산맥 령 [lǐng] 링
| 铃 | 鈴 | 방울 령 [líng] 링
| 零 | 零 | 영, 영세하다 령 [líng] 링

灵 靈	민첩하다 령 [líng] 링
领 領	이끌다, 목, 옷깃 령 [lǐng] 링
龄 齡	나이 령 [líng] 링
另 另	그 밖의, 다른 령 [lìng] 링
例 例	예 례 [lì] 리
礼 禮	예의 례 [lǐ] 리
隶 隸	속하다, 노예 례 [lì] 리
劳 勞	노동, 일하다 로 [láo] 라오
捞 撈	건져내다 로 [lāo] 라오
炉 爐	난로 로 [lú] 루
老 老	늙다, 노인 로 [lǎo] 라오
芦 蘆	갈대 로 [lú] 루
虏 虜	생포하다 로 [lǔ] 루
路 路	길, 도로 로 [lù] 루
露 露	이슬, 드러나다 로 [lù, lòu] 루, 러우
噜 嚕	군소리 많다 로 [lū] 루
碌 碌	평범하다, 바쁘다 록 [liù] 루
绿 綠	초록빛 록 [lǜ] 뤼
录 錄	기록하다, 녹음하다 록 [lù] 루
论 論	논하다 론 [lùn] 룬
垄 壟	이랑 롱 [lǒng] 롱
弄 弄	가지고 놀다, 만들다 롱 [nòng] 농
胧 朧	눈이 어둡다 롱 [lóng] 룽
笼 籠	바구니, 덮어씌우다 롱 [lóng] 룽

拢 攏	입다물다, 다가가다 롱 [lǒng] 룽
牢 牢	가축우리, 둘러싸다 뢰 [láo] 라오
*赖 賴	의지하다 뢰 [lài] 라이
雷 雷	천둥 뢰 [léi] 레이
了 了	[어조사] 료 [le, liǎo] 러, 리아오
僚 僚	관리 료 [liáo] 리아오
料 料	예상하다, 재료 료 [liào] 리아오
疗 療	치료하다 료 [liáo] 리아오
聊 聊	잠깐, 한담하다 료 [liáo] 리아오
辽 遼	멀다 료 [liáo] 리아오
闹 鬧	시끄럽다 료 [nào] 나오
*龙 龍	용 룡 [lóng] 룽

垒 壘	쌓다 루 [lěi] 레이
*楼 樓	건물, 층 루 [lóu] 러우
漏 漏	새다 루 [lòu] 러우
累 累	지치다, 포개다 루 [lèi] 레이
缕 縷	실 루 [lǚ] 뤼
喽 嘍	시끄러울, 도둑 루 [lou] 러우
搂 摟	껴안다, 긁어모으다 루 [lǒu] 러우
*泪 淚	눈물 루 [lèi] 레이
屡 屢	여러 루 [lǚ] 뤼
柳 柳	버드나무 류 [liǔ] 리우
榴 榴	석류 류 [liú] 리우
流 流	흐르다 류 [liú] 리우

溜	溜	미끄러지다 류 [liū] 리우
留	留	머무르다 류 [liú] 리우
硫	硫	유황 류 [liú] 리우
谬	謬	그릇되다 류 [miù] 미우
*类	類	부류, 무리 류 [lèi] 레이
六	六	여섯 륙 [liù] 리우
*陆	陸	육지 륙 [lù] 루
纶	綸	청색 실끈 륜 [lún, guān] 룬, 꾸안
伦	倫	인륜 륜 [lún] 룬
*轮	輪	바퀴 륜 [lún] 룬
律	律	법률 률 [lǜ] 뤼
率	率	비율, 인솔하다 률, 솔 [lǜ, shuài] 뤼, 쑤아이

凌	凌	능가하다, 깔보다 릉 [líng] 링
陵	陵	언덕, 능 릉 [líng] 링
愣	愣	멍해지다 릉 [lèng] 렁
利	利	이롭다 리 [lì] 리
李	李	오얏 리 [lǐ] 리
理	理	이치, 결 리 [lǐ] 리
璃	璃	유리 리 [lí] 리
*里	裏	속, 안, 가운데, 리 리 [lǐ] 리
厘	釐	센티 리 [lí] 리
*离	離	떠나다, ~로부터 리 [lí] 리
哩	哩	[어조사] 리 [lī] 리
磷	磷	인(화학원소) 린 [lín] 린

简体	繁體	뜻 · 병음
*邻	鄰	이웃, 이웃한 린 [lín] 린
林	林	수풀 림 [lín] 린
淋	淋	물뿌리다, 젖다 림 [lín] 린
*临	臨	임하다 림 [lín] 린
立	立	서다 립 [lì] 리
粒	粒	알갱이 립 [lì] 리
摩	摩	마찰하다 마 [mó] 모
码	碼	숫자, 셈하다 마 [mǎ] 마
磨	磨	갈다, 맷돌 마 [mó] 모
*马	馬	말 마 [mǎ] 마
魔	魔	마귀 마 [mó] 모
麻	麻	저리다, 삼 마 [má] 마
妈	媽	엄마 마 [mā] 마
蚂	螞	개미 마 [mǎ] 마
么	麽	[접미사], 그런가 마 [mó] 머
吗	嗎	[어조사] 마 [ma] 마
嘛	嘛	[어조사], 무엇 마 [ma] 마
寞	寞	쓸쓸하다 막 [mò] 모
幕	幕	장막 막 [mù] 무
漠	漠	사막, 망막하다 막 [mò] 모
膜	膜	막, 얇은 꺼풀 막 [mò] 모
莫	莫	없다, ~해서 안 된다 막 [mò] 모
慢	慢	느리다, 천천히 만 [màn] 만
挽	挽	잡아당기다 만 [wǎn] 완

晚 晚	저녁, 늦은 만 [wǎn] 완	袜 襪	양말 말 [wà] 와
*满 滿	가득 차다 만 [mǎn] 만	亡 亡	달아나다, 망하다 망 [wáng] 왕
漫 漫	질펀하다 만 [màn] 만	妄 妄	망령되다 망 [wàng] 왕
弯 彎	굽다 만 [wān] 완	忘 忘	잊다 망 [wàng] 왕
湾 灣	물굽이 만 [wān] 완	忙 忙	바쁘다 망 [máng] 망
瞒 瞞	감추다 만 [mán] 만	望 望	바라보다 망 [wàng] 왕
*万 萬	만 만 [wàn] 완	*网 網	그물 망 [wǎng] 왕
馒 饅	만두, 찐빵 만 [mán] 만	芒 芒	억새, 까끄라기 망 [máng] 망
蛮 蠻	오랑캐 만 [mán] 만	茫 茫	아득하다 망 [máng] 망
抹 抹	바르다, 발라 고르다 말 [mǒ] 모	埋 埋	묻다, 파묻다 매 [mái, mán] 마이, 만
末 末	끝 말 [mò] 모	妹 妹	여동생 매 [mèi] 메이
沫 沫	거품 말 [mò] 모	昧 昧	어리석다 매 [mèi] 메이

梅 梅	매화나무 매 [méi] 메이
每 每	매, ~마다 매 [měi] 메이
煤 煤	석탄 매 [méi] 메이
骂 罵	욕하다 매 [mà] 마
*买 買	사다 매 [mǎi] 마이
*卖 賣	팔다 매 [mài] 마이
迈 邁	내딛다 매 [mài] 마이
酶 酶	효소 매 [méi] 메이
*脉 脈	혈맥 맥 [mò] 마이
陌 陌	논두렁길 맥 [mò] 모
*麦 麥	보리, 밀 맥 [mài] 마이
猛 猛	사납다 맹 [měng] 멍
盲 盲	눈이 멀다 맹 [máng] 망
盟 盟	동맹 맹 [méng] 멍
*免 免	면하다 면 [miǎn] 미앤
勉 勉	힘쓰다 면 [miǎn] 미앤
棉 棉	면화, 솜 면 [mián] 미앤
眠 眠	잠자다 면 [mián] 미앤
绵 綿	솜, 연속되다 면 [mián] 미앤
面 麵	국수, 얼굴 면 [miàn] 미앤
*灭 滅	소멸하다 멸 [miè] 미에
蔑 蔑	멸시하다 멸 [miè] 미에
名 名	이름 명 [míng] 밍
命 命	명하다 명 [mìng] 밍

明 明	밝다, 알다 명 [míng] 밍
*鸣 鳴	울다 명 [míng] 밍
铭 銘	새기다 명 [míng] 밍
侮 侮	경멸하다 모 [wǔ] 우
冒 冒	무릅쓰다 모 [mào] 마오
帽 帽	모자 모 [mào] 마오
慕 慕	사모하다 모 [mù] 무
摸 摸	더듬다 모 [mō] 모
某 某	아무 모 [mǒu] 모우
模 模	모범, 모형 모 [mó, mú] 모, 무
母 母	어머니, 암컷 모 [mǔ] 무
毛 毛	털, 깃 모 [máo] 마오

矛 矛	창 모 [máo] 마오
耗 耗	소비하다 모 [hào] 하오
茅 茅	띠, 띠풀 모 [máo] 마오
*谋 謀	꾀하다 모 [móu] 모우
貌 貌	얼굴, 용모 모 [mào] 마오
木 木	나무 목 [mù] 무
牧 牧	목축하다 목 [mù] 무
目 目	눈, 목차 목 [mù] 무
*没 沒	없다, 숨다 몰 [méi, mò] 메이, 모
*梦 夢	꿈, 꿈꾸다 몽 [mèng] 멍
朦 朦	흐리다 몽 [méng] 멍
蒙 蒙	받다, 속이다 몽 [méng] 멍

墓 墓	묘지 묘 [mù] 무	无 無	없다 무 [wú] 우
妙 妙	묘하다 묘 [miào] 미아오	舞 舞	춤, 춤추다 무 [wǔ] 우
*庙 廟	사당 묘 [miào] 미아오	茂 茂	무성하다 무 [mào] 마오
描 描	묘사하다 묘 [miáo] 미아오	诬 誣	모함하다 무 [wū] 우
渺 渺	아득하다 묘 [miǎo] 미아오	*贸 貿	무역 무 [mào] 마오
猫 猫	고양이 묘 [māo] 마오	*雾 霧	안개 무 [wù] 우
苗 苗	모, 묘종 묘 [miáo] 미아오	墨 墨	먹, 형벌이름 묵 [mò] 모
亩 畝	(면적 단위) 묘 묘 [mǔ] 무	默 默	침묵하다 묵 [mò] 모
秒 秒	(단위) 초, 수염 묘 [miǎo] 미아오	嘿 嘿	어이! 묵 [mò] 헤이
*务 務	사무, 일 무 [wù] 우	们 們	~들, 무리 문 [men] 먼
抚 撫	위로하다 무 [fǔ] 푸	*问 問	묻다 문 [wèn] 원
武 武	무력의 무 [wǔ] 우	文 文	글, 문자 문 [wén] 원

汶	汶	무늬 문 [wèn] 원	
*闻	聞	듣다, 냄새 맡다 문 [wén] 원	
蚊	蚊	모기 문 [wén] 원	
*门	門	문 문 [mén] 먼	
物	物	물건 물 [wù] 우	
味	味	맛 미 [wèi] 웨이	
尾	尾	꼬리 미 [wěi] 웨이	
*弥	彌	가득 차다 미 [mí] 미	
微	微	작다, 쇠하다 미 [wēi] 웨이	
未	未	아직 ~않다 미 [wèi] 웨이	
眉	眉	눈썹 미 [méi] 메이	
米	米	쌀 미 [mǐ] 미	
美	美	아름답다 미 [měi] 메이	
迷	迷	혼미하다 미 [mí] 미	
霉	黴	곰팡이 미 [méi] 메이	
眯	眯	실눈 뜨다 미 [mǐ] 미	
闷	悶	답답하다, 우울하다 민 [mèn] 먼	
敏	敏	재빠르다 민 [mǐn] 민	
民	民	백성 민 [mín] 민	
悯	憫	불쌍히 여기다 민 [mǐn] 민	
密	密	빽빽하다 밀 [mì] 미	
蜜	蜜	벌꿀 밀 [mì] 미	
剥	剝	벗기다 박 [bāo, bō] 빠오, 뽀	
博	博	넓다 박 [bó] 보	

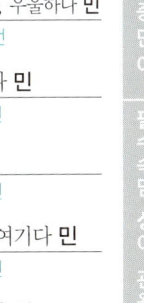

拍 拍	치다 박 [pāi] 파이
搏 搏	때리다 박 [bó] 보
*扑 撲	덮치다, 코를 찌르다 박 [pū] 푸
朴 樸	순박하다 박 [pú] 푸
泊 泊	정박하다 박 [bó] 보
缚 縛	묶다 박 [fú] 푸
膊 膊	어깨 박 [bó] 뽀
薄 薄	엷다, 사소하다 박 [bó, báo] 보, 바오
迫 迫	닥치다, 급하다 박 [pò] 포
驳 駁	논박하다, 반박하다 박 [bó] 보
啪 啪	땅땅, 짝짝(소리) 박 [pā] 파
伴 伴	짝, 동료 반 [bàn] 빤

*半 半	반, 절반 반 [bàn] 빤
*反 反	반대의 반 [fǎn] 판
叛 叛	배반하다 반 [pàn] 판
拌 拌	뒤섞다 반 [bàn] 빤
搬 搬	옮기다 반 [bān] 빤
攀 攀	기어오르다 반 [pān] 판
斑 斑	얼룩 반 [bān] 빤
班 班	반, 근무 반 [bān] 빤
*盘 盤	쟁반 반 [pán] 판
盼 盼	바라다 반 [pàn] 판
般 般	같은, 일반의 반 [bān] 빤
*返 返	돌아가다 반 [fǎn] 판

简	繁	뜻 / 발음
*饭	飯	밥 **반** [fàn] 판
胖	胖	뚱뚱하다 **반** [pàng] 팡
勃	勃	왕성하다 **발** [bó] 보
*拔	拔	빼다 **발** [bá] 바
拨	撥	밀어서 움직이다 **발** [bō] 뽀
泼	潑	뿌리다, 물이 새다 **발** [pō] 포
*发	發	보내다 **발** [fā] 파
*发	髮	보내다, 머리카락 **발** [fā] 파
脖	脖	목덜미 **발** [bó] 보
*仿	倣	모방하다 **방** [fǎng] 팡
傍	傍	접근하다 **방** [bàng] 빵
妨	妨	방해하다 **방** [fáng] 팡
帮	幫	돕다, 무리 **방** [bāng] 빵
房	房	집, 방 **방** [fáng] 팡
放	放	놓아주다 **방** [fàng] 팡
方	方	네모, 막 **방** [fāng] 팡
旁	旁	옆 **방** [páng] 팡
榜	榜	명단 **방** [bǎng] 방
纺	紡	실을 뽑다 **방** [fǎng] 팡
膀	膀	어깨, 날갯죽 지, 방광 **방** [bǎng, pāng] 방, 팡
*访	訪	찾다 **방** [fǎng] 팡
邦	邦	나라 **방** [bāng] 빵
防	防	막다 **방** [fáng] 팡
庞	龐	방대하다 **방** [páng] 팡

绑 绑	묶다, 감다 **방** [bǎng] 방	伯 伯	백부, 맏 **백** [bó] 보
倍 倍	곱 **배** [bèi] 뻬이	*柏 柏	측백나무 **백** [bó] 바이
培 培	북돋우다 **배** [péi] 페이	白 白	흰색, 헛되다 **백** [bái] 빠이
拜 拜	절하다 **배** [bài] 빠이	百 百	백 **백** [bǎi] 바이
排 排	배열하다, 줄 **배** [pái] 파이	*烦 烦	답답하다 **번** [fán] 판
杯 杯	잔, 그릇 **배** [bēi] 뻬이	番 番	차례, 종류 **번** [fān] 판
背 背	외우다, 지다 **배** [bèi] 뻬이	繁 繁	많다 **번** [fán] 판
赔 赔	배상하다 **배** [péi] 페이	*翻 翻	뒤집다, 번역하다 **번** [fān] 판
*辈 辈	무리, 동류 **배** [bèi] 뻬이	伐 伐	베다 **벌** [fá] 파
配 配	분배하다 **배** [pèi] 페이	*罚 罚	처벌하다 **벌** [fá] 파
陪 陪	모시다 **배** [péi] 페이	阀 阀	가문 **벌** [fá] 파
坯 坯	굽지 않은 기와벽돌 **배** [pī] 피	凡 凡	평범하다, 모두 **범** [fán] 판

简体	繁體	뜻과 훈음
帆	帆	돛 **범** [fān] 판
*泛	泛	뜨다 **범** [fàn] 판
犯	犯	범하다 **범** [fàn] 판
*范	範	모범, 범위 **범** [fàn] 판
法	法	법, 방법 **법** [fǎ] 파
僻	僻	후미지다, 보기 드물다 **벽** [pì] 피
劈	劈	쪼개다 **벽** [pī] 피
壁	壁	벽 **벽** [bì] 삐
碧	碧	청옥, 푸르다 **벽** [bì] 삐
辟	闢	개척하다, 군주 **벽** [pì, bì] 피, 삐
*变	變	바뀌다 **변** [biàn] 삐앤
辨	辨	판별하다 **변** [biàn] 삐앤
辩	辯	변론하다 **변** [biàn] 삐앤
*边	邊	가, 방면 **변** [biān] 삐앤
辫	辮	변발 **변** [biàn] 삐앤
别	別	다르다, 나누다 **별** [bié] 비에
丙	丙	셋째천간 **병** [bǐng] 빙
兵	兵	병사 **병** [bīng] 삥
屏	屏	병풍 **병** [píng] 핑
*并	幷	아우르다 **병** [bìng] 삥
柄	柄	손잡이 **병** [bǐng] 빙
瓶	瓶	병 **병** [píng] 핑
病	病	병, 결함 **병** [bìng] 삥
饼	餅	떡, 전 **병** [bǐng] 빙

并 並	또한, 결코 **병** [bìng] 삥
乒 乒	부딪치는 소리, 탁구 **병** [pīng] 핑
拼 拼	물리치다, 붙이다 **병** [pīn] 핀
乓 乓	탕탕, 탁구 **병** [pāng] 팡
保 保	보호하다 **보** [bǎo] 바오
堡 堡	보루 **보** [bǎo] 바오
*报 報	신문, 알리다 **보** [bào] 빠오
*宝 寶	보배 **보** [bǎo] 바오
普 普	보편적이다 **보** [pǔ] 푸
步 步	걸음 **보** [bù] 뿌
*补 補	보완하다 **보** [bǔ] 부
*谱 譜	기록하다, 계보 **보** [pǔ] 푸

辅 輔	보좌하다 **보** [fǔ] 푸
伏 伏	엎드리다 **복** [fú] 푸
仆 僕	하인 **복** [pú] 푸
卜 卜	점치다 **복** [bǔ] 부
服 服	옷, 따르다 **복** [fú] 푸
福 福	복 **복** [fú] 후
腹 腹	배 **복** [fù] 푸
袱 袱	홑이불 **복** [fú] 푸
复 複	중복하다, 복수의 **복, 부** [pū] 푸
*复 復	회복하다, 다시 **복, 부** [fù] 푸우
本 本	근본 **본** [běn] 번
奉 奉	드리다 **봉** [fèng] 펑

封 封	봉투, 통 봉 [fēng] 펑
*峰 峯	산봉우리 봉 [fēng] 펑
捧 捧	받들다 봉 [pěng] 펑
棒 棒	막대기 봉 [bàng] 빵
缝 縫	바느질하다, 꿰매다 봉 [féng] 펑
蓬 蓬	쑥, 흐트러지다 봉 [péng] 펑
蜂 蜂	벌 봉 [fēng] 펑
逢 逢	만나다 봉 [féng] 펑
锋 鋒	창날, 칼날 봉 [fēng] 펑
篷 篷	뜸 봉 [péng] 펑
付 付	교부하다 부 [fù] 푸
俯 俯	구부리다 부 [fǔ] 푸
傅 傅	스승 부 [fù] 푸
剖 剖	쪼개다 부 [pōu] 퍼우
副 副	부대적인, 다음 부 [fù] 푸
否 否	아니, 부인하다 부 [fǒu] 포우
咐 咐	분부하다 부 [fù] 푸
夫 夫	남편, 저, 그 부 [fū] 푸
*妇 婦	부녀자 부 [fù] 푸
富 富	부유하다 부 [fù] 푸
府 府	관공서, 부서 부 [fù] 푸
扶 扶	떠받치다 부 [fú] 푸
斧 斧	도끼 부 [fǔ] 푸
浮 浮	뜨다 부 [fú] 푸

父 父	아버지 부 [fù] 푸	吩 吩	분부하다 분 [fēn] 펀
符 符	부호, 부신 부 [fú] 푸	喷 噴	뿜어내다 분 [pēn] 펀
腐 腐	썩다 부 [fǔ] 푸	*坟 墳	무덤 분 [fén] 펀
赋 賦	구실하다 부 [fù] 푸	奔 奔	달리다, 성(姓) 분 [bēn] 뻔
*肤 膚	살갗 부 [fū] 푸	*奋 奮	분발하다 분 [fèn] 펀
*负 負	지다 부 [fù] 푸	*愤 憤	분노, 분노하다 분 [fèn] 펀
部 部	부분 부 [bù] 뿌	扮 扮	분장하다 분 [bàn] 빤
附 附	덧붙이다 부 [fù] 푸	盆 盆	동이 분 [pén] 펀
俘 俘	포로 부 [fú] 푸	粉 粉	가루 분 [fěn] 펀
覆 覆	덮다, 뒤집어엎다 부, 복 [fù] 푸	粪 糞	대변 분 [fèn] 펀
北 北	북쪽 북 [běi] 베이	*纷 紛	분분하다, 어지러워지다 분 [fēn] 펀
分 分	나누다, 성분 분 [fēn] 펀	氛 氛	기분 분 [fēn] 펀

笨 笨	어리석다 분 [bèn] 뻔
佛 佛	부처 불 [fó] 포
不 不	아니다 불, 부 [bù] 뿌
崩 崩	무너지다 붕 [bēng] 뻥
朋 朋	벗, 친구 붕 [péng] 펑
棚 棚	선반 붕 [péng] 펑
绷 繃	묶다 붕 [bēng, beng] 뻥, 벙
蹦 蹦	뛰어오르다 붕 [bèng] 뻥
*备 備	갖추다, 설비 비 [bèi] 뻬이
匪 匪	강도 비 [fěi] 페이
卑 卑	낮다, 나쁘다 비 [bēi] 뻬이
悲 悲	슬프다 비 [bēi] 뻬이

批 批	비판하다 비 [pī] 피
比 比	비교하다, ~보다 비 [bǐ] 비
沸 沸	끓다 비 [fèi] 페이
泌 泌	분비하다 비 [mì, bì] 미, 삐
碑 碑	비석 비 [bēi] 뻬이
秘 秘	비밀의 비 [mì] 미
肥 肥	살지다 비 [féi] 페이
脾 脾	지라 비 [pí] 피
臂 臂	팔 비 [bì] 삐
譬 譬	비유 비 [pì] 피
*费 費	비용 비 [fèi] 페이
鄙 鄙	비열하다 비 [bǐ] 비

非 非	비판하다, 그르다, 과실 **비** [fēi] 페이
*飞 飛	날다 **비** [fēi] 페이
鼻 鼻	코 **비** [bí] 비
屁 屁	방귀 **비** [pì] 피
呸 呸	체! 흥! **비** [pēi] 페이
贫 貧	가난하다 **빈** [pín] 핀
*宾 賓	손님 **빈** bīn 삔
*频 頻	자꾸, 자주 **빈** [pín] 핑
份 份	일부분 **빈** [fèn] 펀
*凭 憑	기대다 **빙** [píng] 핑
冰 冰	얼음 **빙** [bīng] 삥
事 事	일, 일하다 **사** [shì] 쓰

些 些	조금, 약간 **사** [xiē] 씨에
伺 伺	엿보다 **사** [sì] 쓰
似 似	닮다 **사** [sì] 쓰
使 使	시키다, 부리다 **사** [shǐ] 스
史 史	역사 **사** [shǐ] 스
司 司	맡다 **사** [sī] 쓰
四 四	넷 **사** [sì] 쓰
士 士	총각, 선비 **사** [shì] 쓰
*写 寫	쓰다 **사** [xiě] 시에
射 射	쏘다 **사** [shè] 써
*师 師	스승 **사** [shī] 쓰
思 思	생각하다 **사** [sī] 쓰

舍 捨	버리다, 집 **사** [shě, shè] 서, 써
斜 斜	비스듬하다 **사** [xié] 시에
斯 斯	이것 **사** [sī] 쓰
查 查	검사하다 **사** [chá] 차
死 死	죽다 **사** [sǐ] 쓰
沙 沙	모래 **사** [shā] 싸
渣 渣	찌꺼기 **사** [zhā] 짜
砂 砂	모래 **사** [shā] 싸
社 社	단체 **사** [shè] 써
私 私	사적인 **사** [sī] 쓰
纱 紗	깁, 실 **사** [shā] 싸
丝 絲	실, 비단 **사** [sī] 쓰
蛇 蛇	뱀 **사** [shé] 서
词 詞	말, 단어 **사** [cí] 츠
谢 謝	감사하다, 시들다 **사** [xiè] 씨에
辞 辭	말, 언사 **사** [cí] 츠
饲 飼	기르다 **사** [sì] 쓰
卸 卸	짐 내리다 **사** [xiè] 씨에
驶 駛	빨리 달리다 **사** [shǐ] 스
傻 傻	어리석다 **사** [shǎ] 사
啥 啥	무엇 **사** [shà] 사
诈 詐	속이다 **사** [zhà] 짜
耍 耍	놀다, 조종하다 **사** [shuǎ] 수아
削 削	깎다, 삭감하다 **삭** [xiāo, xuē] 씨아오, 쉬에

烁 爍	반짝반짝 거리다 **삭** [shuò] 쑤오	衫 衫	윗옷 **삼** [shān] 싼
*伞 傘	우산 **산** [sǎn] 산	渗 滲	스며들다 **삼** [shèn] 썬
山 山	산 **산** [shān] 싼	插 插	꽂다, 꺼들다 **삽** [chā] 차
散 散	흩어지다, 느슨하다 **산** [sàn, sǎn] 싼, 산	霎 霎	소나기, 삽시간 **삽** [shà] 싸
*产 産	낳다 **산** [chǎn] 찬	上 上	지난번, 위 **상** [shàng, shang] 쌍, 상
算 算	계산하다 **산** [suàn] 쑤안	*伤 傷	상처 **상** [shāng] 쌍
酸 酸	시다 **산** [suān] 쑤안	像 像	닮다, ~와 같다 **상** [xiàng] 씨앙
铲 鏟	긁어내다 **산** [chǎn] 찬	偿 償	배상하다 **상** [cháng] 창
撒 撒	뿌리다 **살** [sǎ] 싸	商 商	상의하다, 상업 **상** [shāng] 쌍
*杀 殺	죽이다 **살** [shā] 싸	*丧 喪	상실하다, 장의 **상** [sāng] 쌍
三 三	셋 **삼** [sān] 싼	*尝 嘗	맛보다 **상** [cháng] 창
森 森	삼림 **삼** [sēn] 썬	尚 尚	숭상하다 **상** [shàng] 쌍

常 常	자주, 보통 상 [cháng] 차앙		象 象	형상 상 [xiàng] 씨앙
床 床	침대 상 [chuáng] 추앙		*賞 賞	상, 상주다 상 [shǎng] 상
廂 廂	곁채 상 [xiāng] 씨앙		霜 霜	서리 상 [shuāng] 쑤앙
想 想	생각하다 상 [xiǎng] 시앙		晌 晌	정오, 나절 상 [shǎng] 상
桑 桑	뽕나무 상 [sāng] 쌍		嗓 嗓	목구멍 상 [sǎng] 상
橡 橡	고무나무, 고무 상 [xiàng] 씨앙		賽 賽	겨루다 새 [sài] 싸이
爽 爽	밝다, 맑다 상 [shuǎng] 수앙		色 色	색깔 색 [sè] 써
*狀 狀	상태 상 [zhuàng] 쭈앙		嗦 嗦	말이 많다 색 [suō] 쑤어
相 相	서로, 외모 상 [xiāng] 씨앙		索 索	찾다, 노끈 색, 삭 [suǒ] 수어
箱 箱	상자 상 [xiāng] 씨앙		塞 塞	막히다, 변방 색, 새 [sāi, sài] 싸이
裳 裳	치마, 의상 상 [cháng, shang] 창, 상		牲 牲	가축 생 [shēng] 썽
*詳 詳	자세하다 상 [xiáng] 시앙		生 生	낳다 생 [shēng] 썽

屿 嶼	작은 섬 서 [yǔ] 위	鼠 鼠	쥐 서 [shǔ] 수
序 序	차례 서 [xù] 쒸	敘 敘	서술하다 서 [xù] 쑤
徐 徐	천천히 서 [xú] 쉬	夕 夕	저녁때 석 [xī] 씨
*书 書	책, 적다 서 [shū] 수	席 席	좌석, 자리 석 [xí] 시
*绪 緒	실마리 서 [xù] 쒸	惜 惜	아끼다 석 [xī] 씨
署 署	관공서 서 [shǔ] 수	晰 晳	명백하다 석 [xī] 씨
舒 舒	펴다, 펴지다 서 [shū] 수	析 析	분석하다 석 [xī] 씨
薯 薯	고구마 서 [shǔ] 수	石 石	돌, 섬 석 [shí, dàn] 스, 딴
西 西	서쪽 서 [xī] 씨	*释 釋	해석하다 석 [shì] 쓰
誓 誓	맹세하다 서 [shì] 쓰	锡 錫	주석, 하사하다 석 [xí] 씨
逝 逝	흐르다 서 [shì] 쓰	仙 仙	신선 선 [xiān] 씨앤
锄 鋤	호미 서 [chú] 추	禅 禪	선 선 [chán] 찬

先 先	먼저 선 [xiān] 씨앤
善 善	착하다 선 [shàn] 싼
宣 宣	선포하다 선 [xuān] 쒸앤
扇 扇	부채 선 [shàn] 싼
旋 旋	돌다 선 [xuán] 쉬앤
*线 線	실, 선 선 [xiàn] 씨앤
羡 羨	흠모하다 선 [xiàn] 씨앤
腺 腺	샘 선 [xiàn] 씨앤
船 船	배 선 [chuán] 추안
蝉 蟬	매미 선 [chán] 찬
*选 選	고르다 선 [xuǎn] 쉬앤
鲜 鮮	신선하다 선 [xiān] 씨앤
泄 泄	배출하다 설 [xiè] 시에
舌 舌	혀 설 [shé] 서
*设 設	세우다 설 [shè] 써
雪 雪	눈 설 [xuě] 쉬에
*说 說	말하다, 설득하다 설, 세 [shuō, shuì] 수어, 수이
歼 殲	섬멸하다 섬 [jiān] 찌앤
*纤 纖	가늘다 섬 [xiān] 씨앤
闪 閃	번개 섬 [shǎn] 산
摄 攝	섭취하다, 찍다 섭 [shè] 써
涉 涉	건너다, 거닐다 섭 [shè] 써
城 城	성, 도시 성 [chéng] 청
姓 姓	성 성 [xìng] 씽

性	性	성질 성 [xìng] 씽
成	成	이루다 성 [chéng] 청
星	星	별 성 [xīng] 씽
猩	猩	고릴라 성 [xīng] 씽
盛	盛	왕성하다, 담다 성 [shèng, chéng] 썽, 청
省	省	성, 절약하다 성 [shěng, xǐng] 성, 싱
*圣	聖	성스럽다 성 [shèng] 썽
*声	聲	소리 성 [shēng] 썽
腥	腥	비리다 성 [xīng] 씽
*诚	誠	정성 성 [chéng] 청
醒	醒	깨어나다 성 [xǐng] 싱
世	世	세대, 일생 세 [shì] 쓰

*势	勢	세력, 권세 세 [shì] 쓰
*岁	歲	해, 살, 새해 세 [suì] 쑤이
洗	洗	씻다 세 [xǐ] 시
*税	稅	세금 세 [shuì] 쑤이
*细	細	가늘다 세 [xì] 씨
召	召	부르다 소 [zhào] 짜오
啸	嘯	휘파람불다 소 [xiào] 씨아오
塑	塑	흙으로 빚다 소 [sù] 쑤
宵	宵	밤, 야간 소 [xiāo] 씨아오
小	小	작다 소 [xiǎo] 시아오
少	少	적다, 젊다 소 [shǎo] 사오, 싸오
巢	巢	둥지 소 [cháo] 차오

| 所 所 | 장소, 하는바 소 [suǒ] 쑤어
| *扫 掃 | 쓸다 소 [sǎo] 사오
| 梳 梳 | 빗, 빗다 소 [shū] 쑤
| 消 消 | 사라지다 소 [xiāo] 씨아오
| *烧 燒 | 태우다 소 [shāo] 사오
| 疏 疎 | 트다, 소홀하다 소 [shū] 쑤
| 笑 笑 | 웃다 소 [xiào] 씨아오
| 素 素 | 본디 소 [sù] 쑤
| 绍 紹 | 잇다 소 [shào] 사오
| 蔬 蔬 | 야채 소 [shū] 쑤
| *苏 蘇 | 회생하다 소 [sū] 쑤
| 诉 訴 | 알리다 소 [sù] 쑤

| 销 銷 | 녹다, 팔다 소 [xiāo] 씨아오
| 捎 捎 | 인편에 보내다 소 [shāo] 사오
| 艘 艘 | 척 소 [sōu] 쏘우
| 骚 騷 | 떠들다 소 [sāo] 사오
| 俗 俗 | 풍속, 속되다 속 [sú] 쑤
| *属 屬 | 무리, 속하다 속 [shǔ] 쑤
| 束 束 | 묶다, 묶음 속 [shù] 쑤
| *续 續 | 계속하다 속 [xù] 쑤
| 速 速 | 빠르다, 속도 속 [sù] 쑤
| 簌 簌 | [의성어] 바스락, 뚝뚝 속 [sù] 쑤
| *孙 孫 | 손자 손 [sūn] 쑨
| *损 損 | 덜다 손 [sǔn] 쑨

摔	摔	내던지다 솔 [shuāi] 쑤아이
甩	甩	버리다 솔 [shuǎi] 쑤아이
*讼	訟	소송하다 송 [sòng] 쏭
*诵	誦	낭독하다 송 [sòng] 쏭
*送	送	보내다, 전송하다 송 [sòng] 쏭
*颂	頌	칭송하다 송 [sòng] 쏭
松	鬆	소나무 송 [sōng] 쑹
刷	刷	솔, 솔질하다 쇄 [shuā] 쑤아
碎	碎	부수다 쇄 [suì] 쑤이
*锁	鎖	잠그다, 자물쇠 쇄 [suǒ] 수오
晒	曬	쬐다, 내리쬐다 쇄 [shài] 싸이
*衰	衰	약해지다 쇠 [shuāi] 쑤아이

修	修	수리하다 수 [xiū] 씨우
受	受	받다, 당하다 수 [shòu] 쏘우
嗽	嗽	기침하다 수 [sòu] 쏘우
囚	囚	가두다 수 [qiú] 치우
垂	垂	드리우다 수 [chuí] 추이
*寿	壽	목숨 수 [shòu] 쏘우
嫂	嫂	형수 수 [sǎo] 사오
守	守	지키다 수 [shǒu] 소우
*帅	帥	통솔하다, 우두머리 수 [shuài] 쑤아이
愁	愁	근심, 근심하다 수 [chóu] 초우
手	手	손 수 [shǒu] 써우
授	授	주다 수 [shòu] 쏘우

搜	搜	찾다 수 [sōu] 쏘우
收	收	거둬들이다 수 [shōu] 쏘우
*数	數	세다, 수 수 [shǔ, shù] 수, 쑤
*树	樹	나무 수 [shù] 쑤
殊	殊	다르다 수 [shū] 쑤
水	水	물 수 [shuǐ] 수이
*兽	獸	짐승 수 [shòu] 쩌우
瘦	瘦	여위다 수 [shòu] 쏘우
睡	睡	잠자다 수 [shuì] 쑤이
秀	秀	빼어나다 수 [xiù] 씨우
穗	穗	이삭 수 [suì] 쑤이
竖	竪	서다 수 [shù] 쑤
绣	繡	수, 수놓다 수 [xiù] 씨우
羞	羞	부끄럽다 수 [xiū] 씨우
袖	袖	소매 수 [xiù] 씨우
*谁	誰	누구 수 [shuí, shéi] 수이, 쉐이
*输	輸	지다, 수송하다 수 [shū] 쑤
酬	酬	술을 권하다, 보답하다 수 [chóu] 쳐우
锈	銹	녹 수 [xiù] 씨우
随	隨	따라가다 수 [suí] 수이
*虽	雖	비록 수 [suī] 수이
需	需	필요로 하다 수 [xū] 쉬
*须	須	~해야 한다 수 [xū] 쉬
首	首	머리, 최고의 수 [shǒu] 소우

遂 遂	이루다 수 [suì] 쑤이	询 詢	묻다 순 [xún] 쉰
售 售	팔다, 팔리다 수 [shòu] 쏘우	*顺 順	순조롭다 순 [shùn] 쑨
叔 叔	숙부 숙 [shū] 쑤	殉 殉	순장하다 순 [xùn] 쉰
宿 宿	묵다 숙 [sù] 쑤	*术 術	기술 술 [shù] 쑤
熟 熟	익다 숙 [shú, shóu] 수, 소우	*述 述	진술하다 술 [shù] 쑤
*肃 肅	공경하다 숙 [sù] 쑤	崇 崇	높다 숭 [chóng] 충
巡 巡	순찰하다 순 [xún] 쉰	膝 膝	무릎 슬 [xī] 씨
循 循	따르다 순 [xún] 쉰	*湿 濕	축축하다 습 [shī] 쓰
旬 旬	열흘, 열흘간 순 [xún] 쉰	拾 拾	줍다 습 [shí] 스
盾 盾	방패 순 [dùn] 뚠	*习 習	익히다, 습관 습 [xí] 시
纯 純	순수하다 순 [chún] 춘	*袭 襲	습격하다 습 [xí] 시
唇 脣	입술 순 [chún] 춘	乘 乘	타다 승 [chéng] 청

胜 勝	이기다 승 [shèng] 셩		市 市	시장, 도시 시 [shì] 쓰
承 承	계승하다 승 [chéng] 청		施 施	시행하다 시 [shī] 쓰
升 昇	오르다 승 [shēng] 셩		是 是	옳다 시 [shì] 쓰
绳 繩	줄, 새끼 승 [shéng] 성		时 時	때 시 [shí] 스
蝇 蠅	파리 승 [yíng] 잉		柴 柴	땔나무 시 [chái] 차이
僧 僧	중 승 [sēng] 성		猜 猜	추측하다, 의심하다 시 [cāi] 차이
撕 撕	찢다 시 [sī] 쓰		示 示	보이다 시 [shì] 쓰
侍 侍	모시다 시 [shì] 쓰		翅 翅	날개, 나는 모양 시 [chì] 츠
匙 匙	숟가락, 열쇠 시 [chí, shi] 츠, 스		视 視	보다 시 [shì] 쓰
嘶 嘶	울부짖다 시 [sī] 쓰		试 試	시험하다 시 [shì] 쓰
始 始	처음 시 [shǐ] 스		诗 詩	시 시 [shī] 쓰
尸 尸	주검 시 [shī] 쓰		豺 豺	승냥이 시 [chái] 차이

式 式	양식, 의식 식 [shì] 쓰
息 息	호흡, 쉬다 식 [xī] 씨
*植 植	식물 식 [zhí] 즈
殖 殖	번성하다 식 [zhí] 즈
熄 熄	꺼지다 식 [xí] 씨
蚀 蝕	손해보다, 침식하다 식 [shí] 스
*识 識	알다 식 [shì] 스
食 食	먹다 식 [shí] 스
饰 飾	장식하다 식 [shì] 쓰
媳 媳	며느리 식 [xí] 시
伸 伸	펴다 신 [shēn] 썬
信 信	편지, 믿다 신 [xìn] 씬
新 新	새롭다 신 [xīn] 씬
*晨 晨	새벽 신 [chén] 천
申 申	설명하다 신 [shēn] 썬
神 神	신, 신성하다 신 [shén] 선
绅 紳	(예복) 큰 띠 신 [shēn] 썬
臣 臣	신하 신 [chén] 천
薪 薪	땔나무 신 [xīn] 씬
讯 訊	캐묻다 신 [xùn] 쒼
身 身	몸, 스스로 신 [shēn] 썬
辛 辛	맵다 신 [xīn] 씬
迅 迅	신속하다 신 [xùn] 쒼
*慎 慎	조심하다 신 [shèn] 썬

失 失	잃다 실 [shī] 쓰
室 室	방, 실 실 [shì] 쓰
*实 實	충실하다 실 [shí] 스
悉 悉	알다 실 [xī] 씨
*审 審	살피다 심 [shěn] 선
*寻 尋	찾다 심 [xún] 쉰
心 心	마음 심 [xīn] 씬
深 深	깊다, 어렵다 심 [shēn] 썬
甚 甚	몹시 심 [shén] 썬
婶 嬸	숙모 심 [shěn] 선
什 甚	무엇, 열 심, 십 [shén, shén] 선, 스
十 十	열, 십 십 [shí] 스

*双 雙	쌍 쌍 [shuāng] 쑤앙
氏 氏	성 씨 [shì] 쓰
亚 亞	다음가다 아 [yà] 야
*儿 兒	[접미사], 아이 아 [ér] 얼
哑 啞	벙어리, 아!(감탄) 아 [yǎ] 야
我 我	나, 저 아 [wǒ] 워
牙 牙	이, 치아 아 [yá] 야
芽 芽	싹 아 [yá] 야
讶 訝	놀라다 아 [yà] 야
阿 阿	[어조사], 아첨하다 아 [ā, ē] 아, 에
*饿 餓	굶주리다 아 [è] 에
鸦 鴉	까마귀 아 [yā] 야

啊 啊	[어조사] 아 [a] 아	氨 氨	암모니아 안 [ān] 안
丫 丫	아귀, 소녀 아 [yā] 야	轧 軋	깔아뭉개다 알 [gá, yà] 자, 야
哦 哦	[감탄사] 어! 오! 아 [é] 오	挖 挖	파다 알 [wā] 와
鹅 鵝	거위 아 [é] 에	谒 謁	뵙다 알 [yè] 이에
握 握	쥐다 악 [wò] 워	*岩 巖	바위 암 [yán] 얀
*恶 惡	악행, 미워하다 악, 오 [è, ù] 에, 우	暗 暗	어둡다 암 [àn] 안
安 安	편안하다 안 [ān] 안	癌 癌	암 암 [yán] 아이
岸 岸	언덕 안 [àn] 안	*压 壓	누르다 압 [yā] 야
按 按	누르다 안 [àn] 안	押 押	저당하다, 압송하다 압 [yā] 야
案 案	안석, 사건 안 [àn] 안	鸭 鴨	오리 압 [yā] 야
眼 眼	눈 안 [yǎn] 얀	仰 仰	우러르다 앙 [yǎng] 양
*颜 顔	얼굴 안 [yán] 얀	央 央	중앙 앙 [yāng] 양

昂 昂	처들다 앙 [áng] 앙
秧 秧	모종 앙 [yāng] 양
哀 哀	슬프다 애 [āi] 아이
埃 埃	먼지, 티끌 애 [āi] 아이
崖 崖	벼랑 애 [yá] 야
*爱 愛	사랑하다 애 [ài] 아이
挨 挨	차례대로 하다, 당하다 애 [āi] 아이
欸 欸	[감탄사] 어이! 이봐! 애 [ê] 에
碍 礙	방해하다 애 [ài] 아이
哎 哎	아이고 애 [āi] 아이
液 液	액체 액 [yè] 이에
*额 額	이마, 일정한 액수 액 [é] 에

也 也	[어조사], ~도 야 [yě] 이에
冶 冶	제련하다 야 [yě] 예
夜 夜	밤, 심야 야 [yè] 이에
惹 惹	일으키다 야 [rě] 러
爷 爺	어르신 야 [yé] 이에
野 野	들, 범위 야 [yě] 예
弱 弱	약하다 약 [ruò] 루어
*约 約	약속하다 약 [yuē] 위에
若 若	같다, 만약 약 [ruò] 루어
*药 藥	약, 약물 약 [yào] 야오
*跃 躍	뛰다 약 [yuè] 위에
哟 喲	[어조사], 탄식하는 소리 약 [yo] 요

壤	壤	흙, 땅 **양** [rǎng] 랑
*扬	揚	높이 들다 **양** [yáng] 양
*杨	楊	버드나무 **양** [yáng] 양
*样	樣	모양 **양** [yàng] 양
洋	洋	서양 **양** [yáng] 양
羊	羊	양 **양** [yáng] 양
*让	讓	양보하다 **양** [ràng] 랑
阳	陽	양, 태양 **양** [yáng] 양
*养	養	기르다 **양** [yǎng] 양
漾	漾	출렁대다 **양** [yàng] 양
痒	癢	가렵다 **양** [yǎng] 양
镶	鑲	끼워 넣다 **양** [xiāng] 씨양

嚷	嚷	외치다 **양** [rǎng] 랑
氧	氧	산소 **양** [yǎng] 양
御	御	어거하다, 몰다 **어** [yù] 위
欤	於	[어조사], ~에서 **어** [yú] 위
*渔	漁	고기 잡다 **어** [yú] 위
*语	語	말, 말하다 **어** [yǔ] 위
*鱼	魚	물고기 **어** [yú] 위
*亿	億	억 **억** [yì] 이
*忆	憶	기억하다 **억** [yì] 이
抑	抑	누르다, 억압하다 **억** [yì] 이
言	言	말, 말하다 **언** [yán] 얀
俺	俺	나, 자신, 우리 **엄** [ǎn] 안

严 嚴	엄하다 엄 [yán] 얜	译 譯	번역하다 역 [yì] 이
掩 掩	가리다 엄 [yǎn] 얀	宴 宴	잔치 연 [yàn] 얜
淹 淹	잠기다 엄 [yān] 얀	延 延	연장하다 연 [yán] 얜
*业 業	일, 이미 업 [yè] 예	沿 沿	따르다 연 [yán] 얜
予 予	나, 주다 여 [yú] 위	演 演	공연하다 연 [yǎn] 이앤
如 如	같다, 같게 하다 여 [rú] 루	*烟 煙	연기, 담배 연 [yān] 얀
*与 與	주다 여 [yǔ] 위	然 然	그러할 연 [rán] 란
馀 餘	남다, 나머지 여 [yú] 위	燃 燃	연소하다 연 [rán] 란
亦 亦	또한 역 [yì] 이	燕 燕	제비, 나라이름 연 [yàn] 얜
域 域	땅, 국토 역 [yù] 위	研 研	연구하다 연 [yán] 얜
役 役	부리다 역 [yì] 이	缘 緣	이유, 인연 연 [yuán] 위앤
易 易	쉽다 이, 바꾸다 역 [yì] 이	*软 軟	부드럽다 연 [ruǎn] 루안

铅	鉛	납 연 [qiān] 치앤
劣	劣	못하다, 적다 열 [liè] 리에
悦	悅	즐겁다 열 [yuè] 위애
热	熱	열, 덥다 열 [rè] 러
阅	閱	읽다 열 [yuè] 위에
厌	厭	싫다 염 [yàn] 얀
染	染	물들이다 염 [rǎn] 란
炎	炎	무덥다, 염증 염 [yán] 얀
焰	焰	불꽃 염 [yàn] 얀
艳	艷	곱다 염 [yàn] 얀
盐	鹽	소금 염 [yán] 얀
叶	葉	잎 엽 [xié] 이에
影	影	그림자 영 [yǐng] 잉
映	映	비치다 영 [yìng] 잉
荣	榮	번영하다 영 [róng] 롱
永	永	길다 영 [yǒng] 용
营	營	경영하다 영 [yíng] 잉
英	英	꽃 영 [yīng] 잉
迎	迎	맞이하다 영 [yíng] 잉
婴	嬰	갓난아이 영 [yīng] 잉
艺	藝	기예, 기술 예 [yì] 이
誉	譽	명예 예 [yù] 위
豫	豫	미리 예 [yù] 위
锐	銳	날카롭다 예 [ruì] 루이

预 預	미리 예 [yù] 위		屋 屋	방, 집 옥 [wū] 우
五 五	다섯 오 [wǔ] 우		沃 沃	물을 대다, 비옥하다 옥 [wò] 워
伍 伍	대오 오 [wǔ] 우		*狱 獄	감옥 옥 [yù] 위
傲 傲	거만하다 오 [ào] 아오		玉 玉	옥 옥 [yù] 위
午 午	정오 오 [wǔ] 우		温 溫	따뜻하다 온 [wēn] 원
*呜 嗚	삐익, 붕 오 [wū] 우		*稳 穩	안온하다 온 [wěn] 원
悟 悟	깨닫다 오 [wù] 우		*拥 擁	끌어안다 옹 [yǒng] 용
污 污	더럽다 오 [wū] 우		翁 翁	늙은이 옹 [wēng] 웡
*乌 烏	까마귀 오 [wū] 우		嗡 嗡	붕붕, 앵앵(벌레소리) 옹 [wēng] 웡
*误 誤	틀리다 오 [wù] 우		涡 渦	소용돌이 와 [wō] 워
袄 襖	중국식 저고리 오 [ǎo] 아오		瓦 瓦	기와 와 [wǎ] 와
噢 噢	[감탄사] 어! 오! 오 [ō] 오		窝 窩	둥지 와 [wō] 워

洼	窪	지대가 낮다, 웅덩이 와 [wā] 와
*卧	臥	눕다 와 [wò] 워
蛙	蛙	개구리 와 [wā] 와
完	完	완전하다 완 [wán] 완
玩	玩	놀다 완 [wán] 완
碗	碗	주발 완 [wǎn] 완
*缓	緩	느리다 완 [huǎn] 후안
顽	頑	미련하다 완 [wán] 완
往	往	가다, 향하여 왕 [wǎng] 왕
旺	旺	왕성하다 왕 [wàng] 왕
枉	枉	비뚤다 왕 [wǎng] 왕
汪	汪	물이 깊고 넓다 왕 [wāng] 왕

王	王	왕, 임금 왕 [wáng] 왕
哇	哇	앙앙, 엉엉(울음소리) 왜 [wā] 와
娃	娃	갓난아기 왜 [wá] 와
歪	歪	비뚤다 왜 [wāi] 와이
矮	矮	작다 왜 [ǎi] 아이
外	外	바깥 외 [wài] 와이
巍	巍	높고 큰 모양 외 [wēi] 웨이
畏	畏	두려워하다 외 [wèi] 웨이
凹	凹	오목하다 요 [āo] 아오
*摇	搖	흔들다 요 [yáo] 야오
扰	擾	어지럽다 요 [rǎo] 라오
绕	繞	두르다 요 [rào] 라오

耀	耀	빛나다, 비치다 요 [yào] 야오
腰	腰	허리 요 [yāo] 야오
要	要	중요하다, 요구하다 요 [yào] 야오
*谣	謠	노래 요 [yáo] 야오
遥	遙	멀다 요 [yáo] 야오
邀	邀	초청하다 요 [yāo] 야오
饶	饒	풍부하다 요 [ráo] 라오
浇	澆	뿌리다, 물대다 요 [jiāo] 지아오
吆	吆	소리치다 요 [yāo] 야오
窑	窯	기와 굽는 가마 요 [yáo] 야오
*欲	慾	욕망, 바라다 욕 [yù] 위
辱	辱	치욕 욕 [rǔ] 루
甭	甭	필요 없다 용 [béng] 벙
勇	勇	용감하다 용 [yǒng] 용
容	容	용납하다 용 [róng] 룽
涌	涌	솟아나다 용 [yǒng] 용
溶	溶	용해하다 용 [róng] 룽
熔	熔	녹이다 용 [róng] 룽
用	用	쓰다 용 [yòng] 용
耸	聳	치솟다 용 [sǒng] 송
茸	茸	야들하다 용 [róng] 룽
偶	偶	(수)짝 우 [ǒu] 어우
*优	優	우수하다 우 [yōu] 요우
又	又	또, 다시 우 [yòu] 요우

友	友	벗, 친하다 우 [yǒu] 여우
右	右	오른쪽 우 [yòu] 여우
宇	宇	집, 지붕 우 [yǔ] 위
寓	寓	거주하다, 함축하다 우 [yù] 위
尤	尤	더욱, 특히 우 [yóu] 요우
*忧	憂	걱정하다 우 [yōu] 요우
牛	牛	소 우 [niú] 니우
遇	遇	만나다 우 [yù] 위
*邮	郵	우편 우 [yóu] 요우
雨	雨	비 우 [yǔ] 위
吁	吁	한숨쉬다, (감탄)아! 우 [xū] 쉬, 위
*云	雲	구름, 말하다 운 [yún] 윈
*运	運	운행하다 운 [yùn] 윈
郁	鬱	울창하다 울 [yù] 위
熊	熊	곰 웅 [xióng] 씨웅
雄	雄	수컷 웅 [xióng] 씨웅
元	元	으뜸의 원 [yuán] 위앤
原	原	최초의, 본래 원 [yuán] 위앤
*员	員	종사원 원 [yuán] 위앤
*圆	圓	둥글다 원 [yuán] 위앤
园	園	정원 원 [yuán] 위앤
怨	怨	원한 원 [yuàn] 위앤
援	援	당기다, 도우다 원 [yuán] 위앤
源	源	근원 원 [yuán] 위앤

| 猿 猿 | 원숭이 원 [yuán] 위앤

*远 遠 | 멀다 원 [yuǎn] 위앤

院 院 | 뜰, 단과대학 원 [yuàn] 위앤

*愿 願 | 원하다, 소원 원 [yuàn] 위앤

冤 冤 | 억울하다 원 [yuān] 위앤

月 月 | 달 월 [yuè] 위에

越 越 | 넘다, 더욱더 월 [yuè] 위에

位 位 | 위치 위 [wèi] 웨이

*伟 偉 | 위대하다 위 [wěi] 웨이

*伪 僞 | 거짓 위 [wěi] 웨이

危 危 | 위험, 위험하다 위 [wēi] 웨이

*围 圍 | 에워싸다 위 [wéi] 웨이

委 委 | 맡기다 위 [wěi] 웨이

威 威 | 위엄 위 [wēi] 웨이

慰 慰 | 위로하다 위 [wèi] 웨이

*为 爲 | 하다, 위하여 위 [wèi] 웨이

*纬 緯 | 씨, 가로, 위도 위 [wěi] 웨이

胃 胃 | 위 위 [wèi] 웨이

苇 葦 | 갈대 위 [wěi] 웨이

*卫 衛 | 지키다 위 [wèi] 웨이

*谓 謂 | 말하다 위 [wèi] 웨이

*违 違 | 어기다 위 [wéi] 웨이

喂 喂 | 여보세요! 위 [wèi] 웨이

乳 乳 | 낳다, 젖 유 [rǔ] 루

唯	唯	오직 유 [wéi] 웨이
幼	幼	어리다 유 [yòu] 요우
幽	幽	깊고 멀다 유 [yōu] 여우
悠	悠	멀다, 오래다 유 [yōu] 요우
惟	惟	오직, 다만 유 [wéi] 웨이
愈	愈	병이 낫다 유 [yù] 위
愉	愉	유쾌하다 유 [yú] 위
有	有	가지다, 있다 유 [yǒu] 여우
柔	柔	부드럽다 유 [róu] 로우
油	油	기름 유 [yóu] 여우
游	游	놀다, 헤엄치다 유 [yóu] 여우
*犹	猶	오히려, ~와 같다 유 [yóu] 요우

由	由	~부터, 원인 유 [yóu] 여우
*维	維	매다, 유지하다 유 [wéi] 웨이
诱	誘	이끌리다, 유혹하다 유 [yòu] 요우
*遗	遺	잃다, 남기다 유 [yí] 이
揉	揉	비비다, 주무르다 유 [róu] 로우
肉	肉	고기 육 [ròu] 러우
育	育	낳다, 기르다 육 [yù] 위
允	允	승낙하다 윤 [yǔn] 윈
*润	潤	윤택하다 윤 [rùn] 룬
栗	栗	밤, 밤나무 율 [lì] 리
绒	絨	솜털 융 [róng] 룽
融	融	녹다 융 [róng] 룽

隆	隆	성대하다 융 [lóng] 룽
银	銀	은 은 [yín] 인
隐	隱	숨기다 은 [yǐn] 인
嗯	嗯	[감탄사] 응! 엉! 은 [ng] 응
乙	乙	둘째 천간 을 [yǐ] 이
吟	吟	읊다 음 [yín] 인
阴	陰	흐리다 음 [yīn] 인
音	音	소리, 음절 음 [yīn] 인
*饮	飮	마시다 음 [yǐn] 인
泣	泣	흐느껴 울다 읍 [qì] 치
凝	凝	엉기다 응 [níng] 닝
*应	應	~해야 한다, 대답하다 응 [yìng] 잉

鹰	鷹	매 응 [yīng] 잉
依	依	의지하다 의 [yī] 이
倚	倚	기대다 의 [yǐ] 이
*仪	儀	의식 의 [yí] 이
宜	宜	적합하다 의 [yí] 이
意	意	뜻, 생각 의 [yì] 이
*拟	擬	계획하다 의 [nǐ] 니
椅	椅	의자 의 [yǐ] 이
毅	毅	굳세다 의 [yì] 이
疑	疑	의심하다 의 [yí] 이
*义	義	정의 의 [yì] 이
蚁	蟻	개미 의 [yǐ] 이

衣 衣	옷, 의복 의 [yī] 이	咦 咦	아이구! 어!(놀람) 이 [yí] 이
谊 誼	친선 의 [yí] 이	*异 異	다르다 이 [yì] 이
*议 議	의논하다 의 [yì] 이	益 益	이익 익 [yì] 위
*医 醫	의사 의 [yī] 이	翼 翼	날개 익 [yì] 이
二 二	둘 이 [èr] 얼	人 人	사람 인 [rén] 런
以 以	~로, ~에서 이 [yǐ] 이	仁 仁	어질다 인 [rén] 런
姨 姨	이모 이 [yí] 이	印 印	도장, 인쇄하다 인 [yìn] 인
已 已	이미 이 [yǐ] 위	咽 咽	목구명 인 [yān] 얀
尔 爾	너, 그대 이 [ěr] 얼	因 因	의거하다, ~때문에 인 [yīn] 인
移 移	이동하다 이 [yí] 이	引 引	끌다, 이끌다 인 [yǐn] 인
而 而	[접속사] 이 [ér] 얼	忍 忍	참다 인 [rěn] 런
耳 耳	귀 이 [ěr] 얼	*认 認	알다, 인정하다 인 [rèn] 런

一 一	하나 **일**	[yī] 이
日 日	일, 태양 **일**	[rì] 르
任 任	맡다, 믿다 **임**	[rèn] 런
入 入	들다, 수입 **입**	[rù] 루
仍 仍	여전히 **잉**	[réng] 렁
剩 剩	남다 **잉**	[shèng] 셩
扔 扔	내버리다 **잉**	[rēng] 렁
仔 仔	자세하다, 어리다 **자**	[zǐ] 즈
刺 刺	찌르다 **자**	[cì] 쓰
姿 姿	용모, 자태 **자**	[zī] 쯔
子 子	아들, 사내아이 **자**	[zǐ] 즈
字 字	글자 **자**	[zì] 쯔
慈 慈	자애롭다 **자**	[cí] 츠
滋 滋	자라나다 **자**	[zī] 쯔
煮 煮	삶다 **자**	[zhǔ] 주
瓷 瓷	사기그릇 **자**	[cí] 츠
磁 磁	자기, 자성 **자**	[cí] 츠
紫 紫	자주빛 **자**	[zǐ] 즈
者 者	자, 것 **자**	[zhě] 저
自 自	자기, 스스로 **자**	[zì] 쯔
资 资	재물 **자**	[zī] 쯔
雌 雌	암컷 **자**	[cí] 츠
作 作	하다, 여기다 **작**	[zuò] 쭤
昨 昨	어제 **작**	[zuó] 쭈어

灼	灼	그을리다 **작** [zhuó] 주오
炸	炸	폭파하다, 기름튀기다 **작** [zhà] 자, 짜
雀	雀	참새 **작** [què] 취에
鹊	鵲	까치 **작** [què] 취에
*残	殘	손상시키다, 모자라다 **잔** [cán] 찬
盏	盞	잔 **잔** [zhǎn] 잔
暂	暫	잠시 **잠** [zàn] 짠
*潜	潛	자맥질하다 **잠** [qián] 치앤
*蚕	蠶	누에 **잠** [cán] 찬
赚	賺	(남을) 속이다 **잠** [zhuàn] 쭈안
杂	雜	잡다하다 **잡** [zá] 자
卡	卡	세관, 걸리다, 죄다 **잡** [qiǎ] 치아

眨	眨	눈을 깜박이다 **잡** [zhǎ] 자
砸	砸	찧다, 깨뜨리다 **잡** [zá] 자
丈	丈	길이의 단위, 어른 **장** [zhàng] 짱
仗	仗	기대다 **장** [zhàng] 짱
匠	匠	장인 **장** [jiàng] 찌앙
*场	場	장소, 마당 **장** [cháng] 창
墙	墻	담장 **장** [qiáng] 치앙
*状	壯	건장하다 **장** [zhuàng] 쭈앙
*将	將	장차, 장군 **장** [jiāng] 찌앙
*帐	帳	장막 **장** [zhàng] 짱
*张	張	펴다 **장** [zhāng] 짱
掌	掌	손바닥 **장** [zhǎng] 장

浆 漿	진한 액체 장 [jiāng] 찌앙
章 章	문장, 규정 장 [zhāng] 짱
*桩 樁	말뚝 장 [zhuāng] 쭈앙
*肠 腸	창자, 마음 장 [cháng] 창
脏 臟	내장 장 [zàng] 짱
*庄 莊	마을, 장원 장 [zhuāng] 쭈앙
葬 葬	매장하다 장 [zàng] 짱
藏 藏	간직하다, 창고 장 [cáng] 창, 짱
装 裝	설치하다 장 [zhuāng] 쭈앙
酱 醬	된장 장 [jiàng] 찌앙
*长 長	길다, 어른 장 [cháng, zhǎng] 창, 장
障 障	가로막다 장 [zhàng] 짱
*奖 獎	장려하다 장 [jiǎng] 지앙
再 再	다시 재 [zài] 짜이
在 在	~에서, 있다 재 [zài] 짜이
宰 宰	주관하다 재 [zǎi] 자이
才 才	재능, 비로소 재 [cái] 차이
材 材	재료 재 [cái] 차이
栽 栽	심다 재 [zāi] 짜이
*灾 災	재앙 재 [zāi] 짜이
裁 裁	재단하다 재 [cái] 차이
*财 財	재물 재 [cái] 차이
*载 載	싣다, 기재하다 재 [zài, zǎi] 짜이, 자이
*争 爭	다투다 쟁 [zhēng] 쩡

挣	掙	돈벌다 쟁 [zhēng] 쩡
趟	趟	차례, 번 쟁 [tàng] 탕
低	低	낮다 저 [dī] 띠
储	儲	저장하다 저 [chǔ] 추
姐	姐	누나, 언니 저 [jiě] 지에
底	底	바닥, 끝 저 [dǐ] 디
猪	猪	돼지 저 [zhū] 쭈
著	著	현저하다 저 [zhù] 쭈
这	這	이것 저 [zhè] 쩌
寂	寂	고요하다 적 [jì] 찌
摘	摘	손으로 따다 적 [zhāi] 짜이
敌	敵	적수, 상대 적 [dí] 디
*敌	敵	맞서다 적 [dí] 디
滴	滴	물방울 적 [dī] 띠
的	的	[조사], 과녁, 대상 적 [de, dì] 더, 띠
*积	積	쌓다 적 [jī] 찌
笛	笛	피리 적 [dí] 디
籍	籍	서적, 장부 적 [jí] 지
*绩	績	실을 잣다 적 [jī] 찌
贼	賊	도적 적 [zéi] 제이
赤	赤	붉다, 텅 비다 적 [chì] 츠
*迹	跡	자취, 발자취 적 [jī] 찌
*适	適	적합하다 적 [shì] 쓰
*传	傳	전하다, 전기 전 [chuán, zhuàn] 추안, 쭈안

全 全	완전하다 전 [quán] 취안		甸 甸	성밖 전 [diàn] 띠앤
典 典	법, 책 전 [diǎn] 디앤		箭 箭	화살 전 [jiàn] 찌앤
前 前	앞 전 [qián] 치앤		缠 纏	둘둘 감다 전 [chán] 찬
剪 剪	가위, 자르다 전 [jiǎn] 지앤		*转 轉	구르다, 바뀌다 전 [zhuǎn, zhàn] 주안, 쭈안
填 塡	채우다 전 [tián] 티앤		*钱 錢	돈, 동전 전 [qián] 치앤
奠 奠	다지다, 안치하다 전 [diàn] 띠앤		*电 電	전기 전 [diàn] 띠앤
*专 專	오로지, 전문적인 전 [zhuān] 쭈안		颠 顚	넘어지다 전 [diān] 띠앤
展 展	펼치다 전 [zhǎn] 잔		颤 顫	흔들리다 전 [chàn, zhàn] 찬, 짠
*战 戰	싸우다 전 [zhàn] 짠		砖 磚	벽돌 전 [zhuān] 쭈안
殿 殿	높고 큰 건물 전 [diàn] 띠앤		拴 拴	붙들어 매다 전 [shuān] 쑤완
淀 澱	찌꺼기 전 [diàn] 띠앤		切 切	자르다 절 [qiē] 치에
田 田	밭, 논 전 [tián] 티앤		截 截	자르다, 가로막다 절 [jié] 지에

折 折	꺾다, 손해보다, 성 **절** [zhé, shé] 저, 서	接 接	잇다 **접** [jiē] 찌에
窃 竊	훔치다 **절** [qiè] 치에	蝶 蝶	나비 **접** [dié] 디에
*节 節	마디, 절조 **절** [jié] 지에	丁 丁	성년남자 **정** [dīng] 띵
*绝 絕	끊다, 결코 **절** [jué] 쥐에	井 井	우물 **정** [jǐng] 징
占 占	차지하다 **점** [zhàn] 짠안	亭 亭	정자 **정** [tíng] 팅
店 店	가게 **점** [diàn] 띠앤	停 停	멈추다 **정** [tíng] 팅
*渐 漸	점차 **점** [jiàn] 찌앤	侦 偵	탐색하다, 염탐하다 **정** [zhēn] 쩐
*点 點	점, 방울 **점** [diǎn] 디앤	呈 呈	나타나다 **정** [chéng] 청
垫 墊	깔다 **점** [diàn] 띠앤	定 定	정하다 **정** [dìng] 띵
黏 黏	찰지다, 달라붙다 **점** [nián, zhān] 니앤, 짠	庭 庭	마당, 뜰 **정** [tíng] 팅
黏 黏	끈끈하다, 달라붙다 **점** [nián, zhān] 니앤, 짠	情 情	감정 **정** [qíng] 칭
碟 碟	접시 **접** [dié] 띠에	挺 挺	매우 **정** [tǐng] 팅

한자	간체	뜻 음	병음
政	政	정치 정	[zhèng] 쩡
整	整	완전하다 정	[zhěng] 정
晶	晶	수정 정	[jīng] 찡
正	正	바르다, 정월 정	[zhèng] 쩡
睛	睛	눈동자 정	[jīng] 찡
程	程	과정 정	[chéng] 청
精	精	정밀하다 정	[jīng] 찡
艇	艇	갸름한 작은 배 정	[tǐng] 팅
*订	訂	바로잡다 정	[dìng] 띵
钉	釘	못, 못을 박다 정	[dīng] 띵
*静	靜	조용하다 정	[jìng] 찡
*顶	頂	꼭대기 정	[dǐng] 딩
叮	叮	물다 정	[dīng] 띵
净	淨	깨끗하다 정	[jìng] 찡
盯	盯	주시하다 정	[dīng] 띵
睁	睜	눈뜨다 정	[zhēng] 쩡
*制	製	만들다, 제도 제	[zhì] 쯔
剂	劑	약짓다, 조제한 약 제	[jì] 찌
啼	啼	훌쩍이다 제	[tí] 티
堤	堤	둑 제	[dī] 띠
帝	帝	제왕 제	[dì] 띠
弟	弟	아우, 동생 제	[dì] 띠
提	提	들다, 내다 제	[tí] 티
梯	梯	사다리, 층계 제	[tī] 티

济 濟	구제하다 제 [jì] 찌	操 操	쥐다, 잡다 조 [cāo] 카오
第 第	차례, 제 제 [dì] 띠	早 早	아침, 이르다 조 [zǎo] 자오
诸 諸	모두 제 [zhū] 쭈	朝 朝	조정, 아침 조 [cháo, zhāo] 차오, 짜오
除 除	제거하다 제 [chú] 추	条 條	가지, 조목 조 [tiáo] 티아오
际 際	사이, 중간 제 [jì] 찌	槽 槽	가축의 구유 조 [cáo] 차오
题 題	제목 제 [tí] 티	潮 潮	조수 조 [cháo] 차오
齐 齊	가지런하다 제 [qí] 치	照 照	비추다 조 [zhào] 짜
挤 擠	꽉 차다 제 [jǐ] 지	燥 燥	마르다 조 [zào] 짜오
助 助	돕다 조 [zhù] 쭈	爪 爪	손톱, 발톱 조 [zhuǎ, zhǎo] 자오, 주아
嘲 嘲	비웃다 조 [cháo] 차오	祖 祖	선조, 창시자 조 [zǔ] 주
吊 弔	조문하다, 매달다 조 [diào] 띠아오	租 租	세내다 조 [zū] 주
措 措	조치하다, 배치하다 조 [cuò] 추어	粗 粗	굵다 조 [cū] 추

糟 糟	지게미, 망치다 조 [zāo] 짜오		抓 抓	잡다 조 [zhuā] 쭈아
*组 組	조직하다 조 [zǔ] 주		皂 皂	검은색 조 [zào] 짜오
*调 調	가락 조 [diào] 띠아오		罩 罩	덮다 조 [zhào] 짜오
躁 躁	성급하다 조 [zào] 짜오		族 族	가족, 겨레 족 [zú] 주
造 造	만들다 조 [zào] 짜오		簇 簇	무리이루다 족 [cù] 추
遭 遭	만나다 조 [zāo] 짜오		足 足	발, 족하다 족 [zú] 주
钓 釣	낚시질하다 조 [diào] 띠아오		存 存	존재하다 존 [cún] 춘
阻 阻	막다 조 [zǔ] 주		*尊 尊	귀하다 존 [zūn] 쭌
雕 雕	새기다 조 [diāo] 띠아오		宗 宗	조상, 친족, 일의 기본 종 [zōng] 쭝
*鸟 鳥	새 조 [niǎo] 니아오		*从 從	따르다, ~부터 종 [cóng] 총
找 找	찾다 조 [zhǎo] 짜오		*种 種	종, 심다 종 [zhǒng] 쫑
灶 竈	부뚜막, 부엌 조 [zào] 짜오		终 終	끝나다 종 [zhōng] 쫑

중국어 상용한자 | 주제별 중단어 | 필수속담·성어·관용어

부록–상용한자 | **539**

综 综	합치다 **종** [zòng] 쫑
纵 縱	세로 **종** [zòng] 쫑
肿 腫	붓다 **종** [zhǒng] 중
踪 踪	자취 **종** [zōng] 쫑
钟 鐘	종, 시계 **종** [zhōng] 쭝
坐 坐	앉다 **좌** [zuò] 쮜
左 左	왼쪽 **좌** [zuǒ] 쭈어
座 座	자리 **좌** [zuò] 쮜
挫 挫	좌절하다 **좌** [cuò] 추오
罪 罪	죄 **죄** [zuì] 쭈이
主 主	주인 **주** [zhǔ] 주우
住 住	살다 **주** [zhù] 쮸
做 做	만들다, 되다 **주** [zuò] 쮜
周 周	주위, 주일 **주** [zhōu] 쪼우
奏 奏	연주하다 **주** [zòu] 쪼우
宙 宙	시간 **주** [zhòu] 쪼우
州 州	주 **주** [zhōu] 쪼우
厨 廚	부엌, 주방 **주** [chú] 추
昼 晝	대낮 **주** [zhòu] 쪼우
柱 柱	기둥 **주** [zhù] 쭈
株 株	그루 **주** [zhū] 쭈
注 注	붓다 **주** [zhù] 쭈
洲 洲	대륙 **주** [zhōu] 쪼우
湊 湊	모이다 **주** [còu] 초우

珠 珠	진주 주 [zhū] 쭈
筹 籌	계획하다 주 [chóu] 쵸우
绸 綢	비단 주 [chóu] 쵸우
蛛 蛛	거미 주 [zhū] 쭈
走 走	걷다 주 [zǒu] 조우
酒 酒	술 주 [jiǔ] 찌우
铸 鑄	주조하다 주 [zhù] 쭈
驻 駐	멈추다 주 [zhù] 쭈
丢 丢	잃다 주 [diū] 띠우
竹 竹	대, 대나무 죽 [zhú] 주
粥 粥	죽 죽 [zhōu] 쪼우
峻 峻	가파르다 준 [jùn] 쮠
*准 準	허락하다 준 [zhǔn] 준
*遵 遵	좇다, 따르다 준 [zūn] 쭌
蹲 蹲	쪼그려 앉다, 발을 빼다 준 [dūn, cún] 뚠, 춘
中 中	가운데, 적중하다 중 [zhōng] 쭝
*众 衆	많다, 무리 중 [zhòng] 쭝
重 重	무겁다, 겹치다 중 [zhòng, chóng] 쭝, 충
即 卽	곧 즉 [jí] 지
*则 則	법칙 칙, 곧 즉 [zé] 저
怎 怎	어째서 즘 [zěn] 전
汁 汁	즙, 즙액 즙 [zhī] 쯔
*增 增	증가하다 증 [zēng] 쩡
*憎 憎	미워하다, 가증스럽다 증 [zēng] 쩡

曾 曾	일찍, 거듭할 증 [céng, zēng] 청, 쩡	智 智	지혜 지 [zhì] 쯔
症 症	질병 증 [zhèng] 쩡	枝 枝	가지 지 [zhī] 쯔
蒸 蒸	찌다 증 [zhēng] 쩡	止 止	그치다 지 [zhǐ] 즈
赠 贈	증여하다 증 [zèng] 탕	池 池	못 지 [chí] 츠
*证 證	증명하다 증 [zhèng] 정	知 知	알다 지 [zhī] 쯔
之 之	[종속조사], 가다 지 [zhī] 쯔	*纸 紙	종이 지 [zhǐ] 즈
地 地	[조사], 땅 지 [de, dì] 더, 띠	肢 肢	팔다리 지 [zhī] 쯔
址 址	소재지 지 [zhǐ] 즈	脂 脂	지방 지 [zhī] 쯔
志 志	뜻, 의지 지 [zhì] 쯔	至 至	매우, 이르다 지 [zhì] 쯔
持 持	가지다 지 [chí] 츠	蜘 蜘	거미 지 [zhī] 쯔
指 指	손가락, 가리키다 지 [zhǐ] 즈	*迟 遲	늦다 지 [chí] 츠
支 支	버티다 지 [zhī] 쯔	吱 吱	삐걱 지 [zhī] 쯔

직	직	뜻	음	병음

*直 直 곧다, 직접 직 [zhí] 즈

织 織 짜다 직 [zhī] 쯔

*职 職 직무 직 [zhí] 즈

*尘 塵 먼지, 자취 진 [chén] 천

振 振 진동하다, 구제하다 진 [zhèn] 쩐

津 津 나루터 진 [jīn] 찐

珍 珍 진귀하다 진 [zhēn] 쩐

*尽 盡 다하다 진 [jìn] 찐

*真 眞 진실하다 진 [zhēn] 쩐

诊 診 진찰하다 진 [zhěn] 전

*进 進 나아가다 진 [jìn] 찐

*镇 鎭 진압하다 진 [zhèn] 쩐

*阵 陣 늘어놓다, 펴다 진 [zhèn] 쩐

震 震 진동하다 진 [zhèn] 쩐

趁 趁 타다, 편승하다 진 [chèn] 천

侄 姪 조카 질 [zhí] 쯔

疾 疾 질병 질 [jí] 지

秩 秩 순서 질 [zhì] 쯔

质 質 성질, 바탕 질 [zhí] 쯔

跌 跌 걸려넘어지다 질 [diē] 띠에

*执 執 잡다 집 [zhí] 즈

辑 輯 모으다 집 [jí] 지

集 集 모이다 집 [jí] 지

*惩 懲 징벌하다 징 [chéng] 청

瞪	瞪	바로보다, 주시하다 **징** [dèng] 떵
征	征	모집하다, 원정하다 **징, 정** [zhēng] 쩡
且	且	또한, 잠시 **차** [qiě] 치에
借	借	빌리다 **차** [jiè] 찌에
叉	叉	갈퀴, 버티고 서다 **차** [chā] 차
差	差	다르다, 차이, 파견하다 **차** [chā, chāi] 차, 차이
次	次	순서, 횟수 **차** [cì] 츠
此	此	이것, 여기 **차** [cǐ] 츠
*车	車	차 **차** [chē] 처
遮	遮	가리다 **차** [zhē] 쩌
岔	岔	갈림길 **차** [chà] 차
扯	扯	잡아당기다 **차** [chě] 쳐
捉	捉	손에 쥐다 **착** [zhuō] 쭈어
*着	着	~하고 있다, 붙다, 입다 **착** [zhe, zháo, zhuó] 쩌, 자오, 주오
窄	窄	좁다 **착** [zhǎi] 자이
*错	錯	그르다, 틀림 **착** [cuò] 춰
凿	鑿	끌, 정, 뚫다 **착** [záo] 자오
灿	燦	찬란하다 **찬** [càn] 찬
窜	竄	달아나다 **찬** [cuàn] 추안
*赞	讚	돕다, 칭찬하다 **찬** [zàn] 짠
*赞	贊	찬양하다 **찬** [zàn] 짠
*钻	鑽	뚫다, 송곳, 금강석 **찬** [zuàn] 쭈안
餐	餐	먹다, 식사 **찬** [cān] 찬
刹	刹	절, 멈추다 **찰** [chà, shā] 차, 싸

简体	繁体	뜻 / 발음		简体	繁体	뜻 / 발음
察	察	살피다 **찰** [chá] 차		*创	創	창조하다 **창** [chuàng] 추앙
擦	擦	닦다, 비비다 **찰** [cā] 차		唱	唱	노래하다 **창** [chàng] 창
扎	扎	찌르다, 머물다 **찰** [zhā] 짜		厂	廠	공장, 상점 **창** [chǎng] 창
咱	咱	우리, 우리들 **찰** [zán] 짠		敞	敞	넓다 **창** [chǎng] 창
*参	參	참가하다 **참** [cān] 찬		*畅	暢	순조롭다 **창** [chàng] 창
惨	慘	비참하다 **참** [cǎn] 찬		枪	槍	총 **창** [qiāng] 치앙
站	站	역, 서다 **참** [zhàn] 짠		涨	漲	물이 붇다 **창** [zhǎng] 장, 짱
崭	嶄	험준하다 **참** [zhǎn] 짠		胀	脹	팽창하다 **창** [zhàng] 짱
*惭	慚	부끄러워하다 **참** [cán] 찬		舱	艙	객실 **창** [cāng] 창
搀	攙	부축하다 **참** [chān] 찬		*苍	蒼	푸르다 **창** [cāng] 창
*仓	倉	창고 **창** [cāng] 창		抢	搶	빼앗다, 앞다투다 **창** [qiǎng] 치앙
倡	倡	이끌다 **창** [chàng] 창		窗	窗	창, 문 **창** [chuāng] 추앙

债 债	빚 채 [zhài] 짜이
彩 彩	채색 채 [cǎi] 차이
菜 菜	채소, 요리 채 [cài] 차이
*采 采	채취하다 채 [cǎi] 차이
踩 踩	밟다 채 [cǎi] 차이
册 册	책자 책 [cè] 처
策 策	계책 책 [cè] 처
*责 責	책임 책 [zé] 저
*凄 凄	차다, 처량하다 처 [qī] 치
妻 妻	아내 처 [qī] 치
*处 處	살다, 곳 처 [chù] 추
尺 尺	자, 길이 척 [chǐ] 츠

戚 戚	친척 척 [qī] 치
斥 斥	꾸짖다 척 [chì] 츠
涤 滌	씻다 척 [dí] 디
脊 脊	척추, 등뼈 척 [jǐ] 지
踢 踢	차다 척 [tī] 티
只 隻	마리, 다만 척, 지 [zhī, zhǐ] 쯔
串 串	실로 꿰다 천 [chuàn] 추안
千 千	천 천 [qiān] 치앤
喘 喘	헐떡이다 천 [chuǎn] 추안
天 天	하늘 천 [tiān] 티앤
川 川	하천 천 [chuān] 추안
泉 泉	샘물 천 [quán] 취앤

简체	번체	뜻 / 발음
*浅	淺	얕다 천 [qiǎn] 치앤
穿	穿	입다, 뚫다 천 [chuān] 추안
贱	賤	값이 싸다, 천하다 천 [jiàn] 찌앤
*践	踐	실천하다 천 [jiàn] 찌앤
*迁	遷	옮기다 천 [qiān] 치앤
溅	濺	(물방울이) 튀다 천 [jiàn] 찌앤
凸	凸	볼록하다 철 [tū] 투
哲	哲	지혜롭다 철 [zhé] 쩌
*彻	徹	꿰뚫다 철 [chè] 처
撤	撤	거두다 철 [chè] 처
*铁	鐵	쇠, 철 철 [tiě] 티에
尖	尖	뾰족하다 첨 [jiān] 찌앤
沾	沾	젖다 첨 [zhān] 짠
添	添	보태다 첨 [tiān] 티앤
签	簽	서명하다 첨 [qiān] 치앤
檐	檐	처마 첨 [yán] 얀
甜	甜	달다 첨 [tián] 티앤
捷	捷	민첩하다 첩 [jié] 지에
叠	疊	포개다 첩 [dié] 디에
贴	貼	붙다, 붙이다 첩 [tiē] 티에
*厅	廳	큰방, 청 청 [tīng] 팅
晴	晴	개다 청 [qíng] 칭
清	清	깨끗하다 청 [qīng] 칭
*听	聽	듣다 청 [tīng] 팅

| 请 請 | 요청하다 청 [qǐng] 칭 | 梢 梢 | 끝부분 초 [shāo] 싸오 |

| 青 青 | 푸르다 청 [qīng] 칭 | 楚 楚 | 분명하다 초 [chǔ] 추 |

| 替 替 | 대신하다 체 [tì] 티 | 焦 焦 | 그을리다 초 [jiāo] 찌아오 |

| 逮 逮 | 붙잡다, 미치다 체 [dǎi, dài] 다이, 따이 | 硝 硝 | 초석, 초산 초 [xiāo] 씨아오 |

| 递 遞 | 넘겨주다 체 [dì] 띠 | *础 礎 | 초석, 기초 초 [chǔ] 추 |

| *体 體 | 몸 체 [tǐ] 티 | 稍 稍 | 약간 초 [shāo] 싸오 |

| 砌 砌 | (돌을)쌓다, 계단 체 [qì] 치 | 肖 肖 | 닮다 초 [xiào] 씨아오 |

| 初 初 | 처음 초 [chū] 추 | 草 草 | 풀, 초고 초 [cǎo] 차오 |

| 剿 剿 | 표절하다 초 [jiǎo] 차오 | 超 超 | 초월하다 초 [chāo] 챠오 |

| 哨 哨 | 망보다 초 [shào] 싸오 | 醋 醋 | 식초 초 [cù] 추 |

| 抄 抄 | 베끼다 초 [chāo] 차오 | 悄 悄 | 고요하다 초 [qiǎo] 치아오 |

| 招 招 | 초대하다 초 [zhāo] 짜오 | 钞 鈔 | 지폐, 베끼다 초 [chāo] 차오 |

吵 吵	시끄럽다 초 [chǎo] 차오		葱 蔥	파 총 [cōng] 총
瞧 瞧	보다 초 [qiáo] 치아오		匆 匆	총망하다 총 [cōng] 총
促 促	재촉하다 촉 [cù] 추		撮 撮	긁어모으다 촬 [cuō] 추오
嘱 囑	부탁하다 촉 [zhǔ] 주		催 催	독촉하다 최 [cuī] 추이
*烛 燭	초, 양초, 촛불 촉 [zhú] 주		最 最	가장 최 [zuì] 쭈이
*触 觸	닿다 촉 [chù] 추		摧 摧	쳐부수다 최 [cuī] 추이
寸 寸	마디 촌 [cùn] 춘		坠 墜	떨어지다 추 [zhuì] 쭈이
村 村	마을 촌 [cūn] 춘		抽 抽	빼내다 추 [chōu] 처우
囱 囱	굴뚝 총 [cōng] 총		皱 皺	주름 추 [zhòu] 쪼우
*丛 叢	모이다 총 [cóng] 충		秋 秋	가을 추 [qiū] 치우
*总 總	늘, 총괄하다 총 [zǒng] 종		趋 趨	빨리 가다 추 [qū] 취
*聪 聰	총명하다 총 [cōng] 총		追 追	쫓아가다 추 [zhuī] 쭈이

중국어 상용한자 | 주제별 중단어 | 필수속담·성어·관용어

丑 醜	못생기다 추 [chǒu] 쵸우	逐 逐	쫓다 축 [zhú] 주
锤 錘	망치 추 [chuí] 추이	春 春	봄 춘 [chūn] 추언
啾 啾	[의성어] 찍찍, 짹짹 추 [jiū] 찌우	出 出	나가다 출 [chū] 추
揪 揪	틀어쥐다 추 [jiū] 찌우	充 充	충만하다 충 [chōng] 충
瞅 瞅	보다 추 [chǒu] 쵸우	忠 忠	충성 충 [zhōng] 쭝
推 推	밀다, (맷돌에)갈다 추, 퇴 [tuī] 투이	虫 蟲	벌레 충 [chóng] 총
畜 畜	가축, 짐승, 기르다 축 [chù, xù] 추, 쉬	冲 衝	충돌하다, 힘차다 충 [chōng] 충
祝 祝	기원하다 축 [zhù] 쭈	取 取	가지다 취 [qǔ] 취
筑 築	건축하다 축 [zhú] 쭈	吹 吹	불다 취 [chuī] 추이
缩 縮	줄어들다 축 [suō] 쑤어	嘴 嘴	입, 부리 취 [zuǐ] 주이
蓄 蓄	저장하다 축 [xù] 쉬	娶 娶	장가가다 취 [qǔ] 취
轴 軸	축, 굴대 축 [zhóu] 조우	就 就	곧, 이루다, 나아가다 취 [jiù] 찌우

翠 翠	청록색 취 [cuì] 추이	帜 幟	깃발 치 [zhì] 쯔
聚 聚	모이다 취 [jù] 쥐	*耻 恥	부끄럽다 치 [chǐ] 츠
脆 脆	취약하다, 무르다 취 [cuì] 추이	治 治	다스리다 치 [zhì] 쯔
臭 臭	구리다 취 [chòu] 초우	痴 癡	어리석다 치 [chī] 츠
趣 趣	취미 취 [qù] 취	致 致	드리다 치 [zhì] 쯔
醉 醉	취하다 취 [zuì] 쭈이	驰 馳	질주하다 치 [chí] 츠
骤 驟	질주하다 취 [zòu] 쪼우	*齿 齒	이 치 [chǐ] 츠
*侧 側	곁, 옆 측 [cè] 처	哆 哆	덜덜 떨다 치 [duō] 뚜오
*测 測	측량하다 측 [cè] 처	*亲 親	친하다 친 [qīn] 친
层 層	층, 겹, 계단 층 [céng] 청	衬 襯	받쳐 입다 친 [chèn] 천
*值 値	두다 치 [zhí] 쯔	七 七	일곱 칠 [qī] 치
值 値	가치 치 [zhí] 즈	漆 漆	옻칠 칠 [qī] 치

侵 侵	침입하다 침 [qīn] 친	拖 拖	끌다 타 [tuō] 투어
枕 枕	베개 침 [zhěn] 전	驼 駝	낙타 타 [tuó] 투어
浸 浸	물에 담그다 침 [jìn] 찐	诧 詫	속이다 타 [chà] 차
*针 針	바늘, 주사 침 [zhēn] 쩐	躲 躲	숨다 타 [duǒ] 뚜어
沉 沈	잠기다, 성 침, 심 [chén, shěn] 천, 선	它 它	그것, 저것 타 [tā] 타
称 稱	일컫다, 알맞다 칭 [chēng, chèn] 청, 천	朵 朵	꽃송이 타 [duǒ] 뚜어
快 快	빠르다 쾌 [kuài] 콰이	托 托	받쳐 들다 탁 [tuō] 투어
筷 筷	젓가락 쾌 [kuài] 콰이	拆 拆	떼다 탁 [chāi] 차이
她 她	그녀 타 [tā] 타	桌 桌	탁자 탁 [zhuō] 쭈어
他 他	그 타 [tā] 타	踱 踱	거닐다 탁 [duó] 뚜어
妥 妥	타당하다 타 [tuǒ] 투어	吞 吞	삼키다 탄 [tūn] 투언
打 打	치다, 때리다 타 [dǎ] 다	*叹 嘆	한숨 쉬다 탄 [tàn] 탄

坦 坦	평탄하다 탄 [tǎn] 탄
*弹 彈	쏘다, 탄환 탄 [tán, dàn] 탄,딴
滩 灘	여울, 물가 탄 [tān] 탄
炭 炭	숯 탄 [tàn] 탄
诞 誕	태어나다 탄 [dàn] 딴
摊 攤	늘어놓다 탄 [tān] 탄
碳 碳	탄소 탄 [tàn] 탄
*夺 奪	빼앗다 탈 [duó] 뚜어
*脱 脫	벗다 탈 [tuō] 투오
探 探	찾다 탐 [tàn] 탄
眈 眈	지연하다 탐 [dān] 딴
*贪 貪	탐내다 탐 [tān] 탄

塔 塔	탑, 절, 불당 탑 [tǎ] 타
搭 搭	(막을)치다, 연결되다 탑 [dā] 따
塌 塌	무너지다 탑 [tā] 타
*汤 湯	더운물, 국 탕 [tāng] 탕
荡 蕩	흔들다, 흔들리다 탕 [dàng] 땅
烫 燙	데다, 뜨겁다 탕 [tàng] 탕
呆 呆	어리석다, 머무르다 태 [dāi] 따이
太 太	몹시, 매우 태 [tài] 타이
*态 態	모양 태 [tài] 타이
胎 胎	태아 태 [tāi] 타이
驮 馱	등에 지우다 태 [tuó] 투오
宅 宅	집, 저택 택 [zhái] 자이

泽	擇	가리다 택 [zé] 저

撑	撐	버티다 탱 [chēng] 청

兔	兔	토끼 토 [tù] 투

吐	吐	토하다 토 [tǔ] 투

土	土	흙 토 [tǔ] 투

讨	討	토벌하다 토 [tǎo] 타오

吨	噸	톤(ton) 톤 [dūn] 뚠

桶	桶	통 통 [tǒng] 퉁

痛	痛	아프다 통 [tòng] 퉁

筒	筒	대롱 통 [tǒng] 퉁

统	統	계통, 통솔하다 통 [tǒng] 퉁

通	通	통하다 통 [tōng] 퉁

堆	堆	쌓다, 무더기 퇴 [duī] 뚜이

腿	腿	다리 퇴 [tuǐ] 투이

退	退	물러나다 퇴 [tuì] 투이

偷	偷	훔치다 투 [tōu] 터우

套	套	덧씌우개 투 [tào] 타오

投	投	던지다 투 [tóu] 토우

透	透	스며들다 투 [tòu] 토우

斗	鬪	싸우다, 말 투, 두 [dòu, dǒu] 또우, 도우

特	特	특별하다 특 [tè] 터

闯	闖	뛰어들다 틈 [chuǎng] 추앙

坡	坡	비탈, 고개 파 [pō] 포

婆	婆	노파 파 [pó] 포

巴 巴	바라다 **파** [bā] 빠		玻 玻	유리 **파** [bō] 뽀
把 把	쥐다, 자루 **파** [bǎ, bà] 바, 빠		吧 吧	[어조사] **파** [ba] 빠
播 播	전파하다 **파** [bō] 뽀		判 判	분별하다 **판** [pàn] 판
摆 擺	벌여놓다 **파** [bǎi] 바이		板 板	널빤지, 판목 **판** [bǎn] 반
波 波	물결 **파** [bō] 뽀		版 版	널, (인쇄)판 **판** [bǎn] 반
派 派	파견하다 **파** [pài] 파이		瓣 瓣	꽃잎 **판** [bàn] 빤
爬 爬	기다, 기어오르다 **파** [pá] 파		*贩 販	판매하다 **판** [fàn] 판
破 破	깨다, 파손되다 **파** [pò] 푸어		*办 辦	처리하다 **판** [bàn] 빤
*罢 罷	멈추다 **파** [bà] 빠		趴 趴	엎드리다 **팔** [pā] 파
*颇 頗	편파적이다 **파** [pǒ] 포		八 八	여덟 **팔** [bā] 빠
怕 怕	두려워하다 **파** [pà] 파		叭 叭	뚝, 딱(의성어) **팔** [bā] 빠
爸 爸	아빠 **파** [bà] 빠		扒 扒	붙잡다, 긁어모으다 **팔, 배** [bā, pá] 빠, 파

坝	壩	댐, 제방 패 [bà] 빠
佩	佩	차다, 달다 패 [pèi] 뻬이
败	敗	지다 패 [bài] 빠이
牌	牌	간판 패 [pái] 파이
*贝	貝	조개 패 [bèi] 뻬이
霸	霸	맹주 패 [bà] 빠
膨	膨	팽창하다 팽 [péng] 펑
碰	碰	부딪치다, 만나다 팽 [pèng] 펑
便	便	곧, 편리하다 편 [biàn, pián] 삐앤, 피앤
偏	偏	치우치다 편 [piān] 피앤
扁	扁	넓적하다, 평평하다 편 [biǎn] 비앤
片	片	조각, 편 편 [piàn] 피앤
篇	篇	편 편 [piān] 피앤
编	編	엮다 편 [biān] 삐앤
*遍	遍	두루 편 [biàn] 삐앤
鞭	鞭	채찍 편 [biān] 삐앤
骗	騙	속이다 편 [piàn] 피앤
平	平	평평하다 평 [píng] 피잉
*评	評	논평, 평하다 평 [píng] 핑
苹	蘋	사과나무 평 [píng] 핑
*废	廢	폐하다 폐 [fèi] 페이
弊	弊	부정행위, 폐해 폐 [bì] 삐
肺	肺	폐, 허파 폐 [fèi] 페이
蔽	蔽	가리다 폐 [bì] 삐

闭 閉	닫다, 닫히다 폐 [bì] 삐
包 包	싸다, 보따리 포 [bāo] 빠오
布 布	베, 선포하다 포 [bù] 뿌
怖 怖	겁내다 포 [bù] 뿌
抛 抛	던지다 포 [pāo] 빠오
抱 抱	안다 포 [bào] 빠오
捕 捕	사로잡다 포 [bǔ] 부
泡 泡	거품, 부풀어진 모양 포 [pào] 파오
胞 胞	포의, 친형제 포 [bāo] 빠오
脯 脯	말린 고기 포 [fǔ] 푸
葡 葡	포도 포 [pú] 푸
袍 袍	두루마기 포 [páo] 파오

铺 鋪	펴다, 가게 포 [pū] 푸
*饱 飽	배부르다 포 [bǎo] 바오
炮 炮	대포 포 [pào] 파오
刨 刨	대패, 깎다 포 [bào] 빠오
跑 跑	달리다 포 [pǎo] 파오
暴 暴	사납다, 폭로하다 포, 폭 [bào] 빠오
幅 幅	너비 폭 [fú] 푸
爆 爆	폭발하다 폭 [bào] 빠오
辐 輻	너비, 폭, 사이 폭 [fú] 푸
*标 標	표지 표 [biāo] 삐아오
漂 漂	표류하다, 표백하다 표 [piāo] 피아오
票 票	표, 지폐 표 [piào] 삐아오

表 表	겉, 나타내다 **표** [biǎo] 비아오	避 避	피하다 **피** [bì] 삐
飘 飄	회오리바람 **표** [piāo] 피아오	匹 匹	필, 짝 **필** [pǐ] 피
品 品	물품, 등급 **품** [pǐn] 핀	必 必	반드시 **필** [bì] 삐
讽 諷	풍자하다 **풍** [fěng] 펑	*毕 畢	마치다 **필** [bì] 삐
*丰 豐	풍부하다 **풍** [fēng] 펑	*笔 筆	붓 **필** [bǐ] 비
*风 風	바람 **풍** [fēng] 펑	乏 乏	부족하다 **핍** [fá] 파
疯 瘋	실성하다 **풍** [fēng] 펑	逼 逼	핍박하다 **핍** [bī] 삐
彼 彼	저, 그 **피** [bǐ] 비	下 下	아래 **하** [xià] 씨아
披 披	옷을 걸치다, 입다 **피** [pī] 피	何 何	무엇 **하** [hé] 허
疲 疲	지치다 **피** [pí] 피	夏 夏	여름 **하** [xià] 씨아
皮 皮	피부, 가죽 **피** [pí] 피이	河 河	강 **하** [hé] 허
被 被	이불, 덮다 **피** [bèi] 뻬이	荷 荷	연, 어깨에 메다 **하** [hé] 허

虾 蝦	새우 **하**	[xiā] 씨아
贺 賀	축하하다 **하**	[hè] 허
霞 霞	노을 **하**	[xiá] 시아
呀 呀	[감탄사] 아! 야!(놀람) **하**	[yā] 야
*学 學	배우다 **학**	[xué] 쉬에
寒 寒	차다 **한**	[hán] 한
恨 恨	원망하다 **한**	[hèn] 헌
旱 旱	가물다 **한**	[hàn] 한
汗 汗	땀 **한**	[hàn] 한
*汉 漢	한나라, 한족 남자 **한**	[hàn] 한
*闲 閑	한가하다 **한**	[xián] 시앤
限 限	제한하다 **한**	[xiàn] 씨앤
焊 焊	용접하다 **한**	[hàn] 한
狠 狠	잔인하다 **한**	[hěn] 헌
割 割	쪼개다 **할**	[gē] 꺼
瞎 瞎	눈멀다 **할**	[xiā] 씨아
函 函	편지, 용상자 **함**	[hán] 한
含 含	포함하다 **함**	[hán] 한
喊 喊	외치다 **함**	[hǎn] 한
舰 艦	군함 **함**	[jiàn] 찌앤
陷 陷	함락하다 **함**	[xiàn] 씨앤
合 合	합치다 **합**	[hé] 허
哈 哈	(웃음 소리)하하 **합**	[hā] 하
盒 盒	통, 찬합 **합**	[hé] 허

중국어 상용한자 | 주제별 중단어 | 필수속담·성어·관용어

부록–상용한자 | **559**

巷 巷	골목 항 [xiàng] 씨앙
恒 恒	항구하다 항 [héng] 헝
抗 抗	저항하다 항 [kàng] 캉
港 港	항구 항 [gǎng] 강
缸 缸	항아리 항 [gāng] 깡
航 航	운항하다 항 [háng] 항
降 降	내리다, 항복하다 항 [jiàng, xiáng] 찌앙, 시앙
*项 項	항목 항 [xiàng] 씨앙
炕 炕	중국식 온돌 항 [kàng] 캉
咳 咳	야! 이봐! 기침하다 해 [hāi, ké] 하이, 커
孩 孩	어린아이 해 [hái] 하이
害 害	손해, 해치다 해 [hài] 하이

海 海	바다 해 [hǎi] 하이
解 解	이해하다, 풀다 해 [jiě] 지에
*该 該	~해야 한다 해 [gāi] 까이
嗨 嗨	웃음소리 해 [hāi] 하이
核 核	과실의 씨, 핵 핵 [hé] 허
幸 幸	행복 행 [xìng] 씽
行 行	가다, 줄, 열 행, 항 [xíng, hàng] 싱, 항
享 享	누리다 향 [xiǎng] 시앙
向 向	향하다 향 [xiàng] 씨앙
*乡 鄉	시골, 고향 향 [xiāng] 씨앙
*响 響	소리를 내다, 소리 향 [xiǎng] 시앙
香 香	향기, 향기롭다 향 [xiāng] 씨앙

虚 虛	공허하다 허 [xū] 쒸
*许 許	허락하다, 쯤 허 [xǔ] 쉬
*宪 憲	법령 헌 [xiàn] 씨앤
轩 軒	높다 헌 [xuān] 씨앤
*献 獻	바치다 헌 [xiàn] 씨앤
歇 歇	휴식하다 헐 [xiē] 씨에
险 險	험하다 험 [xiǎn] 시앤
*验 驗	검사하다 험 [yàn] 앤
吓 嚇	놀라게 하다, 성내다 혁 [xià, hè] 씨아, 허
哧 哧	노하다 혁 [chī] 츠
革 革	바꾸다 혁 [gé] 거
*弦 弦	활시위 현 [xián] 씨앤
*悬 懸	매달다 현 [xuán] 쒸앤
现 現	현재 현 [xiàn] 씨앤
县 縣	현 현 [xiàn] 씨앤
*显 顯	현저하다 현 [xiǎn] 시앤
穴 穴	구멍 혈 [xué] 쉬에
血 血	피 혈 [xuè, xiě] 쒸에, 시에
页 頁	쪽, 페이지 혈 [yè] 예
嫌 嫌	혐의, 싫어하다 혐 [xián] 시앤
*协 協	협조하다 협 [xié] 시에
夹 夾	끼다, 끼우다 협 [jiā] 찌아
峡 峽	골짜기 협 [xiá] 시아
狭 狹	좁다 협 [xiá] 시아

胁 胁	옆구리 협 [xié] 시에		呼 呼	내쉬다 호 [hū] 후
兄 兄	맏이 형 [xiōng] 씨웅		壕 壕	해자 호 [háo] 하오
刑 刑	형벌 형 [xíng] 싱		*壶 壺	주전자 호 [hú] 후
型 型	모형 형 [xíng] 싱		好 好	좋다, 좋아하다 호 [hǎo] 하오
形 形	모양, 형상 형 [xíng] 싱		弧 弧	나무로 만든 활, 괄호 호 [hú] 후
炯 炯	밝다, 환하다 형 [jiǒng] 찌웅		户 戶	문, 집 호 [hù] 후
衡 衡	저울대, 헤아리다 형 [héng] 헝		毫 毫	잔털, 조금도 호 [háo] 하오
哼 哼	신음하다 형 [hēng] 헝		浩 浩	광대하다 호 [hào] 하오
慧 慧	지혜롭다 혜 [huì] 후이		湖 湖	호수 호 [hú] 후
鞋 鞋	신, 신발 혜 [xié] 시에		糊 糊	풀칠하다 호 [hú] 후
乎 乎	[어조사] 호 [hū] 후		葫 葫	마늘, 조롱박 호 [hú] 후
互 互	서로 호 [hù] 후		虎 虎	범, 호랑이 호 [hǔ] 후

号 號	날짜, 이름 **호** [hào] 하오	魂 魂	혼령 **혼** [hún] 훈
蝴 蝴	나비 **호** [hú] 후	忽 忽	홀연히 **홀** [hū] 후
*护 護	보호하다 **호** [hù] 후	洪 洪	크다, 큰물 **홍** [hóng] 홍
豪 豪	호걸 **호** [háo] 하오	烘 烘	말리다 **홍** [hōng] 홍
胡 鬍	수염, 오랑캐 **호** [hú] 후	*红 紅	붉다 **홍** [hóng] 홍
惑 惑	미혹시키다 **혹** [huò] 후오	伙 夥	동료, 무리 **화** [huǒ] 후어
或 或	아마, 또는 **혹** [huò] 훠	化 化	변하다 **화** [huà] 화
酷 酷	잔혹하다 **혹** [kù] 쿠	和 和	화하다, 합치다 **화** [hé, huo] 허, 후어
婚 婚	결혼하다 **혼** [hūn] 훈	火 火	불, 화재 **화** [huǒ] 후오
昏 昏	저녁때 **혼** [hūn] 훈	*画 畫	그리다, 그림 **화** [huà] 화
混 混	섞다, 흐리다 **혼** [hùn] 훈	*祸 禍	재앙 **화** [huò] 후어
浑 渾	흐리다, 모두 **혼** [hún] 훈	花 花	꽃, 쓰다 **화** [huā] 후아

华 華	꽃, 화려하다, 중국 **화** [huā, huá] 후아	环 環	고리 **환** [huán] 후안
话 話	말, 이야기 **화** [huà] 화	还 還	아직, 돌아오다 **환** [hái, huán] 하이, 후안
货 貨	화폐, 상품 **화** [huò] 후어	活 活	살다 **활** [huó] 후오
哗 嘩	시끄럽다 **화** [huā] 후아	滑 滑	미끄럽다 **활** [huá] 후아
扩 擴	넓히다 **확** [kuò] 쿠어	豁 豁	찢어지다, 확 트이다 **활** [huò] 후어
确 確	확실하다 **확** [què] 취에	阔 闊	넓다 **활** [kuò] 쿠어
丸 丸	작고 둥근 물건 **환** [wán] 완	磺 磺	유황 **황** [huáng] 후앙
唤 喚	부르다 **환** [huàn] 환	惶 惶	당황하다 **황** [huáng] 후앙
幻 幻	변하다, 환영 **환** [huàn] 환	慌 慌	당황하다 **황** [huāng] 후앙
患 患	재난, 걸리다 **환** [huàn] 환	晃 晃	빛나다, 흔들리다 **황** [huàng] 후앙
换 換	바꾸다 **환** [huàn] 환	况 況	상태, 하물며 **황** [kuàng] 쿠앙
欢 歡	즐겁다 **환** [huān] 후안	煌 煌	반짝이다 **황** [huáng] 후앙

皇	皇	임금 **황** [huáng] 후앙
荒	荒	거칠다 **황** [huāng] 후앙
蝗	蝗	누리 **황** [huáng] 후앙
黄	黃	누렇다 **황** [huáng] 후앙
谎	謊	거짓말 **황** [huǎng] 후앙
*回	回	돌다, 번 **회** [huí] 후이
恢	恢	넓다 **회** [huī] 후이
悔	悔	뉘우치다 **회** [huǐ] 후이
*怀	懷	품다 **회** [huái] 후아이
*会	會	모이다, 합계 **회** [huì, kuài] 후이, 쿠아이
灰	灰	재 **회** [huī] 후이
绘	繪	그리다 **회** [huì] 후이

盔	盔	뚝배기모양의 그릇, 투구 **회** [kuī] 쿠이
*获	獲	획득하다 **획** [huò] 후오
*划	劃	긋다, 젓다 **획, 화** [huà, huá] 화, 후아
横	橫	가로, 난폭하다 **횡** [héng] 헝
效	效	효과 **효** [xiào] 씨아오
*晓	曉	새벽 **효** [xiǎo] 시아오
候	候	때, 기다리다 **후** [hòu] 허우
厚	厚	두텁다 **후** [hòu] 호우
吼	吼	울부짖다 **후** [hǒu] 호우
喉	喉	목구멍 **후** [hóu] 호우
后	後	뒤, 후 **후** [hòu] 호우
朽	朽	썩다 **후** [xiǔ] 시우

猴	猴	원숭이 후 [hóu] 호우
*训	訓	훈계하다 훈 [xùn] 쒼
晕	暈	어지럽다 훈 [yūn] 윈
喧	喧	시끄럽다 훤 [xuān] 쒸앤
毁	毀	헐다, 상처 입히다 훼 [huǐ] 후이
汇	彙	모으다, 집대성하다 휘 [huì] 후이
*挥	揮	휘두르다 휘 [huī] 후이
*辉	輝	불빛, 광채 휘 [huī] 후이
休	休	쉬다 휴 [xiū] 씨우
携	携	지니다 휴 [xié] 시에
亏	虧	부족하다, 손해보다 휴 [kuī] 쿠이
凶	凶	불길하다 흉 [xiōng] 씨웅
汹	洶	용솟음치다 흉 [xiōng] 씨웅
胸	胸	가슴 흉 [xiōng] 쓩
黑	黑	검다, 어둡다 흑 [hēi] 헤이
欣	欣	기쁘다 흔 [xīn] 씬
痕	痕	자취, 자국 흔 [hén] 헌
很	很	매우 흔 [hěn] 헌
掀	掀	치켜들다, 번쩍들다 흔 [xiān] 씨앤
吃	吃	먹다 흘 [chī] 츠
欠	欠	빚지다, 모자라다 흠 [qiàn] 치앤
吸	吸	들이쉬다 흡 [xī] 씨
恰	恰	알맞다 흡 [qià] 치아
*兴	興	흥하다, 흥미 흥 [xīng] 씽

喜	喜	기쁘다 희 [xǐ] 시

希	希	바라다 희 [xī] 씨

*戏	戲	놀이 희 [xì] 씨

*牺	犧	희생 희 [xī] 씨

稀	稀	드물다 희 [xī] 씨

嘻	嘻	웃다, 아! 희 [xī] 씨

주제별 중단어

가족

双亲	[shuāng qīn] 쑤앙친	양친
祖先	[zǔ xiān] 주시엔	조상
子孙	[zǐ sūn] 즈쑨	자손
祖父母	[zǔ fù mǔ] 주푸무	조부모
兄弟姐妹	[xiōng dì jiě mèi] 숑디지에 메이	형제자매
亲戚	[qīn qī] 친치	친척
堂兄弟	[táng xiōng dì] 탕숑디	사촌
侄子	[zhí zǐ] 즈쯔	조카
侄女	[zhí nǚ] 즈뉘	조카딸
双胞胎	[shuāng bāo tāi] 슈앙바오타이	쌍둥이
独生子女	[dú shēng zǐ nǚ] 두셩즈뉘	외동아이
长子	[cháng zǐ] 쟝쯔	장자
公婆	[gōng pó] 꿍포	시부모
岳父母	[yuè fù mǔ] 위에푸무	장인장모

몸

头	[tóu] 토우	머리
头发	[tóu fā] 토우파	머리카락
额	[é] 어	이마
眉毛	[méi máo] 메이마오	눈썹
眼睛	[yǎn jīng] 옌징	눈
瞳孔	[tóng kǒng] 통콩	눈동자
眼皮	[yǎn pí] 옌피	눈꺼풀
睫毛	[jié máo] 지에마오	속눈썹
颚	[è] 어	턱
下巴	[xià bā] 쌰바	아래턱
雀斑	[què bān] 취에반	주근깨
伤痕	[shāng hén] 상흔	흉터
面颊	[miàn jiá] 미엔쟈	볼
痘痘	[dòu dòu] 또우또우	여드름
皱纹	[zhòu wén] 조우원	주름
瘊子	[hóu zī] 허우즈	점
太阳穴	[tai yáng xué] 타이양슈에	관자놀이
耳垂	[ěr chuí] 얼추이	귓불
鼻子	[bí zǐ] 비즈	코
鼻孔	[bí kǒng] 비콩	콧구멍
嘴	[zuǐ] 쭈이	입
嘴唇	[zuǐ chún] 쭈이춘	입술
耳朵	[ěr duǒ] 얼두오	귀
舌头	[shé tóu] 셔토우	혀
牙齿	[yá chǐ] 야츠	이
短连鬓胡子	[duǎn lián bìn hú zǐ] 두안리엔빈후즈	짧은 구렛나루
连鬓胡子	[lián bìn hú zǐ] 리엔빈후즈	구렛나루
胡须	[hú xū] 후쉬	(턱)수염
山羊胡子	[shān yáng hú zǐ] 샨양후즈	염소수염
小胡子	[xiǎo hú zǐ] 샤오후즈	콧수염

酒窝	[jiǔ wō] 지우워	보조개	手掌	[shǒu zhǎng] 쇼우장	손바닥
双眼皮	shuāng yǎn pí] 슈앙옌피	쌍꺼풀	胸	[xiōng] 숑	가슴
单眼皮	dān yǎn pí] 딴옌피	홑꺼풀	腹部	[fù bù] 푸뿌	배
上眼睑	shàng yǎn jiǎn] 쌍옌지엔	윗눈꺼풀	手腕	[shǒu wàn] 쇼우완	손목
下眼睑	[xià yǎn jiǎn] 샤옌지엔	아랫눈꺼풀	肚脐	[dù qí] 두치	배꼽
上唇	[shàng chún] 쌍춘	윗입술	腿	[tuǐ] 투이	다리
下唇	[xià chún] 샤춘	아랫입술	膝	[xī] 시	무릎
齿龈	[chǐ yín] 츠인	잇몸	脚脖子	[jiǎo bó zǐ] 쟈오보즈	발목
秃头	[tū tóu] 투터우	대머리	脚	[jiǎo] 쟈오	발
短发	[duǎn fǎ] 뚜안파	단발	拳头	[quán tóu] 취엔토우	주먹
卷发	[juǎn fǎ] 쥐엔파	고수머리	脖子	[bó zǐ] 보즈	목덜미
胸部	[xiōng bù] 숑뿌	가슴	肘	[zhǒu] 조우	팔꿈치
乳头	[rǔ tóu] 로우토우	젖꼭지	背	[bèi] 뻬이	등
脖子	[bó zǐ] 보즈	목	臀部	[tún bù] 툰뿌	엉덩이
肩膀	[jiān bǎng] 지엔방	어깨	大腿	[dà tuǐ] 따투이	넓적다리
胳膊	[gē bó] 거보	팔	小腿	[xiǎo tuǐ] 샤오투이	종아리
手	[shǒu] 쇼우	손	腰	[yāo] 야오	허리
拇指	[mǔ zhǐ] 무즈	엄지손가락	骨盆	[gǔ pén] 구펀	골반
无名指	[wú míng zhǐ] 우밍즈	약지	脚后跟	[jiǎo hòu gēn] 쟈오호우껀	뒤꿈치
小指	[xiǎo zhǐ] 샤오즈	새끼손가락	脚趾	[jiǎo zhǐ] 쟈오즈	발가락
手指	[shǒu zhǐ] 쇼우즈	손가락	皮肤	[pí fū] 피푸	피부
食指	[shí zhǐ] 스즈	집게손가락	白皙的皮肤	[bái xī de pí fū] 바이시더피푸	하얀 살결
中指	[zhōng zhǐ] 쫑즈	가운데손가락	外皮	[wai pí] 와이피	표피
指甲	[zhǐ jiǎ] 즈Wí	손톱, 발톱	臀部	[tún bù] 툰뿌	엉덩이

중국어 상용한자 | 주제별 중단어 | 필수속담·성어·관용어

足	[zú] 쭈	발		腰子	[yāo zǐ] 야오즈	신장
脚尖	[jiǎo jiān] 쟈오지엔	발끝		细胞	[xì bāo] 시빠오	세포
脚指甲	[jiǎo zhǐ jiǎ] 쟈오즈쟈	발톱		悬雍垂	[xuán yōng chuí] 쉬엔용추이	목젖
大脚趾	[dà jiǎo zhǐ] 따쟈오즈	엄지발가락		胰脏	[yí zāng] 이짱	췌장
小趾	[xiǎo zhǐ] 샤오즈	새끼발가락		胆囊	[dǎn náng] 딴낭	쓸개
体重	[tǐ zhòng] 티종	몸무게		十二指肠	[shí èr zhǐ cháng] 스얼즈창	십이지장
个子	[gè zǐ] 거즈	키		膀胱	[bǎng guāng] 팡광	방광
外耳	[wài ěr] 와이얼	외이		血管	[xuè guǎn] 슈에	혈관
神经元	[shén jīng yuán] 션징위엔	신경단위, 뉴런		呼吸	[hū xī] 후시	숨
脑	[nǎo] 나오	뇌		肠	[cháng] 창	장
嗓子	[sǎng zǐ] 상즈	목(구멍)		大肠	[dà cháng] 따창	대장
肋骨	[lèi gǔ] 레이구	늑골		肉	[ròu] 러우	살
胃	[wèi] 웨이	위		血	[xuè] 슈에	피
子宫	[zǐ gōng] 쯔꽁	자궁		声音	[shēng yīn] 셩인	목소리
骨头	[gǔ tóu] 구토우	뼈		小肠	[xiǎo cháng] 샤오창	소장
肌肉	[jī ròu] 지로우	근육		肠子	[cháng zǐ] 창즈	창자
关节	[guān jié] 관지에	관절		盲肠	[máng cháng] 망창	맹장
筋	[jīn] 진	힘줄		真皮	[zhēn pí] 전피	진피
心脏	[xīn zāng] 신장	심장		咽喉	[yān hóu] 옌호우	목구멍
肝肠	[gān cháng] 깐창	간장		内耳	[nèi ěr] 네이얼	내이
肺	[fèi] 페이	폐		鼓膜	[gǔ mó] 구모	고막
动脉	[dòng mài] 동마이	동맥		肠胃	[cháng wèi] 창웨이	소화기관
静脉	[jìng mài] 징마이	정맥				
脊椎	[jǐ zhuī] 지쭈이	척추				

생리현상

耳垢	[ěr gòu] 얼고우	귀지
眼泪	[yǎn lèi] 옌레이	눈물
鼻牛儿	[bí niú ér] 비뉴얼	코딱지
头屑	[tóu xiè] 토우시에	비듬
屁	[pì] 피	방귀
小便	[xiǎo biàn] 샤오비엔	오줌
污物	[wū wù] 우우	오물
饱嗝儿	[bǎo gé ér] 바오걸	트림
口水	[kǒu shuǐ] 코우쉐이	침
打嗝	[dǎ gé] 다거	딸꾹질
打喷嚏	[dǎ pēn tì] 다펀티	재채기
鼻涕	[bí tì] 비티	콧물
呵欠	[hē qiàn] 허치엔	하품
汗水	[hàn shuǐ] 한쉐이	땀
泌尿系统	[mì niào xì tǒng] 미냐오시통	분비기관
汗腺	[hàn xiàn] 한시엔	땀샘
冷汗	[lěng hàn] 렁한	식은땀
内分泌	[nèi fēn mì] 네이펀미	내분비
内出血	[nèi chū xuè] 네이추쉬에	내출혈
分泌器官	[fēn mì qì guān] 펀미치관	분비선
分泌过剩	[fēn mì guò shèng] 펀미구오셩	과잉분비
排泄	[pái xiè] 파이시에	배설
排泄物	[pái xiè wù] 파이시에우	배설물
粪	[fèn] 펀	똥
屑	[xiè] 시에	찌끼
甲状腺	[jiǎ zhuàng xiàn] 쟈좡시엔	갑상선
甲状腺素	[jiǎ zhuàng xiàn sù] 쟈좡시엔쑤	티록신
叹息	[tàn xī] 탄시	한숨
呼吸	[hū xī] 후시	숨, 호흡
咳嗽	[ké sòu] 커소우	기침
饱嗝儿	[bǎo gé ér] 바오걸	트림

질병증상

过敏	[guò mǐn] 꾸오민	알레르기
流行性感冒	[liú xíng xìng gǎn mào] 류싱싱간마오	독감
感冒	[gǎn mào] 간마오	감기
胃炎	[wèi yán] 웨이옌	위염
癌	[ái] 아이	암
肺癌	[fèi ái] 페이아이	폐암
高血压	[gāo xuè yā] 까오슈에야	고혈압
流行病	[liú xíng bìng] 류싱삥	유행병
心脏病	[xīn zāng bìng] 신장삥	심장병
脑中风	[nǎo zhōng fēng] 나오종펑	뇌졸중
气喘病	[qì chuǎn bìng] 치촨삥	천식
糖尿病	[táng niào bìng] 탕냐오삥	당뇨병
肥胖	[féi pàng] 페이팡	비만

压力	[yā lì] 야리	스트레스	过劳	[guò láo] 꾸오라오	과로
龋齿	[qǔ chǐ] 취츠	충치	溃疡	[kuì yáng] 쿠이양	궤양
腮腺炎	[sāi xiàn yán] 싸이씨엔옌	볼거리	甲状腺炎	[jiǎ zhuàng xiàn yán] 자시엔옌	갑상선염
麻疹	[má zhěn] 마전	홍역	大脖子病	[dà bó zǐ bìng] 따보쯔삥	갑상선종
肺炎	[fèi yán] 페이옌	폐렴	头痛	[tóu tòng] 토우퉁	두통
水痘	[shuǐ dòu] 쉐이떠우	수두	牙痛	[yá tòng] 야퉁	치통
肠炎	[cháng yán] 창옌	장염	吐	[tǔ] 투	구토
关节炎	[guān jié yán] 꽌지에옌	관절염	拉肚子	[lā dù zǐ] 라두즈	설사
健忘症	[jiàn wàng zhèng] 지엔왕정	건망증	痛	[tòng] 퉁	아픔
痴呆症	[chī dāi zhèng] 츠따이정	치매	烧伤	[shāo shāng] 샤오샹	화상
肝炎	[gān yán] 깐옌	간염	伤口	[shāng kǒu] 샹커우	상처
脚气	[jiǎo qì] 쟈오치	무좀	烧	[shāo] 샤오	열
大肠炎	[dà cháng yán] 따창옌	대장염	咳嗽	[ké sòu] 커써우	기침
大肠杆菌	[dà cháng gǎn jūn] 따창깐쥔	대장균	打喷嚏	[dǎ pēn tì] 다펀티	재채기
传染病	[chuán rǎn bìng] 촨란삥	전염병	骨折	[gǔ shé] 구저	골절
带菌者	[dài jūn zhě] 따이쥔저	보균자	打嗝儿	[dǎ gé ér] 다거얼	딸꾹질
遗传病	[yí chuán bìng] 이촨삥	유전병	消化不良	[xiāo huà bù liáng] 샤오화부량	소화불량
顽症	[wán zhèng] 완정	고질병	伤痕	[shāng hén] 샹헌	타박상
酒鬼	[jiǔ guǐ] 지우꾸이	주정뱅이	营养不良	[yíng yǎng bù liáng] 잉양부량	영양실조
发作	[fā zuò] 파쭈오	발작	便秘	[biàn mì] 삐엔미	변비
发炎	[fā yán] 파옌	염증	呼吸	[hū xī] 후시	호흡
结核	[jié hé] 지에허	결핵	头晕	[tóu yūn] 토우윈	현기증
肺病	[fèi bìng] 페이삥	폐병	汗	[hàn] 한	땀
孕吐	[yùn tǔ] 윈투	입덧	尿	[niào] 냐오	소변

寒气	[hán qì] 한치	오한	诊所	[zhěn suǒ] 전 쑤어	개인병원
出血	[chū xuè] 추시에	출혈	治疗	[zhì liáo] 즈랴오	치료
水泡	[shuǐ pào] 쉐이파오	물집	诊察	[zhěn chá] 전차	진찰하다
偏头痛	[piān tóu tòng] 피엔토우퉁	편두통	手术	[shǒu shù] 쇼우 쑤	수술
晕倒	[yūn dǎo] 윈다오	기절	注射	[zhù shè] 주 셔	주사하다
鼻涕	[bí tì] 비티	콧물	病人	[bìng rén] 삥 런	환자
恶心	[è xīn] 어신	메스꺼움	病房	[bìng fáng] 삥팡	병실
心脏病发作	[xīn zàng bìng fā zuò] 신장삥파쭈오	심장발작	救护车	[jiù hù chē] 지우 후 처	구급차
斑疹	[bān zhěn] 반전	발진	急诊室	[jí zhěn shì] 지 전 스	응급실
			外科医生	[wai kē yī shēng] 와이 커 이 성	외과의사
			内科	[nèi kē] 네이커	내과

약국

药	[yào] 야오	약
维他命	[wéi tā mìng] 웨이타밍	비타민
体温表	[tǐ wēn biǎo] 티원뱌오	체온계
石膏绷带	[shí gāo bēng dài] 스 까오 뻥 다이	석고붕대
绷带	[bēng dài] 뻥따이	붕대
缠绷带	[chán bēng dài] 찬뻥따이	붕대를 감다
三角绷带	[sān jiǎo bēng dài] 싼쟈오뻥따이	삼각건
内服药	[nèi fú yào] 네이푸야오	내복약
软膏	[ruǎn gāo] 루완까오	연고

内科医生	[nèi kē yī shēng] 네이커이성	내과의사
小儿科	[xiǎo ér kē] 샤오얼커	소아과
小儿科医生	[xiǎo ér kē yī shēng] 샤오얼커이성	소아과의사
皮肤科	[pí fū kē] 피푸커	피부과
外科	[wai kē] 와이커	외과
物理疗法	[wù lǐ liáo fǎ] 우리랴오파	물리요법
处方	[chǔ fāng] 추팡	처방전
牙医	[yá yī] 야이	치과의사
整形外科	[zhěng xíng wai kē] 정싱와이커	성형외과
眼科医生	[yǎn kē yī shēng] 옌커이성	안과의사

병원

教学医院	[jiào xué yī yuàn] 쟈오슈에이위엔	대학병원
隔离医院	[gé lí yī yuàn] 거리이위엔	격리병원

产科学	[chǎn kē xué] 찬커슈에	산과학
妇科	[fù kē] 푸커	부인과
麻醉药	[má zuì yào] 마쭈이야오	마취제

健康检查	[jiàn kāng jiǎn chá] 지엔캉지엔챠	건강진단	
人工授精	[rén gōng shòu jīng] 런꽁쇼우징	인공수정	
验血	[yàn xuè] 옌시에	혈액검사	
物理疗法	[wù lǐ liáo fǎ] 우리랴오파	물리치료	
血型	[xuè xíng] 쉬에싱	혈액형	
杀菌	[shā jūn] 샤쥔	살균	
分娩室	[fēn miǎn shì] 펀미엔스	분만실	
骨科	[gǔ kē] 구커	정형외과	
精神病人	[jīng shén bìng rén] 징션삥런	정신병환자	
精神病院	[jīng shén bìng yuàn] 징션삥위엔	정신병원	

용모

胖的人	[pàng de rén] 팡더런	뚱뚱한 사람
极瘦的	[jí shòu de] 지쇼우더	바싹 마른
胖姑娘	[pàng gū niáng] 팡꾸냥	뚱뚱한 여인
丰满	[fēng mǎn] 펑만	풍만한
高大的	[gāo dà de] 까오따더	키큰
矮的	[ǎi de] 아이더	키가 작은
可爱的脸	[kě ài de liǎn] 커아이더롄	애교있는 얼굴
可爱	[kě ài] 커아이	귀여운
苍白	[cāng bái] 창바이	창백한 얼굴
漂亮	[piāo liàng] 퍄오량	아름다운
帅	[shuài] 쑤아이	잘 생긴
美貌	[měi mào] 메이마오	아름다운 얼굴

직업

法官	[fǎ guān] 파관	판사
检察官	[jiǎn chá guān] 지엔챠관	검사
律师	[lǜ shī] 뤼스	변호사
教授	[jiào shòu] 쟈오쇼우	교수
老师	[lǎo shī] 라오스	선생님
歌手	[gē shǒu] 꺼쑈우	가수
军人	[jūn rén] 쥔런	군인
舞蹈家	[wǔ dǎo jiā] 우다오쟈	무용가
兽医	[shòu yī] 쇼우이	수의사
医生	[yī shēng] 이성	의사
外科医生	[wai kē yī shēng] 와이커이성	외과의사
内科医生	[nèi kē yī shēng] 네이커이성	내과의사
牙医	[yá yī] 야이	치과의사
护士	[hù shì] 후스	간호사
美容师	[měi róng shī] 메이롱스	미용사
理发师	[lǐ fā shī] 리파스	이발사
药师	[yào shī] 야오스	약사
厨师	[chú shī] 추스	요리사
面包师	[miàn bāo shī] 미엔빠오스	제빵사
出租车司机	[chū zū chē sī jī] 추주처스지	택시 운전사
作家	[zuò jiā] 쭈오쟈	작가
小说家	[xiǎo shuō jiā] 샤오슈오쟈	소설가
新闻记者	[xīn wén jì zhě] 신원지져	신문기자

农夫	[nóng fū] 눙푸	농부	神职人员	[shén zhí rén yuán] 션즈런위엔	성직자
木匠	[mù jiàng] 무쟝	목공수	会计师	[huì jì shī] 과이지스	회계사
渔夫	[yú fū] 위푸	어부	口译员	[kǒu yì yuán] 코우이위엔	통역사
主妇	[zhǔ fù] 주푸	주부	作曲家	[zuò qǔ jiā] 쭈오취쟈	작곡가
物理学家	[wù lǐ xué jiā] 우리슈에쟈	물리학자	外交官	[wai jiāo guān] 와이쟈오관	외교관
科学家	[kē xué jiā] 커슈에쟈	과학자	喜剧演员	[xǐ jù yǎn yuán] 시쮜옌위엔	코미디언
化学家	[huà xué jiā] 화슈에쟈	화학자	译者	[yì zhě] 이져	번역가
总统	[zǒng tǒng] 중퉁	대통령	广播员	[guǎng bō yuán] 꽝뿌어위엔	아나운서
宇航员	[yǔ háng yuán] 위항위엔	우주비행사	设计师	[shè jì shī] 셔지스	디자이너
清洁工	[qīng jié gōng] 칭지에꿍	청소원	刑警	[xíng jǐng] 싱징	탐정
公务员	[gōng wù yuán] 꿍우위엔	공무원	工程师	[gōng chéng shī] 꿍청스	엔지니어
消防员	[xiāo fáng yuán] 샤오팡위엔	소방관	银行家	[yín xíng jiā] 인항쟈	은행가
警官	[jǐng guān] 징꾸안	경찰	公司职员	[gōng sī zhí yuán] 꿍스즈위엔	회사원
飞行员	[fēi xíng yuán] 페이싱위엔	조종사	前任下士	[qián rèn xià shì] 치엔런샤스	중대 선임하사
实业家	[shí yè jiā] 스예쟈	실업가	前任上士	[qián rèn shàng shì] 치엔런샹스	중대 선임상사
空中小姐	[kōng zhōng xiǎo jiě] 콩종샤오지에	스튜어디스	军士	[jūn shì] 쥔스	하사관
乘务员	[chéng wù yuán] 청우위엔	승무원	少校	[shǎo xiào] 샤오샤오	소령
建筑家	[jiàn zhù jiā] 지엔주쟈	건축가	中校	[zhōng xiào] 쭝샤오	중령
画家	[huà jiā] 화쟈	화가	大校	[dà xiào] 따샤오	대령
指挥	[zhǐ huī] 즈후이	지휘자	少尉	[shǎo wèi] 샤오웨이	소위
音乐家	[yīn lè jiā] 인위에쟈	음악가	中尉	[zhōng wèi] 쭝웨이	중위
电影导演	[diàn yǐng dǎo yǎn] 디엔잉다오옌	영화감독	值日主任	[zhí rì zhǔ rèn] 즈르쭈런	당직장교
男演员	[nán yǎn yuán] 난옌위엔	남자배우	大尉	[dà wèi] 따웨이	대위
女演员	[nǚ yǎn yuán] 뉘옌위엔	여자배우	政府高官	[zhèng fǔ gāo guān] 정푸까오관	정부고관

公职	[gōng zhí] 꽁쯔	공직	总务部	[zǒng wù bù] 쭝우뿌	총무부
艺人	[yì rén] 이런	예능인	人事部	[rén shì bù] 런쓰뿌	인사부
工人	[gōng rén] 꽁런	노동자	营业部	[yíng yè bù] 잉예뿌	영업부
运动员	[yùn dòng yuán] 윈똥위엔	운동선수	秘书处	[mì shū chǔ] 미슈추	비서실
大师傅	[dà shī fù] 따스푸	요리사			
作者	[zuò zhě] 쭈어저	작가			

직위

新闻工作者	[xīn wén gōng zuò zhě] 신원꽁쭈어저	저널리스트
编辑主笔	[biān jí zhǔ bǐ] 비엔지주비	에디터
画家	[huà jiā] 화쟈	화가
雕刻家	[diāo kè jiā] 댜오커쟈	조각가
保姆	[bǎo mǔ] 바오무	보모
手足病医生	[shǒu zú bìng yī shēng] 쇼우쭈삥이성	손발치료 의사
自耕农	[zì gēng nóng] 쯔껑농	자작농
富裕农场主	[fù yù nóng chǎng zhǔ] 푸위농창주	농장경영자
乳酪业	[rǔ lào yè] 루라오예	낙농업
中医	[zhōng yī] 쭝이중	의사
韩医	[hán yī] 한이	한의사

执行总裁	[zhí xíng zǒng cái] 즈싱종차이	최고경영책임자
董事长	[dǒng shì cháng] 동스장	회장
总经理	[zǒng jīng lǐ] 종징리	사장
副经理	[fù jīng lǐ] 푸징리	부사장
专务董事	[zhuān wù dǒng shì] 쭈안우똥쓰	전무이사
执行董事	[zhí xíng dǒng shì] 쯔싱똥쓰	상무이사
管理者	[guǎn lǐ zhě] 꾸안리쩌리저	관리자
主管	[zhǔ guǎn] 주관	장, 관리자
部长	[bù cháng] 뿌장	부장
科长	[kē cháng] 커장	과장
代理	[dài lǐ] 따이리	대리
助理	[zhù lǐ] 주리	조수
秘书	[mì shū] 미쑤	비서
同事	[tóng shì] 퉁쓰	동료
新人	[xīn rén] 신런	신입사원
上级	[shàng jí] 샹지	상사
工作人员	[gōng zuò rén yuán] 꽁쭈어런위엔	직원

부서

审计处	[shěn jì chǔ] 션지추	감사부
会计处	[huì jì chǔ] 콰이지추	경리부
计划处	[jì huá chǔ] 지화추	기획부

下属	[xià shǔ] 샤슈	부하
工作狂	[gōng zuò kuáng] 꿍쭈어쾅	일벌레
职员	[zhí yuán] 즈위엔	사원
总管	[zǒng guǎn] 종관	사무장

의복

正装	[zhèng zhuāng] 정쫭	정장
衬衫	[chèn shān] 천산	와이셔츠
背心	[bèi xīn] 베이신	조끼
马球衫	[mǎ qiú shān] 마츄산	폴로셔츠
裤子	[kù zǐ] 쿠즈	바지
上装	[shàng zhuāng] 샹쫭	웃옷
女士衬衫	[nǚ shì chèn shān] 뉘스천산	블라우스
衣服	[yī fú] 이푸	의복
毛衣	[máo yī] 마오이	스웨터
夹克	[jiā kè] 쟈커	잠바
无尾夜礼服	[wú wěi yè lǐ fú] 우웨이예리푸	턱시도
短裤	[duǎn kù] 두안쿠	반바지
裙子	[qún zǐ] 췬즈	치마
连衣裙	[lián yī qún] 리엔이췬	원피스
大衣	[dà yī] 따이	코트
雨衣	[yǔ yī] 위이	비옷
制服	[zhì fú] 즈푸	제복
便服	[biàn fú] 비엔푸	평상복
女睡衣	[nǚ shuì yī] 뉘슈이이	여성잠옷
高领毛衣	[gāo lǐng máo yī] 까오링마오이	터틀넥 스웨터
牛仔裤	[niú zǎi kù] 뉴자이쿠	청바지
内衣	[nèi yī] 네이이	속옷
羊毛衫	[yáng máo shān] 양마오산	가디건
背带裤	[bèi dài kù] 베이따이쿠	멜빵바지
运动服	[yùn dòng fú] 윈똥푸	운동복
慢跑运动衣	[màn pǎo yùn dòng yī] 만파오윈똥이조깅	복장
游泳衣	[yóu yǒng yī] 요우용이	수영복
T恤	[T xù] 티쉬	티셔츠
迷你裙	[mí nǐ qún] 미니췬	미니스커트
长裙	[cháng qún] 창췬	긴 치마
外套	[wai tào] 와이타오	외투
穿着	[chuān zhe] 촨주오	복장
服装	[fú zhuāng] 푸쫭	복장
羽绒服	[yǔ róng fú] 위롱푸	다운재킷
胸罩	[xiōng zhào] 숑쟈오	브래지어
休闲上衣	[xiū xián shàng yī] 슈시엔샹이	블레이저
紧身内衣	[jǐn shēn nèi yī] 진션네이이	거들
高尔夫球裤	[gāo ěr fū qiú kù] 까오얼푸츄쿠	골프바지
衬裙	[chèn qún] 천췬	슬립
家常服	[jiā cháng fú] 쟈창푸	실내복
裤脚带	[kù jiǎo dài] 쿠쟈오따이	양말대님

색상

중국어	병음·발음	한국어
红色	[hóng sè] 훙써	빨강(색의)
黄色	[huáng sè] 황써	노랑(색의)
蓝色	[lán sè] 란써	파랑(색의)
橘黄色	[jú huáng sè] 쥐황써	오렌지색(의)
绿色	[lǜ sè] 뤼써	녹색(의)
紫色	[zǐ sè] 쯔써	자주빛(의)
粉红色	[fěn hóng sè] 펀훙써	연분홍(의)
绯紫	[fēi zǐ] 페이쯔	보랏빛(의)
碧色	[bì sè] 비써	청록색(의)
黑色	[hēi sè] 헤이써	검은색(의)
白色	[bái sè] 바이써	흰색(의)
灰色	[huī sè] 후이써	회색(의)
米色	[mǐ sè] 미써	크림색(의)
茶褐色	[chá hè sè] 차허써	다갈색(의)
米黄色	[mǐ huáng sè] 미황써	베이지색(의)
金黄色	[jīn huáng sè] 찐황써	황금색
银色	[yín sè] 인써	은색
天蓝色	[tiān lán sè] 티엔란써	하늘색
深蓝	[shēn lán] 션란	짙은 청색
深绿	[shēn lǜ] 션뤼	진초록
淡绿	[dàn lǜ] 딴뤼	연두색
牙色	[yá sè] 야써	상아빛
桃红色	[táo hóng sè] 타오훙써	복숭아빛
深红色	[shēn hóng sè] 션훙써	심홍색
朱红色	[zhū hóng sè] 주훙써	주홍
金色的	[jīn sè de] 찐써더	금빛의
冷色	[lěng sè] 렁써	차분한 색
亮色	[liàng sè] 량써	밝은 색

패션용품

중국어	병음·발음	한국어
手帕	[shǒu pà] 소우파	손수건
长筒袜	[cháng tǒng wà] 창퉁와	스타킹
袜子	[wà zī] 와즈	양말
太阳镜	[tài yáng jìng] 타이양징	색안경
围巾	[wéi jīn] 웨이진	목도리
耳环	[ěr huán] 얼환	귀걸이
镯子	[zhuó zi] 주오즈	팔찌
戒指	[jiè zhǐ] 지에즈	반지
饰针	[shì zhēn] 스젼	브로치
项链	[xiàng liàn] 샹리엔	목걸이
手表	[shǒu biǎo] 소우뱌오	손목시계
披巾	[pī jīn] 피진	숄
腰带	[yāo dài] 야오따이	벨트
发夹	[fà jiā] 파쟈	머리핀
领带	[lǐng dài] 링따이	넥타이
领带夹	[lǐng dài jiā] 링따이쟈	넥타이핀
手套	[shǒu tào] 서우타오	장갑

钱包	[qián bāo] 치엔빠오	지갑
蝴蝶扣儿	[hú dié kòu ér] 후디에코우	나비넥타이
单指手套	[dān zhǐ shǒu tào] 단즈서우타오	벙어리장갑
眼镜	[yǎn jìng] 옌징	안경
望远镜	[wàng yuǎn jìng] 왕위엔징	쌍안경
双焦点眼镜	[shuāng jiāo diǎn yǎn jìng] 솽쟈오디엔옌징	이중초점안경
护目镜	[hù mù jìng] 후무징	보(호)안경
花镜	[huā jìng] 화징	돋보기안경
隐形眼镜	[yǐn xíng yǎn jìng] 인싱옌징	콘택트렌즈
手提包	[shǒu tí bāo] 소우티바오	핸드백
连裤袜	[lián kù wà] 리엔쿠와	팬티스타킹
围巾	[wéi jīn] 웨이진	목도리
首饰	[shǒu shì] 소우스	머리장식
棉猴儿帽	[mián hóu ér mào] 미엔호우얼마오	보닛
镊子	[niè zī] 니에즈	족집게
丝带	[sī dài] 쓰따이	리본
护耳	[hù ěr] 후얼	귀마개
腰带	[yāo dài] 야오따이	허리띠

집

门洞	[mén dòng] 먼똥	현관
窗户	[chuāng hù] 촹후	창문
屋顶	[wū dǐng] 우딩	지붕
阁楼	[gé lóu] 거로우	다락
院子	[yuàn zī] 위엔즈	안마당
庭院	[tíng yuàn] 팅위엔	정원
草坪	[cǎo píng] 차오핑	잔디밭
篱笆	[lí bā] 리바	울타리
围墙	[wéi qiáng] 웨이챵	담
砖头	[zhuān tóu] 쭈안터우	벽돌
玻璃门	[bō lí mén] 뽀리먼	유리문
邮箱	[yóu xiāng] 여우샹	우체통
楼梯	[lóu tī] 러우티	계단
盘梯	[pán tī] 판티	나선식 계단
旋转楼梯	[xuán zhuǎn lóu tī] 쉬엔로우티	회전식 계단
地窖	[dì jiào] 띠쟈오	지하실
车库	[chē kù] 처쿠	차고
柱子	[zhù zī] 주즈	기둥
天花板	[tiān huā bǎn] 티엔화반	천장
地板	[dì bǎn] 띠반	마루
门铃	[mén líng] 먼링	초인종
炉灶	[lú zào] 루자오	난로
烟雾探测器	[yān wù tàn cè qì] 옌우탄처치	연기탐지기
楼下	[lóu xià] 로우샤	아래층
楼上	[lóu shàng] 로우샹	위층
烟囱	[yān cōng] 옌총	굴뚝

阳台	[yáng tái] 양타이	발코니
门牌	[mén pái] 먼파이	문패
门	[mén] 먼	문
仓库	[cāng kù] 창쿠	창고
住地	[zhù dì] 주디	거주지
公寓	[gōng yù] 꿍위	분양아파트
公寓大楼	[gōng yù dà lóu] 꿍위따로우	아파트단지
住宅区	[zhù zhái qū] 주자이취	주택단지
单元房	[dān yuán fáng] 단위엔팡	공동주택
单门独户	[dān mén dú hù] 단먼두후	단독주택
豪华宅第	[háo huá zhái dì] 하오화자이디	대저택
独居	[dú jū] 두쥐	원룸
低层小区住宅	[dī céng xiǎo qū zhù zhái] 디청샤오취주자이	연립주택
木屋	[mù wū] 무우	목조가옥

방

床	[chuáng] 촹	침대
单人床	[dān rén chuáng] 딴런촹	1인용 침대
双人床	[shuāng rén chuáng] 쐉런촹	2인용 침대
双层床	[shuāng céng chuáng] 쐉청촹	2층 침대
灯	[dēng] 떵	조명등
台灯	[tái dēng] 타이떵	전기스탠드
灯罩(儿)	[dēng zhào](ér) 떵쟈오(얼)	전등갓

床头柜	[chuáng tóu guì] 촹토우꾸이	침대 옆 탁자
闹钟	[nào zhōng] 나오종	자명종
床垫	[chuáng diàn] 촹디엔	매트리스
衣柜	[yī guì] 이꾸이	옷장
五斗橱	[wǔ dòu chú] 우또우추	장롱
衣橱	[yī chú] 이추	옷장
椅子	[yǐ zǐ] 이즈	의자
安乐椅	[ān lè yǐ] 안러이	안락의자
桌子	[zhuō zǐ] 주오즈	테이블
书架	[shū jià] 슈쟈	책장
沙发	[shā fā] 사파	소파
摇篮	[yáo lán] 야오란	요람
衣架	[yī jià] 이쟈	옷걸이
墙	[qiáng] 치앙	벽
窗户	[chuāng hù] 촹후	창(문)
窗帘(儿)	[chuāng lián](ér) 촹리엔	커튼
垃圾桶	[lā jī tǒng] 라지통	쓰레기통
抽屉	[chōu tì] 초우티	서랍
衣箱	[yī xiāng] 이샹	장롱
簸箕	[bó jī] 뽀지	쓰레받기

거실

客厅	[kè tīng] 커팅	거실
门铃	[mén líng] 먼링	초인종

走廊	[zǒu láng] 조우랑	복도
阶梯	[jiē tī] 지에티	계단
阁楼	[gé lóu] 거로우	다락방
壁炉	[bì lú] 삐루	벽난로
书房	[shū fáng] 수팡	서재
壁纸	[bì zhǐ] 삐즈	벽지
玻璃门	[bō lí mén] 뽀리먼	유리문
画框(儿)	[huà kuàng(ér)] 화쾅	액자
壁橱	[bì chú] 삐추	붙박이장
厕所	[cè suǒ] 처쑤어	화장실
镜子	[jìng zǐ] 징즈	거울
靠垫	[kào diàn] 카오디엔	쿠션
电视	[diàn shì] 디엔스	TV
电话	[diàn huà] 디엔화	전화
录像	[lù xiàng] 루샹	비디오
吸尘器	[xī chén qì] 시천치	진공청소기
插口	[chā kǒu] 차코우	(전기)콘센트
加湿器	[jiā shī qì Wi] 쟈스치	가습기
起居室地板	[qǐ jū shì dì bǎn] 치쥐스 디반	거실마루
遥控器	[yáo kòng qì] 야오쿵치	리모콘
收音机	[shōu yīn jī] 쇼우인지	라디오
空调	[kōng diào] 쿵탸오	에어콘
天花板	[tiān huā bǎn] 티엔화반	천장
枝形挂灯	[zhī xíng guà dēng] 즈싱 꽈떵	샹들리에

火炉(儿)	[huǒ lú(ér)] 훠루(얼)	난로
地毯	[dì tǎn] 디탄	카펫

부엌

托盘	[tuō pán] 투어판	쟁반
围裙	[wéi qún] 웨이췬	앞치마
餐叉	[cān chā] 찬차	포크
餐匙	[cān shi] 찬스	숟가락
桌布	[zhuō bù] 주오뿌	식탁보
餐厅	[cān tīng] 찬팅	식당
案板	[àn bǎn] 안빤	도마
微波炉	[wēi bō lú] 웨이보루	전자레인지
炉灶	[lú zào] 루짜오	요리용 레인지
烤箱	[kǎo xiāng] 카오샹	오븐
冰箱	[bīng xiāng] 삥샹	냉장고
冷藏室	[lěng cáng shì] 렁찬스	냉동고
垃圾	[lā jī] 라지	쓰레기
垃圾桶	[lā jī tǒng] 라지퉁	쓰레기통
餐盒	[cān hé] 찬허	도시락통
锅	[guō] 궈	냄비
煮咖啡器	[zhǔ kā fēi qì] 주카페이치	커피메이커
洗碗机	[xǐ wǎn jī] 시완지	식기세척기
饭锅	[fàn guō] 판궈	밥솥
刀	[dāo] 따오	칼

煎锅	[jiān guō] 지엔궈	프라이팬	硬水	[yìng shuǐ] 잉쉐이	경수(센물)
壶	[hú] 후	주전자	软水	[ruǎn shuǐ] 루안쉐이	연수(단물)
碗	[wǎn] 완	사발	冷水	[lěng shuǐ] 렁쉐이	냉수
盘子	[pán zī] 판즈	큰접시	开水	[kāi shuǐ] 카이쉐이	끓는 물
碟子	[dié zī] 디에즈	작은 접시	苏打水	[sū dǎ shuǐ] 쑤다쉐이	소다수
茶托	[chá tuō] 차투오	받침접시	橱柜	[chú guì] 추꾸이	진열용선반
烤面包器	[kǎo miàn bāo qì] 카오미엔빠오치	토스터(기)	陶器	[táo qì] 타오치	토기
饭勺子	[fàn sháo zī] 판샤오즈	주걱	餐具	[cān jù] 찬쥐	식탁용식기류
搅拌器	[jiǎo bàn qì] 쟈오빤치	믹서기	银餐具	[yín cān jù] 인찬쥐	실버웨어
勺子	[sháo zī] 샤오즈	국자	排气器	[pái qì qì] 파이치치	배기장치
盖子	[gài zī] 까이즈	뚜껑	排风扇	[pái fēng shàn] 파이펑샨	환기팬
筷子	[kuài zī] 콰이즈	젓가락	排气	[pái qì] 파이치	배기가스
秤	[chèng] 청	저울	碗刷子	[wǎn shuā zī] 완쇄즈	솔, 수세미
橱柜	[chú guì] 추꾸이	찬장	打蛋器	[dǎ dàn qì] 다딴치	달걀거품기
抹布	[mò bù] 마뿌	행주	开瓶器	[kāi píng qì] 카이핑치	병따개
罐子	[guàn zī] 꽌즈	단지	烟雾报警器	[yān wù bào jǐng qì] 옌우바오징치	연기탐지기
膳具	[shàn jù] 샨쥐	부엌세간	火警报警器	[huǒ jǐng jǐng bào qì] 훠징징바오치	화재경보기
排水管	[pái shuǐ guǎn] 파이쉐이	배수, 배수관	玻璃瓶	[bō lí píng] 뽀리핑	유리병
污水沟	[wū shuǐ gōu] 우쉐이고우	하수구	垃圾堆	[lā jī duī] 라지뚜이	쓰레기더미
洗涤液	[xǐ dí yè] 시디예	주방세제			
香皂	[xiāng zào] 샹짜오	세수비누			
肥皂	[féi zào] 페이짜오	비누	**식당**		
硬皂	[yìng zào] 잉짜오	소다비누	预订	[yù dìng] 위띵	예약
软皂	[ruǎn zào] 루안짜오	칼리비누			

推荐菜	[tuī jiàn cài] 투이지엔차이	(요리를)추천하다	半熟的	[bàn shú de] 빤쑤더	레어
豪华餐厅	[háo huá cān tīng] 하오화찬팅	호화음식점	中等熟度的	[zhōng děng shú dù de] 쭝덩쑤두더	미디엄
街头咖啡馆	[jiē tóu kā fēi guǎn] 지에토우카페이관	노상다방	熟透的	[shú tòu de] 슈토우더	웰던
小吃店	[xiǎo chī diàn] 샤오츠디엔	간이식당	味道	[wèi dào] 웨이다오	맛
快餐店	[kuài cān diàn] 콰이찬디엔	패스트푸드점	美味	[měi wèi] 메이웨이	맛있는
自助餐馆	[zì zhù cān guǎn] 쯔주찬관	카페테리아	酸	[suān] 쑤안	신
茶馆	[chá guǎn] 차관	다방	香喷喷	[xiāng pēn pēn] 샹펀펀	향긋한
女服务员	[nǚ fú wù yuán] 뉘푸우위엔	웨이트리스	咸	[xián] 시엔	짠
男服务员	[nán fú wù yuán] 난푸우위엔	웨이터	苦	[kǔ] 쿠	쓴
菜单	[cài dān] 차이딴	메뉴	口感细腻	[kǒu gǎn xì nì] 코우깐시니	부드러운 맛
点菜	[diǎn cài] 디엔차이	주문	咖喱饭	[kā lí fàn] 까리판	카레라이스
续订	[xù dìng] 쉬딩	추가주문	大菜	[dà cài] 따차이	주요요리
小酒馆	[xiǎo jiǔ guǎn] 샤오지우관	선술집	支付	[zhī fù] 즈푸	지불
酒吧	[jiǔ bā] 지우빠	바, 술집	账单	[zhàng dān] 장딴	계산서
开胃菜	[kāi wèi cài] 카이웨이차이	전채	小费	[xiǎo fèi] 샤오페이	팁, 사례
汤类	[tāng lèi] 탕레이	스프	再填	[zài tián] 짜이티엔	리필
沙拉	[shā lā] 샤라	샐러드	甜品	[tián pǐn] 티엔핀	후식, 디저트
意大利面	[yì dà lì miàn] 이다리미엔	파스타	美食法	[měi shí fǎ] 메이스파	미식법
肉汤	[ròu tāng] 로우탕	고기국물	厨师	[chú shī] 추스	요리사
素食者	[sù shí zhě] 수스저	채식주의자	厨师长	[chú shī cháng] 추스장	주방장
牛排	[niú pái] 니우파이	비프스테이크	师傅	[shī fù] 스푸	요리사
辣根酱	[là gēn jiàng] 라껀쟝	고추냉이소스	烹饪法	[pēng rèn fǎ] 펑런파	조리법
营养	[yíng yǎng] 잉양	영양	大肚子	[dà dù zi] 따두즈	대식가

요리

食谱	[shí pǔ] 스푸	식단
便餐	[biàn cān] 비엔찬	가벼운 식사
饱餐	[bǎo cān] 바오찬	충분한 식사
一日三餐	[yī rì sān cān] 이르싼찬	하루 세끼 식사
鱼肉餐	[yú ròu cān] 위로우찬	생선요리
肉类菜肴	[ròu lèi cài yáo] 로우레이차이야오	고기요리
晚餐	[wǎn cān] 완찬	정찬
午餐	[wǔ cān] 우찬	오찬
一品料理	[yī pǐn liào lǐ] 이핀랴오리	일품요리
菜	[cài] 차이	요리
冷菜	[lěng cài] 렁차이	차게 한 요리
美味佳肴	[měi wèi jiā yáo] 메이웨이쟈야오	맛있는 요리
爱吃的菜	[ài chī de cài] 아이츠더차이	좋아하는 요리
一道肉菜	[yī dào ròu cài] 이다오로우차이	고기요리한 접시
经常吃的菜	[jīng cháng chī de cài] 징창츠더차이	늘 먹는 요리
菜肴	[cài yáo] 차이야오	반찬
粥	[zhōu] 저우	죽
一份	[yī fèn] 이펀	일인분술집
红葡萄酒	[hóng pú táo jiǔ] 훙푸타오지우	적포도주
雪利酒	[xuě lì jiǔ] 슈에리지우	셰리주
烈酒	[liè jiǔ] 리에지우	독한 증류주
白兰地	[bái lán dì] 바이란디	브랜디
祝酒	[zhù jiǔ] 주지우	건배
调酒师	[diào jiǔ shī] 탸오지우스	바텐더
兰姆酒	[lán mǔ jiǔ] 란무지우	럼주
伏特加酒	[fú tè jiā jiǔ] 푸터쟈지우	보드카
葡萄酒	[pú táo jiǔ] 푸타오지우	포도주
红葡萄酒	[hóng pú táo jiǔ] 훙푸타오지우	적포도주
白葡萄酒	[bái pú táo jiǔ] 바이푸타오지우	백포도주
啤酒	[pí jiǔ] 피지우	맥주
扎啤	[zhā pí] 짜피	생맥주
苏打	[sū dǎ] 수다	소다수
鸡尾酒	[jī wěi jiǔ] 지웨이지우	칵테일
水壶	[shuǐ hú] 쉐이후물	주전자
玻璃瓶	[bō lí píng] 뿌어리핑	유리병
常客	[cháng kè] 창커	단골손님
一行	[yī xíng] 이싱	일행
椒盐脆饼	[jiāo yán cuì bǐng] 쟈오옌추이빙	프렛첼
牙签	[yá qiān] 야치엔	이쑤시개
酒徒	[jiǔ tú] 지우투	술꾼
宿醉	[xiǔ zuì] 수쭈이	숙취
碳酸琴酒	[tàn suān qín jiǔ] 탄수안친지우	진토닉
香槟酒	[xiāng bīn jiǔ] 샹빈지우	샴페인
黑啤酒	[hēi pí jiǔ] 헤이피지우	흑맥주
酒类	[jiǔ lèi] 지우레이	주류
酒品店	[jiǔ pǐn diàn] 지우핀디엔	주류판매점
蒸馏酒	[zhēng liú jiǔ] 정리우지우	증류주

葡萄酒	[pú táo jiǔ] 푸타오지우	포도주
清凉饮料	[qīng liáng yǐn liào] 칭량인랴오	청량음료
酒缸	[jiǔ gāng] 지우깡	술고래
酒鬼	[jiǔ guǐ] 지우꾸이	대주객
葡萄酒瓶	[pú táo jiǔ píng] 푸타오지우핑	포도주병
葡萄酒杯	[pú táo jiǔ bēi] 푸타오지우뻬이	포도주잔
酒杯	[jiǔ bēi] 지우뻬이	술잔
酒屋	[jiǔ wū] 지우우	술집
饮料	[yǐn liào] 인랴오	음료수
宴会	[yàn huì] 옌후이	연회
酒友	[jiǔ yǒu] 지우요우	술친구
酒席	[jiǔ xí] 지우시	주연
蒸馏	[zhēng liú] 정리우	증류

식료품

面粉	[miàn fěn] 미엔펀	밀가루
甜饼干	[tián bǐng gàn] 티엔빙깐	쿠키
饼干	[bǐng gàn] 빙깐	비스킷
大米	[dà mǐ] 따미	쌀
炸面饼圈	[zhà miàn bǐng quān] 자미엔빙취엔	도넛
面包	[miàn bāo] 미엔빠오	빵
坚果	[jiān guǒ] 지엔궈	견과
稻子	[dào zǐ] 따오즈	벼
稻田	[dào tián] 따오티엔	논
糙米	[cāo mǐ] 차오미	현미
大麦	[dà mài] 따마이	보리
小麦	[xiǎo mài] 샤오마이	밀
燕麦	[yàn mài] 옌마이	귀리
黑麦	[hēi mài] 헤이마이	호밀
玉米	[yù mǐ] 위미	옥수수
杏仁	[xìng rén] 싱런	아몬드
栗子	[lì zǐ] 리즈	밤
核桃	[hé táo] 허타오	호두
花生	[huā shēng] 화성	땅콩
大豆	[dà dòu] 따떠우	대두
红豆	[hóng dòu] 홍떠우	팥
刀豆	[dāo dòu] 따오떠우	작두콩
绿豆	[lǜ dòu] 뤼떠우	녹두
扁豆	[biǎn dòu] 비엔떠우	강낭콩
豌豆	[wān dòu] 완떠우	완두콩
小米	[xiǎo mǐ] 샤오미	조
高粱	[gāo liáng] 까오량	수수
乳制品	[rǔ zhì pǐn] 루즈핀	유제품
牛奶	[niú nǎi] 니우나이	우유

양념류

奶油	[nǎi yóu] 나이요우	크림
奶酪	[nǎi lào] 나이라오	치즈

黄油	[huáng yóu] 황요우	버터
蛋黄酱	[dàn huáng jiàng] 딴황지앙	마요네즈
沙拉酱	[shā lā jiàng] 샤라지앙	드레싱
人造黄油	[rén zào huáng yóu] 런짜오황요우	마가린
番茄酱	[fān qié jiàng] 판치예쟝	토마토 케첩
调料	[diào liào] 탸오랴오	조미료
糖	[táng] 탕	설탕
方块糖	[fāng kuài táng] 팡콰이탕	각설탕
辣椒	[là jiāo] 라쟈오	빨간 고추
辣椒丝	[là jiāo sī] 라쟈오쓰	실고추
原料	[yuán liào] 위엔랴오	재료
盐	[yán] 옌	소금
胡椒	[hú jiāo] 후쟈오	후추
辣椒粉	[là jiāo fěn] 라쟈오펀	고추가루
辣酱	[là jiàng] 라쟝	고추장
调味汁	[diào wèi zhī] 탸오웨이즈	소스
豆油	[dòu yóu] 떠우요우	콩기름
芝麻	[zhī má] 즈마	참깨
香料	[xiāng liào] 샹랴오	양념
醋	[cù] 추	식초
酱油	[jiàng yóu] 쟝여우	간장
面条	[miàn tiáo] 미엔탸오	국수
黄酱	[huáng jiàng] 황쟝	된장

일용품

钥匙链	[yào shi liàn] 야오스리엔	열쇠고리
钥匙	[yào shi] 야오스	열쇠
剪刀	[jiǎn dāo] 지엔따오	가위
针	[zhēn] 젼	바늘
线(儿)	[xiàn(ér)] 시엔(얼)	실
水桶	[shuǐ tǒng] 쉐이통	양동이
抹布	[mò bù] 마뿌	걸레
照相机	[zhào xiāng jī] 자오시앙지	카메라
袋	[dài] 따이	자루, 가방
手提箱	[shǒu tí xiāng] 소우티시앙	여행가방
扇子	[shàn zǐ] 샨즈	부채
电扇	[diàn shàn] 디엔샨	선풍기
梳子	[shū zǐ] 슈즈	빗
指甲刀	[zhǐ jiǎ dāo] 즈쟈따오	손톱깎이
烟草	[yān cǎo] 옌차오	담배
烟灰碟	[yān huī dié] 옌후이디에	재떨이
雨伞	[yǔ sǎn] 위싼	우산
阳伞	[yáng sǎn] 양싼	양산
礼帽	[lǐ mào] 리마오	테모자
帽子	[mào zǐ] 마오즈	모자
梯子	[tī zǐ] 티즈	사다리
器皿	[qì mǐn] 치민	부엌 세간
壁橱	[bì chú] 삐추	벽장

扫帚	[sǎo zhǒu] 사오조우	비(빗자루)
火柴	[huǒ chái] 훠차이	성냥
打火机	[dǎ huǒ jī] 다훠지	라이터
铁锤	[tiě chuí] 티에추이	망치
螺丝钉	[luó sī dīng] 루오쓰딩	나사,나사못
木螺钉	[mù luó dīng] 무루오딩	나무나사
蜡烛	[là zhú] 라주	(양)초
手电	[shǒu diàn] 소우디엔	손전등
电池	[diàn shi] 디엔츠	전지
回收利用	[huí shōu lì yòng] 후이쇼우리용	재활용
缝纫线	[féng rèn xiàn] 펑런시엔	바느질실
缝纫机	[féng rèn jī] 펑런지	재봉틀
熨斗	[yùn dòu] 윈떠우	다리미
烘干机	[hōng gàn jī] 홍깐지	건조기
空气净化器	[kōng qì jìng huà qì] 쿵치징화치	공기 정화기
电器	[diàn qì] 디엔치	전기기구

영화와 예술

演出	[yǎn chū] 옌추	공연
观众	[guān zhòng] 꾸안쭝	관중
门票	[mén piào] 먼퍄오	입장권
票价	[piào jià] 퍄오쟈	입장료
免费入场	[miǎn fèi rù chǎng] 미엔페이루창	무료입장
表演	[biǎo yǎn] 뱌오옌	쇼
电影	[diàn yǐng] 디엔잉	영화
首映	[shǒu yìng] 쇼우잉	시사회
听众	[tīng zhòng] 팅쭝	청중
入场	[rù chǎng] 루창	입장
入口	[rù kǒu] 루커우	입구
剧院	[jù yuàn] 쥐위엔	극장
广告牌	[guǎng gào pái] 광까오파이	광고판
影迷	[yǐng mí] 잉미	영화팬
出口	[chū kǒu] 추코우	출구
紧急楼梯	[jǐn jí lóu tī] 진지로우티	비상계단
华盖	[huá gài] 화까이	차양
放映	[fàng yìng] 팡잉	상영
座位	[zuò wèi] 쭈어웨이	좌석
售票处	[shòu piào chǔ] 쎠우퍄오추	매표소
女演员	[nǚ yǎn yuán] 뉘옌위엔	여배우
男演员	[nán yǎn yuán] 난옌위엔	남배우
加演	[jiā yǎn] 쟈옌	앙코르
字幕	[zì mù] 쯔무	자막
续编	[xù biān] 쉬비엔	속편
短片	[duǎn piàn] 두안피엔	단편영화
屏幕	[píng mù] 핀무	스크린
胶片	[jiāo piàn] 쟈오피엔	필름
动作片	[dòng zuò piàn] 똥쭈오피엔	액션영화
科幻	[kē huàn] 커환	공상과학물

恐怖电影	[kǒng bù diàn yǐng] 콩뿌디엔잉	공포영화
场面	[chǎng miàn] 창미엔	장면
默片	[mò piàn] 모피엔	무성영화
悲剧	[bēi jù] 뻬이쥐	비극
喜剧	[xǐ jù] 시쥐	희극
预订座	[yù dìng zuò] 위딩쭈오	예약석
摄制	[shè zhì] 셔즈	제작
制片人	[zhì piàn rén] 즈피엔런	프로듀서
电影发行	[diàn yǐng fā xíng] 띠엔잉파싱	영화배급
投影机	[tóu yǐng jī] 터우잉찌	영사기
导演	[dǎo yǎn] 다오옌	감독
奖	[jiǎng] 쟝	상
角色	[jiǎo sè] 쥬에써	배역
替身	[tì shēn] 티썬	대역
户外摄影	[hù wai shè yǐng] 후와이셔잉	야외촬영
表演	[biǎo yǎn] 뱌오옌	연기
出色表演	[chū sè biǎo yǎn] 추써뱌오옌	훌륭한 연기
台词	[tái cí] 타이츠	대사
电影剧本	[diàn yǐng jù běn] 띠엔잉쥐번	영화각본
看台	[kàn tái] 칸타이	관람석
角色	[jiǎo sè] 쥬에써	배역
主角	[zhǔ jiǎo] 주쟈오	주역
惊险片	[jīng xiǎn piàn] 징시엔피엔	스릴러물
旅行纪录片	[lǚ xíng jì lù piàn] 뤼싱지루피엔	관광영화

成人电影	[chéng rén diàn yǐng] 청런디엔잉	성인영화
灾难片	[zāi nán piàn] 짜이난피엔	재난영화
胶片相机	[jiāo piàn xiāng jī] 쟈오피엔샹지	영화카메라
影界	[yǐng jiè] 잉지에	영화계
影迷	[yǐng mí] 잉미	영화팬
观影	[guān yǐng] 꾸안잉	영화구경
影业集中地区	[yǐng yè jí zhōng dì qū] 잉예지중띠취	영화제작지
摄影	[shè yǐng] 셔잉	촬영
短片	[duǎn piàn] 두안피엔	단편영화
首映	[shǒu yìng] 써우잉	특별개봉
电影剧本	[diàn yǐng jù běn] 띠엔잉쥐번	시나리오
胶片记录器	[jiāo piàn jì lù qì] 쟈오피엔지루치	필름레코더
年龄限制	[nián líng xiàn zhì] 니엔링시엔즈	연령제한

스포츠

足球	[zú qiú] 주츄	축구
网球	[wǎng qiú] 왕츄	테니스
棒球	[bàng qiú] 빵츄	야구
美式足球	[měi shì zú qiú] 메이스주츄	미식축구
高尔夫	[gāo ěr fū] 까오얼푸	골프
羽毛球	[yǔ máo qiú] 위마오츄	배드민턴
曲棍球	[qǔ gùn qiú] 취꾼츄	하키

乒乓球	[pīng pāng qiú] 핑팡츄	탁구	骑术	[qí shù] 치슈	승마	
篮球	[lán qiú] 란츄	농구	水肺潜水	[shuǐ fèi qián shuǐ] 쉐이페이치엔쉐이	스쿠버다이빙	
游泳	[yóu yǒng] 요우용	수영	训练	[xùn liàn] 쉰리엔	훈련	
马拉松	[mǎ lā sōng] 마라쏭	마라톤	飘筏	[piāo fá] 퍄오파	뗏목타기	
跳伞	[tiào sǎn] 탸오산	스카이다이빙	手球	[shǒu qiú] 써우츄	핸드볼	
排球	[pái qiú] 파이츄	배구	垒球	[lěi qiú] 레이츄	소프트볼	
保龄球	[bǎo líng qiú] 바오링츄	볼링	球棒	[qiú bàng] 츄빵	배트	
骑自行车	[qí zì xíng chē] 치즈싱처	자전거타기	棒球手套	[bàng qiú shǒu tào] 빵츄쇼우타오	글러브	
台球	[tái qiú] 타이츄	당구	假面具	[jiǎ miàn jù] 쟈미엔쥐	가면	
滑冰	[huá bīng] 화빙	스케이트	球拍	[qiú pāi] 츄파이	라켓	
举重	[jǔ zhòng] 쥐종	역도	哑铃	[yǎ líng] 야링	아령	
慢跑	[màn pǎo] 만파오	조깅	钓竿	[diào gān] 댜오깐	낚싯대	
柔道	[róu dào] 로우다오	유도	调节器	[diào jié qì] 댜오지에치	조절기	
橄榄球	[gǎn lǎn qiú] 간란츄	럭비	脚蹼	[jiǎo pǔ] 쟈오푸	오리발	
拳击	[quán jī] 취엔지	권투	潜水衣	[qián shuǐ yī] 치엔쉐이이	잠수복	
击剑	[jī jiàn] 지지엔	펜싱	活的钓饵	[huó de diào ěr] 후오더댜오얼	산미끼	
体操	[tǐ cāo] 티차오	체조	拉伸	[lā shēn] 라션	스트레칭	
犯规	[fàn guī] 판꾸이	반칙	潜水	[qián shuǐ] 치엔쉐이	잠수	
犯规的处罚	[fàn guī de chǔ fá] 판꾸이더추파	패널티	橡皮圈	[xiàng pí quān] 샹피취엔	고무튜브	
规则	[guī zé] 꾸이저	규칙	救生衣	[jiù shēng yī] 지우씽이	구명재킷	
射击	[shè jī] 셔지	사격	跳绳	[tiào shéng] 탸오씽	줄넘기	
滑雪	[huá xuě] 화슈에	스키	杠铃	[gàng líng] 깡링	바벨	
撞球	[zhuàng qiú] 쫭츄	당구	引体向上	[yǐn tǐ xiàng shàng] 인티샹상	턱걸이	
帆板	[fān bǎn] 판반	윈드서핑				

仰卧起坐	[yǎng wò qǐ zuò] 양워치쭈오	윗몸일으키기		研究生院	[yán jiū shēng yuàn] 옌쥬성위엔	대학원
俯卧撑	[fǔ wò chēng] 푸워청	팔굽혀펴기		宿舍	[xiǔ shě] 쑤셔	기숙사
健美操	[jiàn měi cāo] 지엔메이차오	에어로빅		图书馆	[tú shū guǎn] 투슈관	도서관
运动员	[yùn dòng yuán] 윈똥위엔	선수		休息室	[xiū xī shì] 슈시스	휴게실
判决	[pàn jué] 판쥐에	심판		讲堂	[jiǎng táng] 쟝탕	강의실
教练	[jiào liàn] 쟈오리엔	코치		教职员室	[jiào zhí yuán shì] 쟈오즈위엔스	교무실
监督	[jiān dū] 지엔두	감독		实验室	[shí yàn shì] 스옌스	실험실
欢呼	[huān hū] 환후	응원		幼儿园	[yòu ér yuán] 요우얼위엔	유아원
运动	[yùn dòng] 윈똥	운동		中学	[zhōng xué] 쭝슈에	중학교
乒乓球	[pīng pāng qiú] 핑팡츄	탁구		高中	[gāo zhōng] 까오종	고등학교
加时赛	[jiā shí sài] 쟈스싸이	연장전		托儿所	[tuō ér suǒ] 투오얼수오	탁아소
				学院	[xué yuàn] 슈에위엔	학원

학교

				终身教育	[zhōng shēn jiào yù] 쫑션쟈오위	평생교육
幼儿园	[yòu ér yuán] 요우얼위엔	유아원		社会福利	[shè huì fú lì] 셔후이푸리	사회복지
小学	[xiǎo xué] 샤오슈에	초등학교		人文科学	[rén wén kē xué] 런원커슈에	인문과학
礼堂	[lǐ táng] 리탕	강당		医学院	[yī xué yuàn] 이슈에위엔	의학부
医务室	[yī wù shì] 이우스	의무실		法学院	[fǎ xué yuàn] 파쉬에위엔	법학부
体育馆	[tǐ yù guǎn] 티위관	체육관		语言学院	[yǔ yán xué yuàn] 위엔쉬에위엔	어학부
操场	[cāo chǎng] 차오창	운동장		语言学习室	[yǔ yán xué xí shì] 위엔슈에시스	어학실습실
学校餐厅	[xué xiào cān tīng] 슈에샤오찬팅	학교식당		化学实验室	[huà xué shí yàn shì] 화슈에스옌스	화학실험실
中学	[zhōng xué] 쭝슈에	중학교		校内活动	[xiào nèi huó dòng] 샤오네이훠동	학생활동
高中	[gāo zhōng] 까오종	고등학교		校园生活	[xiào yuán shēng huó] 시아오위엔성훠	대학생활
学院	[xué yuàn] 슈에위엔	단과대학		师范学院	[shī fàn xué yuàn] 스슈에위엔	교육대학
大学	[dà xué] 따슈에	종합대학				

교실

教育	[jiào yù] 쟈오위	교육
班	[bān] 빤	학급
期末报告	[qī mò bào gào] 치모빠오까오	기말레포트
作业	[zuò yè] 쭈오예	숙제
年级	[nián jí] 니엔지	학년
成绩单	[chéng jì dān] 청지딴	성적표
成绩证明书	[chéng jì zhèng míng shū] 청지정밍슈	성적증명서
考试	[kǎo shì] 카오스	시험
奖学金	[jiǎng xué jīn] 장슈에진	장학금
课业	[kè yè] 커예	수업
课程	[kè chéng] 커청	교육과정
教科书	[jiào kē shū] 쟈오커쑤	교과서
主修	[zhǔ xiū] 쥬시유	전공과목
学位	[xué wèi] 슈에웨이	학위
参考书	[cān kǎo shū] 찬카오슈	참고서
学费	[xué fèi] 슈에페이	학비
毕业证书	[bì yè zhèng shū] 비예정슈	졸업장
学期	[xué qī] 슈에치	학기
学分	[xué fēn] 슈에펀	학점
毕业纪念相册	[bì yè jì niàn xiāng cè] 비예지니엔샹처	졸업앨범
教育	[jiào yù] 쟈오위	교육
教具	[jiào jù] 쟈오쥐	교구
教法	[jiào fǎ] 쟈오파	교수법
双主修	[shuāng zhǔ xiū] 쑹주시유	이중 전공
重要的问题	[zhòng yào de wèn tí] 쫑야오더원티	중요한 문제
个人指导	[gè rén zhǐ dǎo] 꺼런즈다오	개인지도
掉队者	[diào duì zhě] 띠아오뚜이저	탈락자

학습내용

发现	[fā xiàn] 파시엔	발견
发明物	[fā míng wù] 파밍우	발명품
调查	[diào chá] 디아오챠	조사
努力	[nǔ lì] 누리	노력
天才	[tiān cái] 티엔차이	천재
才华	[cái huá] 차이화	재능
知识	[zhī shí] 즈스	지식
目标	[mù biāo] 무뱌오	목표
能力	[néng lì] 넝리	능력
词典	[cí diǎn] 츠디엔	사전
发达	[fā dá] 파다	발달
观察	[guān chá] 차	관찰
研究	[yán jiū] 옌쥬	연구
了解	[le jiě] 랴오지에	이해

학과목

중국어	병음	한글 발음	한국어
选修课	[xuǎn xiū kè]	쉬엔시우커	선택과목
基础课	[jī chǔ kè]	지추커	일반교양과목
必修课	[bì xiū kè]	비시유커	필수과목
韩国语	[hán guó yǔ]	한구오위	한국어
语言学	[yǔ yán xué]	위옌슈에	언어학
数学	[shù xué]	슈슈에	수학
科学	[kē xué]	커슈에	과학
代数学	[dài shù xué]	따이쑤쉬에	대수학
历史	[lì shǐ]	리스	역사
体育	[tǐ yù]	티위	체육
经济学	[jīng jì xué]	징지쉬에	경제학
地学	[dì xué]	디쉬에	지구과학
几何学	[jǐ hé xué]	지허쉬에	기하학
文学	[wén xué]	원쉬에	문학
物理学	[wù lǐ xué]	우리쉬에	물리학
伦理学	[lún lǐ xué]	룬리쉬에	윤리학
教育学	[jiào yù xué]	쟈오위쉬에	교육학
哲学	[zhé xué]	저슈에	철학
植物学	[zhí wù xué]	즈우쉬에	식물학
英语学	[yīng yǔ xué]	잉위쉬에	영문학
人类学	[rén lèi xué]	런레이쉬에	인류학
化学	[huà xué]	화쉬에	화학
生物学	[shēng wù xué]	썽우쉬에	생물학
生态学	[shēng tai xué]	썽타이쉬에	생태학
生理学	[shēng lǐ xué]	썽리쉬에	생리학
社会学	[shè huì xué]	써후이쉬에	사회학
神学	[shén xué]	선쉬에	신학
音乐	[yīn lè]	인위에	음악
美术	[měi shù]	메이슈	미술
天文学	[tiān wén xué]	티엔원쉬에	천문학
工学	[gōng xué]	꽁슈에	공학
心理学	[xīn lǐ xué]	신리쉬에	심리학
地理	[dì lǐ]	디리	지리
解剖学	[jiě pōu xué]	지에포쉬에	해부학
电子学	[diàn zǐ xué]	디엔즈쉬에	전자학
生物工程	[shēng wù gōng chéng]	썽우꽁청	생물공학
汉字	[hàn zì]	한쯔	한자
经营学	[jīng yíng xué]	징잉쉬에	경영학
遗传学	[yí chuán xué]	이촨쉬에	유전학

문구

중국어	병음	한글 발음	한국어
铅笔	[qiān bǐ]	치엔비	연필
铅笔盒	[qiān bǐ hé]	치엔비허	연필통
橡皮擦	[xiàng pí cā]	샹피차	지우개
尺	[chǐ]	츠	자
磁铁	[cí tiě]	츠티에	자석
地图	[dì tú]	디투	지도

地图集	[dì tú jí] 디투지	지도책	图章	[tú zhāng] 투장	스탬프
布告栏	[bù gào lán] 뿌까오란	게시판	算盘	[suàn pán] 수안판	주판
球	[qiú] 치우	지구의	文件夹	[wén jiàn jiā] 원지엔쟈	서류철
胶	[jiāo] 쟈오	풀	垫	[diàn] 디엔	패드
国旗	[guó qí] 구오치	국기	骰子	[tóu zǐ] 토우즈	주사위
粉笔	[fěn bǐ] 펀비	분필	学习用品	[xué xí yòng pǐn] 슈에시용핀	학용품
黑板	[hēi bǎn] 헤이반	칠판	学生帽子	[xué shēng mào zǐ] 슈에셩마오즈	학생모
讲台	[jiǎng tái] 쟝타이	교단	钢盔	[gāng kuī] 깡쿠이	철모
蜡笔	[là bǐ] 라비	크레용	尖项帽	[jiān xiàng] mào 지엔샹마오	챙달린모자
毛笔	[máo bǐ] 마오비	붓			
笔记本	[bǐ jì běn] 비지번	공책	**행사**		
水彩颜料	[shuǐ cǎi yán liào] 쉐이차이옌랴오	그림물감	入学典礼	[rù xué diǎn lǐ] 루슈에띠엔리	입학식
显微镜	[xiǎn wēi jìng] 시엔웨이징	현미경	毕业典礼	[bì yè diǎn lǐ] 비예띠엔리	졸업식
望远镜	[wàng yuǎn jìng] 왕위엔징	망원경	学位授予典礼	[xué wèi shòu yǔ diǎn lǐ] 슈에웨이쇼우위디엔리	학위수여식
修正液	[xiū zhèng yè] 시우정예	수정액			
万用笔记本	[wàn yòng bǐ jì běn] 완용비지번	분류서류철	运动会	[yùn dòng huì] 윈동후이	운동회
墨水	[mò shuǐ] 모쉐이	잉크	学校节庆	[xué xiào jié qìng] 슈에샤오지에칭	학교축제
剪刀	[jiǎn dāo] 지엔따오	가위	校友会	[xiào yǒu huì] 샤오요우후이	동창회
橡皮筋	[xiàng pí jīn] 샹피진	고무줄	入学考试	[rù xué kǎo shì] 루쉬에카오스	입학시험
橡胶胶水	[xiàng jiāo jiāo shuǐ] 샹쟈오쟈오쉐이	고무풀	期中考试	[qī zhōng kǎo shì] 치종카오스	중간고사
纸夹	[zhǐ jiā] 즈쟈	클립	期末考试	[qī mò kǎo shì] 치모카오스	기말고사
墨	[mò] 무어	먹	校庆	[xiào qìng] 샤오칭	개교기념일
利贴	[lì tiē] 리티에	포스트잇	实习旅行	[shí xí lǚ xíng] 스시뤼싱	수학여행
圆规	[yuán guī] 위엔꾸이	컴퍼스	郊游	[jiāo yóu] 쟈오요우	소풍

教师节	[jiào shī jié] 쟈오스지에	스승의 날
校友会	[xiào yǒu huì] 샤오요우후이	동창회
校庆	[xiào qìng] 샤오칭	개교기념일
春假	[chūn jiǎ] 춘쟈	봄방학
暑假	[shǔ jiǎ] 슈쟈	여름방학
寒假	[hán jiǎ] 한쟈	겨울방학
入学	[rù xué] 루쉬에	입학하다
离开学校	[lí kāi xué xiào] 리카이쉬에샤오	졸업(퇴학)하다

교직원

教授	[jiào shòu] 쟈오써우	교수
正教授	[zhèng jiào shòu] 정쟈오써우	정교수
副教授	[fù jiào shòu] 푸쟈오써우	부교수
助理教授	[zhù lǐ jiào shòu] 주리쟈오써우	조교수
教师	[jiào shī] 쟈오스	교사
辅导教师	[fǔ dǎo jiào shī] 푸다오쟈오스	과외선생님
讲演者	[jiǎng yǎn zhě] 쟝옌저	강연자
大学讲师	[dà xué jiǎng shī] 따쉬에쟝스	대학강사
院长	[yuàn cháng] 위엔창	학장
校长	[xiào cháng] 샤오창	총장
学者	[xué zhě] 쉬에저	학자
班主任	[bān zhǔ rèn] 빤주런	담임선생님
讲授经验	[jiǎng shòu jīng yàn] 쟝쇼우징옌	교수경험
助教	[zhù jiào] 주쟈오	조교
班长	[bān cháng] 빤창	반장

학생

学生	[xué shēng] 슈에셩	학생
小学生	[xiǎo xué shēng] 샤오슈에셩	초등학생
新生	[xīn shēng] 신셩	1학년생
二年级学生	[èr nián jí xué shēng] 얼니엔지슈에셩	2학년생
三年级学生	[sān nián jí xué shēng] 싼니엔지슈에셩	3학년생
四年级学生	[sì nián jí xué shēng] 쓰니인지슈에셩	4학년생
大学毕业生	[dà xué bì yè shēng] 따슈에삐예셩	대학졸업자
研究生	[yán jiū shēng] 옌쥬셩	대학원생
学士	[xué shì] 슈에스	학사
硕士	[shuò shì] 슈오스	석사
博士	[bó shì] 보스	박사
同学	[tóng xué] 통슈에	동급생
男校友	[nán xiào yǒu] 난샤오여우	남자 동창생
女校友	[nǚ xiào yǒu] 뉘샤오여우	여자 동창생

우체국

邮局职工	[yóu jú zhí gōng] 여우쥐즈꿍	우체국직원
投递信件	[tóu dì xìn jiàn] 터우띠신지엔	우편배달

平邮	[píng yóu] 핑여우	육상우편	邮件马车	[yóu jiàn mǎ chē] 여우찌엔마처	우편마차
邮件	[yóu jiàn] 여우지엔	우편물	邮件截止日	[yóu jiàn jié zhǐ rì] 여우찌엔지에즈르	배달일
邮费	[yóu fèi] 요우페이	우편요금	邮箱	[yóu xiāng] 여우샹	우편함
信封	[xìn fēng] 신펑	봉투	军队邮局	[jūn duì yóu jú] 쥔뒈여우쥐	군사우체국
航空邮件	[háng kōng yóu jiàn] 항쿵여우찌엔	항공우편	脆弱	[cuì ruò] 추이루어	부서지기 쉬움
邮票	[yóu piào] 여우퍄오	우표	垃圾邮件	[lā jī yóu jiàn] 라지여우찌엔	스팸메일
信	[xìn] 신	편지			
明信片	[míng xìn piàn] 밍신피엔	우편엽서	**은행**		
邮政编码	[yóu zhèng biān mǎ] 요우정비엔마	우편번호	银行出纳员	[yín xíng chū nà yuán] 인항추나위엔	은행출납원
信箱	[xìn xiāng] 신샹	우체통	警卫	[jǐng wèi] 징웨이	경비
挂号信	[guà hào xìn] 과하오신	등기우편물	存折	[cún shé] 춘저	통장
返回地址	[fǎn huí dì zhǐ] 판후이디즈	발신인 주소	信用卡	[xìn yòng kǎ] 신용카	신용카드
快信	[kuài xìn] 콰이씬	속달	存款账户	[cún kuǎn zhàng hù] 춘콴장후	예금계좌
电报	[diàn bào] 띠엔바오	전보	支票	[zhī piào] 즈퍄오	수표
包裹	[bāo guǒ] 바오구오	소포	银票	[yín piào] 인퍄오	어음
送货上门	[sòng huò shàng mén] 쑹후어샹먼	택배	钱	[qián] 치엔	돈
邮递员	[yóu dì yuán] 여우띠위엔	우편배달부	现金	[xiàn jīn] 시엔진	현금
邮戳	[yóu chuō] 여우추오	소인	硬币	[yìng bì] 잉삐	동전
窗口	[chuāng kǒu] 촹코우	창구	纸币	[zhǐ bì] 즈삐	지폐
秤	[chèng] 청	저울	自动存提款机	[zì dòng cún tí kuǎn jī] 즈뚱춘티콴지	자동현금인출기
邮件	[yóu jiàn] 여우지엔	우편			
邮机	[yóu jī] 여우지	우편비행기	汇款	[huì kuǎn] 후이콴	송금
邮车	[yóu chē] 여우처	우편열차			

保险柜	[bǎo xiǎn guì] 바오시엔꾸이	금고	储蓄	[chǔ xù] 추쉬	저축하다
存款单	[cún kuǎn dān] 춘콴딴	예금용지	换钱	[huàn qián] 환치엔	환전하다
提款单	[tí kuǎn dān] 티콴딴	출금용지	汇款	[huì kuǎn] 후이콴	송금하다
顾客	[gù kè] 꾸커	고객	存款	[cún kuǎn] 춘콴	예금하다
银行手续费	[yín xíng shǒu xù fèi] 인항쇼우쉬페이	은행수수료	付款	[fù kuǎn] 푸콴	출금하다
自动转账	[zì dòng zhuǎn zhàng] 즈뚱쭈안짱	자동이체	货币	[huò bì] 후오삐	화폐
存款	[cún kuǎn] 춘콴	저축	现金卡	[xiàn jīn kǎ] 시엔진카	현금카드
外汇率	[wai huì lǜ] 와이후이뤼	환율	旅行支票	[lǚ xíng zhī piào] 뤼싱즈퍄오	여행자수표
贷款	[dài kuǎn] 따이콴	융자	本票	[běn piào] 번퍄오	보증수표
攒钱	[zǎn qián] 찬치엔	적금	金利	[jīn lì] 진리	금리
本金	[běn jīn] 번진	원금	旅行	[lǚ xíng] 뤼싱	여행
利息	[lì xī] 리시	이자	演唱会	[yǎn chàng huì] 옌창후이	콘서트
伪钞	[wěi chāo] 웨이챠오	위조지폐	舞	[wǔ] 우	춤
银行股票	[yín xíng gǔ piào] 인항구퍄오	은행주(식)	音乐	[yīn lè] 인위에	음악
账号	[zhàng hào] 장하오	예금계좌번호	电影	[diàn yǐng] 디엔잉	영화
出纳员	[chū nà yuán] 추나위엔	출납원	收集	[shōu jí] 쇼우지	수집
键盘	[jiàn pán] 지엔판	키패드	看书	[kàn shū] 칸슈	독서
付款	[fù kuǎn] 푸콴	지불	工艺	[gōng yì] 꿍이	공예
按月付费	[àn yuè fù fèi] 안위에푸페이	월부	料理	[liào lǐ] 랴오리	요리
月结单	[yuè jié dān] 위에지에딴	매월납부명세서	表演	[biǎo yǎn] 뱌오옌	연기
签名	[qiān míng] 치엔밍	서명	绘画	[huì huà] 후이화	그림
密码	[mì mǎ] 미마	비밀번호	织	[zhī] 즈	뜨개질

취미

刺绣	[cì xiù] 츠시유	자수
缝纫	[féng rèn] 펑런	바느질
漫画	[màn huà] 만화	만화
鱼钩	[yú gōu] 위꺼우	낚시
照相	[zhào xiāng] 자오샹	사진촬영
书法	[shū fǎ] 슈파	서예
动画片	[dòng huà piàn] 똥화피엔	만화영화
登山	[dēng shān] 떵싼	등산
徒步旅行	[tú bù lǚ xíng] 투뿌뤼싱	하이킹
模型制作	[mó xíng zhì zuò] 모싱즈쭈오	모형제작
模型建筑	[mó xíng jiàn zhù] 모싱지엔쮸	모형조립
折纸术	[shé zhǐ shù] 저즈슈	종이접기
天体观测	[tiān tǐ guān cè] 티엔티처	천체관측
集邮	[jí yóu] 지여우	우표수집
硬币收集	[yìng bì shōu jí] 잉삐써우지	동전수집
收集	[shōu jí] 써우찌	수집
拼图游戏	[pīn tú yóu xì] 핀투여우시	조각퍼즐
纵横字谜游戏	[zòng héng zì mí yóu xì] 종헝쯔미여우시	십자말풀이
国际象棋	[guó jì xiàng qí] 구어지샹치	체스
纸牌游戏	[zhǐ pái yóu xì] 즈파이요우시	카드놀이
打赌	[dǎ dǔ] 다뚜	내기
歌舞剧	[gē wǔ jù] 거우쮜	뮤지컬
歌剧	[gē jù] 거쮜	오페라
连载漫画	[lián zài màn huà] 리엔짜이만화	연재만화
驾车出游	[jià chē chū yóu] 쟈처추요우	드라이브
陶瓷	[táo cí] 타오츠	도자기
雕刻	[diāo kè] 댜오커	조각
麻将	[má jiāng] 마찌앙	마작
木偶剧	[mù ǒu jù] 무어우쮜	인형극
木偶	[mù ǒu] 무어우	꼭두각시
观察研究野鸟	[guān chá yán jiū yě niǎo] 꾸안차옌찌우예냐오	들새관찰

탈것

火车	[huǒ chē] 후오처	기차
地铁	[dì tiě] 디티에	지하철
快车	[kuài chē] 콰이처	급행열차
直达列车	[zhí dá liè chē] 즈다리에처	직행열차
货物列车	[huò wù liè chē] 후어우리에처	화물열차
高速列车	[gāo sù liè chē] 까오수리에처	고속열차
汽车	[qì chē] 치처	자동차
巴士	[bā shì] 빠스	버스
飞机	[fēi jī] 페이지	비행기
卡车	[kǎ chē] 카처	트럭
双层公共汽车	[shuāng céng gōng gòng qì chē] 슈앙청꽁꽁치처	이층버스
观光巴士	[guān guāng bā shì] 꽌빠스	관광버스

渡船	[dù chuán] 두촨	연락선
船	[chuán] 촨	배
直升机	[zhí shēng jī] 즈성지	헬리콥터
摩托车	[mó tuō chē] 모투오처	스쿠터
游艇	[yóu tǐng] 요우팅	요트
露营拖车	[lù yíng tuō chē] 루잉투오처	캠프차
自行车	[zì xíng chē] 쯔싱처	자전거
摩托车	[mó tuō chē] 모투오처	오토바이
敞篷车	[chǎng péng chē] 창펑처	오픈카
清洁车	[qīng jié chē] 칭지에처	청소차
吉普车	[jí pǔ chē] 지푸처	지프
超级特快列车	[chāo jí tè kuài liè chē] 차오지터콰이리에처	고속철
普通车	[pǔ tōng chē] 푸퉁처	보통열차
慢车	[màn chē] 만처	완행열차
旅客列车	[lǚ kè liè chē] 뤼커리에처	여객열차
下行列车	[xià xíng liè chē] 샤싱리에처	하행열차
上行列车	[shàng xíng liè chē] 샹싱리에처	상행열차
出租车	[chū zū chē] 추쭈처	택시
巡逻车	[xún luó chē] 쉰루오처	순찰차
车站	[chē zhàn] 처잔	정류장
移动	[yí dòng] 이똥	이동
运输工具	[yùn shū gōng jù] 윈슈꽁쥐	운송수단
转乘	[zhuǎn chéng] 주안청	환승하다

禁止	[jìn zhǐ] 진지	금지
快速	[kuài sù] 콰이수	빠른 속도
慢慢地	[màn màn dī] 만만더	천천히
到达	[dào dá] 다오다	도착하다
划船	[huá chuán] 화촨	(노를)젓다
登陆	[dēng lù] 덩루	상륙하다

도로

铁路	[tiě lù] 티에루	철도
铁路道口	[tiě lù dào kǒu] 티에루다오코우	철도 건널목
道路交叉口	[dào lù jiāo chā kǒu] 다오루쟈오차코우	교차로
十字路口	[shí zì lù kǒu] 스즈루코우	사거리
行人过街	[xíng rén guò jiē] 싱런구오지에	횡단보도
人行道	[rén xíng dào] 런싱다오	인도
单向街	[dān xiàng jiē] 단샹지에	일방통행로
胡同	[hú tóng] 후퉁	골목
土路	[tǔ lù] 투루	비포장도로
国道	[guó dào] 구어따오	국도
大马路	[dà mǎ lù] 따마루	대로
捷径	[jié jìng] 지에징	지름길
地下通道	[dì xià tōng dào] 띠샤퉁따오	지하도
小巷	[xiǎo xiàng] 샤오샹	뒷골목
防撞护栏	[fáng zhuàng hù lán] 팡좡후란	가드레일

路肩	[lù jiān] 루지엔	(고속도로의)갓길	预付款	[yù fù kuǎn] 위푸콴	선불
高速公路	[gāo sù gōng lù] 까오수공루	고속도로	预售票	[yù shòu piào] 위쇼우퍄오	예매권
			自动售货机	[zì dòng shòu huò jī] 즈동쇼우후오지	자동판매기

교통

红绿灯	[hóng lǜ dēng] 홍뤼떵	교통신호등	公共汽车站	[gōng gòng qì chē zhàn] 꽁꽁치처잔	버스정류장
交通法规	[jiāo tōng fǎ guī] 쟈오퉁파꾸이	교통법규	出租车车站	[chū zū chē chē zhàn] 추쭈처처잔	택시승차장
交通规则	[jiāo tōng guī zé] 쟈오퉁꾸이저	교통규칙	火车站	[huǒ chē zhàn] 후오처잔	(철도)역
交通违章	[jiāo tōng wéi zhāng] 쟈오퉁웨이장	교통위반	停车场	[tíng chē chǎng] 팅처창	주차장
交通量	[jiāo tōng liàng] 쟈오퉁량	교통량	加油站	[jiā yóu zhàn] 쟈요우잔	주유소
严重的交通	[yán zhòng de jiāo tōng] 옌종더쟈오퉁	극심한 교통량	驾驶执照	[jià shǐ zhí zhào] 쟈스즈쟈오	운전면허(증)
收费站	[shōu fèi zhàn] 쇼우페이잔	통행료 징수소	交通标志	[jiāo tōng biāo zhì] 쟈오퉁뱌오즈	교통표지
遥远	[yáo yuǎn] 야오위엔	거리가 먼	乘客	[chéng kè] 청커	승객
跨	[kuà] 콰	건너서	安全带	[ān quán dài] 안췐따이	안전벨트
过去	[guò qù] 꾸오취	건너다	交通信号	[jiāo tōng xìn hào] 쟈오퉁신하오	교통신호
弯路	[wān lù] 완루	우회로	方向盘	[fāng xiàng pán] 팡샹판	핸들
方向	[fāng xiàng] 팡샹	방향	罚款	[fá kuǎn] 파콴	벌금
风险	[fēng xiǎn] 펑시엔	위험	超速	[chāo sù] 차오수	속도위반
牵引车	[qiān yǐn chē] 치엔인처	견인차	行人	[xíng rén] 싱런	보행자
漏气轮胎	[lòu qì lún tāi] 로우치룬타이	펑크난 타이어	塞车	[sāi chē] 싸이처	교통혼잡
售票处	[shòu piào chǔ] 쇼우퍄오추	매표구	速度限制	[sù dù xiàn zhì] 수두시엔즈	제한속도
旋转门	[xuán zhuǎn mén] 쉬엔먼	회전문	禁止出入	[jìn zhǐ chū rù] 진즈추루	출입금지
隔离墩	[gé lí dūn] 거리둔	중앙분리대	(本地)派出所	[(běn dì)pai chū suǒ] (번디)파이추수오	(지방)경찰서
票价	[piào jià] 퍄오쟈	표값			

天桥	[tiān qiáo] 티엔챠오	육교	纪念品商店	[jì niàn pǐn shāng diàn] 지니엔핀상디엔	기념품점
大街	[dà jiē] 따지에	큰거리	男装	[nán zhuāng] 난쭹	남성복
巷战	[xiàng zhàn] 샹잔	시가전	女装	[nǚ zhuāng] 뉘쭹	여성복
街头小贩	[jiē tóu xiǎo fàn] 지에토우샤오판	행상인	体育用品	[tǐ yù yòng pǐn] 티위용핀	스포츠용품
街乐队	[jiē lè duì] 지에위에뚜이	거리악단	收据	[shōu jù] 써우쥐	영수증
高层建筑	[gāo céng jiàn zhù] 까오청지엔주	고층건물	厨房用具	[chú fáng yòng jù] 추팡용쥐	주방용품
横幅	[héng fú] 헝푸	플래카드	退还	[tuì hái] 투이환	환불
候车室	[hòu chē shì] 호우처스	대합실	保证函	[bǎo zhèng hán] 바오정한	보증서
检票员	[jiǎn piào yuán] 지엔퍄오위엔	검표원	卖	[mài] 마이	판매
单程票	[dān chéng piào] 단청퍄오	편도승차권	交换	[jiāo huàn] 쟈오환	교환
往返票	[wǎng fǎn piào] 왕판퍄오	왕복승차권	特价商品	[tè jià shāng pǐn] 터쟈샹핀	특가상품
优惠游览票	[yōu huì yóu lǎn piào] 요우후이요우란퍄오	할인유람권	定价表	[dìng jià biǎo] 딩쟈뱌오	정가표
定期票	[dìng qī piào] 딩치퍄오	정기권	打折	[dǎ zhé] 다저	할인
通票	[tōng piào] 퉁퍄오	직행차표	营业时间	[yíng yè shí jiān] 잉예스지엔	영업시간
定价	[dìng jià] 딩쟈	정가	试衣间	[shì yī jiān] 스이지엔	피팅룸
公共财产	[gōng gòng cái chǎn] 꿍꿍차이찬	공공물	便利店	[biàn lì diàn] 비엔리디엔	편의점
治安	[zhì ān] 즈안	치안	店员	[diàn yuán] 띠엔위엔	점원
公函	[gōng hán] 꿍한	공문서	客人	[kè rén] 커런	손님
			手推车	[shǒu tuī chē] 써우투이처	(쇼핑)카트

쇼핑

商场	[shāng chǎng] 상창	쇼핑센터	收银机	[shōu yín jī] 써우인지	금전등록기
百货公司	[bǎi huò gōng sī] 바이후오꿍쓰	백화점	商标	[shāng biāo] 쌍뱌오	상표
停车场	[tíng chē chǎng] 팅처창	주차장	女店员	[nǚ diàn yuán] 뉘디엔위엔	여점원
			柜台	[guì tái] 꾸이타이	계산대

条形码	[tiáo xíng mǎ] 탸오싱마	바코드	温度计	[wēn dù jì] 원두지	온도계
目录册	[mù lù cè] 무루처	카탈로그	度	[dù] 두	(온도)도
保证书	[bǎo zhèng shū] 빠오정쑤	보증서	天气预报	[tiān qì yù bào] 티엔치위빠오	일기예보
礼品店	[lǐ pǐn diàn] 리핀띠엔	선물가게	警告	[jǐng gào] 징까오	경고
包装台	[bāo zhuāng tái] 빠오좡타이	포장코너	警报	[jǐng bào] 징빠오	경보
美食街	[měi shí jiē] 메이스찌에	푸드코트	风速	[fēng sù] 펑수	풍속
失物招领处	[shī wù zhāo lǐng chù] 스우짜오링추	분실물센터	冷锋	[lěng fēng] 렁펑	한랭전선
			暖锋	[nuǎn fēng] 누안펑	온난전선
体育用品角	[tǐ yù yòng pǐn jiǎo] 티위용핀쟈오	스포츠용품코너	高气压	[gāo qì yā] 까오치야	고기압
开放时间	[kāi fàng shí jiān] 카이팡스지엔	운영시간	低气压	[dī qì yā] 디치야	저기압
清仓大处理	[qīng cāng dà chǔ lǐ] 칭창따추리	재고정리세일	自然灾害	[zì rán zāi hài] 쯔란자이하이	자연재해
定金	[dìng jīn] 띵진	계약금	云	[yún] 윤	구름
赔偿	[péi cháng] 페이창	배상	雾	[wù] 우	안개
			模糊	[mó hú] 모후	흐릿한

계절과 날씨

			风	[fēng] 펑	바람
春天	[chūn tiān] 춘티엔	봄	飙	[biāo] 뱌오	돌풍
夏天	[xià tiān] 샤티엔	여름	大风	[dà fēng] 따펑	강풍
秋天	[qiū tiān] 치우티엔	가을	雨	[yǔ] 위	비
冬天	[dōng tiān] 똥티엔	겨울	雪	[xuě] 쉬에	눈
季风	[jì fēng] 지펑	계절풍	阴沉沉	[yīn chén chén] 인천천	음침한
气候	[qì hòu] 치호우	기후	变化无常	[biàn huà wú cháng] 비엔화우창	변덕스러운
温度	[wēn dù] 원두	온도	暴风	[bào fēng] 바오펑	폭풍
华氏	[huá shì] 화스	화씨	雷	[léi] 레이	천둥
摄氏	[shè shì] 셔스	섭씨	闪电	[shǎn diàn] 샨디엔	번개

干旱	[gàn hàn] 깐한		가뭄	冰柱	[bīng zhù] 삥주		고드름
晴	[qíng] 칭		맑음	阳光	[yáng guāng] 양광		양지 바른
阵雨	[zhèn yǔ] 전위		소나기	烟雾	[yān wù] 옌우		안개
洪水	[hóng shuǐ] 홍쉐이		홍수	小雨	[xiǎo yǔ] 샤오위		가랑비
雨雪	[yǔ xuě] 위슈에		진눈깨비	滑坡	[huá pō] 화포		산사태
冰雹	[bīng báo] 삥바오		우박	雪崩	[xuě bēng] 슈에뻥		눈사태
温暖	[wēn nuǎn] 원누안		따뜻한	火山	[huǒ shān] 후오샨		화산
温和	[wēn hé] 원허		온화한	海啸	[hǎi xiào] 하이샤오		해일
地震	[dì zhèn] 디전		지진	寒流	[hán liú] 한리우		한파
闷热	[mèn rè] 먼러		무더운	水波	[shuǐ bō] 쉐이뽀		잔물결
酷热	[kù rè] 쿠러		매우 뜨거운	湿润	[shī rùn] 스룬		습기있는
冷	[lěng] 렁		차가운	多云	[duō yún] 뚜오윈		흐린
湿润	[shī rùn] 스룬		습기있는	气象台	[qì xiàng tái] 치샹타이		기상대
台风	[tái fēng] 타이펑		태풍	寒带	[hán dài] 한따이		한대
飓风	[jù fēng] 쥐펑		폭풍	亚寒带	[yà hán dài] 야한따이		냉대
龙卷风	[lóng juàn fēng] 롱쥐엔펑		토네이도	温带	[wēn dài] 원따이		온대
热	[rè] 러		더위	热带气候	[rè dài qì hòu] 러따이치허우		열대성기후
大雨	[dà yǔ] 따위		호우	亚热带气候	[yà rè dài qì hòu] 야러따이치허우		아열대성기후
霜	[shuāng] 쑤앙		서리				
风雪	[fēng xuě] 펑슈에		눈보라	暴风	[bào fēng] 빠오펑		돌풍
暴风雪	[bào fēng xuě] 바오펑슈에		강한 눈보라	大陆性气候	[dà lù xìng qì hòu] 따루싱치호우		대륙성기후
结冰	[jié bīng] 지에삥		결빙	泛滥	[fàn làn] 판란		범람
毛毛雨	[máo máo yǔ] 마오마오위		이슬비	大灾难	[dà zāi nán] 따짜이난		큰재해
冰	[bīng] 삥		얼음	灾害	[zāi hài] 짜이하이		재해

동물

母牛	[mǔ niú] 무니우	암소
猪	[zhū] 주	돼지
野猪	[yě zhū] 예주	멧돼지
马	[mǎ] 마	말
驴	[lǘ] 뤼	당나귀
斑马	[bān mǎ] 반마	얼룩말
公牛	[gōng niú] 꿍니우	황소
狗	[gǒu] 거우	개
猫	[māo] 마오	고양이
鼠标	[shǔ biāo] 쑤뱌오	생쥐
沟鼠	[gōu shǔ] 거우쑤시궁	쥐
袋鼠	[dài shǔ] 따이쑤	캥거루
兔子	[tù zǐ] 투즈	토끼
松鼠	[sōng shǔ] 쑹쑤	다람쥐
狮子	[shī zǐ] 스즈	사자
老虎	[lǎo hǔ] 라오후	호랑이
山羊	[shān yáng] 산양	염소
羊	[yáng] 양	양
狼	[láng] 랑	늑대
狐狸	[hú lí] 후리	여우
大象	[dà xiàng] 따샹	코끼리
浣熊	[huàn xióng] 환슝	너구리
熊	[xióng] 슝	곰
鬣狗	[liè gǒu] 리에거우	하이에나
豹子	[bào zǐ] 바오즈	표범
鹿	[lù] 루	사슴
熊猫	[xióng māo] 슝마오	판다
猴子	[hóu zǐ] 허우즈	원숭이
大猩猩	[dà xīng xīng] 따싱싱	고릴라
黑猩猩	[hēi xīng xīng] 헤이싱싱	침팬지
骆驼	[luò tuó] 루어투어	낙타
长颈鹿	[cháng jǐng lù] 창징루	기린
考拉	[kǎo lā] 카오라	코알라
臭鼬	[chòu yòu] 처우여우	스컹크
美洲短吻鳄	[měi zhōu duǎn wěn è] 메이조우두안원어	미국악어
非洲鳄鱼	[fēi zhōu è yú] 페이저우어위	아프리카악어
蜥蜴	[xī yì] 시이	도마뱀
眼镜蛇	[yǎn jìng shé] 옌징셔	코브라
青蛙	[qīng wā] 칭와	개구리
河马	[hé mǎ] 허마	하마
犀牛	[xī niú] 시니우	코뿔소
恐龙	[kǒng lóng] 쿵룽	공룡
蛇	[shé] 셔	뱀
蝌蚪	[kē dǒu] 커떠우	올챙이
乌龟	[wū guī] 우구이	거북
海龟	[hǎi guī] 하이구이	바다거북

鲸鱼	[jīng yú] 징위	고래	老雕	[lǎo diāo] 라오댜오	독수리
海豚	[hǎi tún] 하이툰	돌고래	鹰	[yīng] 잉	매
蝙蝠	[biān fú] 비엔푸	박쥐	企鹅	[qǐ é] 치어	펭귄
海豹	[hǎi bào] 하이빠오	바다표범	鸱鸮	[chīxiāo] 츠샤오	올빼미
海狗	[hǎi gǒu] 하이거우	물개	猫头鹰	[māo tóu yīng] 마오터우잉	부엉이
水獭	[shuǐ tǎ] 쉐이타	수달	孔雀	[kǒng què] 쿵취에	공작
豹猫	[bào māo] 바오마오	살쾡이	鹦鹉	[yīng wǔ] 잉우	앵무새
宠物	[chǒng wù] 충우	애완동물	鹦哥	[yīng gē] 잉거	잉꼬
羔羊	[gāo yáng] 까오양	어린양	鹈鹕	[tí hú] 티후	펠리컨
肉猪	[ròu zhū] 러우주	식용돼지	乌鸦	[wū yā] 우야	까마귀
猪	[zhū] 주	돼지	喜鹊	[xǐ què] 시취에	까치
雄鹿	[xióng lù] 슝루	수사슴	母鸡	[mǔ jī] 무찌	암탉
母鹿	[mǔ lù] 무루	암사슴	公鸡	[gōng jī] 궁찌	수탉
食蚁兽	[shí yǐ shòu] 스이써우	개미핥기	鸭子	[yā zǐ] 야즈	오리
黑熊	[hēi xióng] 헤이슝	흑곰	鹅	[é] 어	거위
白熊	[bái xióng] 바이슝	북극곰	鸽子	[gē zǐ] 거즈	비둘기
母狗	[mǔ gǒu] 무거우	암캐	雁	[yàn] 옌	기러기
猎犬	[liè quǎn] 리에취엔	사냥개	麻雀	[má què] 마취에	참새
野狗	[yě gǒu] 예거우	들개	燕子	[yàn zǐ] 옌즈	제비
小狗	[xiǎo gǒu] 샤오거우	강아지	海鸥	[hǎi ōu] 하이어우	갈매기
仓鼠	[cāng shǔ] 창쑤	햄스터	鹌鹑	[ān chún] 안춘	메추라기
			啄木鸟	[zhuó mù niǎo] 주어무냐오	딱따구리
조류			野鸡	[yě jī] 예지	꿩
天鹅	[tiān é] 티엔어	백조	云雀	[yún què] 윈취에	종달새

仙鹤	[xiān hè] 시엔허	학
鸵鸟	[tuó niǎo] 투어냐오	타조
候鸟	[hòu niǎo] 허우냐오	철새
黄鹂	[huáng lí] 황리	꾀꼬리
鹪鹩	[jiāo liáo] 쟈오랴오	굴뚝새
留鸟	[liú niǎo] 리우냐오	텃새

어패류

金枪鱼	[jīn qiāng yú] 진챵위	참치
三文鱼	[sān wén yú] 싼원위	연어
鲽鱼	[dié yú] 디에위	가자미
青花鱼	[qīng huā yú] 칭화위	고등어
鳁鱼鰮	[yú] 원위	정어리
秋刀鱼	[qiū dāo yú] 츄다오위	꽁치
鳟鱼	[zūn yú] 쭌위	송어
鳕鱼	[xuě yú] 슈에위	대구
明太鱼	[míng tai yú] 밍타이위	명태
鲤鱼	[lǐ yú] 리위	잉어
鲫鱼	[jì yú] 지위	붕어
海马	[hǎi mǎ] 하이마	해마
螃蟹	[páng xiè] 팡시에	게
虾x	[iā] 샤	작은새우
对虾	[duì xiā] 뚜이샤	참새우
龙虾	[lóng xiā] 롱샤	바다가재
海草	[hǎi cǎo] 하이차오	해초
小龙虾	[xiǎo lóng xiā] 샤오롱샤	가재
牡蛎	[mǔ lì] 무리	굴
海胆	[hǎi dǎn] 하이딴	성게
贻贝	[yí bèi] 이뻬이	홍합
文蛤	[wén há] 원거	대합조개
扇贝	[shàn bèi] 샨뻬이	가리비
金鱼	[jīn yú] 진위	금붕어
鳗鱼	[mán yú] 만위	장어
鲨鱼	[shā yú] 샤위	상어
章鱼	[zhāng yú] 장위	문어
八爪鱼	[bā zhǎo yú] 빠좌위	낙지
鱿鱼	[yóu yú] 요우위	오징어
海蜇	[hǎi zhē] 하이져	해파리
海星	[hǎi xīng] 하이싱	불가사리
贝	[bèi] 뻬이	조개
海参	[hǎi cān] 하이션	해삼
藻类	[zǎo lèi] 짜오레이	해조류
海菜	[hǎi cài] 하이차이	미역
海带	[hǎi dài] 하이따이	다시마
紫菜	[zǐ cài] 쯔차이	김
浒苔	[hǔ tái] 후타이	파래
鲍鱼	[bào yú] 바오위	전복
鲆	[píng] 핑	넙치

河豚	[hé tún] 허툰	복어
鲷鱼	[diāo yú] 댜오위	도미
鲇鱼	[nián yú] 니엔위	메기
鲻鱼	[zī yú] 丝	숭어
香鱼	[xiāng yú] 샹위	은어
蜗螺	[wō luó] 워루오	다슬기
食用蜗牛	[shí yòng wō niú] 스융워니우	식용달팽이
牛蛙	[niú wā] 니우와	식용개구리

곤충

蛾	[é] 어	나방
苍蝇	[cāng yíng] 창잉	파리
蜻蜓	[qīng tíng] 칭팅	잠자리
萤火虫	[yíng huǒ chóng] 잉후어충	개똥벌레
蜜蜂	[mì fēng] 미펑	벌
瓢虫	[piáo chóng] 퍄오충	무당벌레
蟋蟀	[xī shuài] 시슈아이	귀뚜라미
蜘蛛	[zhī zhū] 지주	거미
蚊子	[wén zǐ] 원즈	모기
蟑螂	[zhāng láng] 장랑	바퀴벌레
蚱蜢	[zhà měng] 자멍	메뚜기
甲虫	[jiǎ chóng] 쟈충	딱정벌레
蛆虫	[qū chóng] 취충	구더기
白蚁	[bái yǐ] 바이이	흰개미
蚯蚓	[qiū yǐn] 치우인	지렁이
螳螂	[táng láng] 탕랑	사마귀
蜈	[wú] 우	지네
蚕	[cán] 찬	누에
茧	[jiǎn] 지엔	고치
蛹	[yǒng] 융	번데기
蝎子	[xiē zi] 시에즈	전갈
蜗牛	[wō niú] 워니우	달팽이
幼虫	[yòu chóng] 여우충	유충
臭虫	[chòu chóng] 처우충	빈대
蚂蚁	[mǎ yǐ] 마이	개미
跳蚤	[tiào zǎo] 탸오자오	벼룩
黄蜂	[huáng fēng] 황펑	말벌
鼻涕虫	[bí tì chóng] 비티충	민달팽이
蜘蛛网	[zhī zhū wǎng] 쯔주왕	거미줄
杀虫剂	[shā chóng jì] 싸충찌	살충제
害虫	[hài chóng] 하이충	해충
驱虫剂	[qū chóng jì] 취충지	구충제
食虫动物	[shí chóng dòng wù] 스충둥우	식충동물
昆虫学	[kūn chóng xué] 쿤충쉐	곤충학
昆虫学者	[kūn chóng xué zhě] 쿤충쉐저	곤충학자
采集昆虫	[cǎi jí kūn chóng] 차이지쿤충	곤충채집
昆虫类	[kūn chóng lèi] 쿤충레이	곤충류
绿豆蝇	[lù dòu yíng] 뤼떠우잉	쉬파리

幼虫	[yòu chóng] 여우충	애벌레
触角	[chù jiǎo] 추쟈오	더듬이
头部	[tóu bù] 터우뿌	머리
胸部	[xiōng bù] 슝뿌	가슴
腹部	[fù bù] 푸뿌	배
刺	[cì] 츠	침

나무

叶子	[yè zi] 예즈	잎
树枝	[shù zhī] 쑤즈	가지
根	[gēn] 껀	뿌리
树干	[shù gàn] 쑤깐	나무줄기
年轮	[nián lún] 니엔룬	나이테
果实	[guǒ shí] 구오스	열매
种子	[zhǒng zi] 중쯔	씨앗
芽	[yá] 야	싹
树皮	[shù pí] 쑤피	나무껍질
松树	[sōng shù] 쑹쑤	소나무
枫树	[fēng shù] 펑쑤	단풍나무
青冈	[qīng gāng] 칭강	떡갈나무
栗子树	[lì zǐ shù] 리즈슈	밤나무
榆树	[yú shù] 유슈	느릅나무
柳树	[liǔ shù] 리우슈	버드나무
樱花	[yīng huā] 잉화	벚나무
银杏	[yín xìng] 인싱	은행나무
竹	[zhú] 주	대나무
悬铃木	[xuán líng mù] 쉬엔링무	플라타너스
椰子	[yē zi] 예즈	야자
桑树	[sāng shù] 상쑤	뽕나무
玉兰	[yù lán] 위란	목련
柳杉	[liǔ shān] 리우샨	삼나무
杨树	[yáng shù] 양쑤	포플러

꽃

花	[huā] 화	꽃
干	[gàn] 깐	줄기
花粉	[huā fěn] 화편	꽃가루
花瓣	[huā bàn] 화반	꽃잎
向日葵	[xiàng rì kuí] 샹르쿠이	해바라기
百合	[bǎi hé] 바이허	백합
郁金香	[yù jīn xiāng] 위진샹	튤립
堇菜	[jǐn cài] 진차이	제비꽃
玫瑰	[méi guī] 메이꾸이	장미
兰花	[lán huā] 란화	난초
蝴蝶花	[hú dié huā] 후디에화	붓꽃
常春藤	[cháng chūn téng] 창춘텅	담쟁이덩굴
蒲公英	[pú gōng yīng] 푸공잉	민들레
康乃馨	[kāng nǎi xīn] 캉나이신	카네이션

波斯菊	[bō sī jú] 부어스쥐	코스모스
莲花	[lián huā] 리엔화	연꽃
喇叭花	[lǎ bā huā] 라빠화	나팔꽃
仙人掌	[xiān rén zhǎng] 시엔런쟝	선인장
水仙	[shuǐ xiān] 쉐이씨엔	수선화
满天星	[mǎn tiān xīng] 만티엔싱	안개꽃
映山红	[yìng shān hóng] 잉싼훙	진달래
茉莉花	[mò lì huā] 무어리화	재스민
迎春花	[yíng chūn huā] 잉춘화	개나리
菊花	[jú huā] 쥐화	국화
芦苇	[lú wěi] 루웨이	갈대

과일

苹果	[píng guǒ] 핑궈	사과
香蕉	[xiāng jiāo] 샹쟈오	바나나
菠萝	[bō luó] 뿌어루어	파인애플
芒果	[máng guǒ] 망궈	망고
桃	[táo] 타오	복숭아
猕猴桃	[mí hóu táo] 미호우타오	키위
梨	[lí] 리	배
李子	[lǐ zǐ] 리즈	자두
西瓜	[xī guā] 시과	수박
柠檬	[níng méng] 닝멍	레몬
甜瓜	[tián guā] 티엔과	머스크메론

柿子	[shì zǐ] 스즈	감
草莓	[cǎo méi] 차오메이	딸기
樱桃	[yīng táo] 잉타오	체리
葡萄	[pú táo] 푸타오	포도
橘子	[jú zǐ] 쥐즈	귤
橙	[chéng] 청	오렌지
桑椹	[sāng zhēn] 상션	오디
蓝莓	[lán méi] 란메이	블루베리
枣	[zǎo] 짜오	대추
柚子	[yòu zǐ] 요우즈	자몽
酸橙	[suān chéng] 쑤안청	라임
杏	[xìng] 씽	살구
鳄梨	[è lí] 어리	아보카도
椰子	[yē zǐ] 예즈	코코넛
无花果	[wú huā guǒ] 우화궈	무화과
香木瓜	[xiāng mù guā] 샹무궈	파파야
石榴	[shí liú] 스류	석류
覆盆子	[fù pén zǐ] 푸펀즈	산딸기

야채

南瓜	[nán guā] 난과	호박
土豆	[tǔ dòu] 투또우	감자
芹菜	[qín cài] 친차이	샐러리
蘑菇	[mó gū] 모구	버섯

柿子椒	[shì zǐ jiāo] 스즈쟈오	피망
西红柿	[xī hóng shì] 시홍스	토마토
豆	[dòu] 떠우	콩
西兰花	[xī lán huā] 시란화	브로컬리
胡萝卜	[hú luó bo] 후루오보	당근
芦笋	[lú sǔn] 루쑨	아스파라거스
卷心菜	[juàn xīn cài] 쥐엔신차이	양배추
葱	[cōng] 총	파
茄子	[qié zǐ] 치에즈	가지
萝卜	[luó bo] 루오보	무
蒜	[suàn] 쑤안	마늘
生姜	[shēng jiāng] 성쟝	생강
红薯	[hóng shǔ] 홍슈	고구마
洋葱	[yáng cōng] 양총	양파
莴苣	[wō jù] 워쥐	상추
黄瓜	[huáng guā] 황과	오이
白菜	[bái cài] 바이차이	배추
藕	[ǒu] 오우	연근
牛蒡	[niú bàng] 니우방	우엉
韭菜	[jiǔ cài] 지우차이	부추
胡葱	[hú cōng] 후총	골파
豆秸	[dòu jiē] 떠우지에	콩대
豆芽菜	[dòu yá cài] 떠우야차이	콩나물
竹笋	[zhú sǔn] 주쑨	죽순

人参	[rén cān] 런찬	인삼
山药	[shān yào] 샨야오	마
芋	[yù] 위	토란
花椰菜	[huā yē cài] 화예차이	꽃양배추
芜菁	[wú jīng] 우징	순무
蒿草	[hāo cǎo] 하오차오	쑥
茼蒿菜	[tóng hāo cài] 통하오차이	쑥갓
芥菜	[jiè cài] 찌에 차이	갓
欧芹	[ōu qín] 오우친	파슬리
菠菜	[bō cài] 뿌어차이	시금치

여행

观光	[guān guāng] 꾸안꽝	관광
当天来回的旅行	[dāng tiān lái huí de lǚ xíng] 땅티엔라이후이더뤼싱	당일치기여행
夜景	[yè jǐng] 예징	야경
海外旅行	[hǎi wài lǚ xíng] 하이와이뤼싱	해외여행
国内旅行	[guó nèi lǚ xíng] 구오네이뤼싱	국내여행
短途旅行	[duǎn tú lǚ xíng] 두안투뤼싱	단거리여행
跟团旅游	[gēn tuán lǚ yóu] 껀퇀안뤼요우	단체여행
蜜月旅行	[mì yuè lǚ xíng] 미위에뤼싱	신혼여행
观光客	[guān guāng kè] 꾸안꽝커	관광객
旅程	[lǚ chén]g 뤼청	여행일정
旅行社	[lǚ xíng shè] 뤼싱셔	여행사

중국어	발음	한국어
乘船航游	[chéng chuán háng yóu] 청촨항여우	선박여행
晕车	[yūn chē] 윈처	차멀미
晕船	[yūn chuán] 윈촨	배멀미
展望	[zhǎn wàng] 잔왕	전망
纪念碑	[jì niàn bēi] 지니엔뻬이	기념비
民俗村	[mín sú cūn] 민수춘	민속촌
温泉	[wēn quán] 원취엔	온천
纪念品	[jì niàn pǐn] 지니엔핀	기념품
土产品	[tǔ chǎn pǐn] 투찬핀	토산품
风景	[fēng jǐng] 펑징	풍경
遗址	[yí zhǐ] 이즈	유적
夜晚旅行	[yè wǎn lǚ xíng] 예완뤼싱	야간여행
夜车	[yè chē] 예처	야간열차
汽车旅行	[qì chē lǚ xíng] 치처뤼싱	자동차여행
视察旅行	[shì chá lǚ xíng] 스차뤼싱	시찰여행
结婚旅行	[jié hūn lǚ xíng] 지에훈뤼싱	신혼여행
周末旅行	[zhōu mò lǚ xíng] 조우모뤼싱	주말여행
环程旅行	[huán chéng lǚ xíng] 환청뤼싱	일주여행
瞭望台	[liào wàng tái] 랴오왕타이	전망대
公费旅游	[gōng fèi lǚ yóu] 꿍페이뤼여우	관비여행
艺术作品	[yì shù zuò pǐn] 이쑤쭈어핀	예술작품
古迹	[gǔ jì] 구지	고적, 사적
必须要看	[bì xū yào kàn] 비쉬야오칸	꼭 봐야 할 것
背包旅行	[bèi bāo lǚ xíng] 뻬이바오뤼씽	배낭여행

공항

중국어	발음	한국어
塔台	[tǎ tái] 타타이	관제탑
跑道	[pǎo dào] 파오다오	활주로
免税店	[miǎn shuì diàn] 미엔쉐이디엔	면세점
行李提领处	[xíng lǐ tí lǐng chù] 씽리티링추	수화물 찾는곳
关税	[guān shuì] 꾸안쉐이	관세
金属探测器	[jīn shǔ tàn cè qì] 진슈탄처치	금속탐지기
国内线	[guó nèi xiàn] 구어네이시엔	국내선
国际线	[guó jì xiàn] 구어찌시엔	국제선
预订	[yù dìng] 위띵	예약
目的地	[mù de dì] 무띠디	목적지
到	[dào] 따오	도착하다
着陆	[zhe lù] 주어루	착륙
出发	[chū fā] 추파	출발
起飞	[qǐ fēi] 치페이	이륙
飞机时差	[fēi jī shí chà] 페이지스차	시차
高空飞行	[gāo kōng fēi xíng] 까오콩페이싱	고도비행
护照	[hù zhào] 후쟈오	여권
登机卡	[dēng jī kǎ] 떵지카	탑승권
签证	[qiān zhèng] 치엔정	비자
检查	[jiǎn chá] 지엔차	검사
入境检查	[rù jìng jiǎn chá] 루징지엔차	입국심사
检疫站	[jiǎn yì zhàn] 지엔이잔	검역소
等候	[děng hòu] 덩허우	대기

중국어	발음	한국어
安全检查	[ān quán jiǎn chá] 안췐지엔차	보안검색
机场大巴	[jī chǎng dà bā] 지창따빠	공항버스
乘机登记处	[chéng jī dēng jì chù] 청지떵지추	탑승수속창구
行李托管证	[xíng lǐ tuō guǎn zhèng] 싱리투어꾸안쩡	수화물물표
托运行李手续	[tuō yùn xíng lǐ shǒu xù] 투어윈싱리쇼우쉬	탁송화물수속
手提包	[shǒu tí bāo] 쇼우티바오	손가방
申报	[shēn bào] 션빠오	신고하다
候补名单	[hòu bǔ míng dān] 호우뿌밍딴	후보명단
直飞	[zhí fēi] 즈페이	직항편
夜间飞行	[yè jiān fēi xíng] 예지엔페이싱	야간비행
机票	[jī piào] 지퍄오	항공권
乘务员	[chéng wù yuán] 청우위엔	승무원
领航员	[lǐng háng yuán] 링항위엔	파일럿
安全门	[ān quán mén] 안췐면	비상구
延迟	[yán chí] 옌츠	연착
中途停留	[zhōng tú tíng liú] 중투팅리우	도중하차
登机口号码	[dēng jī kǒu hào mǎ] 떵지커우하오마	탑승구번호
候机室	[hòu jī shì] 호우지스	탑승대기실
靠窗座位	[kào chuāng zuò wèi] 카오촹쭈오웨이	창가측 좌석
靠走道的座位	[kào zǒu dào de zuò wèi] 카오조우따오더쭈오웨이	통로측 좌석
洗手间	[xǐ shǒu jiān] 시쇼우지엔	화장실
座舱	[zuò cāng] 쭈어창	조종실

호텔

중국어	발음	한국어
豪华酒店	[háo huá jiǔ diàn] 하오화지우디엔	호화호텔
汽车旅馆	[qì chē lǚ guǎn] 치처뤼관	모텔
客栈	[kè zhàn] 커잔	여인숙
前台	[qián tái] 치엔타이	프런트
大堂	[dà táng] 따탕	로비
接待员	[jiē dài yuán] 지에따이위엔	접수계원
出纳员	[chū nà yuán] 추나위엔	출납원
服务员	[fú wù yuán] 푸우위엔	사환
单人间	[dān rén jiān] 딴런지엔	1인실
双床房	[shuāng chuáng fáng] 솽촹팡	트윈룸
大床房	[dà chuáng fáng] 따촹팡	더블룸
套房	[tào fáng] 타오팡	스위트룸
叫醒服务	[jiào xǐng fú wù] 쟈오싱푸우	모닝콜
桑拿	[sāng ná] 상나	사우나
走廊	[zǒu láng] 조우랑	복도
行李寄存处	[xíng lǐ jì cún chù] 싱리지춘추	물품보관소
入住	[rù zhù] 루주	체크인
退房	[tuì fáng] 투이팡	체크아웃
空房	[kōng fáng] 콩팡	빈방
饭店经理	[fàn diàn jīng lǐ] 판띠엔징리	호텔지배인

中文	拼音	한국어
饭店经营	[fàn diàn jīng yíng] 판띠엔징잉	호텔경영
男服务员	[nán fú wù yuán] 난푸우위엔	급사
乡村客栈	[xiāng cūn kè zhàn] 샹춘커잔	여인숙
住宿	[zhù xiǔ] 주쑤	숙박하다
酒店员工	[jiǔ diàn yuán gōng] 지우띠엔위엔꿍	호텔종업원
酒店职员	[jiǔ diàn zhí yuán] 지우띠엔즈위엔	호텔사무원
客房服务员	[kè fáng fú wù yuán] 커팡푸우위엔	객실담당자
青年旅馆	[qīng nián lǚ guǎn] 칭니엔뤼관	유스호스텔
住宿加早餐	[zhù xiǔ jiā zǎo cān] 주쑤쟈자오찬	아침밥 제공
市中心	[shì zhōng xīn] 쓰중신	번화가
客房服务	[kè fáng fú wù] 커팡푸우	룸서비스
服务收费	[fú wù shōu fèi] 푸우쇼우페이	서비스료
前台	[qián tái] 치엔타이	프런트
小费	[xiǎo fèi] 샤오페이	팁
预订	[yù dìng] 위딩	예약

관광

中文	拼音	한국어
地图	[dì tú] 디투	지도
游客	[yóu kè] 요우커	여행자
旅游团	[lǚ yóu tuán] 뤼요우투안	관광단
观光城市	[guān guāng yù shì] 꾸안꽝위스	관광도시
旅游产业	[lǚ yóu chǎn yè] 뤼요우찬예	관광산업
旅游胜地	[lǚ yóu shèng dì] 뤼요우셩디	관광지
航海	[háng hǎi] 항하이	항해
陆上旅行	[lù shàng lǚ xíng] 루샹뤼싱	(육상)여행
国家公园	[guó jiā gōng yuán] 구어쟈꿍위엔	국립공원
小丑	[xiǎo chǒu] 샤오처우	어릿광대
过山车	[guò shān chē] 구어싼처	롤러코스터
旋转木马	[xuán zhuǎn mù mǎ] 쉬엔쭈안무마	회전목마
游乐园	[yóu lè yuán] 여우러위엔	놀이공원
摩天轮	[mó tiān lún] 무어티엔룬	대관람차
赏花	[shǎng huā] 샹화	꽃놀이
门票	[mén piào] 먼퍄오	입장권
游街	[yóu jiē] 여우찌에	퍼레이드
棉花糖	[mián huā táng] 미엔화탕	솜사탕
快餐店	[kuài cān diàn] 콰이찬띠엔	스낵바
池	[shi] 츠	연못
主题公园	[zhǔ tí gōng yuán] 주티꿍위엔	테마공원
动物园	[dòng wù yuán] 뚱우위엔	동물원
植物园	[zhí wù yuán] 즈우위엔	식물원
高尔夫练习场	[gāo ěr fū liàn xí chǎng] 까오얼푸리엔시창	골프연습장

靶场	[bǎ chǎng] 바창	소총사격장
游戏机	[yóu xì jī] 여우시지	놀이기구
游乐场	[yóu lè chǎng] 여우러창	놀이터
滑梯	[huá tī] 화티	미끄럼틀
跷跷板	[qiāo qiāo bǎn] 챠오챠오반	시소
捉迷藏	[zhuō mí cáng] 주오미창	술래잡기
长凳	[cháng dèng] 창덩	벤치
喷水	[pēn shuǐ] 펀쉐이	분수
秋千	[qiū qiān] 치우치엔	그네
三轮自行车	[sān lún zì xíng chē] 싼룬즈싱처	세발자전거
景点	[jǐng diǎn] 징디엔	볼거리
服务台	[fú wù tái] 푸우타이	안내소
娱乐税	[yú lè shuì] 위러쉐이	유흥세
行乐的客人	[xíng lè de kè rén] 싱러더커런	행락객
国家公墓	[guó jiā gōng mù] 구어쟈꿍무	국립묘지
国家森林公园	[guó jiā sēn lín gōng yuán] 구어쟈썬린꿍위엔	국유림
公园一带	[gōng yuán yī dài] 꿍위엔이따이	공원구역
棒球场	[bàng qiú chǎng] 빵츄창	야구장
公墓	[gōng mù] 꿍무	공원묘지
民俗村	[mín sú cūn] 민수춘	민속촌
水景	[shuǐ jǐng] 쉐이징	물가풍경
美术馆	[měi shù guǎn] 메이슈관	미술관
雕像	[diāo xiàng] 댜오샹	조각상
博物馆	[bó wù guǎn] 보우관	박물관
故宫	[gù gōng] 꾸궁	고궁
水族馆	[shuǐ zú guǎn] 쉐이주관	수족관
展览会	[zhǎn lǎn huì] 잔란후이	전람회
传统茶屋	[chuán tǒng chá wū] 촨통차우	전통찻집
节日	[jié rì] 지에르	축제
吊车	[diào chē] 댜오처	케이블카
野游	[yě yóu] 예여우	소풍
赛马	[sài mǎ] 싸이마	경마

숫자

基数	[jī shù] 지쑤	기수
一	[yī] 이	하나
二	[èr] 얼	둘
三	[sān] 싼	셋
四	[sì] 쓰	넷
五	[wǔ] 우	다섯
六	[liù] 리우	여섯
七	[qī] 치	일곱
八	[bā] 빠	여덟
九	[jiǔ] 찌우	아홉
十	[shí] 스	열
十一	[shí yī] 스이	열하나
十二	[shí èr] 스얼	열둘

十三	[shí sān] 스싼	열셋	第三	[dì sān] 디싼	세번째
十四	[shí sì] 스쓰	열넷	第四	[dì sì] 디쓰	네번째
十五	[shí wǔ] 스우	열다섯	第五	[dì wǔ] 디우	다섯번째
十六	[shí liù] 스리우	열여섯	第六	[dì liù] 디리우	여섯번째
十七	[shí qī] 스치	열일곱	第七	[dì qī] 디치	일곱번째
十八	[shí bā] 스빠	열여덟	第八	[dì bā] 디빠	여덟번째
三十	[sān shí] 싼스	서른	第九	[dì jiǔ] 디지우	아홉번째
四十	[sì shí] 쓰스	마흔	第十	[dì shí] 디스	열번째
五十	[wǔ shí] 우스	쉰	第十一	[dì shí yī] 디스이	열한번째
六十	[liù shí] 리우스	예순	第十二	[dì shí èr] 디스얼	열두번째
七十	[qī shí] 치스	일흔	第十三	[dì shí sān] 디스싼	열세번째
八十	[bā shí] 빠스	여든	第十四	[dì shí sì] 디스쓰	열네번째
十九	[shí jiǔ] 스지우	열아홉	第十五	[dì shí wǔ] 디스우	열다섯번째
二十	[èr shí] 얼스	스물	第十六	[dì shí liù] 디스리우	열여섯번째
九十	[jiǔ shí] 지우스	아흔	第十七	[dì shí qī] 디스치	열일곱번째
百	[bǎi] 빠이	백	第十八	[dì shí bā] 디스빠	열여덟번째
千	[qiān] 치엔	천	第十九	[dì shí jiǔ] 디스지우	열아홉번째
百万	[bǎi wàn] 바이완	백만	第二十	[dì èr shí] 디얼스	스무번째
十亿	[shí yì] 스이	십억	第三十	[dì sān shí] 디싼스	서른번째
兆	[zhào] 쟈오	조	第四十	[dì sì shí] 디쓰스	마흔번째
庞大的数字	[páng dà de shù zì] 팡따더쑤즈	엄청난 수	第一百	[dì yī bǎi] 디이바이	백번째
序数	[xù shù] 쉬쑤	서수	第一千	[dì yī qiān] 디이치엔	천번째
第一	[dì yī] 디이	첫번째	第一百万	[dì yī bǎi wàn] 디이바이완	백만번째
第二	[dì èr] 디얼	두번째	第十亿	[dì shí yì] 디스이	십억번째

一次	[yī cì] 이츠	한 번	这周	[zhè zhōu] 쩌저우	이번주
两次	[liǎng cì] 량츠	두 번	下周	[xià zhōu] 샤저우	다음주
三次	[sān cì] 싼츠	세 번	零	[líng] 링	영
加法	[jiā fǎ] 쟈파	덧셈	千万	[qiān wàn] 치엔완	천만
减法	[jiǎn fǎ] 지엔파	뺄셈	一亿	[yī yì] 이이	일억
乘法	[chéng fǎ] 청파	곱셈	单数	[dān shù] 딴슈	홀수
角	[jiǎo] 쟈오	각	双数	[shuāng shù] 슈앙슈	짝수
形状	[xíng zhuàng] 싱쭈앙	모양	开初	[kāi chū] 카이추	처음
圆形	[yuán xíng] 위엔싱	원	末尾	[mò wěi] 모웨이	끝
正方形	[zhèng fāng xíng] 쩡팡싱	정사각형	一刻	[yī kè] 이커	15분
长方形	[cháng fāng xíng] 창팡싱	직사각형	一半	[yī bàn] 이빤	절반
三角形	[sān jiǎo xíng] 싼쟈오싱	삼각형	计算	[jì suàn] 지쑤안	계산
除法	[chú fǎ] 추파	나눗셈	两倍	[liǎng bèi] 량뻬이	두배
面	[miàn] 미엔	면	减	[jiǎn] 지엔	빼다
直线	[zhí xiàn] 즈씨엔	일직선	加	[jiā] 쟈	더하다
时间	[shí jiān] 스찌엔	시간	分	[fēn] 펀	나누다
时刻	[shí kè] 스커	시각	乘	[chéng] 청	곱하다
点钟	[diǎn zhōng] 디엔종	시	椭圆形	[tuǒ yuán xíng] 투오위엔싱	타원형
分钟	[fēn zhōng] 펀종	분	菱形	[líng xíng] 링싱	마름모
秒	[miǎo] 먀오	초	平行四边形	[píng xíng sì biān xíng]	
周	[zhōu] 저우	주		핑싱쓰비엔싱	평행사변형
平日	[píng rì] 핑르	평일	五边形	[wǔ biān xíng] 우비엔싱	오각형
周末	[zhōu mò] 조우모	주말	六边形	[liù biān xíng] 리우비엔싱	육각형
上周	[shàng zhōu] 쌍저우	지난주	立方体	[lì fāng tǐ] 리팡티	정육면체

圆柱	[yuán zhù] 위엔주	원기둥
圆锥	[yuán zhuī] 위엔주이	원뿔
角锥	[jiǎo zhuī] 쟈오주이	각뿔
球体	[qiú tǐ] 치우티	구

달(月)

一月	[yī yuè] 이위에	1월
二月	[èr yuè] 얼위에	2월
三月	[sān yuè] 싼위에	3월
四月	[sì yuè] 쓰위에	4월
五月	[wǔ yuè] 우위에	5월
六月	[liù yuè] 리우위에	6월
七月	[qī yuè] 치위에	7월
八月	[bā yuè] 빠위에	8월
九月	[jiǔ yuè] 지우위에	9월
十月	[shí yuè] 스위에	10월
十一月	[shí yī yuè] 스이위에	11월
十二月	[shí èr yuè] 스얼위에	12월
日历	[rì lì] 르리	달력
星期日	[xīng qī rì] 싱치르	일요일
星期一	[xīng qī yī] 싱치이	월요일
星期二	[xīng qī èr] 싱치얼	화요일
星期三	[xīng qī sān] 싱치싼	수요일
星期四	[xīng qī sì] 싱치쓰	목요일
星期五	[xīng qī wǔ] 싱치우	금요일
星期六	[xīng qī liù] 싱치리우	토요일
这一周	[zhè yī zhōu] 쩌이조우	이번주
上周	[shàng zhōu] 쌍저우	지난주
下周	[xià zhōu] 샤저우	다음주
过去	[guò qù] 구어취	과거
现在	[xiàn zài] 시엔짜이	현재
未来	[wèi lái] 웨이라이	미래
有一天	[yǒu yī tiān] 여우이티엔	언젠가
某一天	[mǒu yī tiān] 머우이티엔	어느날
每年	[měi nián] 메이니엔	매년
半年	[bàn nián] 빤니엔	반년
月初	[yuè chū] 위에추	월초
月末	[yuè mò] 위에모	월말
有时	[yǒu shí] 요우스	때때로
一年到头	[yī nián dào tóu] 이니엔다오터우	일년내내

공휴일과 특별한 날

生日	[shēng rì] 썽르	생일
春节	[chūn jié] 춘지에	설날
中秋节	[zhōng qiū jié] 쫑치우지에	추석
圣诞节	[shèng dàn jié] 셩딴지에	성탄절
情人节	[qíng rén jié] 칭런지에	발렌타인데이
六十大寿	[liù shí dà shòu] 리우스따쇼우	환갑

儿童节	[ér tóng jié] 얼통지에	어린이날
植树节	[zhí shù jié] 즈슈지에	식목일
父母节	[fù mǔ jié] 푸무지에	어버이날
节日	[jié rì] 지에르	명절
元旦	[yuán dàn] 위엔딴	신정
三一运动纪念日	[sān yī yùn dòng jì niàn rì] 싼이윈똥지니엔르	삼일절
光复节	[guāng fù jié] 꽝푸지에	광복절
教师节	[jiào shī jié] 쟈오스지에	스승의 날
显忠日	[xiǎn zhōng rì] 시엔종르	현충일
制宪节	[zhì xiàn jié] 즈시엔지에	제헌절
开天节	[kāi tiān jié] 카이티엔지에	개천절
韩文纪念日	[hán wén jì niàn rì] 한원지니엔르	한글날
万圣节	[wàn shèng jié] 완셩지에	할로윈데이
百日筵	[bǎi rì yán] 바이르옌	백일
周岁	[zhōu suì] 조우수이	돌
结婚纪念日	[jié hūn jì niàn rì] 지에훈지니엔르	결혼기념일
乔迁宴	[qiáo qiān yàn] 챠오치엔옌	집들이파티
惊喜聚会	[jīng xǐ jù huì] 징시쥐후이	깜짝파티
告别宴	[gào bié yàn] 까오비에옌	송별회
欢迎会	[huān yíng huì] 환잉후이	환영회
忘年会	[wàng nián huì] 왕니엔후이	송년회
复活节	[fù huó jié] 푸후오지에	부활절
夏至	[xià zhì] 샤즈	하지
冬至	[dōng zhì] 똥즈	동지
农历	[nóng lì] 농리	음력
阳历	[yáng lì] 양리	양력
闰年	[rùn nián] 룬니엔	윤년
劳动节	[láo dòng jié] 라오둥지에	노동절
母亲节	[mǔ qīn jié] 무친지에	어머니날
感恩节	[gǎn ēn jié] 깐언지에	추수감사절
哥伦布日	[gē lún bù rì] 거뤈뿌르	콜럼버스기념일
退伍军人节	[tuì wǔ jūn rén jié] 투이우쥔런지에	재향군인의 날

컴퓨터

電腦	[diàn nǎo] 띠엔 나오	컴퓨터
个人計算机	[gè rén jì zhuān jī] 꺼 런 지 쑤안 지	개인용 컴퓨터
台式計算机	[tái shì jì zhuān jī] 타이 스 지 쑤안 지	탁상용 컴퓨터
筆記本電腦	[bǐ jì běn diàn nǎo] 비 지 번 띠엔 나오	휴대용 컴퓨터
主存儲器	[zhǔ cún chǔ qì] 쥬 춘 츄 치	주기억장치
打印机	[dǎ yìn jī] 다 인 지	프린터
激光打印机	[jī guāng dǎ yìn jī] 지 구앙 다 인 지	레이저프린터
彩色打印机	[cǎi sè dǎ yìn jī] 차이 써 다 인 지	컬러프린터

扫描器	[sǎo miáo qì] 싸오 미아오 지	스캐너
顯示器	[xiǎn shì qī] 씨엔 스 치	모니터
屏幕	[píng mù] 핑 무	스크린
键盘	[jiàn pán] 찌엔 판	키보드
输出	[shū chū] 슈 츄	출력
输入	[shū rù] 슈 루	입력
音箱	[yīn xiāng] 잉 씨앙	스피커
鼠標	[shǔ biāo] 슈 삐아오	마우스
滑鼠垫	[huá shǔ diàn] 후아 슈 띠엔	마우스 패드
光驱	[guāng qū] 구앙 취	시디롬
電纜	[diàn lǎn] 띠엔 란	케이블
硬件	[yìng jiàn] 잉 찌엔	컴퓨터 하드웨어
软件	[ruǎn jiàn] 루안 찌엔	소프트웨어
版本	[bǎn běn] 반 번	버전
啓動	[qǐ dòng] 치 똥	부팅
资料	[zī liào] 쯔 리아오	자료
拷贝	[kǎo bèi] 카오 뻬이	복사
掃描	[sǎo miáo] 싸오 미아오	스캔
备份	[bèi fèn] 뻬이 펀	백업
安装	[ān zhuāng] 안 쥬앙	설치하다
病毒	[bìng dú] 삥 두	바이러스
治療病毒	[zhì liáo bìng dú] 쯔 리아오 삥 두	바이러스 퇴치
接种程序	[jiē zhǒng chéng xù] 지에 쯍 청 쉬	백신 프로그램

성격

小心	[xiǎo xīn] 샤오신	조심성 있는
粗心	[cū xīn] 추신	부주의한
饶舌	[ráo shé] 바오셔	수다스러운
调皮	[diào pí] 탸오피	버릇없는
有耐心的	[yǒu nai xīn de] 요우나이신더	인내심이 강한
冷静	[lěng jìng] 렁징	냉정한
勤劳	[qín láo] 친라오	근면한
心胸宽的	[xīn xiōng kuān de] 신슝콴더	관대한
胆小	[dǎn xiǎo] 딴샤오	소심한
心情不稳的	[xīn qíng bù wěn de] 신칭뿌원더	변덕스러운
固执	[gù zhí] 꾸쯔	고집센
善交际的	[shàn jiāo jì de] 샨쟈오지더	사교적인
邪恶的	[xié è de] 씨에어더	심술궂은
沮丧	[jǔ sàng] 쥐쌍의기	소침한
妒忌	[dù jì] 두지	질투심이 많은
有责任的	[yǒu zé rèn de] 요우저런더	책임있는
好奇	[hǎo qí] 하오치	호기심 있는
严肃	[yán sù] 옌쑤	진지한
真诚	[zhēn chéng] 전청	성실한
温和	[wēn hé] 원허	온화한
明智的	[míng zhì de] 밍즈더	슬기로운
诚实	[chéng shí] 청스	정직한
谦虚	[qiān xū] 치엔쉬	겸손한

礼貌	[lǐ mào] 리마오	예의바른
愉快	[yú kuài] 위콰이	명랑한
勇敢	[yǒng gǎn] 용간	용감한
懒	[lǎn] 란	게으른
无聊	[wú liáo] 우랴오	지루한
笨	[bèn] 뻔	어리석은
厚道	[hòu dào] 호우다오	관대한
细致	[xì zhì] 시즈	섬세한
可信	[kě xìn] 커신	신뢰할 만한
自私	[zì sī] 쯔쓰	이기적인
积极	[jī jí] 지지	적극적인
肯定	[kěn dìng] 컨띵	긍정적인
消极	[xiāo jí] 샤오지	소극적인
低贱	[dī jiàn] 디지엔	천한
卑职	[bēi zhí] 뻬이즈	낮은 지위
谦虚的要求	[qiān xū de yào qiú] 치엔쉬더야오츄	겸허한 요구
天真	[tiān zhēn] 티엔전	천진난만한
朴实	[pǔ shí] 푸스	꾸밈이 없는
坦率	[tǎn lǜ] 탄슈아이	솔직한
优雅	[yōu yǎ] 요우야	기품있는
单纯	[dān chún] 단춘	단순한
尖锐	[jiān ruì] 지엔루이	날카로운
神经质	[shén jīng zhì] 션징즈	신경질적인
严厉谴责	[yán lì qiǎn zé] 옌리치엔저	호된 질책
迟钝	[chí dùn] 츠둔	둔감한
崇高	[chóng gāo] 충까오	고상한
简明	[jiǎn míng] 지엔밍	간결한
平凡	[píng fán] 핑판	평범한
特别	[tè bié] 터비에	특별한
特殊情况	[tè shū qíng kuàng] 터슈칭쾅	특별한 경우
理直气壮	[lǐ zhí qì zhuàng] 리즈치쫭	당당한
雄风	[xióng fēng] 쓩펑	당당한 태도
骄傲	[jiāo ào] 찌아오아오	거만한

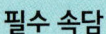

필수 속담

喝凉水都塞牙	[hē liáng shuǐ dōu sāi yá]	뒤로 자빠져도 코가 깨진다.
隔墙有耳	[gé qiáng yǒu ěr]	낮 말은 새가 듣고 밤 말은 쥐가 듣는다.
苦尽甘来	[kǔ jìn gān lái]	고생 끝에 낙이 온다.
功亏一惯	[gōng kuī yī guàn]	다 된 밥에 코 빠뜨린다.
久病成良医	[jiǔ bìng chéng liáng yī]	서당개 삼 년이면 풍월을 읊는다.
金石爲开	[jīn shí wéi kāi]	지성이면 감천이다.
对牛弹琴	[duì niú tán qín]	소 귀에 경 읽기
挑雪填井	[tiāo xuě tián jǐng]	밑 빠진 독에 물 붓기.
无风不起浪	[wú fēng bù qǐ làng]	아니 땐 굴뚝에 연기날까.
美中不足	[měi zhōng bù zú]	옥의 티.
半斤八两	[bàn jīn bā liǎng]	도토리 키재기
百闻不如一见	[bǎiwén bùrú yī jiàn]	백문이 불여일견.
潽家路窄	[pū jiā lù zhǎi]	원수는 외나무다리에서 만난다.
不识一丁	[bù shí yī dīng]	낫 놓고 기억자도 모른다. 일자무식.
比登天还难	[bǐ dēng tiān hái nán]	낙타 바늘구멍 들어가기.
秀外惠中	[xiù wai huì zhōng]	보기 좋은 떡이 먹기도 좋다.
是猫变不得狗	[shì māo biàn bu de gǒu]	제 버릇 개 못 준다.
眼不见,心不烦	[yǎn bù jiàn xīn bù fán]	모르는 게 약이다.
易如反掌	[yì rú fǎn zhǎng]	누워서 떡 먹기. 식은 죽 먹기.
玉不琢,不成器	[yù bù zhuó, bù chéng qì]	구슬이 서 말이라도 꿰어야 보배.

五十步笑百步	[wǔ shí bù xiào bǎi bù]	똥 묻은 개가 겨 묻은 개를 나무란다.
爲人作嫁	[wèi rén zuò jià]	죽 쑤어 개 좋은 일 하다.
以卵击石	[yǐ luǎn jī shí]	계란으로 바위 치기.
因搏废食	[yīn bó fèi shí]	구더기 무서워 장 못 담그다.
因好致好	[yīn hǎo zhì hǎo]	가는 정이 있어야 오는 정이 있다.
一擧两得	[yī jǔ liǎng dé]	일거양득. 일석이조. 꿩 먹고 알 먹기.
一口吃个独子	[yī kǒu chī gě dú zǐ]	첫술에 배부르랴.
一知半解	[yī zhī bàn jiě]	수박 겉 핥기.
长痛不如短痛	[cháng tòng bù rú duǎn tòng]	매도 먼저 맞는 놈이 낫다.
积少成多	[jī shǎo chéng duō]	티끌 모아 태산.
坐井观天	[zuò jǐng guān tiān]	우물 안 개구리.
做贼心虚	[zuò zéi xīn xū]	도둑이 제 발 저리다.
众擎易擧	[zhòng qíng yì jǔ]	백지장도 맞들면 낫다.
指手划脚	[zhǐ shǒu huà jiǎo]	감 놓아라 배 놓아라 한다.
快如闪电	[kuài rú shǎn diàn]	번갯불에 콩 볶아 먹는다.
打一巴掌揉三下儿	[dǎ yī bā zhang róu sān xiar]	병 주고 약 주다.
火上加油	[huǒ shàng jiā yóu]	불난 집에 부채질하다.
火烧眉毛	[huǒ shāo méi·máo]	발등에 불이 떨어지다.
华而不实	[huá ér bù shí]	빛 좋은 개살구.

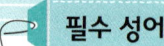 필수 성어

供过于求	[gōng guò yú qiú]	공급이 수요를 초과하다.
刮目相看	[guā mù xiāng kàn]	새로운 안목으로 대하다.
求之不得	[qiú zhī bù dé]	매우 얻기 어려운 기회.
杞人忧天	[qǐ rén yōu tiān]	쓸데없는 걱정.
大失所望	[dà shī suǒ wàng]	크게 실망하다.
大势所趋	[dà shì suǒ qū]	대세의 흐름.
掉以轻心	[diào yǐ qīng xīn]	소홀히 하다.
得不偿失	[dé bù cháng]	얻는 것보다 잃는 것이 많다.
两全其美	[liǎng quán qí měi]	쌍방이 모두가 좋게 하다.
了若指掌	[le ruò zhī zhǎng]	잘 알고 있다.
名副其实	[míng fù qí shí]	명실상부하다.
无稽之谈	[wú jī zhī tán]	터무니없는 말.
无一例外	[wú yī lì wai]	예외없이 모두.
半途而废	[bàn tú ér]	중도에 그만두다.
半信半疑	[bàn xìn bàn yí]	반신반의하다.
防患未然	[fáng huàn wèi rán]	미연에 방지하다.
别有用心	[bié yǒu yòngxīn]	다른 꿍꿍이 속셈이 있다.
步人后尘	[bù rén hòu chén]	남의 걸음을 따라 걷다.
付诸东流	[fù zhū dōng liú]	헛수고하다.
不管三七二十一	[bù guǎn sān qī èr shí yī]	앞뒤를 가리지 않고 무턱대고.

不了了之	[bù liǎo liǎo zhī]	중간에 흐지부지 그만두다.
不识时务	[bù shí shí wù]	세상물정에 어둡다.
不切实际	[bùqiè shíjì]	실제와 맞지 않다.
比比皆是	[bǐ bǐ jiē shì]	흔하다. 수두룩하다.
史无前例	[shǐ wú qián lì]	역사상 전례가 없다.
师出无名	[shī chū wú míng]	정당한 이유 없이 전쟁을 하다.
山穷水尽	[shān qióng shuǐ jìn]	궁지에 빠지다.
小题大做	[xiǎo tí dà zuò]	사소한 일을 떠들썩하게 하다.
水落石出	[shuǐ luò shí chū]	일의 진상이 밝혀지다.
袖手旁观	[xiù shǒu páng guān]	수수방관하다.
瞬息万变	[shùn xī wàn biàn]	변화가 아주 빠르다.
视而不见	[shì ér bù jiàn]	보고도 못 본 척하다.
拭目以待	[shì mù yǐ dài]	기대하다.
深思熟虑	[shēn sī shú lǜ]	심사숙고하다.
十拿九稳	[shí ná jiǔ wěn]	따 놓은 당상이다.
按手山芋	[àn shǒu shān yù]	난제. 힘든 일. 뜨거운 감자.
言过其实	[yán guò qí shí]	말이 과장되어 사실과 맞지 않다.
如鱼得水	[rú yú dé shuǐ]	마음 맞는 사람을 얻다.
如愿以偿	[rú yuàn yǐ cháng]	소원 성취하다.
如坐针毡	[rú zuò zhēn zhān]	바늘방석에 앉은 것 같다.

欲速不达	[yù sù bù dá]	급히 먹는 밥이 체한다.
爲时过早	[wéi shí guò zǎo]	시기상조
有名无实	[yǒu míng wú shí]	유명무실하다.
有备无患	[yǒu bèi wú huàn]	유비무환
引以爲鉴	[yǐn yǐ wéi jiàn]	본보기로 삼다.
一毛不拔	[yī máo bù bá]	매우 인색하다.
一朝一夕	[yī zhāo yī xī]	매우 짧은 시간.
一针见血	[yī zhēn jiàn xuè]	급소를 찌르다.
啼笑皆非	[tí xiào jiē fēi]	이러지도 저러지도 못하다.
重蹈覆辙	[chóng dǎo fù zhé]	실패를 다시 되풀이하다.
寸步难行	[cùn bù nán xíng]	조금도 움직일 수 없다.
丛林法则	[cóng lín fǎ zé]	정글의 법칙.
出尔反尔	[chū ěr fǎn ěr]	이랬다 저랬다 하다.
饱尝世味	[bǎo cháng shì wèi]	세상의 쓴 맛 단 맛을 다 보다.
风光不再	[fēng guāng bù zài]	예전과 같지 않다.
行之有效	[xíng zhī yǒu xiào]	효과적이다.
祸不单行	[huò bù dān xíng]	설상가상. 엎친 데 덮친 격.
换骨脱胎	[huàn gǔ tuō tāi]	환골탈태하다.
挥金如土	[huī jīn rú tǔ]	돈을 물 쓰듯 하다.

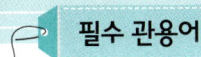

脚时当	[jiǎo shí dāng]	유행을 따르다.
看概色	[kàn guàn sè]	남의 눈치를 살피다.
开倒车	[kāi dào chē]	시대의 흐름에 역행하다.
挂羊头卖狗肉	[guà yáng tóu mài gǒu ròu]	속과 겉이 다르다.
绞脑汁	[jiǎo nǎo zhī]	온갖 지혜를 짜내다.
狗咬狗	[gǒu yǎo gǒu]	같은 패끼리 서로 싸우다.
口头禅	[kǒu tóu chán]	실속 없는 말.
给面子	[gěi miàn zi]	체면을 살려주다.
当左右手	[dāng zuǒ yòu shǒu]	유능한 조수가 되다.
大锅饭	[dà guō fàn]	한솥밥. 대중식사. 공동취사.
对胃口	[duì wèi kou]	자신의 흥미나 기호(구미)에 맞다.
潼白眼	[tóng bái yǎn]	곤란해하다.
拉汲子	[lā jí zǐ]	배탈이 나다.
露马脚	[lòu mǎ jiǎo]	탄로나다.
露一手	[lòu yī shǒu(r)]	솜씨를 보이다.
没门儿	[méi mén r]	방법이 없다.
拔舌头	[bá shé tóu]	입을 막다. 말을 못하게 하다.

拔尖儿	[bá jiān(r) ní]	남들보다 뛰어나다.
拔虎须	[bá hǔxū]	큰 모험을 하다.
放狗骊	[fàng gǒu lí]	아무런 근거도 없는 말을 지껄이다.
帮倒忙	[bāng dǎo máng]	돕는다는 것이 오히려 방해가 되다.
背黑锅	[bēi hēi guō]	억울하게 누명을 쓰다.
百事通	[bǎi shì tōng]	모든 일에 능한 사람. 척척박사.
白吃饱	[bá ichī chī]	무능한 사람(욕하는 말).
藩钉子	[fān dīng zǐ]	난관에 부딪치다.
劈冷水	[pī lěng shuǐ]	찬물을 끼얹다.
不要概	[bù yào guàn]	뻔뻔스럽다. 파렴치하다.
使眼色	[shǐ yǎn sè]	눈짓하다. 곁눈을 주다.
上眼药	[shàng yǎnyào]	망신을 주다. 창피를 주다.
翅膀硬	[chì bǎng yìng]	제 구실을 할 수 있게 되다.
心肠软	[xīn cháng ruǎn]	마음이 약하다.
爱面子	[ài miàn·zi]	체면 차리다.
摇钱树	[yáo qián shù]	돈이 되는 것.
项饭碗	[xū fàn wǎn]	밥그릇을 깨다. 실직하다.

肉中刺	[ròu zhōng cì]	눈엣가시
装大头蒜	[zhuāng dà tóu suàn]	시치미를 떼다.
做手脚	[zuò shǒu jiǎo]	몰래 간계를 꾸미다.
走后门	[zǒu hòu mén(r)]	뒷거래를 하다.
擦骊股	[cā lí gǔ]	남의 뒤치다꺼리를 하다.
妻管严	[qī guǎn yán]	공처가.
炒冷饭	[chǎo lěng fàn]	재탕하다.
炒映鱼	[chǎo yìng yú]	해고하다. 파면하다.
丑八怪	[chǒu bā guài]	못생긴 사람. 흉하게 생긴 사람.
吹牛皮	[chuī niú pí]	허풍을 떨다.
打牙祭	[dǎ yá jì]	실컷 배불리 먹다.
摆架子	[bǎi jià zi]	잘난척하다.
摆龙门阵	[bǎi lóng mén zhèn]	잡담하다.
板面孔	[bǎn miàn kǒng]	기분 나쁜 얼굴을 하다.
八九不离十(儿)	[bā jiǔ bù lí shí(r)]	대체로. 거의. 십중팔구.
败家精	[bài jiā jīng]	가산을 탕진하는 자식.
抱佛脚	[bào fójiǎo]	급하면 부처 다리라도 안는다.

饱眼福	[bǎo yǎn fú]	눈을 즐겁게 하다. 눈요기를 하다.
包圆儿	[bāo yuán r]	전부 책임지다. 전부 담당하다(맡다).
避风头	[bì fēng·tou]	공격을 피하다.
合不来	[hé bu lái]	성격·흥미·마음 등이 맞지 않다.
黑名单	[hēi míng dān]	블랙리스트.
吃忘性蛋	[chī wàng xìng dàn]	건망증이 생기다. 건망증이 심하다.
吃白眼	[chī bái yǎn]	남에게 무시를 당하다.
吃醋	[chīcù]	질투하다.
吃闲饭	[chī xián fàn]	빈둥빈둥 놀고 먹다.
吃香	[chī xiāng]	환영받다, 평판이 좋다. 인기가 좋다.